WELT FUSSBALL REKORDE 2011

Rekorde	Sensationen

5 4 3 2 1   13 12 11 10

© 2010 by Carlton Books Limited
Die Originalausgabe ist bei Carlton Books Limited erschienen
Titel der Originalausgabe: World Football Records 2011
Lektorat: Martin Corteel
Design: Paul Chattaway
Bildrecherche: Paul Langan
Produktion: Rachel Burgess

© 2010 für die deutsche Ausgabe: arsEdition GmbH, München
Alle Rechte vorbehalten
Aus dem Englischen übersetzt von Andreas Hoffmann,
Punktum Verlags-Service
Redaktion: Kurt J. Heering

Lizensierte Ausgabe, hergestellt von Carlton Books Limited

Printed in Italy

ISBN 978-3-7607-5280-8

www.arsedition.de

Inhaltsverzeichnis (Fotos):
Xavi (Spanien), Wayne Rooney (England),
Patrice Evra (Frankreich), Birigt Prinz
(Deutschland), Cristiano Ronaldo (Portugal),
Lionel Messi (Argentinien), Obafemi
Martins (Nigeria), Iker Casillas (Spanien)

WELT FUSSBALL REKORDE 2011

KEIR RADNEDGE

 INHALTSVERZEICHNIS

EINLEITUNG

AFRIKA hat 2010 zum ersten Mal überhaupt eine FIFA Fußball-Weltmeisterschaft ausgerichtet, und dieses historische Ereignis bildet den Schwerpunkt dieser Ausgabe der »Welt-Fußball-Rekorde 2011«. Südafrika bildete eine einzigartige Kulisse für das alle vier Jahre stattfindende Weltfußballfest; das Land schuf mit vereinten Kräften optimale Sportstätten und bereitete den Scharen von Spielern, Offiziellen, Fans und Journalisten einen herzlichen Empfang.

In der relativ kurzen Zeit, in der es wieder im Konzert der internationalen Staatengemeinschaft mitspielt, hat Südafrika schon andere Sportereignisse von Weltrang ausgerichtet. Doch keine Veranstaltung hat das öffentliche Leben des Landes stärker beeinflusst als diese Weltmeisterschaft, und zwar nicht nur durch die Ereignisse zwischen dem 11. Juni und dem 11. Juli 2010, sondern auch durch die wichtigen und bleibenden Errungenschaften in den Bereichen Gemeinwesen und Infrastruktur. Auf diese Weise wird die Weltmeisterschaft fortleben – genauso wie die Spiele, die Tore und die Dramatik in den Köpfen derer fortleben werden, die sie live in den Stadien oder im Fernsehen erlebt haben.

Auch die neue Ausgabe dieses Buches hat sich zum Ziel gesetzt, ihren Lesern die ganze Welt des Fußballs mit Erklärungen und fundierten Informationen zu präsentieren und sie neugierig zu machen auf die vielen faszinierenden Personen, Orte und Wettbewerbe, die den Verbandsfußball zur Sportart Nummer 1 in der ganzen Welt gemacht haben. Die FIFA WM ist jedoch der Eckpfeiler des internationalen Fußballs, und die Ereignisse bei den Endrunden bestimmen jeweils, welche Ausrichtung das Spiel in den darauffolgenden vier Jahren annimmt. Daher konzentriert sich dieses Buch zunächst auf die prägenden Ereignisse und Persönlichkeiten der WM und erst danach auf all die anderen wichtigen internationalen Veranstaltungen, die die Fußballwelt von Albanien bis zur Zentralafrikanischen Republik zu einer Familie zusammenschweißen.

Fußballpioniere wie Charles Alcock und Lord Kinnaird, die im 19. Jahrhundert ursprünglich die Regeln des Spiels festlegten, haben sicher nicht im Traum daran gedacht, auf welche Weise ihr Sport dereinst von jungen Männern wie Lionel Messi, Diego Forlán und Cristiano Ronaldo interpretiert und von künftigen Weltstars wie Thomas Müller aus Deutschland oder André Ayew aus Ghana immer wieder neu mit Leben erfüllt werden würde.

Besonderer Dank geht an Jolene Kieu von Global Brands sowie an alle Redakteure und Rechercheure, vor allem Aidan Radnedge und Kevin Connolly, David Ballheimer und Fred Morton.

Der Ball rollt – und die Geschwindigkeit, mit der sich die Welt des Fußballs dreht, stellt eine schier unüberwindliche Herausforderung für jeden Statistiker und Autor dar. Gekickt und gekämpft wird immer, die Rekorde von gestern sind nicht nur im nächsten Jahr oder Monat, sondern oft schon am nächsten Tag und beim nächsten Spiel nicht mehr aktuell. Wir mussten also für dieses Buch eine Deadline festlegen und sind übereingekommen, alle statistischen Informationen zu berücksichtigen, die uns bis zum Endspiel der WM 2010 vorlagen.

Bedingt durch die Koppelung der Entwicklung des Fußballs an das Werden und Vergehen von Nationalstaaten, sind viele der älteren Rekorde, insbesondere aus der Zeit des Übergangs vom Amateur- zum Profifußball, nicht immer eindeutig. Trotzdem ist seit den ersten Wettkampfspielen, die zwischen England und Schottland im 19. Jahrhundert ausgetragen wurden, die Mehrzahl der Fakten unstrittig.

Fußball hat viele Gesichter: Es gilt als das »leichte Spiel«, als das »Spiel des Volkes« und auch als das »schöne Spiel«. Eines aber ist klar – und das hat die FIFA WM Südafrika 2010 wieder deutlich bestätigt: Fußball ist eine, wenn nicht sogar die einzige Leidenschaft, die unsere heutige Welt zu verbinden in der Lage ist.

> Vor dem WM-Endspiel im Soccer-City-Stadion von Johannesburg sang die kolumbianische Sängerin Shakira bei der Abschlussfeier noch einmal »Waka Waka«, das offizielle Lied der FIFA WM 2010.

TEIL 1 – FIFA WELTMEISTERSCHAFT™

NERVENKITZEL und Leidenschaft , eine Achterbahnfahrt der Gefühle zwischen höchster Freude und tiefer Trauer, die Millionen in ihren Bann zieht – das begründet die Faszination des Fußballs und besonders auch ihres wichtigsten Events, der FIFA Weltmeisterschaft. Ihr Aufstieg zu einem der zwei wichtigsten Sportereignisse der Welt spiegelt sich in der stetigen Erweiterung der Endrunde wider: Am Anfang nahmen 13 Nationen an dem Wettbewerb teil. Danach schwankte die Zahl der Teilnehmer, bis sie 1954 offiziell auf 16 festgelegt wurde. 1982 erhöhte man sie auf 24, und seit 1998 kämpfen 32 Mannschaften um den Titel.

Doch nicht nur Fans der glücklichen 32 Nationalmannschaften, die den Einzug in die Endrunde geschafft haben, sondern Fußballfreunde aus aller Herren Länder verschlingen die Berichte über das Wohl und Wehe ihrer Helden aus Spanien, den Niederlanden, Deutschland, Brasilien, Italien, England oder Argentinien während der mittlerweile vier Wochen einer WM-Endrunde.

Die erste FIFA Weltmeisterschaft wurde 1930 in Uruguay ausgetragen. Ihr Geist war stark geprägt von der charismatischen Persönlichkeit des damaligen FIFA Präsidenten, des Franzosen Jules Rimet. Uruguay wurde als Austragungsort gewählt, weil das Land 1924 und 1928 Olympiasieger gewesen war. Der Beginn der Professionalisierung im Fußball brachte jedoch die Erkenntnis mit sich, dass ein Amateurwettbewerb wie die Olympischen Spiele den Ansprüchen dieses Sports nicht länger genügen konnte.

Nur vier europäische Länder trauten sich, ihre Mannschaften auf die lange Überfahrt nach Montevideo zu schicken. Dennoch war es kein Südamerikaner, sondern der Franzose Lucien Laurent, der das erste Tor bei einer FIFA Weltmeisterschaft schoss und damit in die Fußballgeschichte einging.

Seither hat Europa seine Zurückhaltung mehr als nur aufgegeben: Mit nun zehn Titeln hat es Südamerika im Jahr 2010 hinter sich gelassen, das neunmal triumphierte. Zehnmal wurde die WM bisher in Europa ausgerichtet (je zweimal in Italien, Frankreich und Deutschland, je einmal in der Schweiz, in Schweden, in England und in Spanien); in Südamerika fanden vier Finalrunden statt (je einmal in Uruguay, Brasilien, Chile und Argentinien), in Mittel- und Nordamerika drei (zweimal in Mexiko und einmal in den USA), in Asien und Afrika je eine (2002 waren Japan und Südkorea gemeinsam Gastgeber, 2010 sorgte dann Südafrika für die afrikanische Premiere auf dem Kontinent). 2014 wird Brasilien das WM-Spektakel zum zweiten Mal nach 1950 ausrichten.

Nachdem sie im Soccer-City-Stadion von Johannesburg in einem dramatischen Endspiel die Niederlande in der Verlängerung mit 1:0 besiegt haben, feiern die Spanier im Konfettiregen ihren lang ersehnten ersten WM-Triumph.

FIFA WELTMEISTERSCHAFT SÜDAFRIKA 2010™

Vom 11. Juni bis zum 11. Juli 2010 war Südafrika Gastgeber einer bemerkenswerten Fußballweltmeisterschaftsendrunde: Über drei Millionen Menschen besuchten die 64 Begegnungen live in den Stadien – eine Zuschauerzahl, die nur bei zwei Turnieren übertroffen wurde. Außerdem verfolgten weltweit über 700 Millionen Zuschauer das Endspiel zwischen Spanien und den Niederlanden an den Fernsehgeräten. Die erste WM auf afrikanischem Boden wurde in zehn Stadien in neun Städten ausgetragen.

Zu Beginn der Abschlussfeier der FIFA Weltmeisterschaft in Südafrika erhellt ein Feuerwerk den Nachthimmel über dem Soccer-City-Stadion in Johannesburg.

MANNSCHAFTSREKORDE

Heim-schwäche

Das 0:3 von Südafrika am 16. Juni 2010 gegen Uruguay zählt – gemeinsam mit zwei früheren Partien – zu den höchsten Niederlagen eines WM-Gastgebers: Schweden verlor 1958 das Endspiel gegen Brasilien mit 2:5, Mexiko zog 1970 im Viertelfinale gegen Italien mit 1:4 den Kürzeren.

Die Kiwis kommen ... fast

Nur eine Mannschaft blieb bei der WM 2010 unbesiegt – und das war nicht der spätere Weltmeister Spanien: Nur der Fußballzwerg Neuseeland schaffte es, eine weiße Weste zu behalten. Die Kiwis spielten in allen ihren drei Gruppenspielen Unentschieden. Das reichte dennoch nicht für das Achtelfinale: Neuseeland landete in der Abschlusstabelle der Gruppe F mit 3 Punkten hinter Paraguay und der Slowakei auf dem dritten Rang.

Was für ein Comeback!

Iker Casillas, der Kapitän von Spanien, ist der erste Spieler, der einen WM-Pokal entgegennehmen durfte, nachdem seine Mannschaft ihr Auftaktspiel verloren hatte: Die Spanier verloren ihre erste Begegnung mit 0:1 gegen die Schweiz.

Dreimal nix

Die Niederlande, die 2010 von Bert van Marwijk gecoacht wurden, sind das einzige Land, das dreimal ein WM-Finale bestritt, ohne ein einziges Mal den Titel zu holen. Die sechs Siege, die das Team auf seinem Weg ins Endspiel errang, stellen ebenfalls einen Rekord dar: Keine andere Mannschaft errang bei einem WM-Turnier mehr Siege und fuhr dennoch ohne den Pokal heim.

Trost für Komano

Als Paraguay im Achtelfinale das Elfmeterschießen gegen Japan gewann, war zum ersten Mal bei bis dahin 21 WM-Elfmeterschießen keine europäische Mannschaft beteiligt. Yūichi Komano vergab als einziger Spieler seinen Versuch, und Paraguay gewann mit 5:3. Doch der Abwehrspieler erfuhr bei seiner Rückkehr dennoch eine herzliche Aufnahme: Der Gouverneur seiner Heimatpräfektur verlieh Komano eine Medaille für seine Anstrengungen bei der WM.

Von eins bis elf

In der heutigen Zeit, in der Rückennummern nicht mehr an Spielpositionen gebunden sind und meistens beliebig vergeben werden, mögen sich manche Traditionsliebhaber bei der WM 2010 über die Aufstellung von Brasilien gefreut haben: Bei ihren ersten beiden Partien gegen Nordkorea und gegen die Elfenbeinküste trugen die brasilianischen Spieler in der Startformation durchgehend die Zahlen von eins bis elf. Trainer Carlos Dunga schickte jeweils folgende Elf ins Rennen: 1 Júlio César, 2 Maicon, 3 Lúcio, 4 Juan, 5 Felipe Melo, 6 Michel Bastos, 7 Elano, 8 Gilberto Silva, 9 Luís Fabiano, 10 Kaká und 11 Robinho. Die Niederlande taten es den Brasilianern nicht nur bei ihrem Achtelfinalsieg gegen die Slowakei, sondern auch im Endspiel gleich: 1 Maarten Stekelenburg, 2 Gregory van der Wiel, 3 Johnny Heitinga, 4 Joris Mathijsen, 5 Giovanni van Bronckhorst, 6 Mark van Bommel, 7 Dirk Kuijt, 8 Nigel de Jong, 9 Robin van Persie, 10 Wesley Sneijder and 11 Arjen Robben. Beide vollbrachten dieses Kunststück beinahe noch ein drittes Mal, als sie im Viertelfinale aufeinandertrafen, es tanzte nur jeweils ein Spieler mit der Rückennummer 13 aus der Reihe – der Brasilianer Dani Alves spielte anstelle des Siebeners Elano, und der Niederländer André Ooijer vertrat den Vierer Joris Mathijsen (Elano und Mathijsen waren verletzt).

Europa dominiert

Mit dem spanischen WM-Sieg von 2010 zog Europa bei der Anzahl der Titel an Südamerika vorbei: Seit dem ersten Turnier von 1930 erzielte Europa insgesamt 10 Titelgewinne, während Südamerika bisher neun WM-Erfolge verbuchen konnte. 2010 gewann erstmals auch ein europäisches Team den Titel außerhalb des eigenen Kontinents; und nach dem Triumph der Italiener 2006 ging der Pokal erstmalig hintereinander an zwei verschiedene europäische Nationen.

Abschlusstabelle der FIFA WM 2010™

Die folgende Tabelle gibt die Platzierungen der Teams wieder, die beim Turnier von 2010 dabei waren. Diese Auflistung ist nicht mit der FIFA/Coca-Cola-Weltrangliste (siehe Seiten 250–251) zu verwechseln.

1. Spanien
2. Niederlande
3. Deutschland
4. Uruguay
5. Argentinien
6. Brasilien
7. Ghana
8. Paraguay
9. Japan
10. Chile
11. Portugal
12. USA
13. England
14. Mexiko
15. Südkorea
16. Slowakei
17. Elfenbeinküste
18. Slowenien
19. Schweiz
20. Südafrika
21. Australien
22. Neuseeland
23. Serbien
24. Dänemark
25. Griechenland
26. Italien
27. Nigeria
28. Algerien
29. Frankreich
30. Honduras
31. Kamerun
32. Nordkorea

Ihr schon wieder!

Neben Brasilien und Schweden haben keine zwei Länder bei Weltmeisterschaften häufiger gegeneinander gespielt als Deutschland und Jugoslawien bzw. Serbien: Die Begegnung bei der WM 2010 in Port Elisabeth, die Serbien durch ein Tor von Milan Jovanović (rotes Trikot) 1:0 für sich entscheiden konnte, war bereits das siebte Aufeinandertreffen der beiden Nationen. Deutschland gewann die Begegnungen 1954, 1958, 1974 und 1990, Jugoslawien siegte 1962, und 1998 trennte man sich Unentschieden. Brasilien und Schweden trafen ebenfalls siebenmal aufeinander, wobei die Schweden keinen Sieg verbuchen konnten. Brasilien gewann die Partien von 1938, 1950, 1958 und 1990 sowie die zwei Spiele von 1994, 1978 gab es ein Unentschieden.

Die FIFA WM 2010™ in Zahlen

Die meisten Tore:	Deutschland (16)
Die meisten Gegentore:	Nordkorea (12)
Die wenigsten Tore:	Algerien, Honduras (0)
Die wenigsten Gegentore:	Spanien (2)
Die meisten Siege:	Spanien, Niederlande (6)
Die wenigsten Siege:	Algerien, Frankreich, Honduras, Italien, Kamerun, Neuseeland, Nigeria, Nordkorea (0)
Die meisten Niederlagen:	Kamerun, Nordkorea (3)
Die wenigsten Niederlagen:	Neuseeland (0)
Die meisten Gelben Karten:	Niederlande (25)
Die wenigsten Gelben Karten:	Nordkorea (2)
Die meisten Roten Karten:	Australien, Algerien, Brasilien, Uruguay (2)
Die wenigsten Roten Karten:	Argentinien, Dänemark, Elfenbeinküste, England, Ghana, Griechenland, Honduras, Italien, Japan, Kamerun, Mexiko, Neuseeland, Nordkorea, Paraguay, Slowakei, Slowenien, Südkorea, Spanien, USA (0)
FIFA Fairplay-Auszeichnung:	Spanien

Spanien gewinnt

Nachdem Spanien am 11. Juli 2010 in Johannesburg im Soccer-City-Stadion die Niederlande im Endspiel mit 1:0 besiegt hatte, musste seit 1998 zum ersten Mal wieder ein neuer Name in den Pokal eingraviert werden. Die Begegnung war das erste Endspiel seit 32 Jahren, an dem zwei Mannschaften beteiligt waren, die noch nie eine Weltmeisterschaft gewonnen hatten. Die einzigen Endspiele davor, bei denen ebenfalls zwei bis dahin titellose Mannschaften aufeinandertrafen, waren das 3:1 n.V. von Argentinien gegen die Niederlande 1978, der 5:2-Sieg von Brasilien über Schweden 1958, das 3:2 der Bundesrepublik Deutschland gegen Ungarn 1954, Italiens Erfolg gegen die Tschechoslowakei 1934 und natürlich der Sieg von Uruguay gegen Argentinien bei der ersten WM 1930.

SPIELERREKORDE

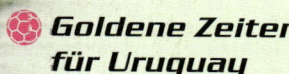

Goldene Zeiten für Uruguay

Uruguay belegte bei der WM 2010 den vierten Platz, und seinem Stürmer Diego Forlán wurde der »Goldene Ball« für den besten Spieler des Turniers verliehen. Der niederländische Spielmacher Wesley Sneijder gewann den »Silbernen Ball«, der spanische Stürmer David Villa den »Bronzenen«. Forlán ist der zweite Spieler aus Uruguay, dem diese Auszeichnung zuteilwurde. Der erste war José Nasazzi, der uruguayische Kapitän von 1930 – seine Ehrung wurde allerdings erst im Nachhinein vorgenommen: Nachdem die FIFA 1982 den »Goldenen Ball« zum ersten Mal vergeben hatte, entschied sie, auch die besten Spieler der Turniere von 1930 bis 1978 zu prämieren. 2010 erhielt Forlán 23,4 Prozent der Stimmen, auf Sneijder entfielen 21,8 Prozent und auf Villa 16,9 Prozent.

Persönliche Auszeichnungen und Bestleistungen

Goldener Ball (bester Spieler)	Diego Forlán (Uruguay)
Silberner Ball (zweitbester Spieler)	Wesley Sneijder (Niederlande)
Bronzener Ball (drittbester Spieler)	David Villa (Spanien)
Goldener Schuh (bester Torschütze)	Thomas Müller (Deutschland), fünf Tore, drei Assists
Silberner Schuh (zweitbester Torschütze)	David Villa (Spanien), fünf Tore, ein Assist (634 Spielminuten)
Bronzener Schuh (drittbester Torschütze)	Wesley Sneijder (Niederlande), fünf Tore, ein Assist (652 Spielminuten)
Goldener Handschuh (bester Torhüter)	Iker Casillas (Spanien)
Hyundai Bester Junger Spieler	Thomas Müller (Deutschland)
Ältester Torschütze	Cuauhtémoc Blanco (37 Jahre und 151 Tage), Mexiko gegen Frankreich
Jüngster Torschütze	Thomas Müller (20 Jahre und 273 Tage), Deutschland gegen Australien
Schnellstes Tor	Thomas Müller (2 Minuten und 38 Sekunden), Deutschland gegen Argentinien
Die meisten Assists	Kaká (Brasilien), Dirk Kuijt (Niederlande), Thomas Müller, Mesut Özil, Bastian Schweinsteiger (alle Deutschland), je drei
Die meisten Auszeichnungen zum »Mann des Spiels«	Wesley Sneijder (Niederlande), vier

James I.

Der englische Torwart David James war der älteste Spieler bei der WM 2010. Er bestritt drei der vier Spiele seines Teams; beim ersten Match der Engländer gegen die USA hatte sein Torwartkollege Robert Green den Vorzug erhalten. Bei seinem letzten Einsatz, bei dem England im Achtelfinale mit 1:4 gegen Deutschland unterlag, war er genau 39 Jahre und 330 Tage alt. Nachdem er 2002 und 2006 als Ersatztorhüter überhaupt nicht zum Einsatz gekommen war, verhinderte der englische Trainer Fabio Capello so, dass James als erster Spieler überhaupt bei drei verschiedenen Weltmeisterschaften kein einziges Mal zum Einsatz gekommen wäre.

Sneijder haut auf die Pauke

Der niederländische Spielmacher Wesley Sneijder wurde viermal zum »Budweiser Man of the Match« gewählt – so oft wie kein anderer. Die Trophäe für diese Auszeichnung wurde von dem südafrikanischen Designer Jonathan Fundudis gestaltet, der sich dabei von der Form einer traditionellen afrikanischen Trommel, der »Djembé«, inspirieren ließ. Vier Spieler erhielten die Auszeichnung je dreimal: der Japaner Keisuke Honda, der Portugiese Cristiano Ronaldo, der Uruguayer Diego Forlán und der Spanier Andrés Iniesta, der auch zum besten Spieler des Finales gewählt wurde.

Schuhwerk aus Edelmetall

Bei der WM 2010 gab es vier Anwärter für die Auszeichnung mit dem »Goldenen Schuh«, die alle gleich viele Tore erzielt hatten. Nachdem man zuvor beschlossen hatte, neben den erzielten Toren auch die Torvorlagen (»Assists«) mit in die Bewertung einzubeziehen, machte der 20-jährige Thomas Müller aus Deutschland das Rennen vor dem Spanier David Villa, dem Holländer Wesley Sneijder und dem Uruguayer Diego Forlán. Er hatte wie die anderen drei im Turnier fünf Tore erzielt, doch er brachte es auf die meisten Assists (drei an der Zahl, während die drei anderen Kandidaten nur je eine Torvorbereitung vorweisen konnten). Villa bekam den »Silbernen Ball«, weil er für seinen Treffer und Assists insgesamt weniger Spielminuten auf dem Platz gebraucht hatte (634 Minuten) als der mit dem »Bronzenen Ball« geehrte Sneijder (652); Diego Forlán ging hier mit 654 Spielminuten leer aus.

Foul-König

Der defensive Mittelfeldspieler Diego Pérez aus Uruguay beging bei der WM 2010 mehr Fouls als irgendein anderer Spieler. Mit 20 Regelverstößen führt er diese unerfreuliche Statistik vor Mark van Bommel aus den Niederlanden und dem japanischen Spielmacher Keisuke Honda an, die sich jeweils 19 Vergehen leisteten.

Andrés, der Fußball-Gott

Beim Endspiel der WM 2010 machte sich Andrés Iniesta mit seinem Treffer in der 116. Minute zum Helden Spaniens; zugleich war dies das späteste Tor der WM-Geschichte, das über den Titel entschied. Beim Jubel riss sich Iniesta das Nationaltrikot vom Leib; darunter trug er ein T-Shirt mit einer Aufschrift zu Ehren von Dani Jarque – der Spieler war am 8. August 2009 im Alter von nur 26 Jahren an Herzversagen gestorben. Für diese Aktion bekam Iniesta eine Gelbe Karte; es sei ihm eine Herzensangelegenheit gewesen, seines Freundes zu gedenken, erklärte Iniesta später. Nach dem Spiel trugen mit Sergio Ramos und Jesús Navas zwei weitere Spanier T-Shirts, mit denen sie Antonio Puerta, ihrem früheren Teamkollegen, ihre Anerkennung zollten: Puerta war im August 2007 im Alter von 22 Jahren einem Herz-Kreislauf-Stillstand erlegen.

Kapitäne als Knipser

Beim Halbfinale zwischen Uruguay und den Niederlanden, das im Green-Point-Stadion von Kapstadt ausgetragen wurde und das die Niederlande für sich entscheiden konnten, waren die Kapitäne beider Mannschaften als Torschützen erfolgreich: Giovanni van Bronckhorst für die Niederlande und Diego Forlán für Uruguay. So etwas gab es in der Geschichte der FIFA Fußball-Weltmeisterschaft insgesamt erst viermal.

Asamoah im Tal der Tränen

Der ghanaische Stürmer Asamoah Gyan ist der einzige Spieler, der bisher bei Weltmeisterschaften schon zwei Elfmeter während eines Spiels verschossen hat. 2006 setzte er im Gruppenspiel gegen Tschechien den Ball gegen den Pfosten. 2010 traf er im Viertelfinale gegen Uruguay in der 121. Minute nur die Latte; dies war gleichzeitig auch die letzte Aktion des Matches. Der Uruguayer Luis Suárez hatte den Strafstoß verursacht, indem er einen Schuss von Gyan auf der Torlinie mit der Hand abwehrte. Ohne diese unsportliche Aktion wäre der Ball sicher ins Netz gegangen und Ghana hätte 2:1 gewonnen und sich als erste Mannschaft aus Afrika für ein WM-Halbfinale qualifiziert. Trotzdem schritt Gyan beim Elfmeterschießen als erster Spieler für Ghana zum Punkt – und verwandelte. Ghana verlor das Elfmeterschießen dennoch mit 2:4 Toren. Wenigstens konnte sich Gyan am Ende der WM mit insgesamt vier Treffern noch über den Titel »zweitbester afrikanischer WM-Torschütze« freuen – den ersten Platz hält mit fünf Treffern weiterhin Roger Milla aus Kamerun.

Doppelte Freude für Deutschland

Deutschland kam sowohl 2006 als auch 2010 in den Genuss von zwei individuellen Spielerauszeichnungen. Bei der WM 2006 in Deutschland wurde Miroslav Klose der »Goldene Schuh« verliehen, während sein Mannschaftskollege Lukas Podolski vor Cristiano Ronaldo aus Portugal und Luis Antonio Valencia aus Ecuador die Hyundai-Auszeichnung »Bester Junger Spieler« erhielt. Vier Jahre später wurde dem 20-jährigen Thomas Müller nicht nur der »Goldene Schuh«, sondern auch die Hyundai-Auszeichnung verliehen, Letztere vor dem Ghanaer André Ayew und dem Mexikaner Giovani dos Santos, die ebenfalls für den Nachwuchsspieler-Preis nominiert worden waren.

All-Star-Team der WM 2010

Tor:	Iker Casillas (Spanien)
Abwehr:	Maicon (Brasilien), Sergio Ramos (Spanien), Carles Puyol (Spanien), Philipp Lahm (Deutschland)
Mittelfeld:	Andrés Iniesta (Spanien), Xavi (Spanien), Bastian Schweinsteiger (Deutschland), Wesley Sneijder (Niederlande)
Sturm:	Diego Forlán (Uruguay), David Villa (Spanien)
Trainer:	Vicente del Bosque (Spanien)

Stadien der FIFA WM 2010

Stadion	Stadt	Kapazität	Tore	Spiele
Soccer-City-Stadion	Johannesburg	84 490	21	8
Green-Point-Stadion	Kapstadt	64 100	22	8
Moses-Mabhida-Stadion	Durban	62 760	14	7
Ellis-Park-Stadion	Johannesburg	55 686	19	7
Loftus-Versfeld-Stadion	Pretoria	42 858	11	6
Nelson-Mandela-Bay-Stadion	Port Elizabeth	42 486	16	8
Peter-Mokaba-Stadion	Polokwane	41 733	5	4
Mbombela-Stadion	Nelspruit	40 929	9	4
Free-State-Stadion	Bloemfontein	40 911	14	6
Royal-Bafokeng-Stadion	Rustenburg	38 646	14	6

Preisgelder

(Auflistung der Länder gemäß der Abschlusstabelle, vgl. Seite 13)

30 Millionen US-Dollar: Spanien (Weltmeister)

24 Millionen US-Dollar: Niederlande (Vizeweltmeister)

20 Millionen US-Dollar: Deutschland (Dritter)

18 Millionen US-Dollar: Uruguay (Vierter)

14 Millionen US-Dollar: Argentinien, Brasilien, Ghana, Paraguay (Verlierer der Viertelfinale)

9 Millionen US-Dollar: Japan, Chile, Portugal, USA, England, Mexiko, Südkorea, Slowakei (Verlierer der Achtelfinale)

8 Millionen US-Dollar: Elfenbeinküste, Slowenien, Schweiz, Südafrika, Australien, Neuseeland, Serbien, Dänemark, Griechenland, Italien, Nigeria, Algerien, Frankreich, Honduras, Kamerun, Nordkorea (in der Gruppenphase ausgeschieden)

Netter Gastgeber

Der Treffer, mit dem Siphiwe Tshabalala im Soccer-City-Stadion in Johannesburg beim Eröffnungsspiel der WM 2010 Südafrika gegen Mexiko in Führung brachte, war zugleich das fünfte Eröffnungstor, das einem WM-Gastgeber gelang. Tshabalalas Vorgänger waren: 1950 Ademir für Brasilien beim 4:0 gegen Mexiko, 1958 Agne Simonsson für Schweden beim 3:0 ebenfalls gegen Mexiko, 1974 Paul Breitner für Deutschland beim 1:0 gegen Chile (das war allerdings das zweite Spiel des Turniers, beim Eröffnungsspiel einen Tag zuvor hatten sich Brasilien und Jugoslawien torlos getrennt) sowie 2006 Philipp Lahm für Deutschland beim 4:2 gegen Costa Rica. Der Treffer des Südafrikaners markierte gleichzeitig das vierte Mal, dass Mexiko das erste Tor einer Endrunde kassierte: Vor Tshabalala, Simonsson und Ademir hatte bereits bei der ersten WM in Uruguay 1930 der Franzose Lucien Laurent den Mexikanern einen eingeschenkt – das erste WM-Tor überhaupt.

Englische WM

Bei der WM 2010 war von allen nationalen Ligen die englische Premier League am stärksten vertreten: Von den 736 Spielern der 32 Mannschaften verdienten 117 zu diesem Zeitpunkt ihre Brötchen im englischen Fußball-Oberhaus. Danach folgten die deutsche Bundesliga mit 84, die italienische Serie A mit 80, die spanische Primera División mit 59, die französische Ligue 1 mit 45, die niederländische Eredivisie mit 34 und die japanische J.League mit 25 Profikickern. Der amtierende spanische Meister FC Barcelona hatte 14 Spieler in Südafrika im Einsatz, mehr als jeder andere Verein; acht davon traten für Spanien an, unter ihnen auch die Neuverpflichtung David Villa und der Ersatztorhüter Victor Valdés. Vom FC Chelsea London und vom FC Liverpool nahmen jeweils 12 Spieler an der Endrunde teil, der FC Bayern München hatte elf Kicker abgestellt.

Die 73. hat's in sich

Die beiden entscheidenden Tore der Halbfinalbegegnungen fielen zum gleichen Zeitpunkt: Arjen Robben erzielte in der 73. Minute per Kopf für die Niederlande den entscheidenden Treffer gegen Uruguay. Einen Tag später machte Carles Puyol ebenfalls in der 73. Minute und ebenfalls mit dem Kopf das 1:0 gegen Deutschland.

Vorzeitig zum Duschen

Zu den Spielern, die sich blitzschnell Verwarnungen und Platzverweise einhandelten, zählt auch der algerische Stürmer Abdelkader Ghezzal: Beim Spiel gegen die Slowakei sah er schon eine Minute nach seiner Einwechslung die Gelbe Karte, 15 Minuten später bekam er die zweite und musste den Platz verlassen. Bei der Partie gegen Frankreich brachte es der junge uruguayische Spielmacher Nicolás Lodero nach seiner Einwechslung nur auf 16 Spielminuten, dann wurde gegen ihn der erste Platzverweis des Turniers ausgesprochen: Zuerst wurde er wegen Ballwegschlagens verwarnt, dann sah er Gelb-Rot für ein Foul gegen Bacary Sagna. Die geringste Zeitspanne zwischen zwei Verwarnungen ließ allerdings der brasilianische Superstar Kaká verstreichen: Gegen die Elfenbeinküste sah er in der 85. Minute die Gelbe Karte. Nur drei Minuten später durfte er vorzeitig zum Duschen gehen.

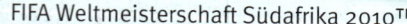

Die Fairness hat gesiegt

Die FIFA-Offiziellen durften sich nach der WM in Südafrika darüber freuen, dass in puncto Fairness gegenüber dem Turnier von 2006 in Deutschland eine erhebliche Verbesserung eingetreten war. Nicht nur gab es statt 28 nur noch 17 Platzverweise, sondern auch bei den Verletzungen, die durch Fouls verursacht wurden, war ein Rückgang von 40 auf 16 Prozent zu verzeichnen. 260-mal wurde die Gelbe Karte gezeigt, davon achtmal als Gelb-Rot. Drei dieser acht Gelbsünder (Aleksandar Luković aus Serbien, Kaká aus Brasilien und Johnny Heitinga aus den Niederlanden) bekamen jeweils auch in einem anderen Spiel noch eine Verwarnung.

Damals Spieler, jetzt Trainer

Bei der WM 2010 konnten acht Nationaltrainer auf eigene WM-Erfahrungen als Spieler zurückgreifen: Javier Aguirre (Mexiko), Dunga (Brasilien), Ricki Herbert (Neuseeland), Morten Olsen (Dänemark), Huh Jung-Moo (Südkorea), Diego Maradona (Argentinien), der ehemalige tschechoslowakische National-spieler Vladimír Weiss (Slowakei) sowie der Italiener Fabio Capello, der England coachte. Sowohl Maradona als auch Dunga führten ihre Mannschaften als Kapitäne zum WM-Titel; Maradona und Aguirre hatten bei Endrunden die Rote Karte gesehen: Maradona 1982 bei der Begegnung mit Brasilien, Aguirre vier Jahre später in der Viertelfinalpartie gegen Deutschland.

Kartenhagel im Endspiel

Noch nie gab es in einem WM-Endspiel so viele Karten wie in dem von 2010: 13-mal griff Howard Webb zu den Kartons – sieben Gelbe Karten und eine Rote Karte für die Niederlande und fünf Gelbe Karten für Spanien hagelte es. Die Niederlande haben mehr Karten gesehen als jeder bisherige WM-Endspielteilnehmer, und ihr Innenverteidiger Johnny Heitinga war der fünfte Spieler, der bei einem WM-Finale einen Platzverweis erhielt. Webb wurde ständig von Fans beider Mannschaften ausgebuht und kritisiert, und er sah sich mehrfach mit dem Vorwurf konfrontiert, dass er entweder zu scharf oder zu nachgiebig sei. Vor den fünf Gelben Karten gegen die Niederlande hatte Spanien in seinen sechs Spielen zuvor nur insgesamt drei Gelbe Karten bekommen.

Das Kraken-Orakel

Den meisten Rummel gab es bei der WM 2010 nicht um einen Spieler, sondern um ein Wesen mit acht Armen: Paul, der Oktopus, der im SEA LIFE Oberhausen lebt, sagte bei allen sieben Spielen, zu denen er »befragt« wurde, den richtigen Sieger voraus. Der Krake gab seinen Tipp ab, indem er sich für eine von zwei gleichen Deckelboxen aus Plexiglas entschied, die das gleiche Futter enthielten und mit den Fahnen der jeweils gegnerischen Länder versehen waren. Obwohl er in Oberhausen wohnt, tippte er zweimal auf eine Niederlage für Deutschland – vor dem Gruppenspiel gegen Serbien und vor dem Halbfinale gegen Spanien. Außerdem sagte er korrekt die deutschen Siege gegen Australien, Ghana, England, Argentinien und Uruguay voraus, und auch mit seinem Tipp auf einen Sieg der Spanier im Endspiel gegen die Niederlande lag er richtig. Den einzigen falschen Tipp hatte Paul zwei Jahre vorher abgegeben: Er sagte voraus, dass Deutschland im Endspiel der EM 2008 Spanien schlagen würde.

FIFA WELTMEISTERSCHAFT™ EWIGE REKORDE

Mit dem Gewinn der FIFA WM 2010 ist Spanien zu einem von insgesamt erst acht Ländern aufgestiegen, die den Titel erringen konnten. Mit fünf WM-Titeln ist nach wie vor Brasilien der Rekordweltmeister. Argentinien und Uruguay sind die beiden anderen Weltmeister aus Südamerika, aus Europa konnten neben Spanien bisher England, Frankreich, Deutschland und Italien den Pokal entgegennehmen.

FIFA WM™ QUALIFIKATIONSRUNDEN

Ozeanische Abenteuer

Nachdem Neuseeland in Ozeanien die Qualifikation für die FIFA WM 2010 erfolgreich absolviert hatte, musste es 11 Monate warten, bis es sich mit Bahrain – dem fünftplatzierten Team aus Asien – in einer Relegationsrunde mit Hin- und Rückspiel um einen Startplatz in Südafrika messen durfte. Die All Whites gewannen die Runde im November 2009 mit insgesamt 1:0 Toren. Ein anderes Land der Ozeanischen Fußball-Konföderation brachte es unter allen Teilnehmern der Qualifikation zur WM 2010 auf die höchste Torausbeute pro Spiel: Die Mannschaft der Salomonen erzielte durchschnittlich 3,8 Treffer pro Spiel, wobei ihr höchster Sieg ein 12:1 gegen Amerikanisch-Samoa war. England nimmt in dieser Statistik mit 3,4 Toren pro Spiel den zweiten Platz ein, doch anders als die glücklosen Salomonen sicherte sich das englische Team noch dazu einen Startplatz in der Endrunde.

T & T muss sich anstrengen

Trinidad und Tobago und Uruguay absolvierten bisher die meisten Spiele, bis sie sich für eine FIFA WM qualifiziert hatten. Trinidad und Tobago musste 20 Partien bestreiten, bis es ins Turnier von 2006 einzog; den Anfang machte es dabei mit zwei Siegen über die Dominikanische Republik. In der dritten Runde errang der Inselstaat in seiner Gruppe den zweiten Platz hinter Mexiko und zog so in die aus sechs Mannschaften bestehende Finalgruppe ein. Dort wurde das Team Vierter und musste nun in die Relegation gegen Bahrain, gegen das es sich durchsetzte. 2010 brachte es Uruguay auch auf 18 Gruppenspiele in der südamerikanischen Zone und zwei Relegationsspiele gegen Costa Rica.

Es wird eng für die VAE

Die Vereinigten Arabischen Emirate schafften es 1990 in die WM, obwohl sie in der Endrunde der Asiatischen Zone nur eines von fünf Spielen gewonnen und dabei ganze sechs Tore geschossen hatten. Nach vier Unentschieden schlugen sie China mit 2:1 und qualifizierten sich so als Zweite hinter Südkorea.

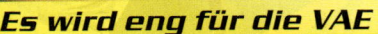

Die FIFA öffnet die WM für die ganze Welt

Seit 1978 erweiterte die FIFA die Teilnehmerzahl der WM-Endrunden zweimal, um den aufstrebenden Fußballnationen in Afrika und Asien mehr Startplätze zu geben. Dieses zunehmende Interesse spiegelt sich auch in der großen Zahl von Mannschaften wider, die an der Qualifikation teilnehmen – für die Endrunde 2010 waren es 204. Der Brasilianer João Havelange, FIFA Präsident von 1974 bis 1998, erweiterte die Teilnehmerzahl zum einen, um für die FIFA wirtschaftliche Vorteile zu erzielen, zum anderen aber auch, um kleineren Ländern eine Chance zu geben. Für die WM 1982 in Spanien wurde die Teilnehmerzahl von 16 auf 24 erhöht. Dabei erhielten Afrika und Asien je einen zusätzlichen Platz, außerdem bekam Ozeanien die Chance, ein Land zum Turnier zu schicken. 1998 wurde die Teilnehmerzahl noch einmal erhöht, in Frankreich traten 32 Länder an. So bekam Afrika fünf Plätze, Asien und Ozeanien zusammen vier und Nord- und Mittelamerika sowie die Karibik drei. Für die WM 2010 in Südafrika waren 13 Startplätze für Europa, vier für Südamerika, fünf (plus einen für die Gastgeber) für Afrika und vier für Asien reserviert. Zusätzlich qualifizierte sich der Sieger eines Ausscheidungsspiels zwischen dem Ersten Ozeaniens und dem Viertplatzierten der asiatischen Zone: Neuseeland setzte sich dabei gegen Bahrain durch und löste das WM-Ticket. Die nord- und zentralamerikanische und karibische Fußballkonföderation CONCACAF erhielt drei Plätze. Der letzte freie Platz wurde zwischen dem fünftplatzierten südamerikanischen und dem viertplatzierten CONCACAF-Land ausgespielt; dabei behielt Uruguay die Oberhand über Costa Rica.

Ägypten bildet die Vorhut

Heute nehmen afrikanische Mannschaften wie Kamerun, Tunesien, Südafrika und Nigeria häufig an FIFA WM-Endrunden teil, doch lange Zeit war Ägypten das einzige afrikanische Land, das sich qualifizieren konnte, erstmals 1934 mit einem 7:1-Heimsieg und einem 4:1-Auswärtssieg gegen Palästina. Als zweites afrikanisches Land trat Marokko 36 Jahre später bei der Endrunde in Mexiko an.

Qualifikationen nach Kontinentalverbänden

1.	Europa	218
2.	Südamerika	74
3.	Afrika	34
4.	Asien	28
5.	Nord-/Mittelamerika und die Karibik	35
6.	Ozeanien	4

Das erste Elfmeterschießen

Das erste Elfmeterschießen in der Geschichte der FIFA WM-Qualifikation fand am 9. Januar 1977 statt: Tunesien gewann nach einem 1:1 mit 4:2 nach Elfmeterschießen gegen Marokko. Auch das erste Spiel in Casablanca war 1:1 ausgegangen. Tunesien konnte sich später für die WM-Endrunde 1978 qualifizieren.

Unbesiegbare Spanier

Es hat schon mehrere Länder gegeben, die es geschafft haben, sich für eine FIFA WM zu qualifizieren, ohne dabei ein einziges Spiel zu verlieren oder mit einem Unentschieden zu beenden. Die spanische Mannschaft, die mühelos durch die Qualifikation für die WM 2010 in Südafrika marschierte, war allerdings die erste, die es dabei auf stolze 10 Siege brachte. Die Niederlande blieben in einer kleineren Gruppe in acht Spielen siegreich. Die Bundesrepublik Deutschland absolvierte ebenfalls alle acht Spiele der Qualifikation zur FIFA WM Spanien 1982 ohne Punktverlust. Brasilien gewann alle seine sechs Qualifikationsspiele zum Turnier von 1970; bei der Endrunde gewann die von Mario Zagallo trainierte Mannschaft dann ebenfalls sämtliche sechs Spiele und wurde Weltmeister.

Mal hier, mal dort

Nachdem die Meisterschaften von 1954 und 1958 in Europa stattgefunden hatten, beschloss die FIFA, sie fortan abwechselnd in Südamerika und Europa auszutragen. Daran hielt man fest, bis 1994 die USA Austragungsort für das Turnier wurden. 2002 fand die WM-Endrunde erstmals in Asien (Japan und Südkorea) statt, und 2010 wurde das Turnier zum ersten Mal in Afrika ausgetragen.

So wuchs die Qualifikationsrunde

Diese Tabelle zeigt, wie viele Länder an den Qualifikationsrunden für die FIFA WM-Endrunden teilnahmen. Einige Länder zogen ihre Anmeldungen vor der ersten Begegnung zurück.

Mannschaften in der Qualifikationsrunde:

Uruguay 1930	-
Italien 1934	32
Frankreich 1938	37
Brasilien 1950	34
Schweiz 1954	45
Schweden 1958	55
Chile 1962	56
England 1966	74
Mexiko 1970	75
Bundesrepublik Deutschland 1974	99
Argentinien 1978	107
Spanien 1982	109
Mexiko 1986	121
Italien 1990	116
USA 1994	147
Frankreich 1998	174
Japan/Südkorea 2002	199
Deutschland 2006	198
Südafrika 2010	204

Hurtado an der Spitze

Der ecuadorianische Abwehrspieler Iván Hurtado nahm an den meisten FIFA WM-Qualifikationsspielen teil. Er bestritt 56 Partien, darunter 16 in der Qualifikation zur WM 2006. Als er im Alter von 17 Jahren und 285 Tagen sein Debüt in der Nationalmannschaft gab, war er Ecuadors jüngster Nationalspieler.

Der schnellste Spielerwechsel

Der schnellste Spielerwechsel in der Geschichte der FIFA WM-Qualifikation ereignete sich am 30. Dezember 1980. Damals wurde der Nordkoreaner Chon Byong Ju beim Spiel gegen Japan in der ersten Minute ausgewechselt.

Kostadinow schockiert Frankreich

Am 17. November 1993 schoss der Bulgare Emil Kostadinow im letzten Spiel der Qualifikationsgruppe 6 eines der dramatischsten Tore in der Geschichte der FIFA WM-Qualifikation und verhinderte damit Frankreichs Teilnahme an der WM 1994. Beim Spielstand von 1:1 in der Nachspielzeit verlor der Franzose David Ginola den Ball, und Kostadinow schoss Bulgarien zum überraschenden Sieg. Die Bulgaren kamen beim Turnier in den USA bis ins Halbfinale, verloren dort jedoch 1:2 gegen Italien.

Palmer schlägt den Pfiff

Karl-Erik Palmérs zweiter Treffer bei Schwedens 3:1 gegen Irland im November 1949 gehört zu den bizarrsten Toren in der Geschichte der FIFA WM-Qualifikation. Die irischen Verteidiger blieben plötzlich stehen, weil sie einen Pfiff gehört hatten, doch Palmer rannte weiter und setzte den Ball ins Netz. Das Tor galt, weil ein Zuschauer gepfiffen hatte, nicht der Schiedsrichter. Mit zwei weiteren Toren vollendete der 19-Jährige schließlich einen Hattrick.

Bwalya – besser spät als nie

Kalusha Bwalya aus Sambia ist der älteste Spieler, der in einem Qualifikationsspiel zur FIFA WM ein Siegtor schoss. Der 41-Jährige wurde am 4. September 2004 gegen Nigeria eingewechselt und traf prompt ins Netz. 20 Jahre zuvor hatte er bei seinem ersten Qualifikationsspiel – ein 3:0 von Sambia gegen Uganda – ebenfalls ein Tor geschossen.

Australiens unglaublicher Torhagel

2001 stellten die Australier in der FIFA WM-Qualifikationsrunde einen Rekord auf, der vermutlich nie gebrochen werden wird: Sie schossen 53 Tore in zwei Tagen.

9. April 2001, Sydney: Australien gegen Tonga 22:0
Australiens Torschützen: Scott Chipperfield 3. und 83. Minute; Damian Mori 13., 23., 40.; John Aloisi 14., 24., 37., 45., 52., 63.; Kevin Muscat (rechts, mit der Trikotnummer 2) 18., 30., 54., 58., 82.; Tony Popovic 67.; Tony Vidmar 74.; David Zdrilic 78., 90.; Archie Thompson 80.; Con Boutsiania 87.

11. April 2001, Sydney: Australien gegen Amerikanisch-Samoa 31:0
Australiens Torschützen: Boutsiania 10., 50., 84. Minute; Thompson 12., 23., 27., 29., 32., 37., 42., 45., 56., 60., 65., 68., 88.; Zdrilic 13., 21., 25., 33., 58., 66., 78., 89.; Vidmar 14., 80.; Popovic 17., 19.; Simon Colosimo 51., 81.; Fausto De Amicis 55.

Thompsons unglaublicher Rekord

Als Australien Amerikanisch-Samoa am 11. April 2001 in Sydney mit 31:0 vernichtend schlug, übertraf Archie Thompson den Rekord des Iraners Bagheri, der sieben Tore in einem Qualifikationsspiel erzielt hatte, haushoch: Thompson traf 13-mal! Auch David Zdrilic übertraf mit acht Toren Bagheri. Bereits zwei Tage zuvor hatte Australien den Torrekord des Iran (17:0) mit einem 22:0 gegen Tonga übertrumpft.

Das schnellste Tor

Als Davide Gualtieri aus San Marino am 17. November 1993 gegen England nach 7 Sekunden ins Netz traf, schoss er damit das schnellste Tor in der Geschichte der FIFA WM-Qualifikation. England gewann später zwar 7:1, konnte sich trotzdem nicht für die Endrunde im Jahr darauf qualifizieren.

Münchner Katastrophe für England

Englands Hoffnungen für die FIFA WM 1958 wurden durch einen Flugzeugabsturz in München am 6. Februar 1958 zerstört, der dem englischen Meister Manchester United verheerenden Schaden zufügte. Drei Spieler, die starben – der linke Verteidiger Roger Byrne, der Linksaußen Duncan Edwards und der Mittelstürmer Tommy Taylor – hatten in den Qualifikationsspielen zuvor herausragende Leistungen für England erbracht. Der 19-jährige Edwards hatte zwei, Taylor sogar acht Tore geschossen. Byrne und Taylor kamen bei dem Absturz sofort ums Leben, Edwards starb 15 Tage später.

Ein richtiger Allrounder

Sir Viv Richards, die Cricket-Legende von den Westindischen Inseln, ist nicht nur in seiner angestammten Sportart, dem »Sommerspiel«, als Allrounder anerkannt. Er wurde zwar in erster Linie dafür berühmt, dass er mit seinem Land zweimal die Cricket-Weltmeisterschaft gewann (1975 und 1979), er hat aber auch Fußball gespielt: Er war Teil der Mannschaft von Antigua und Barbuda, die an der Qualifikation zur FIFA WM 1974 teilnahm. Leider verloren er und sein Team alle Spiele, zu denen sie antraten.

Hattrick-Rekord

Der Ägypter Abdel Hamid Bassiouny erzielte den schnellsten Hattrick aller Zeiten in der Geschichte der Qualifikationsspiele, als sein Land am 13. Juli 2001 8:2 gegen Namibia gewann. In nur 177 Sekunden traf er zwischen der 39. und 42. Minute dreimal ins Netz.

Der Jüngste und der Älteste

Der jüngste Spieler, der je an einem Qualifikationsspiel für eine FIFA WM teilnahm, ist Souleymane Mamam aus Togo, der beim Spiel gegen Sambia 13 Jahre und 310 Tage alt war. Der älteste ist MacDonald Taylor – er spielte am 18. Februar 2004 mit 46 Jahren und 180 Tagen für die Jungferninseln gegen St. Kitts und Nevis.

Daei übertrifft alle

Niemand schoss in WM-Qualifikationsspielen mehr Tore als der Iraner Ali Daei. Mit neun Treffern in den Qualifikationsspielen zur FIFA WM 2006 – auch dies ein Rekord – kam er auf die Gesamtzahl von 30 Toren – neun Tore mehr als der Japaner Kazuyoshi Miura, mit dem er sich bis dahin den Rekord teilen musste. Daei schoss sieben Tore in der Qualifikation für 1994, vier in der für 1998 und zehn in der für 2002.

Horst kommt als Erster ins Spiel

Aufgrund einer Sonderregelung bei der Qualifikation zur WM 1954 (bis zur Halbzeit durfte ein Spieler verletzungsbedingt ausgetauscht werden) war Horst Eckel aus der Bundesrepublik Deutschland der erste Spieler, der bei einem Qualifikationsspiel eingewechselt wurde: Beim 3:0-Sieg der deutschen Mannschaft über das (damals für kurze Zeit eigenständige) Saarland am 11. Oktober 1953 kam er in der 38. Minute für den Fürther Richard Gottinger auf den Platz. Eckel wurde 1954 Weltmeister, während Gottingers Einsatz der erste und gleichzeitig letzte für die deutsche Nationalmannschaft war. Als die Qualifikationsrunde für die WM von 1958 lief, war das Saarland schon in die Bundesrepublik eingegliedert worden.

Die USA lassen sich Zeit

Das späteste aller Qualifikationsspiele fand am 24. Mai 1934 in Rom statt. Damals schlugen die USA Mexiko 4:2 und schnappten sich den letzten Platz bei der FIFA WM. Drei Tage später schieden die Amerikaner durch ein 1:7 gegen Gastgeber Italien in der ersten Runde des Turniers wieder aus.

Italien musste in die Qualifikationsrunde

Italien ist die einzige Gastgebernation, die sich für eine FIFA WM im eigenen Land qualifizieren musste. Die Gastgeber von 1934 sicherten sich ihren Startplatz durch ein 4:0 gegen Griechenland, das auf ein Rückspiel verzichtete. 1938 durften Titelverteidiger und Gastgeber automatisch am Turnier teilnehmen. Erst zur WM 2006 änderte die FIFA diese Regel nochmals – nun ist einzig der Gastgeber automatisch qualifiziert. Da für die afrikanische Zone die zweite Runde der Qualifikation für die WM 2010 gleichzeitig als Qualifikation für die Afrikameisterschaft 2010 in Angola gewertet wurde, nahm Südafrika jedoch trotzdem daran teil.

Die Türkei zieht den Hauptgewinn

Gegen Spanien qualifizierte sich die Türkei als erste Mannschaft durch ein Losverfahren für eine WM-Endrunde. Nachdem ein Entscheidungsspiel in Rom – beide Mannschaften hatten zuvor ihre Heimspiele gewonnen – am 17. März 1954 2:2 endete, entschied ein 14-jähriger Römer namens Luigi Franco Gemma, wer weiterkam. Mit verbundenen Augen zog er das Glückslos für die Türkei. Vielen neutralen Zuschauern wäre jedoch Spanien lieber gewesen.

Der »Fußball-Krieg«

Nachdem El Salvador in einem Qualifikationsspiel zur FIFA WM 1970 am 26. Juni 1969 Honduras 3:2 geschlagen hatte, brach zwischen den beiden Staaten Krieg aus. Grenzstreitigkeiten hatten zu Spannungen zwischen den Nachbarn geführt und während des Spiels war es bereits zu Unruhen gekommen. Am 14. Juli marschierte die salvadorianische Armee in Honduras ein.

Erfolgreichste WM-Qualifikationen

Italien	13
Argentinien	12
(Bundesrepublik) Deutschland	12
Mexiko	12
Spanien	12
Brasilien	11
England	11
Belgien	10
Jugoslawien/Serbien	10
Schweden	10
Tschechoslowakei/ Tschechische Republik	9
Ungarn	9

England dabei, Schottland nicht

England nahm zum ersten Mal 1950 an einer FIFA WM teil. Die Engländer lagen vor Schottland an der Tabellenspitze der britischen Gruppe. Damit hätten sich beide Mannschaften qualifiziert, doch die Schotten weigerten sich, zum Turnier nach Brasilien zu fahren, weil sie nur Zweiter geworden waren. In der Folgezeit schafften es die Schotten achtmal in die Endrunden von WM-Turnieren, kamen jedoch nie über die Gruppenspiele hinaus (Bild: Billy Wright).

Thierrys Gaunerei

Frankreich qualifizierte sich für die FIFA WM 2010 dank eines der umstrittensten Tore der jüngsten Geschichte des internationalen Fußballs. Im Relegations-Rückspiel der Franzosen gegen Irland waren 14 Minuten der Verlängerung verstrichen, als Thierry Henry den Ball eindeutig unter Zuhilfenahme der Hand an William Gallas weiterspielte. Der verwandelte sicher und verschaffte damit seinem Team in der Summe beider Spiele eine entscheidende 2:1-Führung. Nachdem der schwedische Schiedsrichter Martin Hansson den Treffer gegeben hatte, forderte der irische Fußballverband zunächst eine Wiederholung des Spiels und anschließend die Zulassung Irlands als 33. Teilnehmer der Endrunde – beides vergebens.

Wales schleicht sich durch die Hintertür herein

Nur einmal, 1958, nahmen alle vier britischen Mannschaften an einer FIFA WM teil. England, Schottland und Nordirland lagen an der Spitze ihrer Gruppen, doch Wales qualifizierte sich über einen Umweg. Die Waliser waren eigentlich ausgeschieden, bekamen jedoch eine zweite Chance. Israel war in der asiatischen Qualifikationsrunde aus politischen Gründen ohne Gegner geblieben, doch die FIFA ließ die Israelis zu einem Ausscheidungsspiel gegen eine der in ihren Gruppen zweitplatzierten europäischen Mannschaften antreten. Das Los fiel auf Wales, das beide Spiele mit 2:0 gewann.

Italien Spitzenreiter

Italien konnte sich von allen Ländern am häufigsten für WM-Endrunden qualifizieren: 13-mal (1934, 1954, 1962, 1966, 1970, 1974, 1978, 1982, 1994, 1998, 2002, 2006 und 2010). 1938, 1950 und 1986 war Italien als Titelträger automatisch qualifiziert, 1990 war das Land Gastgeber. Nur einmal schieden die Italiener bei einer Qualifikationsrunde aus: 1958 wurden sie von Nordirland geschlagen.

Qualifikation unterm Dach

Im Kingdome im amerikanischen Seattle wurde das erste WM-Qualifikationsspiel durchgeführt, das in einer geschlossenen Halle stattfand: Im Oktober 1976 schlugen hier die US-Amerikaner die kanadische Mannschaft mit einem 2:0. Nur ein paar Monate vorher war dieser Bau zum ersten Mal Schauplatz eines Rockkonzertes gewesen: Die Band »Paul McCartney and Wings« war am 10. Juni 1976 in der Halle zu Gast gewesen. Kanada rächte sich an den Vereinigten Staaten mit einem 3:0 bei einem Relegationsspiel, das in Port-au-Prince auf Haiti ausgetragen wurde und das Kanada in die zweite Runde der Qualifikation der CONCACAF-Zone brachte. Doch am Ende scheiterten die Kanadier abermals gegen Mexiko.

Argentiniens langer Boykott

Beinahe 20 Jahre lang boykottierte Argentinien die FIFA WM. 1938 waren die Argentinier Titelträger der Copa América, weigerten sich jedoch, nach Frankreich zu fahren, weil man sie bei der Wahl des Austragungsorts übergangen hatte. Auch gefiel es ihnen nicht, dass sie in der Qualifikationsrunde gegen Brasilien antreten sollten. Auch an den Weltmeisterschaften 1950 und 1954 nahm man nicht teil, nachdem Brasilien zum Austragungsort für das Turnier 1950 gewählt worden war. Erst in der Qualifikationsrunde zur FIFA WM 1958 trat Argentinien wieder an.

FIFA WM™ MANNSCHAFTSREKORDE

Ungeschlagen, aber trotzdem draußen

In den Gruppenspielen der zweiten Finalrunde 1978 verpasste Brasilien das Endspiel aufgrund der schlechteren Tordifferenz gegenüber dem Erzrivalen Argentinien, obwohl die Mannschaft das gesamte Turnier ungeschlagen blieb. Die Einführung des Elfmeterschießens führte dazu, dass weitere Mannschaften nicht Weltmeister wurden, obwohl sie kein Match verloren hatten. Italien (1990) und Frankreich (2006) blieben jeweils sieben Mal unbesiegt, England (1990) und die Niederlande (1998) bis zum Halbfinalspiele sechsmal. Italien, Spanien und Argentinien schieden in Elfmeterschießen von Viertelfinalspielen nach fünf Spielen ohne Niederlage aus.

Brasiliens Siegesserie

Brasilien erzielte die meisten Siege hintereinander bei FIFA Weltmeisterschaften. Ihr 2:1 gegen die Türkei im ersten Gruppenspiel der Mannschaft bei der WM 2002 setzte eine Siegesserie in Gang, die elf Spiele lang anhielt und der erst durch ein 0:1 im Viertelfinale der Endrunde 2006 gegen Frankreich am 1. Juli ein Ende gesetzt wurde.

Blau bringt's

Xavi, hier ganz ungewohnt im blauen Auswärtstrikot der Iberer, war eine der Säulen des spanischen WM-Erfolgsteams von 2010. Spanien war seit 1966 das erste Team, das – wie damals England – den Titel im Auswärtstrikot holte.

Geteilte Tore

Frankreich (1982) und Italien (2006) stellten die meisten unterschiedlichen Torschützen bei einer FIFA WM-Endrunde – nämlich jeweils zehn. Gérard Soler, Bernard Genghini, Michel Platini, Didier Six, Maxime Bossis, Alain Giresse, Dominique Rocheteau, Marius Tresor, René Girard und Alain Couriol trafen für Frankreich ins Netz. Alessandro Del Piero, Alberto Gilardino, Fabio Grosso, Vincenzo Laquinta, Luca Toni, Filipp »Pippo« Inzaghi, Marco Materazzi, Andrea Pirlo, Francesco Totti und Gianluca Zambrotta schossen 2006 die Tore für Italien, das Weltmeister wurde.

Brasilien zeigt Farbe

Die heutige Welt identifiziert Brasiliens Nationalmannschaft mit ihren gelben Trikots und blauen Hosen. Doch bei den ersten vier FIFA Weltmeisterschaften trug die Nationalmannschaft noch weiße Trikots. Als Brasilien bei der WM 1950 Uruguay mit 1:2 unterlag und so den Titel verspielte, veranlasste dieser Schock den nationalen Fußballverband dazu, die Farben zu ändern, um die Erinnerung an die bitterste Niederlage in der Geschichte des brasilianischen Fußballs auszulöschen.

Italien lässt nichts durch

Italien blieb bei einer FIFA WM-Endrunde über 500 Minuten lang ohne Gegentor – ein absoluter Rekord. 1990 ließ Torhüter Walter Zenga keinen Ball durch, bis Claudio Caniggia im Halbfinale Argentiniens Ausgleichstor erzielte. Doch dieses Abwehrbollwerk brachte Italien zuletzt doch nicht den ersehnten Titelgewinn: Nach einem 4:3 im Elfmeterschießen zog Argentinien ins Finale ein.

Heute Europa, morgen die Welt

Vicente del Bosque, der Teamchef des Weltmeisters von 2010, ist erst der zweite Trainer, der sowohl die WM als auch die UEFA Champions League bzw. den Europapokal der Landesmeister gewinnen konnte. Marcello Lippi gewann 1996 mit Juventus Turin die Champions League und wurde zehn Jahre später mit der italienischen Nationalmannschaft Weltmeister. Vicente del Bosque feierte mit Real Madrid 2000 und 2002 Champions-League-Triumphe, wurde jedoch nach der Saison 2002/2003 gefeuert, weil er mit den Königlichen »nur« Spanischer Meister geworden war.

Warum die britischen Mannschaften draußen blieben

England und Schottland gelten als Mutterländer des Fußballs, doch beide griffen erst in der Qualifikationsrunde zur FIFA WM 1950 ins Geschehen ein. Die vier britischen Fußballverbände – England, Schottland, Wales und Nordirland – stiegen in den 1920ern aus der FIFA aus, weil es Streitigkeiten über Ausfallszahlungen an Amateurspieler gegeben hatte. Erst seit 1946 gehören die britischen Vereine wieder dem Weltfußballverband an.

Die meisten Teilnahmen am Finale einer FIFA WM™

1.	Brasilien	7
=	BRD/Deutschland	7
3.	Italien	6
4.	Argentinien	4
5.	Niederlande	3
6.	Frankreich	2
=	Tschechoslowakei	2
=	Ungarn	2
=	Uruguay	2
10.	England	1
=	Schweden	1
=	Spanien	1

Eintagsfliege

Indonesien, damals noch unter dem Namen Niederländisch-Indien, bestritt ein einziges WM-Spiel: 1938, als das Turnier allein durch K.-o.-Spiele entschieden wurde, verlor das Land am 5. Juni im Achtelfinale 0:6 gegen Ungarn und konnte sich seitdem nicht mehr qualifizieren.

Die meisten Teilnahmen an FIFA Weltmeisterschaften™

1.	Brasilien	19
2.	BRD/Deutschland	17
=	Italien	17
4.	Argentinien	15
5.	Mexiko	13

Brasilien profitiert von Rimets Vision

Jules Rimet, FIFA Präsident von 1921 bis 1954, war die treibende Kraft bei der Geburt der Weltmeisterschaft, die erstmals 1930 ausgetragen wurde. Bei der ersten Endrunde in Uruguay traten nur 13 Mannschaften an. Die lange Seereise ließ die meisten europäischen Mannschaften vor einer Teilnahme zurückschrecken. Nur vier nahmen den Weg auf sich: Belgien, Frankreich, Jugoslawien und Rumänien. Trotzdem war Rimets Traum wahr geworden. Mit insgesamt fünf Siegen ist Brasilien die erfolgreichste Mannschaft in der Turniergeschichte. Das Land gewann mehr Spiele bei den Endrunden (67) als jedes andere, Deutschland hat jetzt jedoch mehr Spiele absolviert (99) als Brasilien (97). Italien wurde bisher viermal, die Bundesrepublik dreimal FIFA Weltmeister. Uruguay und Argentinien, die Finalisten der ersten Endrunde, sicherten sich den Pokal bisher je zweimal. Die drei anderen Weltmeister waren England (1966) und Frankreich (1998), beide bei Endrunden im eigenen Land, sowie Spanien, das 2010 in Südafrika zum ersten Mal den Titel holen konnte.

Wegen der WM steht die Welt still

WM-Endrunden sind neben Olympischen Spielen die weltweit größten Sportveranstaltungen. Als 1930 die erste Weltmeisterschaft abgehalten wurde, steckte das Fernsehen noch in den Kinderschuhen. Seither hat sich der Wettbewerb zum populärsten und wichtigsten TV-Sportereignis überhaupt entwickelt. Die Spiele 2006 wurden weltweit von zusammengerechnet 26,3 Milliarden Menschen gesehen, 100 Millionen weniger als bei der Endrunde 2002. Zusätzlich zu den geschätzten 700 Millionen Fußballfans, die das Endspiel weltweit im TV verfolgten, gingen viele weitere Hunderttausend Menschen auf öffentliche Plätze und zu Fanfesten, um dort das Finale auf Großleinwänden zu verfolgen.

Enge Kisten

Bis 2010 ist es keinem Land gelungen, fünf WM-Spiele in Serie mit nur einem Tor Unterschied zu gewinnen. Mit ihrem 3:2-Halbfinalsieg über Uruguay schafften das in Südafrika dann der Niederländer Arjen Robben und seine Teamkameraden als Erste. Zuvor hatten die Italiener die Bestmarke gehalten: Sie brachten es bei den Weltmeisterschaften von 1934 und 1938 überspannend zu einer Serie von vier solch knappen Siegen. Die Spanier stellten dann 2010 mit ihrem 1:0-Endspielsieg über die Niederlande den Rekord fünf aufeinanderfolgender Siege mit einem Tor Vorsprung ein – vier ihrer Siege feierten sie dabei in der K.-o.-Phase.

Die früheste Rote Karte

Der schnellste Platzverweis bei einer FIFA WM-Endrunde erfolgte 1986: Der Uruguayer José Batista wurde nach nur 56 Sekunden vom Platz gestellt, weil er auf den Schotten Gordon Strachan losgegangen war. Den spätesten Platzverweis erhielt der Argentinier Leando Cufré. Er sah im Viertelfinale gegen Deutschland 2006 nach dem Abpfiff Rot – und das, obwohl er im Spiel gar nicht zum Einsatz gekommen war.

Nur einmal in Rot

Als die Engländer 1966 ihren bis heute einzigen großen Titel errangen, waren sie zudem die bislang einzige Mannschaft, die in roten Trikots Weltmeister wurde. Die Spanier hätten es ihnen 2010 gleichtun können, doch sie mussten in ihrem blauen Auswärtstrikot auflaufen, um sich deutlich vom Hellorange der Niederländer abzuheben. Zur Überreichung des Pokals durch den FIFA-Präsidenten Sepp Blatter hatten sich die Spieler jedoch wieder ihre normalen roten Trikots angezogen.

Die wenigsten kassierten Tore

Frankreich (1998), Italien (2006) und Spanien (2010) kassierten die wenigsten Gegentore auf ihren Wegen zum Titelgewinn. Ihre Torhüter ließen jeweils nur zwei Bälle durch. Die Spanier halten jetzt allerdings auch den Rekord, mit den wenigsten erzielten Treffern den Titel errungen zu haben: 2010 trafen sie nur achtmal und liegen damit vor Italien (1938), England (1966) und Brasilien (1994), die sich den Pokal mit jeweils nur elf Toren sicherten.

Sponsoren sorgen für satten Gewinn

Keine WM ist bisher finanziell so lukrativ gewesen wie die von 2010 – die FIFA konnte einen Rekordgewinn von 3,2 Milliarden US-Dollar einsacken. Ein weiterer Allzeitrekord wurde bei der Zahl der Fernsehzuschauer aufgestellt, die das Endspiel verfolgten: Weltweit sahen über 700 Millionen Menschen die Begegnung.

Die wenigsten kassierten Tore in einem Turnier

Schweiz: 0, 2006

Die meisten Tore in einer WM-Endrunde

Ungarn: 27, 1954

Die meisten Siege in einer WM-Endrunde

Brasilien: 7, 2002

Der erfolgreichste Torschütze bei einer WM-Endrunde

Just Fontaine (Frankreich): 13, 1958

Die meisten aufeinanderfolgenden Spiele mit Torerfolgen bei FIFA WM™-Endrunden

18	Brasilien	1930–58
18	BRD/Deutschland	1934–58
		1986–98
17	Ungarn	1934–62
16	Uruguay	1930–62
15	Brasilien	1978–90
15	Frankreich	1978–86

Platzierungen der Gastgeber bei FIFA WM™-Endrunden

1930	Uruguay	Weltmeister
1934	Italien	Weltmeister
1938	Frankreich	Viertelfinale
1950	Brasilien	Vizeweltmeister
1954	Schweiz	Viertelfinale
1958	Schweden	Vizeweltmeister
1962	Chile	3. Platz
1966	England	Weltmeister
1970	Mexiko	Viertelfinale
1974	Bundesrepublik	Weltmeister
1978	Argentinien	Weltmeister
1982	Spanien	2. Finalrunde
1986	Mexiko	Viertelfinale
1990	Italien	3. Platz
1994	USA	Achtelfinale
1998	Frankreich	Weltmeister
2002	Südkorea	4. Platz
	Japan	Achtelfinale
2006	Deutschland	3. Platz
2010	Südafrika	Gruppenphase

Der Titelverteidiger fliegt raus

Bei der WM 2002 in Südkorea und Japan lieferte Frankreich die schlechteste Leistung eines Titelverteidigers in der WM-Geschichte ab: Die Franzosen verloren das Eröffnungsspiel gegen den Senegal, kamen gegen Uruguay nicht über ein torloses Unentschieden hinaus und konnten nach der 0:1-Niederlage gegen Dänemark die Koffer packen. Als erster Titelverteidiger überhaupt schieden die Franzosen damit ohne einen einzigen Treffer aus dem folgenden Turnier aus. 2010 hätte Italien diesen Negativrekord fast eingestellt: Das Land fuhr ebenfalls nach der Gruppenphase ohne einen einzigen Sieg – und auch ohne nur einmal in Führung gegangen zu sein – nach Hause, doch hatten die Italiener wenigstens zweimal Unentschieden gespielt und immerhin vier Tore geschossen: Das erste Spiel gegen Paraguay endete 1:1, im zweiten Spiel benötigten sie einen Foulelfmeter, um gegen den Fußballzwerg Neuseeland wenigstens ein weiteres 1:1 zu erreichen, und das dritte Spiel gegen die Slowakei ging 2:3 verloren und bedeutete das WM-Aus für die »Squadra Azzurra«.

Brasilien gibt den Ton an

Brasilien hält den Rekord für die meisten Siege in einem WM-Turnier: Bei ihrem Titelgewinn 2002 gewannen sie alle sieben Spiele, beginnend mit dem 2:1 gegen die Türkei bis hin zum 2:0 im Finale gegen Deutschland. Bei dieser beispiellosen Siegesserie schossen die Brasilianer 18 Tore und kassierten nur vier.

Deutschlands Torrekorde

Die Bundesrepublik erzielte 14 Tore in der Vorrunde des Turniers 1954, die höchste Zahl, die je von einem Weltmeister erreicht wurde. Mit insgesamt 25 Toren im selben Jahr stehen sie zudem auf Platz 2, was die Gesamtzahl der in einem Turnier geschossenen Tore betrifft – nur zwei schlechter als Ungarn, das in der Endrunde 1954 27-mal traf und trotzdem das Finale gegen die Deutschen verlor.

Fontaine und Jairzinho lassen's krachen

Der Franzose Just Fontaine und der brasilianische Stürmer Jairzinho schossen als einzige Spieler in jedem Spiel einer Endrunde mindestens ein Tor. Fontaine traf 1958 13-mal in sechs Spielen – dies ist bis heute ein FIFA WM-Rekord. Jairzinho erzielte 1970 in sechs Spielen sieben Treffer und wurde mit Brasilien Weltmeister.

FIFA WM™ TORE

Niemals torlos

Brasilien und (die Bundesrepublik) Deutschland teilen sich den Rekord für die meisten aufeinanderfolgenden FIFA WM™-Spiele, bei denen sie mindestens ein Tor erzielten, nämlich 18. Brasiliens Serie begann 1930 mit einem 1:2 gegen Jugoslawien und endete mit einem 0:0 gegen England in den Gruppenspielen 1958. Den Deutschen gelang dieses Kunststück sogar zweimal: Mit ihrem 5:2-Sieg gegen Belgien 1934 setzten sie eine Serie in Gang, die erst mit einem 0:0 gegen Italien im ersten Gruppenspiel 1962 beendet wurde. Die zweite Serie begann mit einem 1:1 gegen Uruguay in den Gruppenspielen 1986 und endete mit dem 0:3 gegen Kroatien im Viertelfinale von 1998.

Die höchsten Torzahlen

Das torreichste Spiel bei einer FIFA WM war das Viertelfinalspiel zwischen Österreich und der Schweiz am 26. Juni 1954. Österreich lag in der 19. Minute 0:3 zurück, setzte dann jedoch zu einer unglaublichen Aufholjagd an und gewann, u. a. auch dank drei Treffern von Mittelstürmer Theodor Wagner, schließlich 7:5. In drei Spielen fielen je elf Tore: Brasilien siegte 1938 6:5 gegen Polen, Ungarn gewann 8:3 gegen die Bundesrepublik in den Gruppenspielen 1954, und Ungarn besiegte in einem Gruppenspiel 1982 El Salvador mit 10:1.

Torknauserer Spanien

Spanien wurde 2010 Weltmeister, obwohl es bei seinem Triumphzug in sieben Spielen nur acht Tore erzielte – weniger als je ein Weltmeister davor; Italien, England und Brasilien hatten den Titel in den Jahren 1934, 1966 und 1994 mit jeweils elf Treffern geholt. Die spanische Mannschaft unter Trainer Vicente del Bosque war auch das erste Team, das alle vier Spiele der K.-o.-Phase mit einem 1:0 gewann. In zwei von diesen Spielen war David Villa jeweils der Torschütze des entscheidenden Treffers.

Schwere Zeiten für Torjäger

Im Laufe der Jahre wurde es immer schwerer, bei Weltmeisterschaften Treffer zu erzielen. In den 1950ern, der »guten alten Zeit«, hagelte es noch Tore – Brasilien, Ungarn, die Bundesrepublik und Frankreich trafen jeder in einem Turnier mehr als 20-mal. Österreichs 7:5-Sieg gegen die Schweiz im Jahr 1954 hält bis heute den Rekord für das torreichste Spiel einer Endrunde, auch die Durchschnittszahl von 5,38 Toren pro Spiel im selben Turnier wurde nie mehr übertroffen. Im modernen Fußball wird sehr viel größerer Wert auf eine gut organisierte Abwehr gelegt, und taktische Umstellungen machen den Angreifern das Leben auch nicht unbedingt leichter. So setzten viele Trainer bei der FIFA WM 2010 in Südafrika nur einen Stürmer ein. Italien, der Weltmeister von 2006, steht exemplarisch für diese Entwicklung: Das Team schoss nur zwölf Tore in sieben Spielen – kassierte aber auch nur zwei. Doch selbst Italien schoss noch vier Tore mehr als 2010 Spanien bei seinem Titelgewinn.

Nullnummern

Das 0:0 im Achtelfinale zwischen Paraguay und Japan war das siebte torlose Unentschieden der Endrunde 2010 – der Nullnummern-Rekord wurde damit jedoch nur eingestellt, genauso viele 0:0-Spiele hatte es auch 1962 und 2006 gegeben. Der Siegtreffer von Andrés Iniesta gegen die Niederlande sorgte dafür, dass das Finale von 1994, bei dem Brasilien und Italien aufeinandertrafen, nach wie vor das einzige ist, das auch nach der Verlängerung noch 0:0 stand und durch Elfmeterschießen entschieden werden musste.

Das schnellste Tor

Der Türke Hakan Şükür hält den Rekord für das schnellste Tor in einem WM-Spiel: Im Spiel um den dritten Platz gegen Südkorea landete er 2002 in der elften Spielsekunde einen Treffer. Die Türkei gewann am Ende mit 3:2. Der frühere Rekordhalter war der Tscheche Václav Măsek, der 1962 in Mexiko in der 15. Sekunde getroffen hatte.

Die höchsten Siege bei FIFA WM™-Endrunden

Ungarn – El Salvador 10:1 (15. Juni 1982)
Ungarn – Südkorea 9:0 (17. Juni 1954)
Jugoslawien – Zaire 9:0 (18. Juni 1974)
Schweden – Kuba 8:0 (12. Juni 1938)
Uruguay – Bolivien 8:0 (2. Juli 1950)
Deutschland – Saudi-Arabien 8:0 (1. Juni 2002)

Die meisten Tore bei einer FIFA WM™

Tore	Land	Jahr
27	Ungarn	(1954)
25	Bundesrepublik Deutschland	(1954)
23	Frankreich	(1958)
22	Brasilien	(1950)
19	Brasilien	(1970)

Die meisten Tore bei allen FIFA WM™

1.	Brasilien	210
2.	(Bundesrepublik) Deutschland	206
3.	Italien	126
4.	Argentinien	123

Die meisten und die wenigsten Tore

Die höchste Gesamttorzahl bei einem FIFA WM-Turnier liegt bei 171. So viele Bälle landeten 1998 in Frankreich im Netz, auch weil die Teilnehmerzahl auf 32 erhöht worden war und mehr Spiele ausgetragen wurden. Der Rekord an Toren pro Spiel wurde 1954 aufgestellt: 140 Tore in nur 26 Spielen bedeuteten einen Schnitt von 5,38 Toren pro Spiel. Die niedrigste Zahl von Toren pro Spiel wurde 1990 in Italien verzeichnet – 115 Tore in 52 Spielen ergaben einen Schnitt von 2,21. In Südafrika wurden 2010 insgesamt 145 Treffer erzielt – das ergibt einen Schnitt von 2,26 Toren pro Spiel.

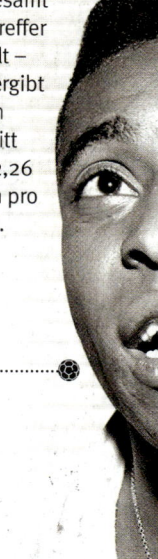

Der Jüngste und der Älteste

Pelé wurde mit 17 Jahren und 239 Tagen der jüngste Torschütze einer FIFA WM-Endrunde, als er im Viertelfinale von 1958 Brasilien zum Sieg über Wales traf. Der Kameruner Roger Milla war mit 42 Jahren und 39 Tagen der älteste Torschütze. Er schoss bei Kameruns 1:6 gegen Russland im Turnier 1994 das einzige Tor für sein Land.

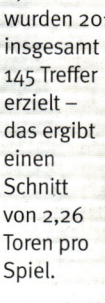

Dauerbrenner

Sieben Spieler waren bisher mit einem zeitlichen Abstand von 12 Jahren bei Weltmeisterschaften als Torschützen erfolgreich. Der jüngste Neuzugang in diesem exklusiven Klub ist der Mexikaner Cuauthémoc Blanco: Zwischen seinem 2010 in Polokwane erfolgreich verwandelten Elfmeter gegen Frankreich und seinem ersten WM-Tor 1998 gegen Belgien liegen genau ein Dutzend Jahre. Die anderen sechs Spieler, die ebenfalls über diesen langen Zeitraum hinweg als WM-Torschützen erfolgreich waren, sind: Pelé aus Brasilien (1958–1970), Uwe Seeler aus Deutschland (1958–1970), Diego Maradona aus Argentinien (1982–1994), Michael Laudrup aus Dänemark (1986–1998), der Schwede Henrik Larsson (1994–2006) sowie Sami al-Dschabir aus Saudi-Arabien (1994–2006).

WM-Tor Nummer 2200

Arjen Robbens wuchtiger Kopfballtreffer beim 3:2 der Niederlande gegen Uruguay, mit dem er seine Mannschaft im WM-Halbfinale 2010 mit 3:1 in Führung brachte, war das 2200. WM-Tor. Der Treffer von Andrés Iniesta im Endspiel schraubte die Gesamtzahl der bisher erzielten WM-Tore auf 2208 hoch.

Herr Rossi findet das Glück

Vom Bösewicht zum Helden – so sah die FIFA WM von 1982 für Paolo Rossi aus, als er mit Italien Weltmeister wurde. Trainer Enzo Bearzot stellte Rossi auf, obwohl dieser gerade eine zweijährige Sperre wegen angeblicher Spielmanipulationen abgesessen hatte. In den ersten Spielen wurde Rossi kritisiert, weil er angeblich nicht fit genug war – doch in der zweiten Finalrunde traf er dreimal beim 3:2 gegen Brasilien, schoss im Halbfinale beide Tore beim 2:0 gegen Polen und schoss das wichtige erste Tor beim 3:1 im Endspiel gegen die Bundesrepublik.

Gold, Silber und Bronze

Der Torschützenkönig einer FIFA WM-Endrunde bekommt traditionell den »Adidas Goldenen Schuh« verliehen. 2006 führte die FIFA zwei weitere Preise ein: den »Silbernen« und den »Bronzenen Schuh« für den zweit- bzw. drittbesten Schützen des Turniers. Der Argentinier Hernán Crespo wurde Zweiter hinter dem Deutschen Miroslav Klose. Bronze ging an Brasiliens Stürmer Ronaldo, der 2002 den »Goldenen Schuh« eingeheimst hatte.

Eusebio stürmt zum Sieg

Portugals Eusebio war der Star-Stürmer der FIFA WM von 1966. Heute dürfte er gar nicht für Portugal antreten, denn er wurde in Mosambik geboren – damals noch portugiesische Kolonie. Mit neun Toren wurde er Torschützenkönig des Turniers. Darunter waren seine zwei Tore beim 3:1 gegen Brasilien, mit dem Portugal den Titelverteidiger nach Hause schickte. Als Portugal im Viertelfinale nach einem 0:3-Rückstand gegen Nordkorea das Spiel noch drehte und mit 5:3 gewann, traf Eusebio sogar viermal.

Torschützenkönige der FIFA WM™ (1930–78)

Maximal 16 Teilnehmer

Jahr	Ort	Torschützenkönig/Land	Tore
1930	Uruguay	**Guillermo Stabile** (Argentinien)	8
1934	Italien	**Oldrich Nejedlý** (Tschechoslowakei)	5
1938	Frankreich	**Leônidas** (Brasilien)	7
1950	Brasilien	**Ademir** (Brasilien)	9
1954	Schweiz	**Sándor Kocsis** (Ungarn)	11
1958	Schweden	**Just Fontaine** (Frankreich)	13
1962	Chile	**Garrincha** (Brasilien)	4
		Vavá (Brasilien)	
		Leonel Sánchez (Chile)	
		Florian Albert (Ungarn)	
		Valentin Iwanow (Sowjetunion)	
		Dražan Jerković (Jugoslawien)	
1966	England	**Eusebio** (Portugal)	9
1970	Mexiko	**Gerd Müller** (BRD)	10
1974	BRD	**Grzegorz Lato** (Polen)	7
1978	Argentinien	**Mario Kempes** (Argentinien)	6

Kempes trumpft auf

In der argentinischen Mannschaft von 1978 war Mario Kempes der einzige Spieler, der bei einem ausländischen Verein unter Vertrag stand. Er spielte beim FC Valencia und war zweimal Torschützenkönig in Spanien. Auch zu Argentiniens Erfolg trug Kempes maßgeblich bei. Nachdem er in 1. Finalrunde kein Tor geschossen hatte, befahl ihm César Luis Menotti, sich den Schnurrbart abzurasieren. In den Gruppenspielen der 2. Finalrunde traf Kempes viermal und schoss zwei Tore im Finale gegen die Niederlande.

Keine Titelgarantie für Torjäger

Torschützenkönig einer FIFA WM zu werden, ist für jeden Stürmer eine große Ehre, doch nur wenige von ihnen wurden mit ihrer Mannschaft auch Weltmeister. Der Argentinier Guillermo Stábile war 1930 der erste dieser glücklosen Torjäger. Er schoss zwar die meisten Tore des Turniers, doch seine Mannschaft verlor das Finale. Die Liste der Torschützenkönige, deren Mannschaften auch das jeweilige Turnier gewannen, ist eher kurz: Garrincha und Vavá (beide 1962), Mario Kempes (1978), Paolo Rossi (1982) und Ronaldo (2002) gewannen den »Goldenen Schuh« und wurden bei der gleichen WM auch Weltmeister. Gerd Müller, der Torschützenkönig 1970, erhielt seine eigentliche Belohnung erst vier Jahre später, als die Bundesrepublik den Weltmeistertitel holte. Andere Torschützenkönige wie Sándor Kocsis (1954), Just Fontaine (1958) und Gary Lineker (1986) errangen nie den Titel. Kocsis trat als Einziger von ihnen in einem Finale an – das 1954 mit Ungarns Niederlage endete. Bei der WM 2010 erzielten vier Spieler je fünf Tore; einer von ihnen – David Villa – wurde auch Weltmeister, doch der »Goldene Schuh« ging an Thomas Müller aus Deutschland.

Lineker führt auf Englands Liste

Gary Lineker erzielte die meisten Tore für England bei einer FIFA WM und steht auf der Liste der besten englischen Torschützen aller Zeiten an zweiter Stelle hinter Bobby Charlton, dem Weltmeister von 1966. In 80 Spielen schoss Lineker 48 Tore. Der Höhepunkt seiner FIFA WM-Laufbahn war sein Ausgleichstor gegen Deutschland im Halbfinale von 1990. Nach der Europameisterschaft 1992 zog er sich aus der Nationalmannschaft zurück.

Hurst schreibt Geschichte

Der Engländer Geoff Hurst ist der erste und bisher einzige Spieler, der in einem Weltmeisterschaftsfinale drei Treffer erzielte – 1966 beim 4:2 nach Verlängerung gegen die Bundesrepublik. Nachdem die Deutschen früh in Führung gegangen waren, glich Hurst zum 1:1 aus. Nach zwei weiteren Treffern ging das Spiel beim Stand von 2:2 in die Verlängerung. Hier landete Hurst den entscheidenden dritten Treffer, das legendäre »Wembley-Tor«, bei dem der Ball von der Querlatte abprallte und knapp hinter der Linie auftraf, wie der sowjetische Linienrichter gesehen zu haben glaubte. Mit seinem dritten Tor in der letzten Spielminute sorgte Hurst für die endgültige Entscheidung.

Stábile beeindruckt

Guillermo Stábile, Torschützenkönig der FIFA WM 1930, hatte vor dem Turnier noch nie für Argentinien gespielt. Mit 25 Jahren gab er sein Debüt gegen Mexiko, als Ersatz für Roberto Cherro, der eine Panikattacke bekommen hatte. Stábile erzielte drei Tore gegen Mexiko, je zwei gegen Chile und die USA und brachte Argentinien so ins Finale. Bei der 2:4-Finalniederlage gegen Uruguay schoss er immerhin ein Tor für sein Land.

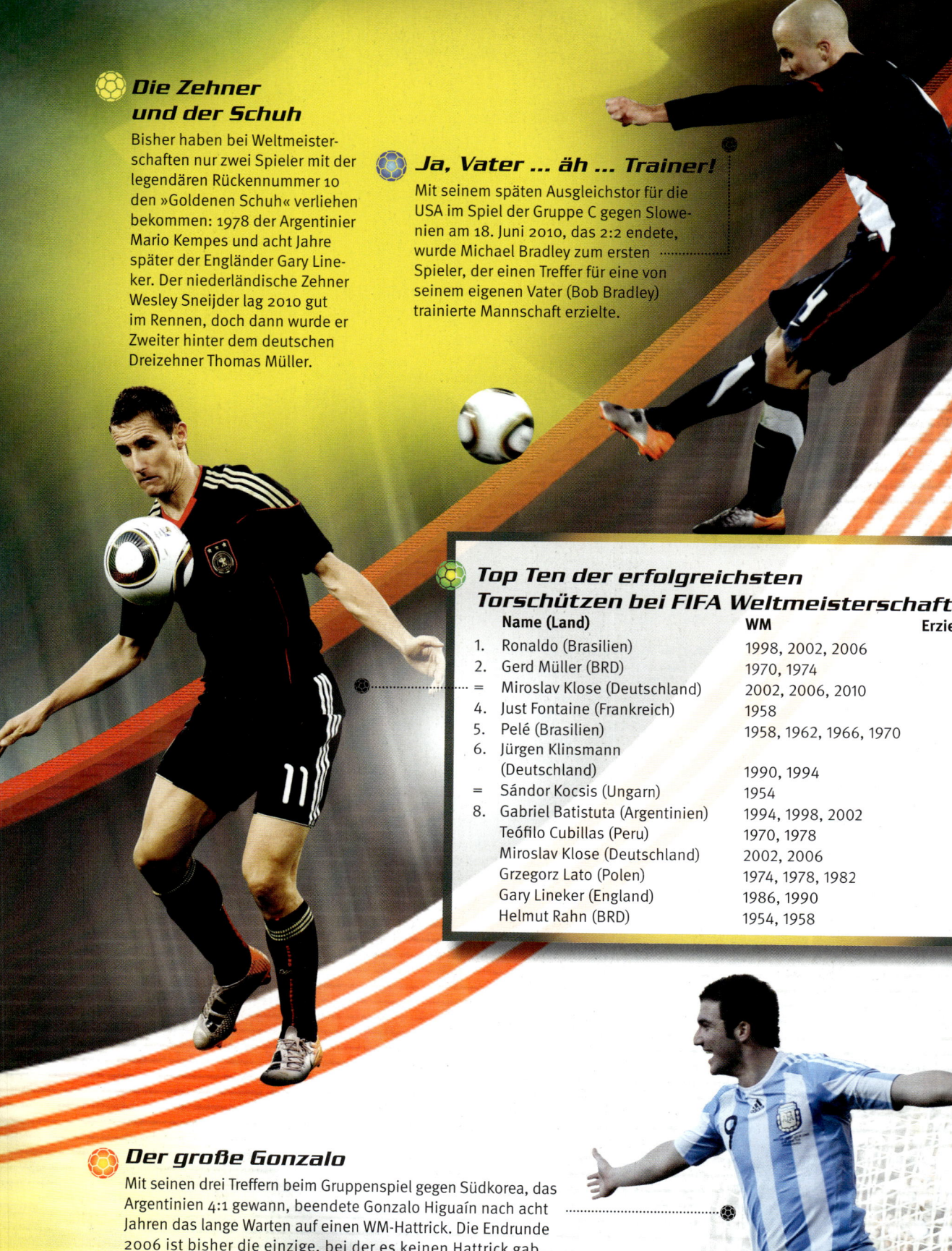

Die Zehner und der Schuh

Bisher haben bei Weltmeisterschaften nur zwei Spieler mit der legendären Rückennummer 10 den »Goldenen Schuh« verliehen bekommen: 1978 der Argentinier Mario Kempes und acht Jahre später der Engländer Gary Lineker. Der niederländische Zehner Wesley Sneijder lag 2010 gut im Rennen, doch dann wurde er Zweiter hinter dem deutschen Dreizehner Thomas Müller.

Ja, Vater ... äh ... Trainer!

Mit seinem späten Ausgleichstor für die USA im Spiel der Gruppe C gegen Slowenien am 18. Juni 2010, das 2:2 endete, wurde Michael Bradley zum ersten Spieler, der einen Treffer für eine von seinem eigenen Vater (Bob Bradley) trainierte Mannschaft erzielte.

Top Ten der erfolgreichsten Torschützen bei FIFA Weltmeisterschaften™

	Name (Land)	WM	Erzielte Tore
1.	Ronaldo (Brasilien)	1998, 2002, 2006	15
2.	Gerd Müller (BRD)	1970, 1974	14
=	Miroslav Klose (Deutschland)	2002, 2006, 2010	14
4.	Just Fontaine (Frankreich)	1958	13
5.	Pelé (Brasilien)	1958, 1962, 1966, 1970	12
6.	Jürgen Klinsmann (Deutschland)	1990, 1994	11
=	Sándor Kocsis (Ungarn)	1954	11
8.	Gabriel Batistuta (Argentinien)	1994, 1998, 2002	10
	Teófilo Cubillas (Peru)	1970, 1978	10
	Miroslav Klose (Deutschland)	2002, 2006	10
	Grzegorz Lato (Polen)	1974, 1978, 1982	10
	Gary Lineker (England)	1986, 1990	10
	Helmut Rahn (BRD)	1954, 1958	10

Der große Gonzalo

Mit seinen drei Treffern beim Gruppenspiel gegen Südkorea, das Argentinien 4:1 gewann, beendete Gonzalo Higuaín nach acht Jahren das lange Warten auf einen WM-Hattrick. Die Endrunde 2006 ist bisher die einzige, bei der es keinen Hattrick gab. Higuaíns Dreierpack 2010 war der erste Hattrick seit 8 Jahren und 7 Tagen: Den bis dahin letzten hatte der Portugiese Pauleta 2002 beim 4:0 seiner Mannschaft gegen Polen erzielt.

Pechvogel Pelé

Ohne sein großes Verletzungspech wäre Pelé wahrscheinlich der WM-Rekordtorschütze aller Zeiten geworden. Aber bei den meisten Spielen der FIFA WM-Endrunden 1962 und 1966 war er zum Zuschauen verdammt. Er erzielte sechs Tore bei Brasiliens Titelgewinn 1958, zwei davon beim 5:2 im Finale gegen Schweden. Auch das 100. WM-Tor der Brasilianer – erzielt beim 4:1 gegen Italien im Finale 1970 – geht auf sein Konto.

Der »Bomber der Nation«

Gerd Müller war der Mann, der oft in wichtigen Spielen traf. Er erzielte 1970 den Siegtreffer im Viertelfinale gegen England, und mit seinen zwei Toren in der Verlängerung gegen Italien hätte er die Deutschen fast ins Finale geschossen. Vier Jahre später sorgte er mit seinem Goldenen Tor gegen Polen für den Finaleinzug der Gastgeber. Dort machte er mit seinem Siegtreffer gegen die Niederlande den Titelgewinn perfekt. Ein weiteres Tor wurde ihm wegen Abseits verwehrt – zu Unrecht, wie die Fernsehwiederholung belegte.

Auf Ronaldo ist Verlass

Ronaldo war ein beständiger Torschütze bei allen drei FIFA WM-Endrunden, bei denen er mitwirkte. 1998, als Brasilien Vizeweltmeister wurde, traf er viermal, 2002, als sein Land Weltmeister wurde, achtmal (darunter beide Treffer im Endspiel gegen Deutschland), und 2006 folgten nochmals drei Treffer. Als er am 27. Juni 2006 beim 3:0 Brasiliens gegen Ghana im Achtelfinale in Dortmund das erste Tor erzielte, krönte er sich damit zum erfolgreichsten Torschützen der WM-Geschichte. Als Teenager stand Ronaldo bereits im Kader der brasilianischen Weltmeistermannschaft von 1994, kam jedoch nicht zum Einsatz.

Klinsmanns Doppelrolle

Jürgen Klinsmann spielte eine wichtige Rolle bei Weltmeisterschaften – als Spieler wie auch als Trainer. Er erzielte drei Tore, als die Bundesrepublik 1990 den Titel holte, fünf – für ein vereinigtes Deutschland – in der Endrunde 1994 und drei weitere 1998. Als Trainer führte er Deutschland bei der WM 2006 bis ins Halbfinale.

Wer schoss den ersten Hattrick?

Lange Jahre galt Argentiniens Guillermo Stábile als der erste Hattrick-Schütze der WM-Geschichte. Er traf dreimal bei Argentiniens 6:3-Sieg über Mexiko am 19. Juli 1930, wurde jedoch nachträglich vom Amerikaner Bert Patenaude überflügelt. Dieser hatte, wie die FIFA im November 2006 offiziell bestätigte, bereits zwei Tage früher – beim 3:0 der USA gegen Paraguay – einen Hattrick erzielt.

Zwei Spieler, der Mexikaner Antonio Carbajal und der Deutsche Lothar Matthäus, nahmen an fünf FIFA Weltmeisterschaften™ teil – ein Rekord. Viele Fußballspieler träumen nur davon, wenigstens einmal bei diesem Turnier der Turniere antreten zu dürfen. Die folgenden Seiten verraten, wer am häufigsten an der wichtigsten Fußballmeisterschaft teilgenommen hat, wer die längste und wer die kürzeste Zeit dabei war und wie viel Zeit zwischen den einzelnen Einsätzen verstrich.

Brandts' kurioser Doppelpack

Der niederländische Verteidiger Ernie Brandts hat als Einziger bei einem FIFA WM-Spiel für beide Mannschaften ein Tor geschossen. 1978 brachte sein Eigentor Italien in der 18. Minute des entscheidenden Gruppenspiels in der 2. Finalrunde in Führung, doch dann erzielte Brandts in der 50. Minute den Ausgleichstreffer für die Niederlande. Arie Haan schoss schließlich das Siegtor, das die Niederlande ins Finale brachte.

Der Jüngste und der Älteste

Der nordirische Stürmer Norman Whiteside war der jüngste Spieler, der je an einer FIFA WM teilnahm. Als sein Land 1982 gegen Jugoslawien antrat, war er gerade 17 Jahre und 41 Tage alt. Der älteste Turnier-Teilnehmer war Kameruns Stürmer Roger Milla, der 1994 im Alter von 42 Jahren und 39 Tagen gegen Russland auflief.

Die meisten FIFA WM™-Einsätze

25 Lothar Matthäus
(BRD/Deutschland)

23 Paolo Maldini (Italien)

21 Diego Maradona (Argentinien)

Uwe Seeler (BRD)

Wladyslaw Zmuda (Polen)

Doppelweltmeister

Die folgenden Spieler holten sich zweimal den Weltmeister-Titel:

Giovanni Ferrari (Italien), 1934, 1938
Giuseppe Meazza (Italien), 1934, 1938
Pelé (Brasilien), 1958, 1970
Didi (Brasilien), 1958, 1962
Djalma Santos (Brasilien), 1958, 1962
Garrincha (Brasilien), 1958, 1962
Gilmar (Brasilien), 1958, 1962
Nílton Santos (Brasilien), 1958, 1962
Vavá (Brasilien), 1958, 1962
Zagallo (Brasilien), 1958, 1962
Zito (Brasilien), 1958, 1962
Cafu (Brasilien), 1994, 2002

Gemischtes Doppel

Franz Beckenbauer und Mário Zagallo sind ein ganz besonderes Duo: Sie wurden als Spieler und Trainer Weltmeister. Der Libero Beckenbauer durfte außerdem seine Mannschaft 1974 im eigenen Land als Kapitän zum Titel führen. Als Trainer brachte er die Deutschen 1986 in Mexiko ins Finale, und vier Jahre später in Italien führte er sie zum Sieg über Argentinien. Seine Spielweise und seine Erfolge brachten ihm den Spitznamen »der Kaiser« ein. Zagallo holte sich als Spieler zwei Titel: Er war Linksaußen, als die Brasilianer 1958 Weltmeister wurden. Drei Monate vor dem Turnier von 1970 löste er João Saldanha als brasilianischer Trainer ab und führte seine Mannschaft in allen sechs Spielen zum Sieg – die Brasilianer schossen insgesamt 19 Tore und fegten im Finale Italien mit 4:1 vom Platz. Als Brasilien sich 1994 zum vierten Mal den Weltmeister-Titel holte, fungierte Zagallo als Technischer Direktor.

Die meisten FIFA WM™-Endrunden

Die folgenden Spieler nahmen an mindestens vier FIFA Weltmeisterschaften teil:

5 **Antonio Carbajal** (Mexiko) 1950, 1954, 1958, 1962, 1966
 Lothar Matthäus (BRD/Deutschland) 1982, 1986, 1990, 1994, 1998

4 **Djalma Santos** (Brasilien) 1954, 1958, 1962, 1966
 Pelé (Brasilien) 1958, 1962, 1966, 1970
 Uwe Seeler (BRD) 1958, 1962, 1966, 1970
 Karl-Heinz Schnellinger (BRD) 1958, 1962, 1966, 1970
 Gianni Rivera (Italien) 1962, 1966, 1970, 1974
 Pedro Rocha (Uruguay) 1962, 1966, 1970, 1974
 Władysław Żmuda (Polen) 1974, 1978, 1982, 1986
 Giuseppe Bergomi (Italien) 1982, 1986, 1990, 1998
 Diego Maradona (Argentinien) 1982, 1986, 1990, 1994
 Enzo Scifo (Belgien) 1986, 1990, 1994, 1998
 Franky Van der Elst (Belgien) 1986, 1990, 1994, 1998
 Andoni Zubizarreta (Spanien) 1986, 1990, 1994, 1998
 Paolo Maldini (Italien) 1990, 1994, 1998, 2002
 Hong Myung-Bo (Südkorea) 1990, 1994, 1998, 2002
 Cafu (Brasilien) 1994, 1998, 2002, 2006
 Sami al-Dschabir (Saudi-Arabien) 1994, 1998, 2002, 2006
 Denis Caniza (Paraguay) 1998, 2002, 2006, 2010
 Fabio Cannavaro (Italien) 1998, 2002, 2006, 2010
 Thierry Henry (Frankreich) 1998, 2002, 2006, 2010
 Rigobert Song (Kamerun) 1994, 1998, 2002, 2010

Monti und die »Oriundi«

Luisito Monti ist der einzige Spieler, der bei FIFA WM-Endspielen für zwei verschiedene Länder auf dem Platz stand. 1930 gehörte er zur Verlierermannschaft Argentiniens, doch 1934 holte er sich dann mit Italien den Titel. Monti war ein »Oriundo«, ein Argentinier mit italienischen Vorfahren. Die italienische Regierung gewährte ihm die doppelte Staatsangehörigkeit, als er zu Juventus Turin wechselte; damit war er seinerzeit auch für die italienische Nationalmannschaft spielberechtigt.

Doppeltes Pech für zwei Niederländer

Arjen Robben und Mark van Bommel hatten in der Saison 2009/2010 doppelt Pech: Beide verloren sowohl mit Bayern München das Champions-League-Endspiel gegen Inter Mailand als auch mit der niederländischen Nationalmannschaft das WM-Finale gegen Spanien. Doch auch anderen Spieler erging es ähnlich: Oliver Neuville, Bernd Schneider und Carsten Ramelow verloren 2002 mit Bayer 04 Leverkusen gegen Real Madrid und mit Deutschland gegen Brasilien. Thierry Henry zog 2006 mit dem FC Arsenal gegen den FC Barcelona und mit Frankreich gegen Italien den Kürzeren.

Nach der WM ist vor der WM

Der Abwehrspieler Rigobert Song, ein Veteran der kamerunischen Nationalmannschaft, spielte bei der FIFA WM 2010 in Südafrika zwar nur 17 Minuten, doch dadurch wurde er zum ersten afrikanischen Spieler, der bereits an vier WM-Endrunden teilgenommen hat – über einen Zeitraum von 16 Jahren und 9 Tagen absolvierte er neun Partien. Er war 1994, 1998, 2002 und 2010 mit von der Partie – das Turnier von 2006 verpasste er, weil sich Kamerun nicht qualifizieren konnte. Nur drei Spieler können auf eine längere WM-Karriere verweisen: die Mexikaner Antonio Carbajal (16 Jahre und 25 Tage) und Hugo Sánchez (16 Jahre und 17 Tage) sowie Lothar Matthäus aus Deutschland (16 Jahre und 14 Tage). Für die folgenden Spieler war das Turnier von 2010 ebenfalls die vierte Weltmeisterschaft: Fabio Cannavaro aus Italien (mit jetzt insgesamt 18 WM-Spielen), Thierry Henry aus Frankreich (14) und Denis Caniza aus Paraguay (10).

Die meisten FIFA WM™-Einsätze (Top-Elf)

Tor:	Cláudio Taffarel (Brasilien, 18 Spiele)
Abwehr:	Cafu (Brasilien, 20); Władysław Żmuda (Polen, 21); Fabio Cannavaro (Italien, 18); Paolo Maldini (Italien, 23)
Mittelfeld:	Grzegorz Lato (Polen, 20); Lothar Matthäus (BRD/Deutschland, 25); Wolfgang Overath (BRD, 19); Enzo Scifo (Belgien, 17)
Sturm:	Diego Maradona (Argentinien, 21); Uwe Seeler (BRD, 21)

Prosinečki trifft für zwei

Robert Prosinečki schoss als einziger FIFA WM-Teilnehmer Tore für verschiedene Länder. Bei der Endrunde 1990 erzielte er beim 4:1 gegen die Vereinigten Arabischen Emirate einen Treffer für Jugoslawien. Acht Jahre später trat er nach dem Zerfall Jugoslawiens für Kroatien an und schoss beim 3:0 gegen Jamaika in der Vorrunde ein Tor. Auch als Kroatien im Spiel um den dritten Platz gegen die Niederlande mit 2:1 gewann, erzielte er einen Treffer.

Die schnellsten Spielerwechsel

Die drei schnellsten Spielerwechsel bei einer FIFA WM fanden alle in der vierten Minute statt. Jedes Mal war der ausgewechselte Spieler so schwer verletzt, dass er für das weitere Turnier ausfiel. 1986 kam Steve Hodge für Bryan Robson bei Englands 0:0 gegen Marokko; 1998 wurde bei Italiens 2:1 gegen Österreich Giuseppe Bergomi für Alessandro Nesta eingewechselt, und bei Englands 2:2 gegen Schweden 2006 musste Michael Owen durch Peter Crouch ersetzt werden.

Keine Happy Ends

Das letzte Spiel der WM 2010 war bereits das zweite Finale in Folge, bei dem ein Fußballer nicht nur sein letztes Länderspiel, sondern auch sein letztes Spiel überhaupt bestritt. Wie Zinedine Zidane 2006 stand auch der niederländische Kapitän Giovanni van Bronckhorst vier Jahre später nicht bis zum Abpfiff auf dem Rasen – anders als der Franzose hatte er jedoch keinen Platzverweis erhalten, sondern war in der 105. Minute ausgewechselt worden. Van Bronckhorst hatte am 7. Juli 2010 beim Halbfinale gegen Uruguay ein sensationelles Weitschusstor erzielt, im Endspiel gegen Spanien zog er jedoch mit seinen niederländischen Kameraden den Kürzeren.

Gastauftritte für Ćmikiewicz

Der polnische Mittelfeldspieler Lesław Ćmikiewicz hält den Rekord für die meisten Einwechseleinsätze bei einer WM: 1974 in Deutschland, als Polen den dritten Platz belegte, wurde er bei sechs der sieben Spiele seiner Mannschaft eingewechselt.

Ballacks bittersüßes Halbfinale

Der deutsche Star Michael Ballack wird das Halbfinale gegen Gastgeber Südkorea in Seoul 2002 wohl nie vergessen. Schiedsrichter Urs Meier zeigte dem Mittelfeldspieler in der 71. Minute die Gelbe Karte, da er Lee Cun-soo zu Fall gebracht hatte. Vier Minuten später schob Ballack einen abgeprallten Ball ins Tor und entschied damit das Spiel für Deutschland. Doch die Gelbe Karte bedeutete, dass er fürs Finale gesperrt war.

Die Spitzen-Kapitäne

Drei Spieler waren bei gleich zwei FIFA Weltmeisterschaftsendspielen Kapitäne ihrer Mannschaft: der Argentinier Diego Maradona, der Brasilianer Dunga und der Deutsche Karl-Heinz Rummenigge. Maradona hielt 1986 den Pokal in Händen, vier Jahre später unterlag sein Team im Endspiel. Dunga war Stürmer der Siegermannschaft von 1994, verlor jedoch 1998 ebenfalls; Rummenigge verlor als Kapitän seiner Mannschaft zweimal, 1982 und 1986. Maradona stand am häufigsten als Mannschaftsführer bei FIFA WM-Spielen auf dem Rasen: 16-mal zwischen 1986 und 1994.

Zungenbrecher

Die beiden längsten Spieler-Nachnamen, die es bis jetzt bei einer Weltmeisterschaft gegeben hat, waren die der beiden Stürmer Lefter Küçükandonyadis, der 1954 in der Schweiz zur türkischen Auswahl gehörte, und Jan Vennegoor of Hesselink, der 2006 in Deutschland bei einem Spiel der Niederländer eingewechselt wurde.

Die schnellsten Roten Karten der FIFA WM™

1. Min.:	José Batista (Uruguay) gegen Schottland, 1986
3. Min.:	Marco Etcheverry (Bolivien) gegen Deutschland, 1994
	Ion Vladoiu (Rumänien) gegen die Schweiz, 1994
	Morten Wieghorst (Dänemark) gegen Südafrika, 1998
6. Min.:	Lauren (Kamerun) gegen Chile, 1998
8. Min.:	Giorgio Ferrini (Italien) gegen Chile, 1962
	Miklos Molnar (Dänemark) gegen Südafrika, 1998

Die schnellsten Gelben Karten

1. Min.:	Sergei Gorlukowitsch (Russland) gegen Schweden, 1994
	Giampiero Marini (Italien) gegen Polen, 1982
2. Min.:	Jesús Arellano (Mexiko) gegen Italien, 2002
	Henri Camara (Senegal) gegen Uruguay, 2002
	Michael Emenalo (Nigeria) gegen Italien, 1994

Šimunić – der Mann mit »Gelbsucht«

Der Kroate Josip Šimunić hält einen schwer zu überbietenden Rekord – er erhielt in einem Spiel der FIFA WM-Endrunde 2006 gegen Australien drei Gelbe Karten und wurde vom englischen Schiedsrichter Graham Poll erst nach der dritten des Platzes verwiesen. Als Poll Šimunić zum zweiten Mal Gelb zeigte, hatte er offensichtlich vergessen, dass er den Kroaten bereits verwarnt hatte.

Die längste Sperre

Die längste Sperre in der Geschichte der FIFA WM erhielt Diego Maradona, der 15 Monate lang nicht antreten durfte. Er war 1994 nach Argentiniens 2:1 in einem Gruppenspiel gegen Nigeria positiv auf die verbotene Substanz Ephedrin getestet worden. Am längsten für ein Fehlverhalten auf dem Rasen gesperrt wurde – ebenfalls 1994 – der Italiener Mauro Tassotti. Nachdem er, außerhalb des Blickfelds des Schiedsrichters und seiner beiden Assistenten, im Viertelfinale mit einem Ellbogencheck dem Spanier Luis Enrique die Nase gebrochen hatte, musste er acht Spiele pausieren.

Denilson erhebt sich von der Bank

Der brasilianische Flügelspieler Denilson wurde am häufigsten bei einer Endrunde eingewechselt, nämlich elfmal. 1998 und 2002 nahm er an zwölf Spielen seiner Mannschaft teil, doch nur einmal stand er von Anfang an auf dem Rasen: 1998 gegen Norwegen. Im Finale 1998 wurde er nach der Halbzeit für Leonardo eingewechselt, 2002 kam er in der Nachspielzeit für Ronaldo auf den Platz, als Brasilien Deutschland mit 2:0 schlug.

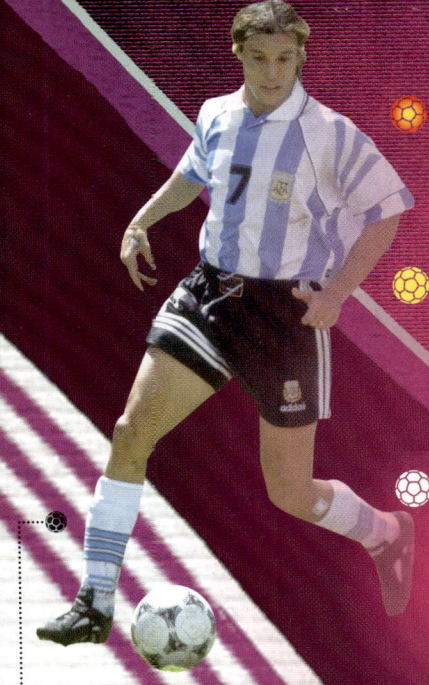

Die jüngsten Spieler in WM-Endspielen

Pelé (Brasilien): 17 Jahre, 249 Tage, 1958
Giuseppe Bergomi (Italien): 18 Jahre, 201 Tage, 1982
Rubén Morán (Uruguay): 19 Jahre, 344 Tage, 1950

Die ältesten Spieler in WM-Endspielen

Dino Zoff (Italien): 40 Jahre, 133 Tage, 1982
Gunnar Gren (Schweden): 37 Jahre, 241 Tage, 1958
Jan Jongbloed (Niederlande): 37 Jahre, 212 Tage, 1974
Nílton Santos (Brasilien): 37 Jahre, 32 Tage, 1962

Puzach – als Erster eingewechselt

Der Russe Anatoli Puzach wurde als erster Spieler in der Geschichte der FIFA WM eingewechselt. Er kam am 31. Mai 1970 nach der Halbzeitpause beim 0:0 der Sowjetunion gegen Mexiko für Wiktor Serebrianikow zum Einsatz. Bei der Endrunde 1970 war es zum ersten Mal erlaubt, Spieler einzuwechseln, jede Mannschaft konnte zwei Wechsel vornehmen. 1998 erhöhte die FIFA diese Zahl auf drei pro Mannschaft.

Caniggia: von der Ersatzbank verwiesen

Der Argentinier Claudio Caniggia erhielt 2002 im Spiel gegen Schweden als erster Spieler eine Rote Karte, obwohl er auf der Bank saß. Caniggia wurde in der Nachspielzeit der ersten Halbzeit von Ali Bujsaim aus den Vereinigten Arabischen Emiraten wegen Schiedsrichterbeleidigung bestraft. Obwohl er bereits verwarnt worden war, protestierte Caniggia weiter, sodass ihm Bujsaim schließlich die Rote Karte zeigte.

Elfmeterkiller

Der Deutsche Harald »Toni« Schumacher und der Argentinier Sergio Goycochea teilen sich den Rekord für die meisten abgewehrten Bälle bei Elfmeterschießen in der WM-Geschichte – nämlich vier. Schumacher gelang dies bei zwei aufeinanderfolgenden Turnieren (1982 und 1986); 1982 entschied er dadurch das Halbfinalspiel gegen Frankreich, 1986 das Viertelfinalspiel gegen Mexiko. Goycochea wehrte seine Elfmeter allesamt 1990 ab, zunächst bei Argentiniens Viertelfinalsieg gegen Jugoslawien, dann beim Halbfinalsieg gegen Italien. Mit vier gehaltenen Schüssen bei Elfmeterentscheidungen in einem einzigen Turnier hält er ebenfalls einen Rekord. Die meisten Bälle bei einem einzelnen Elfmeterschießen hielt der portugiesische Torhüter Ricardo 2006 im Viertelfinale gegen England und schickte den Gegner so nach Hause.

Ungeschlagene Torhüter bei WM-Spielen*

Walter Zenga (Italien)	kassierte 517 Minuten lang kein Tor, 1990
Peter Shilton (England)	502 Minuten, 1986–90
Sepp Maier (BRD)	475 Minuten, 1974–78
Gianluigi Buffon (Italien)	460 Minuten, 2006
Émerson Leão (Brasilien)	458 Minuten, 1978
Gordon Banks (England)	442 Minuten, 1966

* Pascal Zuberbühler kassierte bei der WM 2006 in den ganzen 390 Minuten, die die Schweiz spielte, kein einziges Tor. Der Spanier Iker Casillas blieb 2010 433 Minuten lang ohne Gegentor.

Vier sind draußen

Die höchste Zahl von Spielern, die bei einem FIFA WM-Spiel vom Platz gestellt wurden, ist vier. Im Achtelfinalmatch 2006 in Deutschland verwies der russische Schiedsrichter Valentin Iwanow die Portugiesen Costinha und Deco sowie die Niederländer Khalid Boulahrouz und Gio van Bronckhorst des Platzes.

Marathon-Mann Maldini siegt um Minuten

Der Deutsche Lothar Matthäus hatte zwar die meisten Einsätze bei FIFA Weltmeisterschaften (25), doch der italienische Abwehrspieler Paolo Maldini stand insgesamt länger auf dem Rasen, obwohl er zwei Spiele weniger absolvierte. Maldini spielte 2220 Minuten, Matthäus nur 2052. Dem am nächsten kommen Uwe Seeler (1980 Minuten) und Diego Maradona (1938 Minuten).

FIFA WM™ TORHÜTER

Iker hält noch mal

Iker Casillas aus Spanien ist erst der dritte Torhüter, der zwei WM-Elfer halten konnte (Elfmeterschießen nicht mitgezählt) – und er ist der erste, der diese Glanztaten bei zwei verschiedenen Turnieren vollbrachte. 2002 wehrte er im Achtelfinale gegen die Republik Irland den von Ian Harte in der 63. Minute geschossenen Strafstoß ab; das Spiel stand nach Verlängerung 1:1, Spanien gewann schließlich das Elfmeterschießen mit 3:2. Noch eindrucksvoller war dann, wie Casillas 2010 im Viertelfinale den Elfer des paraguayischen Stürmers Óscar Cardozo abwehrte; Spanien gewann schließlich auch dieses Spiel (1:0). Die beiden anderen Torhüter, die einen solchen Doppelerfolg genießen durften, waren der Pole Jan Tomaszewski 1974 und der US-Amerikaner Brad Friedel 2002.

Bitte im Strafraum bleiben

Der Italiener Gianluca Pagliuca wurde als erster Torhüter bei einem FIFA WM-Spiel des Platzes verwiesen, als er 1994 in der 21. Minute des Gruppenspiels gegen Norwegen einen Ball außerhalb des Strafraums mit der Hand spielte. Obwohl die Italiener dann ihren Spielmacher Roberto Baggio opferten und ihren Ersatztorwart Luca Marchegiani für ihn einwechselten, gewannen sie mit 1:0.

Großer »alter« Mann

Als sich die Italiener 1982 in Spanien den Titel holten, war Dino Zoff der älteste Spieler und Mannschaftskapitän, der je FIFA Weltmeister wurde. Er war damals 40 Jahre und 133 Tage alt. Mit ihm in der Mannschaft spielte Giuseppe Bergomi, 18 Jahre und 201 Tage alt und damit 21 Jahre und 297 Tage jünger als Zoff.

Direkt vor und rein

Im Achtelfinale gegen England am 27. Juni 2010 nahm der deutsche Stürmer Miroslav Klose in der 20. Minute einen weiten Abschlag von seinem Teamkollegen Manuel Neuer an und verwandelte ihn zur 1:0-Führung. Damit war Neuer nach 44 Jahren der erste Torhüter, der ein WM-Tor direkt vorbereitet hatte. Zuletzt war dies 1966 Ansor Kawasaschwili aus der Sowjetunion gelungen: Er gab die direkte Vorlage für Waleri Porkujans späten 2:1-Siegtreffer beim Gruppenspiel gegen Chile.

Keine süße 16

Kein Torhüter kassierte in einer einzigen FIFA WM-Endrunde mehr Tore als der Südkoreaner Hong Duk-yung. 1954 ließ er in der Schweiz 16 Bälle ins Netz – in nur zwei Spielen: bei einem 0:9 gegen den späteren Finalisten Ungarn und einem 0:7 gegen die Türkei.

Fünf Sterne für Carbajal

Der Mexikaner Antonio Carbajal ist einer von zwei Spielern, die an fünf FIFA Weltmeisterschaften teilgenommen haben – der andere ist Lothar Matthäus. Carbajal spielte 1950, 1954, 1958, 1962 und 1966 und kassierte die Rekordzahl von 25 Toren bei seinen elf FIFA WM-Einsätzen – ebenso viele, wie Saudi-Arabiens Mohammad Al-Deayea bei zehn Spielen 1994, 1998 und 2002. Al-Deayea gehörte auch 2006 zur saudischen Mannschaft, kam aber nicht zum Einsatz.

Die Nummer eins mit der Nummer eins

Seit 1994 wird der beste Torhüter einer FIFA WM mit der Lew-Jaschin-Trophäe ausgezeichnet, doch schon seit 1930 wird am Ende einer jeden Meisterschaft auch ein Torhüter ins All-Star-Team des Turniers gewählt. 1998 wurde das All-Star-Team von elf auf 23 Spieler erweitert, sodass nun mehr als ein Torwart aufgenommen werden konnte; 2010 kehrte man allerdings wieder zu elf Spielern zurück. Einige Torhüter kamen zwar ins All-Star-Team, erhielten aber nicht die Lew-Jaschin-Trophäe: José Luis Chilavert (Paraguay, 1998), Rüştü Reçber (Türkei, 2002), Jens Lehmann (Deutschland, 2006) und Ricardo (Portugal, 2006). Die erste Lew-Jaschin-Trophäe ging an den Belgier Michel Preud'homme, obwohl er 1994 nur vier Spiele bestritt und dabei vier Tore kassierte. Seine Mannschaft schied durch ein 2:3 gegen Deutschland im Achtelfinale aus. Der legendäre sowjetische Torhüter Lew Jaschin, nach dem der Preis benannt ist, nahm an den FIFA Weltmeisterschaften von 1958, 1962 und 1966 teil, 1970 war er zweiter Ersatztorwart und Assistent des Mannschaftstrainers. Ins All-Star-Team des Turniers wurde er jedoch nie gewählt. Jaschin kassierte das einzige Tor in der FIFA WM-Geschichte, das direkt durch einen Eckball verwandelt wurde – und zwar vom Kolumbianer Marcos Coll bei einem 4:4-Unentschieden 1962.

Ricardo auf dem richtigen Weg

Der Spanier Ricardo Zamora hielt als Erster in einem FIFA WM-Spiel einen Elfmeter, nämlich den des Brasilianers Waldemar de Brito 1934. Spanien gewann daraufhin mit 3:1.

Torhüter-Brüder

Die Brüder Wiktor und Wjatscheslaw Tschanow waren zwei von drei Torhütern in der FIFA WM-Mannschaft der Sowjetunion 1982, doch sie mussten Rinat Dassajew das Feld überlassen. Wiktor, acht Jahre jünger als Wjatscheslaw, stand vier Jahre später bei der FIFA WM von 1986 einmal im Tor und beendete seine aktive Laufbahn nach 21 Länderspielen. Wjatscheslaw musste bis 1984 auf sein erstes und einziges Länderspiel warten.

Der Titan

Als einziger Torhüter wurde der Deutsche Oliver Kahn zum besten Spieler eines Turniers gewählt. 2002 erhielt der »Titan« diesen Preis, obwohl er Brasiliens 1:0 im Finale mitverschuldet hatte. Im selben Jahr wurde er zum dritten Mal (nach 1999 und 2001) »Welttorhüter des Jahres«.

Arm dran

Torwart František Plánička brach sich 1938 beim ersten Viertelfinalspiel der Tschechoslowakei gegen Brasilien den Arm, spielte jedoch weiter, obwohl das Spiel in die Verlängerung ging und schließlich 1:1-Unentschieden endete. Es war klar, dass Plánička wegen seiner Verletzung beim Wiederholungsspiel zwei Tage später nicht im Tor stehen konnte. Die Tschechen verloren 1:2 – das erste Spiel war das letzte von 73 Länderspielen des Torhüters.

Die besten Torhüter des Turniers

Jahr	Torhüter	Jahr	Torhüter
1930	Enrique Ballestrero (Uruguay)	1978	Ubaldo Fillol (Argentinien)
1934	Ricardo Zamora (Spanien)	1982	Dino Zoff (Italien)
1938	František Plánička (Tschechoslowakei)	1986	Harald Schumacher (BRD)
1950	Roque Máspoli (Uruguay)	1990	Sergio Goycochea (Argentinien)
1954	Gyula Grosics (Ungarn)	1994	Michel Preud'homme (Belgien)
1958	Harry Gregg (Nordirland)	1998	Fabien Barthez (Frankreich)
1962	Viliam Schrojf (Tschechoslowakei)	2002	Oliver Kahn (Deutschland)
1966	Gordon Banks (England)	2006	Gianluigi Buffon (Italien)
1970	Ladislao Mazurkiewicz (Uruguay)	2010	Iker Casillas (Spanien)
1974	Jan Tomaszewski (Polen)		

Der Ram(m)ón-Bock

Argentiniens 6:0 gegen Peru bei der FIFA WM-Endrunde 1978 wurde angezweifelt, da die Gastgeber mit einer Differenz von vier Toren gewinnen mussten, um statt der Erzfeinde aus Brasilien ins Finale einzuziehen – und weil Perus Torhüter Ramón Quiroga gebürtiger Argentinier war. Der betonte jedoch, dass er mit seinen gehaltenen Bällen eine noch deutlichere und peinlichere Niederlage verhindert hätte. Im selben Turnier war Quiroga bereits wegen eines Fouls an Grzegorz Lato verwarnt worden – in der polnischen Hälfte des Spielfelds.

Khune verliert die Nerven

Itumeleng Khune vom Gastgeber Südafrika sah 2010 bei der 0:3-Niederlage seines Teams im Gruppenspiel gegen Uruguay die Rote Karte, war damit aber erst der zweite Torhüter, der bei einer WM vom Platz gestellt wurde. Der Platzverweis war die Strafe für eine Notbremse im Sechzehner gegen Louis Suárez, folgerichtig verhängte der Schiedsrichter auch noch einen Strafstoß gegen Südafrika. Der 22-jährige Khune war beim Eröffnungsspiel gegen Mexiko, das 1:1 endete, einer der besten Spieler der Südafrikaner.

Viele Tore für Mora

Luis Ricardo Guevara Mora hält den traurigen Rekord für die meisten Bälle, die ein Torwart in einem einzigen WM-Spiel aus dem Netz holen musste: Der damals 20-Jährige stand 1982 beim 1:10 seines Landes El Salvador gegen Ungarn im Kasten. Immerhin stellte er in diesem Spiel noch einen zweiten Rekord auf – er war der jüngste Torhüter, der je an einem FIFA WM-Endrundenspiel teilnahm.

Tony kehrt zurück

Der amerikanische Torhüter Tony Meola schied nach der FIFA WM von 1994 aus der Nationalmannschaft aus, weil er statt Fußball lieber American Football spielen wollte. Doch er konnte sich auf dem Footballfeld nicht durchsetzen und kehrte zum Fußball zurück. Für sein Land trat er allerdings erst wieder 1994 an. Nach seinem 100. Länderspiel trat er erneut zurück, hält jedoch immer noch den Rekord, als jüngster Kapitän eine FIFA WM-Mannschaft aufs Feld geführt zu haben: Beim 1:5 gegen die Tschechoslowakei 1990 war er gerade 21 Jahre und 316 Tage alt.

Aller guten Dinge sind drei

Sowohl die Tschechoslowakei als auch Belgien ließen in der FIFA WM-Endrunde 1982 in Spanien alle ihre drei Torhüter antreten: Zdeněk Hruška, Stanislav Seman und Karel Stromsík spielten für die Tschechen, Jean-Marie Pfaff, Theo Custers und Jacques Munaron für die Belgier.

Zum Schluss ein Versöhnungskuss

2010 wurde der »Goldene Handschuh«, den es seit fünf Weltmeisterschaften gibt, zum dritten Mal an den Mann verliehen, der beim frisch gekürten Weltmeister zwischen den Pfosten stand: Der spanische Keeper Iker Casillas wurde als »Bester Torhüter des Turniers in Südafrika« geehrt. Vor ihm konnten der Italiener Gianluigi Buffon (2006) und der Franzose Fabien Barthez (1998) diesen doppelten Triumph feiern. Zur Feier des WM-Sieges gab er seiner Freundin, der Sportreporterin Sara Carbonero, vor laufender Kamera einen leidenschaftlichen Kuss. Möglicherweise war das ein Versöhnungskuss, denn Carbonero hatte Casillas in einem Interview kurz nach der überraschenden 0:1-Auftaktniederlage der Spanier gegen die Schweiz ziemlich in die Mangel genommen.

Die höchsten Torzahlen

Jahr	Tore	(pro Spiel)
1930	70	(3,89 pro Spiel)
1934	70	(4,12 pro Spiel)
1938	84	(4,67 pro Spiel)
1950	88	(4,00 pro Spiel)
1954	140	(5,38 pro Spiel)
1958	126	(3,60 pro Spiel)
1962	89	(2,78 pro Spiel)
1966	89	(2,78 pro Spiel)
1970	95	(2,97 pro Spiel)
1974	97	(2,55 pro Spiel)
1978	102	(2,68 pro Spiel)
1982	146	(2,81 pro Spiel)
1986	132	(2,54 pro Spiel)
1990	115	(2,21 pro Spiel)
1994	141	(2,71 pro Spiel)
1998	171	(2,67 pro Spiel)
2002	161	(2,52 pro Spiel)
2006	147	(2,30 pro Spiel)
2010	145	(2,27 pro Spiel)
Gesamt	2063	(2,91 pro Spiel)

Schmerzen überspielen

Der Amerikaner Jimmy Douglas ließ als Erster bei einem FIFA WM-Spiel keinen Ball ins Netz, nämlich 1930 bei einem 3:0 gegen Belgien. Im Spiel gegen Paraguay, das mit demselben Ergebnis endete, gelang ihm dies noch einmal, doch Argentinien war einfach zu gut und gewann im Halbfinale mit 6:1 gegen die USA. Douglas verletzte sich in der vierten Spielminute am Knie, musste jedoch weiterspielen, da zu dieser Zeit noch keine Spielerwechsel erlaubt waren.

Das Prinzip »Peter«

Peter Shilton war der älteste Kapitän einer FIFA WM-Mannschaft, als er 1990 beim Spiel um den dritten Platz gegen Italien die Engländer aufs Feld führte: Beim 125. – und letzten – Einsatz für sein Land war er 40 Jahre und 292 Tage alt. Eine 1:2-Niederlage verdarb ihm jedoch den Tag. Schuld daran war unter anderem ein Fehler des Torhüters selbst, der Roberto Baggio Italiens ersten Treffer schenkte. Shilton, geboren in Leicester am 18. September 1949, trat auch bei den Endrunden von 1982 und 1986 für England an. 1986 in Mexiko wurde er Kapitän, nachdem Bryan Robson wegen einer Verletzung und Ray Wilkins wegen einer Sperre ausgefallen waren. Shilton war auch an einem der legendärsten Momente in der Geschichte der Fußballweltmeisterschaften beteiligt, als der Argentinier Maradona gegen ihn das berühmt-berüchtigte Tor mithilfe der »Hand Gottes« erzielte. Shilton ist einer der zwei Torhüter, der am häufigsten (zehn Spiele) bei WM-Runden kein Tor kassierte. Der Andere ist der Franzose Fabien Barthez, der diesen Rekord bei den Turnieren 1998, 2002 und 2006 einstellte. Beide bestritten je 17 WM-Spiele für ihr Land.

Wechsel im Kasten

Der erste Torhüter, der bei einer FIFA WM ausgewechselt wurde, war der Rumäne Stere Adamache. Er wurde 1970 in der 27. Minute bei einem 2:3 gegen Brasilien durch Necula Răducanu ersetzt. Rumänien lag zu diesem Zeitpunkt 0:2 zurück.

Júlio César ist untröstlich

Obwohl er als einer der besten Torhüter der Welt gilt und als frischgebackener Champions-League-Sieger in die FIFA WM 2010 ging (mit Inter Mailand hatte er im Mai den Bayern den Pott weggeschnappt), erlebte der brasilianische Torwart Júlio César in Johannesburg ein unglückliches Viertelfinale. Er unterschätzte einen Weitschuss von Wesley Sneijder und ermöglichte dadurch den Niederlanden den wichtigen Ausgleich; allerdings sah es auch so aus, als ob Césars Mannschaftskollege Felipe Melo den Ball ins eigene Netz abgefälscht hätte. Die Niederlande gewannen die Partie mit 2:1, und später konnte man sich im Fernsehen anschauen, wie der untröstliche Torwart bei der Heimkehr am Flughafen von Rio de Janeiro an der Schulter seiner Mutter hemmungslos weinte.

FIFA WM™ TRAINER

König Otto

Otto Rehhagel war nicht nur bei der WM 2010 der älteste Trainer, sondern zugleich der bisher älteste Trainer in der Geschichte der Weltmeisterschaft überhaupt. Als seine Griechen ihr drittes und letztes Gruppenspiel gegen Argentinien 0:2 verloren, war Rehhagel 71 Jahre und 317 Tage alt.

Trainerexport

Bei jeder WM-Endrunde gab es bisher immer mindestens eine Mannschaft, die von einem ausländischen Trainer geführt wurde. Die meisten amtierten 2006: 15 der 32 teilnehmenden Nationen wurden von Trainern geführt, die nicht aus dem jeweiligen Land kamen. Bei der WM 2010 hatten zwölf Teilnehmer einen ausländischen Coach: Chile (Marcelo Bielsa/Argentinien), England (Fabio Capello/Italien), Elfenbeinküste (Sven-Göran Eriksson/Schweden), Schweiz (Ottmar Hitzfeld/Deutschland), Nigeria (Lars Lagerbäck/Schweden), Kamerun (Paul Le Guen/Frankreich), Paraguay (Gerardo Martino/Argentinien), Südafrika (Carlos Alberto Parreira/Brasilien), Ghana (Milovan Rajevac/Serbien), Griechenland (Otto Rehhagel/Deutschland), Honduras (Reinaldo Rueda/Kolumbien) und Australien (Pim Verbeek/Niederlande). Auch in dieser Statistik führt übrigens Brasilien: Schon 14 nicht-brasilianische Teams wurden bei Weltmeisterschaften von Trainern aus diesem Land geführt; Frankreich (elf), England (zehn) und Jugoslawien/Serbien (neun) haben sich ebenfalls fleißig als WM-Trainer-Exporteure betätigt.

Weltenbummler

Als Trainer Südafrikas bestritt Carlos Alberto Parreira 2010 sein sechstes WM-Turnier und ist damit alleiniger Rekordhalter. Der Serbe Bora Milutinović nahm an fünf Endrunden teil – jedes Mal mit einem anderen Land: Zweimal führte er den jeweiligen Gastgeber ins Turnier. Neben Mexiko (1986) und den USA (1994) trainierte er 1990 Costa Rica, 1998 Nigeria und 2002 China. Jedes Mal kam er mit seiner Mannschaft ins Achtelfinale – nur mit den Chinesen schied er bereits in der Vorrunde aus.

Fast ein Dutzend

Luiz Felipe Scolari war als Trainer bei elf WM-Spielen in Folge siegreich – ein schwer zu übertreffender Rekord. Seine Serie begann 2002, als er Brasilien mit sieben Siegen zum Titel führte, und wurde 2006 mit Portugal fortgeführt. Auch das zwölfte Spiel endete mit einem Erfolg – aber Portugals Sieg gegen England im Viertelfinale 2006 wurde durch Elfmeterschießen errungen.

Fünf Teams, sechs Endrunden

Bisher hat nur ein einziger Trainer an sechs FIFA Weltmeisterschaften teilgenommen: der Brasilianer Carlos Alberto Parreira. Der Höhepunkt von Parreiras Trainerlaufbahn war Brasiliens vierter FIFA WM-Sieg 1994. Seine zweite Amtszeit als brasilianischer Trainer verlief jedoch weniger erfolgreich: 2006 kam sein Team nicht über das Viertelfinale hinaus. Parreira trainierte außerdem Kuwait (1982), die Vereinigten Arabischen Emirate (1990) und Saudi-Arabien (1998) bei WM-Endrunden. Im April 2008 musste er aus familiären Gründen seinen Job als Trainer von Südafrika niederlegen, Ende 2009 nahm er die Arbeit wieder auf. Einmal wurde Parreira auch mitten in einer WM-Endrunde entlassen: 1998 betreute er Saudi-Arabien in den ersten zwei von drei Spielen: Nach zwei Niederlagen musste er gehen.

⚽ Wo viel Rauch ist ...

Die Trainer der beiden Mannschaften, die 1978 im Finale der FIFA WM standen, waren so starke Raucher, dass für sie ein übergroßer Aschenbecher aufgestellt werden musste. Diesen teilten sich der Argentinier César Luis Menotti und Ernst Happel, der österreichische Trainer der Niederlande, friedlich an der Seitenlinie.

⚽ Juan, der Jungspund

Juan José Tramutola ist der jüngste Trainer in der FIFA WM-Geschichte. Als er Argentinien in der Meisterschaft von 1930 betreute, war er 27 Jahre und 267 Tage alt. Der Italiener Cesare Maldini war bis 2010 der älteste: Als er mit Paraguay 2002 bei der WM antrat, war er 70 Jahre und 131 Tage alt.

⚽ Loyalitäts-konflikte

Kein einziges Land gewann bisher mit einem ausländischen Trainer eine FIFA WM, doch einige Trainer mussten bei WM-Spielen gegen ihr Heimatland antreten. Dazu gehört der Brasilianer Didi. Er war 1958 mit seinem Team Weltmeister geworden, doch 1970 verlor seine peruanische Mannschaft mit 2:4 gegen sein Heimatland. Sven-Göran Eriksson saß bei England auf der Bank, als seine Mannschaft 2002 1:1 gegen Schweden spielte. Im selben Jahr triumphierte der Franzose Bruno Metsu mit Senegal im WM-Eröffnungsspiel 1:0 gegen den Titelverteidiger Frankreich. Einen bittersüßen Moment erlebte der frühere jugoslawische Torhüter Blagoje Vidinic: Als Trainer von Zaire brachte er das Land 1974 zu seiner ersten und einzigen FIFA WM, nur um es dann 0:9 gegen Jugoslawien verlieren zu sehen.

⚽ Die Trainer der Welt-meister

1930	Alberto Suppici
1934	Vittorio Pozzo
1938	Vittorio Pozzo
1950	Juan López
1954	Sepp Herberger
1958	Vicente Feola
1962	Aymoré Moreira
1966	Alf Ramsey
1970	Mário Zagallo
1974	Helmut Schön
1978	César Luis Menotti
1982	Enzo Bearzot
1986	Carlos Bilardo
1990	Franz Beckenbauer
1994	Carlos Alberto Parreira
1998	Aimé Jacquet
2002	Luiz Felipe Scolari
2006	Marcello Lippi
2010	Vicente del Bosque

⚽ Schön glänzt

Der Deutsche Helmut Schön betreute seine Mannschaft bei mehr WM-Spielen als jeder andere Trainer: bei 25 Spielen in den Turnieren 1966, 1970, 1974 und 1978. Außerdem gewann er als Trainer die meisten Spiele mit der Bundesrepublik, nämlich 16, darunter das Finale von 1974 gegen die Niederlande. Der Sieg von 1974 war allerdings schon Schöns dritter Versuch: 1966 hatte er sein Team zum zweiten Platz geführt, 1970 zum dritten. Bevor Schön Bundestrainer wurde, war er Assistent von Sepp Herberger gewesen, dem Weltmeister-Trainer von 1954. Beim ersten WM-Erfolg der Bundesdeutschen hatte Schön noch als Trainer des damals unabhängigen Saarlands gearbeitet. Der Hundefreund Schön, geboren am 15. September 1915 in Dresden, schoss zwischen 1937 und 1941 17 Tore in 16 Länderspielen für Deutschland. 1964 übernahm er Herbergers Job und trainierte die Nationalmannschaft 14 Jahre lang. Als einziger Trainer gewann er sowohl die FIFA WM (1974) als auch die Europameisterschaft (1972).

FIFA WM™ SCHIEDSRICHTER

Langjährige Erfahrung

Der Spanier Juan Gardeazábal Garay war der bisher jüngste Unparteiische einer WM-Endrunde, als er 1958 im Alter von 24 Jahren und 193 Tagen in Schweden das Gruppenspiel Frankreich gegen Paraguay leitete. Er fungierte danach auch noch bei den Weltmeisterschaften von 1962 und 1966 als Schiedsrichter. Der Engländer George Reader war nicht nur der bisher älteste Schiedsrichter, der je ein »quasi« WM-Finale leitete – bei Uruguays Sieg gegen Brasilien im alles entscheidenden letzten Gruppenspiel von 1950 war er 56 Jahre und 236 Tage alt –, sondern zugleich der älteste Schiedsrichter bei einer WM überhaupt. Er starb am 13. Juli 1978, genau 48 Jahre nach dem ersten FIFA WM-Spiel.

Der Herr des Netzes

Der Linienrichter, der angab, dass Geoff Hursts umstrittenes Tor für England in der Verlängerung des FIFA WM-Finales von 1966 tatsächlich ein Tor war, wird oft als Russe bezeichnet. Doch das ist falsch, denn Tofik Bachramow stammte aus Aserbaidschan, war damals also ein sowjetischer Linienrichter. Heute trägt das Nationalstadion von Aserbaidschan in der Hauptstadt Baku seinen Namen.

Doppelpflicht

Nur zwei Unparteiische leiteten sowohl ein FIFA WM-Finale als auch ein Europameisterschaftsendspiel. Der Italiener Sergio Gonella pfiff das FIFA WM-Finale von 1978 zwischen Argentinien und Holland; zwei Jahre zuvor war er Schiedsrichter im EM-Finale zwischen der Bundesrepublik Deutschland und der Tschechoslowakei gewesen. Der Schweizer Gottfried Dienst stand sowohl im FIFA WM-Finale 1966 zwischen England und der Bundesrepublik als auch im ersten Finale der EM 1968 zwischen Italien und Jugoslawien als Schiedsrichter auf dem Platz. Das Wiederholungsspiel pfiff der Spanier José Maria Ortiz de Mendibil.

Mutterstolz

Carlos Batres aus Guatemala pfiff bei der WM 2010 das Gruppenspiel zwischen Algerien und Slowenien, obwohl seine schon länger todkranke Mutter, Amanda Rosa Gonzalez, erst vier Tage zuvor gestorben war. Sie hatte ihrem Sohn vorher gesagt, er solle in Südafrika bleiben, falls sie in seiner Abwesenheit sterben würde. Batres leitete bei der WM 2010 noch zwei weitere Begegnungen: das 1:1 zwischen Italien und Neuseeland in der Gruppe F und Spaniens 1:0 im Viertelfinale gegen Paraguay.

Eine französische Verbindung

Der Franzose Georges Capdeville pfiff bei Italiens Sieg gegen Ungarn 1938 und war somit der einzige Schiedsrichter eines Finales, das in seinem Heimatland stattfand.

Die Schiedsrichter der WM-Endspiele

1930	John »Jean« Langenus (Belgien)
1934	Ivan Eklind (Schweden)
1938	Georges Capdeville (Frankreich)
1950	George Reader (England)
1954	William Ling (England)
1958	Maurice Guigue (Frankreich)
1962	Nikolai Latyschew (UdSSR)
1966	Gottfried Dienst (Schweiz)
1970	Rudi Glöckner (BRD)
1974	John »Jack« Taylor (England)
1978	Sergio Gonella (Italien)
1982	Arnaldo Cézar Coelho (Brasilien)
1986	Romualdo Arppi Filho (Brasilien)
1990	Edgardo Codesal (Mexiko)
1994	Sándor Puhl (Ungarn)
1998	Said Belqola (Marokko)
2002	Pierluigi Collina (Italien)
2006	Horacio Elizondo (Argentinien)
2010	Howard Webb (England)

COUPE DU MONDE 1938

Webb ist überall

Der ehemalige Polizist Howard Webb aus der englischen Grafschaft Yorkshire, der das WM-Endspiel zwischen Spanien und den Niederlanden leitete, war bereits der vierte Engländer, der ein WM-Finale pfiff. Im Turnier hatte er vorher bereits zwei Gruppenspiele und eine Achtelfinalpartie als Unparteiischer absolviert. Zwei Monate zuvor hatte er das Champions-League-Finale zwischen Inter Mailand und Bayern München geleitet und war damit der erste Schiedsrichter, der im gleichen Jahr sowohl das WM- als auch das Europapokal-Finale leitete. Zudem war Webb der erste WM-Schiedsrichterneuling, dem ein Endspiel anvertraut wurde. Mit knapp 39 Jahren (das Match fand drei Tage vor seinem Geburtstag statt) war Webb nach dem Franzosen Georges Capdeville der drittjüngste Schiedsrichter, der je bei einem WM-Finale auf dem Platz stand: Capdeville hatte mit 38 Jahren und 232 Tagen das Endspiel von 1938 gepfiffen. Noch jünger war der Schwede Ivan Eklind, der mit gerade einmal 28 Jahren das Finale von 1934 leitete.

Identitätsprobleme

Der ungarische Schiedsrichter István Zsolt drohte, Englands Eröffnungsspiel gegen Uruguay bei der FIFA WM 1996 abzusagen, als er die Personalausweise der Spieler kontrollieren wollte und feststellen musste, dass sieben englische Spieler ihre Pässe im Hotel gelassen hatten. Er ließ die Dokumente von der Motorradpolizei ins Wembley-Stadion bringen, und das Spiel konnte beginnen.

Das Netto-Tor

Der sowjetische Kapitän Igor Netto überzeugte den italienischen Schiedsrichter Cesare Jonni, ein Tor seiner eigenen Mannschaft im Turnier von 1962 nicht gelten zu lassen. Er wies darauf hin, dass Igor Tschislenko eigentlich danebengeschossen hatte – der Ball gelangte durch ein Loch im Netz ins uruguayische Tor. Seine Mannschaft gewann das Gruppenspiel trotzdem 2:1.

Bitte auf die Zeit achten!

Der Waliser Schiedsrichter Clive Thomas ließ ein Tor nicht gelten, das bei der FIFA WM 1978 das Siegtor von Brasilien gegen Schweden hätte sein können. Thomas sagte, er hätte die erste Halbzeit Sekunden vor Zicos Kopfball abgepfiffen, und das Spiel endete 1:1. Der israelische Schiedsrichter Abraham Klein dagegen versuchte 1970 beim Spiel zwischen England und Brasilien in Guadalajara mehrmals, das Spiel abzupfeifen, doch keiner der Spieler schien ihn zu hören.

 Fleißige Unparteiische

Joël Quiniou und Benito Archundia sind die Schiedsrichter mit den meisten Einsätzen bei FIFA WM-Spielen. Der Franzose Quiniou leitete acht Spiele in den Turnieren von 1986, 1990 und 1994. Im letzten dieser drei Turniere pfiff er als erster Unparteiischer gleich vier Spiele – darunter Italiens Halbfinalsieg gegen Bulgarien. Seitdem pfiffen jedoch weitere Schiedsrichter noch mehr Spiele einer Meisterschaft. Der Mexikaner Benito Archundia und der Argentinier Horacio Elizondo leiteten 2006 je fünf Spiele, genauso viele wie der Usbeke Ravshan Ermatov 2010. Elizondo agierte 2006 als erster Unparteiischer im Eröffnungsspiel und im Finale einer WM-Endrunde. Er wurde unvergesslich, als er im Endspiel 2006 Zinedine Zidane nach dessen Kopfstoß gegen Marco Materazzi die Rote Karte zeigte. Zuvor hatte er im Viertelfinale bereits den Engländer Wayne Rooney nach dessen Foul an dem Portugiesen Ricardo Carvalho vom Platz gestellt. Dem Ghanaer Asamoah Gyan zeigte Elizondo im Gruppenspiel gegen Tschechien Gelb, da er einen Elfmeter vorzeitig geschossen hatte. Bei seinem zweiten Versuch zielte Asamoah Gyan daneben. Archundia wurde nach den fünf Partien bei der WM 2006 bei der WM 2010 die Verantwortung für drei Begegnungen übertragen, darunter das Spiel um den dritten Platz zwischen Deutschland und Uruguay.

DISZIPLIN

Frühwarnung

Zwei Spieler wurden bereits in der ersten Spielminute verwarnt: der Italiener Giampiero Marini 1982 gegen Polen und der Russe Sergei Gorlukowitsch zwölf Jahre später gegen Schweden. Doch der Uruguayer José Batista stellte alle in den Schatten: In einem Gruppenspiel gegen Schottland bekam er 1986 in der 56. Spielsekunde eine Rote Karte, da er Gordon Strachan übel gefoult hatte. Seine Mannschaft kämpfte ohne ihn weiter, doch es reichte nur zu einem 0:0.

Keine Vorbildfunktion

Der erste Spieler, der bei einer FIFA WM einen Platzverweis erhielt, war der Peruaner Placido Galindo beim 1:3 seines Landes gegen Rumänien im ersten Turnier 1930. Der chilenische Schiedsrichter Alberto Warnken stellte Perus Kapitän wegen einer Prügelei vom Platz.

Wiederholungstäter

Der Franzose Zinedine Zidane und der Brasilianer Cafu, beide Fußball-Weltmeister mit ihren Ländern, halten gemeinsam den Rekord für die meisten erhaltenen Karten bei WM-Endrunden, nämlich sechs. Cafu hielt sich an Gelb, doch Zidane wurde zweimal vom Platz gestellt. Unvergessen bleibt sein Kopfstoß gegen den Italiener Marco Materazzi im Finale von 2006 in Berlin, Zidanes allerletztem Spiel für Frankreich. In einem Gruppenspiel gegen Saudi-Arabien 1998 sah er schon einmal Rot, kehrte jedoch nach seiner Sperre zurück und verhalf Frankreich mit zwei Toren im Finale zum Weltmeister-Titel. Der zweite Akteur, der bei zwei Weltmeisterschaften das Spielfeld verlassen musste, ist der Kameruner Rigobert Song. Als er beim Spiel gegen Brasilien 1994 Rot sah, war er mit 17 Jahren und 358 Tagen der jüngste Übeltäter bei einer FIFA WM. 1998 musste er in einem Spiel gegen Chile nochmals vorzeitig gehen.

Späte Abgänge

Der argentinische Torhüter Carlos Roa wurde noch nach dem Abpfiff verwarnt, weil er beim Elfmeterschießen gegen England im Achtelfinale 1998 Zeit vertrödelt hatte. Der brasilianische Verteidiger Edinho bekam 1986 während des Elfmeterschießens gegen Frankreich im Viertelfinale eine Gelbe Karte. Weil er den tschechischen Schiedsrichter Karol Galba bespuckte, wurde der französische Mittelfeldspieler Jacques Simon noch nach der 1:2-Niederlage gegen Uruguay 1966 verwarnt. Doch Argentiniens Ersatzspieler Leandro Cufré übertraf alle: Er kam im Spiel zwar nicht zum Einsatz, bekam jedoch trotzdem eine Rote Karte, weil er nach der Niederlage seiner Mannschaft gegen Deutschland im Elfmeterschießen des Viertelfinales 2006 an einer Rangelei beteiligt war.

Die Karten bedeckt halten

Nur in einer Gruppe gab es bei einer WM-Endrunde keine einzige Verwarnung – in der Gruppe 4 von 1970 mit der Bundesrepublik Deutschland, Peru, Bulgarien und Marokko. Die FIFA WM von 2006 in Deutschland war dagegen am farbenfreudigsten: In 64 Spielen gab es 28 Rote und 345 Gelbe Karten.

Der gute und der schlechte Sohn

Der Kameruner André Kana-Biyik wurde 1990 in Italien zweimal gesperrt. Im Eröffnungsspiel gegen Argentinien wurde er vom Platz gestellt – sechs Minuten bevor sein Bruder François Omam-Biyik das einzige Tor des Spiels schoss. Die zweite Sperre setzte es nach jeweils einer Gelben Karte im letzten Gruppenspiel gegen die Sowjetunion und beim Achtelfinalsieg über Kolumbien.

Platzverweise bei WM-Endrunden

(nach Turnier)

Jahr	Anzahl
1930	1
1934	1
1938	4
1950	0
1954	3
1958	3
1962	6
1966	5
1970	0
1974	5
1978	3
1982	5
1986	8
1990	16
1994	15
1998	22
2002	17
2006	28
2010	17

Gipfel in Gelb

Vor den 13 Gelben Karten, die im Endspiel 2010 gezeigt wurden, gab es in den 18 Endspielen davor insgesamt 40 Verwarnungen (im Durchschnitt 2,2 pro Endspiel). Mit den 14 Kartons, die der Unparteiische Howard Webb 2010 verteilte (13 Gelbe und eine Gelb-Rote), übertraf er den bisherigen Rekordhalter Romualdo Arppi Filho um 8 Karten: Der hatte im Endspiel von 1986 Argentinien viermal und der Bundesrepublik Deutschland zweimal Gelb gezeigt.

Davongekommen

Wäre im Jahr 1962 ein Spieler nach einem Platzverweis – so wie heute – automatisch gesperrt worden, hätte sich Brasiliens legendäre WM-Geschichte möglicherweise anders entwickelt. Da Pelé wegen einer Verletzung ausfiel, war der Rechtsaußen Garrincha die wichtigste Offensivkraft des Titelverteidigers. In den letzten Minuten des Halbfinalspiels gegen Chile erhielt er einen Platzverweis, durfte aber dennoch im Finale gegen die Tschechoslowakei antreten. Brasilien gewann 3:1.

Die Mauer verlassen

Der Verteidiger Llunga Mwepu (Zaire) wurde verwarnt, als er während der WM-Endrunde 1974 bei einem brasilianischen Freistoß aus der Mauer rannte und den Ball wegkickte. Llungas Unschuldsbeteuerungen stießen beim rumänischen Schiedsrichter Nicolae Rainea auf taube Ohren.

Samba-Kicker gehen vorzeitig duschen

Die Rote Karte, die Felipe Melo bei der 1:2-Viertelfinalniederlage der Brasilianer gegen die Niederlande für seinen Nachtritt gegen Arjen Robben erhielt, bedeutet, dass für Brasilien jetzt mehr WM-Platzverweise zu Buche stehen als für jedes andere Land – einer mehr als für Argentinien. Melos war bereits der 11. Zuckerhut-Kicker, der vorzeitig vom Platz musste; den zehnten roten Karton hatte zuvor Kaká beim 3:1 gegen die Elfenbeinküste gesehen. Melo wäre fast als der erste Spieler in die Geschichte eingegangen, der in ein und demselben WM-Spiel sowohl ein Eigentor fabriziert als auch einen Platzverweis erhalten hat, doch das Ausgleichstor der Niederländer zum 1:1 wurde später Wesley Sneijder zugeschrieben.

Nur eine einzige Chance

Indien stieg aus der FIFA WM von 1950 wieder aus, da einige Spieler barfuß antreten wollten und die FIFA darauf bestand, dass alle Spieler Schuhe tragen müssten. Seitdem konnte sich das Land nie mehr für eine Endrunde qualifizieren.

Mit dem Ellbogen

Der italienische Abwehrspieler Mauro Tassotti wurde 1994 für die noch nie dagewesene Zahl von acht Länderspielen gesperrt, da er dem Spanier Luis Enrique den Ellbogen ins Gesicht gerammt hatte. Der ungarische Schiedsrichter Sándor Puhl hatte dieses Foul übersehen, und Spanien verlor das Viertelfinalspiel der WM mit 1:2; die Verärgerung der Iberer wuchs ins Unermessliche, als Puhl anschließend auch noch das Finale pfeifen durfte.

Nebensache Fußball

Als Wales im Entscheidungsspiel der Vorrundengruppe 3 1958 in Schweden gegen Ungarn antrat, fanden sich nur 2823 Zuschauer im Stockholmer Rasunda-Stadion ein. Beim ersten Spiel hatten noch 15 000 Menschen zugesehen, doch die Fans boykottierten das weitaus wichtigere Match, um dem am Vortag hingerichteten ungarischen Politiker Imre Nagy, dem Führer des Aufstands von 1956, Tribut zu zollen.

Bravo, Rio!

Die größte Zuschauermenge bei einem Qualifikationsspiel zur FIFA WM fand sich im März 1977 im Maracanã-Stadion von Rio ein: 162 764 Menschen sahen das Spiel von Brasilien gegen Kolumbien. Sie kamen jedoch nicht auf ihre Kosten, die Partie endete 0:0.

300 sind doch auch schon was

Die geringste Zuschauerzahl bei einer FIFA WM-Endrunde waren die 300 Fans, die 1930 bei Rumäniens 3:1 gegen Peru zusahen. Wenigstens hatten die Spieler im Estadio Pocitos von Montevideo genug Bewegungsfreiheit. Nur einen Tag zuvor hatten zehnmal so viele Menschen Frankreichs 4:1-Sieg gegen Mexiko gesehen.

Eine Heimat für den Fußball

Das Fassungsvermögen des Soccer-City-Stadions in Johannesburg, der Vorzeigearena Südafrikas bei der FIFA WM 2010, wurde von 78 000 auf 84 490 erhöht; das Design des renovierten Stadions, das auch »Kalebasse« genannt wird, beruht auf traditioneller afrikanischer Töpferkunst. Im Soccer-City-Stadion fanden das Eröffnungs- und das Endspiel statt, zudem vier Gruppenspiele, ein Achtelfinal- und ein Viertelfinalspiel.

Südafrikanischer Erfolg

Die 64 Spiele der FIFA WM 2010 in Südafrika, die in 10 verschiedenen Stadien stattfanden, wurden von insgesamt 3 178 856 Zuschauern live verfolgt – das ist nach den Endrunden in den USA 1994 und Deutschland 2006 die dritthöchste Zuschauerzahl der WM-Geschichte. Der Durchschnitt pro Spiel lag bei 49 670 Zuschauern, und obwohl es etliche Diskussionen über leere Sitzreihen bei einigen Partien gab, freuten sich die Organisatoren über eine Auslastung der Plätze zu 92,9 Prozent.

Gleichberechtigung

Nur in zwei Stadien kämpften sowohl Männer als auch Frauen um den Sieg in einem Fußball-WM-Finale. Im Rose Bowl Stadium im kalifornischen Pasadena wurde das Finale der Herren-WM 1994 ausgetragen, in dem Brasilien Italien schlug. Fünf Jahre später besiegte dort die Frauenmannschaft der USA im 3. WM-Finale vor 90 185 Zuschauern die Chinesinnen mit 5:4 im Elfmeterschießen. Zwischen dem Herren-Finale von 1958 und dem Frauen-Finale von 1995 im Stockholmer Råsunda-Stadion waren 37 Jahren verstrichen – allerdings tragen die Damen auch erst seit 1991 Weltmeisterschaften aus. Die Zuschauer in Pasadena bekamen für ihr Geld viel geboten: Beide Spiele gingen in die Verlängerung und wurden schließlich durch Elfmeterschießen entschieden.

Zuschauerzahlen der FIFA WM™-Endspiele

Jahr	Zuschauer	Stadion	Stadt
1930	93 000	Estadio Centenario	Montevideo
1934	45 000	Stadio Nazionale del PNF	Rom
1938	60 000	Stade Olympique de Colombes	Paris
1950	170 000	Estádio do Maracanã	Rio de Janeiro
1954	60 000	Wankdorf-Stadion	Bern
1958	51 800	Råsundastadion	Solna
1962	68 679	Estadio Nacional de Chile	Santiago de Chile
1966	98 000	Wembley Stadium	London
1970	107 412	Estadio Azteca	Mexiko-Stadt
1974	75 200	Olympiastadion München	München
1978	71 483	Estadio Monumental Antonio Vespucio Liberti	Buenos Aires
1982	90 000	Estadio Santiago Bernabéu	Madrid
1986	114 600	Estadio Azteca	Mexiko-Stadt
1990	73 603	Stadio Olimpico	Rom
1994	94 194	Rose Bowl Stadium	Pasadena
1998	80 000	Stade de France	Paris
2002	69 029	International Stadium Yokohama	Yokohama
2006	69 000	Olympiastadion Berlin	Berlin
2010	84 490	Soccer City Stadium	Johannesburg

Gesamtzuschauerzahlen der Turniere

Jahr	Zuschauer	Durchschnitt
1930	434 500	24 139
1934	358 000	21 059
1938	376 000	20 889
1950	1 043 000	47 432
1954	889 500	34 212
1958	919 580	26 274
1962	899 074	28 096
1966	1 635 000	51 094
1970	1 603 975	50 124
1974	1 768 152	46 530
1978	1 546 151	40 688
1982	2 109 723	40 572
1986	2 393 331	46 026
1990	2 516 348	48 391
1994	3 587 538	68 991
1998	2 785 100	43 517
2002	2 705 197	42 269
2006	3 359 439	52 491
2010	3 178 856	49 670
Gesamt	34 108 964	44 182

Fanfeste sind der Hit

Nachdem sich die Fanfeste, die bei der WM 2006 in Deutschland eingeführt wurden und in den Innenstädten neben einer Groß-leinwand u. a. auch Essens- und Getränkestände bieten, als eine Erfolgsgeschichte erwiesen hatten, veranstaltete man sie auch 2010 wieder – und zwar nicht nur in verschiedenen südafrikanischen Städten wie Durban, sondern überall auf der Welt, so z. B. auch in Rio de Janeiro, in Rom, Paris und in Sydney. Während der 64 WM-Partien besuchten insgesamt 6 151 823 Menschen die Fanfeste, 2 634 018 in Südafrika und 3 517 805 im Rest der Welt. In Berlin kam die größte Menschenmenge zusammen: 350 000 Menschen verfolg-ten auf der Fanmeile das Halbfinale Deutschland gegen Spanien.

Totenstille im Maracanã

Den Zuschauerrekord bei einem FIFA WM-Spiel konnte das entscheidende Gruppenspiel der Finalrunde 1950 im Maracanã-Stadion in Rio de Janeiro für sich verbuchen, doch niemand weiß genau, wie viele Menschen wirklich damals dabei waren. Die offizielle Zahl wird mit 174 000 angegeben, doch Schätzungen zufolge könnten bis zu 210 000 Menschen die traumatische Niederlage des Gastgebers Brasilien gegen Uruguay gesehen haben. Beim Abpfiff war die Spannung im Stadion so groß, dass dem Kapitän der Siegermannschaft, Obdulio Varela, die Trophäe nicht auf traditionelle Weise überreicht wurde – man drückte sie ihm nur ein paar Mal kurz in die Hände. FIFA Präsident Jules Rimet beschrieb die bedrückende Stille des Publikums als »morbid, kaum noch zu ertra-gen«. Uruguays Spieler verbarrikadierten sich mehrere Stunden lang in ihrer Kabine, ehe sie sich wieder he-rauswagten. Egal, wie viele Zuschauer es nun waren – sie waren auf jeden Fall die letzten, die Brasilien in Weiß spielen sahen. Die Unglücksfarbe wurde verbannt – die Brasilianer spielen seitdem in ihren weltberühmten gel-ben Trikots und blauen Hosen.

FIFA WM™ STADIEN & GASTGEBER

Rios Mario

Die meisten Menschen kennen Brasiliens größtes Stadion als Maracanã, denn so heißen ein Stadtviertel in Rio und ein nahe gelegener Fluss. Doch seit Mitte der 1960er heißt das Stadion offiziell »Estadio Jornalista Mário Filho« nach einem brasilianischen Journalisten, der sich für den Bau des Stadions eingesetzt hatte.

Olympische Namen

Die Ränge im Stadion, in dem das Eröffnungsspiel der FIFA WM von 1930 stattfand, trugen die Namen großer Fußballerfolge Uruguays: Colombes, nach dem Austragungsort der Olympischen Spiele 1924 in Paris; Amsterdam, nach dem Ort, an dem Uruguay vier Jahre später seinen Titel verteidigte, und Montevideo, obwohl es noch 14 Tage dauern würde, bis sich die Gastgebermannschaft in ihrer eigenen Hauptstadt ihren ersten FIFA Weltmeister-Titel holen sollte.

Berlin ruft

Berlin, einige Jahre später wieder Hauptstadt eines vereinten Deutschlands, war 1974 noch eine geteilte Stadt, deshalb wurden hier bei der FIFA WM nur drei Gruppenspiele ausgetragen. Die überraschende Niederlage der Gastgeber gegen die DDR fand dagegen in Hamburg statt. Bei den Vorbereitungen auf das Turnier von 2006 fanden Arbeiter 2002 eine Bombe aus dem Zweiten Weltkrieg unter den Sitzen des Berliner Olympiastadions. Deutschland hatte sich neben Brasilien um die Ausrichtung des Turniers von 1942 beworben, doch durch den Zweiten Weltkrieg fand nach 1938 erst wieder 1950 eine WM statt.

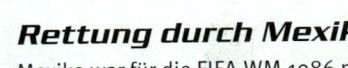 Rettung durch Mexiko

Mexiko war für die FIFA WM 1986 nicht die erste Wahl gewesen, doch als Kolumbien 1982 aus finanziellen Gründen absagte, sprang das Land ein und zog sich auch nicht zurück, obwohl es 1985 von einem Erdbeben heimgesucht wurde, dem rund 10 000 Menschen zum Opfer fielen – die Stadien blieben jedoch unversehrt. Auch die FIFA setzte auf Mexiko, und so wurde das Aztekenstadion das erste Stadion, in dem Finalspiele von zwei FIFA Weltmeisterschaften stattfanden – und Mexiko das erste Land, das zwei FIFA Weltmeisterschaften ausrichtete. Das Aztekenstadion wurde 1960 aus 100 000 Tonnen Beton errichtet, viermal so viel, wie für das alte Wembley-Stadion gebraucht wurde.

 Zwillingsgipfel

Fünf Stadien durften sowohl das Finale einer FIFA WM als auch Olympische Sommerspiele austragen: das Olympiastadion in Berlin (Olympia 1936, FIFA WM 2006), das Wembley-Stadion in London (Olympia 1948, FIFA WM 1966), das Stadio Olimpico in Rom (Olympia 1960, FIFA WM 1990), das Azteca in Mexiko-Stadt (Olympia 1968, FIFA WM 1970 und 1986) und das Münchner Olympiastadion (Olympia 1972, FIFA WM 1974). Im Rose Bowl Stadium im kalifornischen Pasadena fand sowohl das Finale der FIFA WM von 1994 als auch das Fußballturnier der Olympischen Spiele 1984 statt, doch nicht die wichtigen Leichtathletik-Wettbewerbe der Spiele.

Das einzig Wahre?

Die offiziellen Bestimmungen der FIFA fordern, dass in Stadien, die für eine Weltmeisterschaft eingesetzt werden, für die Dauer des Turniers jegliche Fremdwerbung abgedeckt werden muss. Die einzige Arena in Südafrika, die das 2010 betraf, war das Ellis-Park-Stadion in Johannesburg, das normalerweise den Namen eines bekannten, weltweit tätigen Limonadeherstellers trägt, wenn dort andere Fußball- und Rugbyspiele über die Bühne gehen. Drei Arenen der WM 2010 wurden nach ehemaligen Politikern des Afrikanischen Nationalkongresses (ANC) benannt: das Nelson-Mandela-Bay-Stadion in Port Elizabeth, das Peter-Mokaba-Stadion in Polokwane und das Moses-Mabhida-Stadion in Durban.

Die Architekten haben das Sagen

Die Stadien, die für die FIFA WM 2010 in Südafrika errichtet wurden, weisen markante architektonische Gestaltungselemente auf: Die nach außen gerichteten Tragpfeiler des Mbombela-Stadions in Nelspruit sehen z. B. aus wie Giraffen, das Moses-Mabhida-Stadion in Durban wird von einem 350 Meter langen Stahlbogen überspannt, auf dem eine Seilbahn entlangfährt, und das Nelson-Mandela-Bay-Stadion in Port Elizabeth hat eine Dachkonstruktion aus blattähnlichen Elementen.

Die meisten Stadien

Keine andere FIFA WM mit nur einem Gastgeber wurde in so vielen Stadien ausgetragen wie die in Spanien 1982. In 14 Stadien wurde damals gespielt. 2002 wurde zwar in 20 Stadien gespielt, doch davon lagen zehn in Japan und zehn in Südkorea, dem zweiten Gastgeberland.

Die Auswahlregeln

Bis 1998 richteten nur Länder aus Europa und Nord- bzw. Südamerika die FIFA WM aus, doch 2002 ging das Turnier mit den Gastgebern Japan und Südkorea nach Asien. 2010 wurde zum ersten Mal eine FIFA WM in Afrika abgehalten, 2014 wird die WM dann in Brasilien und somit seit 36 Jahren zum ersten Mal wieder in Südamerika ausgetragen werden. Nach den neuesten Regeln der FIFA kann kein Kontinent mehr als eine FIFA WM in acht Jahren austragen. Die Gastgeber für 2018 und 2022 werden gemeinsam im Dezember 2010 bekannt gegeben. Südafrika hatte seine Chance, die FIFA WM 2006 auszutragen, übrigens ganz knapp verpasst: Deutschland bekam nur eine Stimme mehr.

Erfolglose Bewerbungen

1930:	Ungarn, Italien, Niederlande, Spanien, Schweden
1934:	Schweden
1938:	Argentinien, Deutsches Reich
1950:	keine
1954:	keine
1958:	keine
1962:	Argentinien, Bundesrepublik Deutschland
1966:	Spanien, Bundesrepublik Deutschland
1970:	Argentinien
1974:	Spanien
1978:	Mexiko
1982:	Bundesrepublik Deutschland
1986:	Kolumbien*, Kanada, USA
1990:	England, Griechenland, UdSSR
1994:	Brasilien, Marokko
1998:	Marokko, Schweiz
2002:	Mexiko
2006:	Brasilien, England, Marokko, Südafrika
2010:	Ägypten, Marokko, Tunesien/Libyen
2014:	keine

* Kolumbien gewann die Bewerbung für 1986, sagte jedoch später wieder ab.

Nicht nur Fußball

Nicht alle Stadien der FIFA WM 2010 sind komplett neu erbaut worden. Einige von ihnen waren altmodische Kästen, in denen bis dahin hauptsächlich Rugby gespielt wurde und die man dann so aufgemöbelt hat, dass sie den Anforderungen des modernen Fußballs genügten – so z. B. das Ellis-Park-Stadion in Johannesburg und das Loftus-Versfeld-Stadion in Pretoria. In der Arena von Pretoria tragen normalerweise die Blue Bulls, eine populäre Rugby-Mannschaft, ihre Heimspiele aus, obwohl sie vor der FIFA WM 2010 auch ein Spiel im Soccer-City-Stadion von Johannesburg absolvierten. Dort fand im August 2010 außerdem ein Rugby-Länderspiel zwischen den südafrikanischen »Springboks« und den neuseeländischen »All Blacks« statt.

FIFA WM™ ELFMETERSCHIESSEN

Elfmeterschießen bei FIFA Weltmeisterschaften™

Jahr	Turnierphase	Gegner/Stand nach 120 Minuten	Sieger	Endstand
1982	Halbfinale	BRD – Frankreich/3:3	BRD	5:4
1986	Viertelfinale	BRD – Mexiko/0:0	BRD	4:1
1986	Viertelfinale	Frankreich – Brasilien/1:1	Frankreich	4:3
1986	Viertelfinale	Belgien – Spanien/1:1	Belgien	5:4
1990	Achtelfinale	Irland – Rumänien/0:0	Irland	5:4
1990	Viertelfinale	Argentinien – Jugoslawien/0:0	Argentinien	3:2
1990	Halbfinale	Argentinien – Italien/1:1	Argentinien	4:3
1990	Halbfinale	BRD – England/1:1	BRD	4:3
1994	Achtelfinale	Bulgarien – Mexiko/1:1	Bulgarien	3:1
1994	Viertelfinale	Schweden – Rumänien/2:2	Schweden	5:4
1994	Finale	Brasilien – Italien/0:0	Brasilien	3:2
1998	Achtelfinale	Argentinien – England/2:2	Argentinien	4:3
1998	Viertelfinale	Frankreich – Italien/0:0	Frankreich	4:3
1998	Halbfinale	Brasilien – Niederlande/1:1	Brasilien	4:2
2002	Achtelfinale	Spanien – Irland/1:1	Spanien	3:2
2002	Viertelfinale	Südkorea – Spanien/0:0	Südkorea	5:3
2006	Achtelfinale	Ukraine – Schweiz/0:0	Ukraine	3:0
2006	Viertelfinale	Deutschland – Argentinien/1:1	Deutschland	4:2
2006	Viertelfinale	Portugal – England/0:0	Portugal	3:1
2006	Finale	Italien – Frankreich/1:1	Italien	5:3
2010	Achtelfinale	Paraguay – Japan/0:0	Paraguay	5:3
2010	Viertelfinale	Uruguay – Ghana/1:1	Uruguay	4:2

Wer zuerst schießt, gewinnt

Die Siege von Paraguay über Japan und von Diego Forláns Uruguayern über Ghana waren das sechste und siebte Elfmeterschießen in Folge, bei dem die Mannschaft gewann, die den ersten Strafstoß schoss. Die letzte Mannschaft, die vor dieser Serie als zweite antrat und gewann, war Spanien bei der WM 2002 gegen Irland.

Gar nicht »Supreme«-like

Bei der FIFA WM 1994 war schnell klar, dass sie so enden musste, wie sie begonnen hatte – mit einem verschossenen Elfmeter. Und zwar sollte die Souldiva und ehemalige »Supremes«-Frontfrau Diana Ross bei der Eröffnungsfeier im Chicagoer Soldier Field Stadium einen Elfmeter schießen, stupste den Ball jedoch weit daneben. Das Tor brach trotzdem entzwei, wie die Choreografie es vorgesehen hatte.

Die erfolgreichsten »Elfmetertöter«

Argentiniens Ersatztorhüter Sergio Goycochea stellte einen neuen Rekord auf, als er bei der FIFA WM 1990 gleich vier Strafstöße in zwei Elfmeterschießen eines Turniers hielt. Ein Kunststück, das auch Toni Schumacher – allerdings in zwei Endrunden (1982 und 1986) – gelang. Ricardo (Portugal), der beim Viertelfinalsieg seines Teams über England gleich drei Elfer in nur einem einzigen Elfmeterschießen entschärfte, wurde dadurch zum portugiesischen Nationalhelden.

Rekord-Pechvogel Roberto Baggio

Armer, armer Roberto Baggio: Bei drei Elfmeterschießen war er dabei – häufiger als jeder andere – und verlor jedes einzelne. Schlimmer noch: Es war sein eigener Fehlschuss, der Brasilien den Weltmeistertitel 1994 bescherte. Aber auch im Halbfinale 1990 gegen Argentinien und im Viertelfinale gegen Frankreich acht Jahre später zog sein Team den Kürzeren. Wenigstens hatte er bei diesen Pleiten seine eigenen Elfmeter sicher verwandelt.

Die Franzosen und das Elfmeterschießen

Zum ersten Elfmeterschießen einer FIFA WM-Endrunde kam es in Sevilla 1982 im Halbfinale zwischen der BRD und Frankreich, bei dem die Franzosen Didier Six und Maxime Bossis (rechts) vergaben. Beide Länder trafen im Halbfinale vier Jahre später erneut aufeinander – diesmal setzten sich die Deutschen aber in der regulären Spielzeit mit 2:0 durch. Die meisten Elfmeterschießen – jeweils vier – wurden jedoch während der Endrunden 1990 und 2006 ausgetragen. 1990 gingen beide Halbfinalpartien ins Elfmeterschießen, während 2006 zum zweiten Mal nach 1994 ein Finale vom Elfmeterpunkt entschieden wurde. Dabei sorgte der Lattenschuss von Frankreichs Pechvogel Trezeguet für den 5:3-Endstand zugunsten Italiens.

Kurioses Viertelfinale

Nur zwei Minuten und drei Sekunden lagen zwischen den beiden Elfmetern, die der Schiedsrichter Carlos Batres aus Guatemala 2010 beim Viertelfinale zwischen Paraguay und Spanien im Ellis-Park-Stadion von Johannesburg verhängte – ein neuer WM-Rekord. Den ersten Strafstoß erhielt Paraguay zugesprochen, den zweiten Spanien – und beide wurden abgewehrt. Zunächst wurde der paraguayische Stürmer Óscar Cardozo von Gerard Piqué im Strafraum am Arm festgehalten. Den fälligen Elfmeter schoss Cardozo selbst, doch Iker Casillas wehrte erfolgreich ab. Praktisch im Gegenzug wurde David Villa von Antolín Alcaraz im Sechzehner der Paraguayer zu Fall gebracht. Xabi Alonso verwandelte sicher, doch ordnete Batres eine Wiederholung an, weil spanische Spieler zu früh in den Sechzehner gelaufen waren. Paraguays Torhüter Justo Villar parierte Alonsos zweiten Versuch. Die Spanier hatten vor der WM 2010 alle 14 Elfmeter bei Endrunden verwandelt (Elfmeterschießen nicht eingerechnet), doch in Südafrika klappte es gar nicht: Zwölf Tage vor Alonso hatte schon David Villa beim Gruppenspiel gegen Honduras einen Strafstoß versiebt.

Gezähmte Löwen

Italien und England haben mehr Elfmeterschießen bei einer WM verloren als jedes andere Team – jeweils drei. Italien gelang schlussendlich wenigstens ein Erfolg – im FIFA WM-Finale 2006. Aber England muss bis heute auf seinen ersten Triumph vom Elfmeterpunkt warten: Im Halbfinale 1990 gegen Deutschland scheiterte man ebenso wie im Achtelfinale 1998 gegen Argentinien und im Viertelfinale 2006 gegen Portugal. Dabei gingen die Fehlschüsse auf die Kappen von Stuart Pearce und Chris Waddle (1990), Paul Ince und David Batty (1998) sowie Frank Lampard, Steven Gerrard und Jamie Carragher (2006).

Elfmeterschießen nach Ländern

4	BRD/Deutschland (4 Siege)	2	Rumänien (2 Niederlagen)
4	Argentinien (3 Siege, 1 Niederlage)	1	Belgien (1 Sieg)
4	Frankreich (2 Siege, 2 Niederlagen)	1	Bulgarien (1 Sieg)
4	Italien (1 Sieg, 3 Niederlagen)	1	Jugoslawien (1 Sieg)
3	Brasilien (2 Siege, 1 Niederlage)	1	Paraguay (1 Sieg)
3	Spanien (1 Sieg, 2 Niederlagen)	1	Portugal (1 Sieg)
3	England (3 Niederlagen)	1	Schweden (1 Sieg)
2	Irland (1 Sieg, 1 Niederlage)	1	Südkorea (1 Sieg)
2	Mexiko (2 Niederlagen)	1	Ukraine (1 Sieg)
		1	Uruguay (1 Sieg)
		1	Ghana (1 Niederlage)
		1	Japan (1 Niederlage)
		1	Niederlande (1 Niederlage)
		1	Schweiz (1 Niederlage)

Deutsche Tüchtigkeit

Deutschland hat alle vier seiner Elfmeterschießen bei einer WM gewonnen – mehr als jedes andere Team. Die Siegesserie begann im Halbfinale 1982 gegen Frankreich, in dem Torhüter Toni Schumacher zum Matchwinner wurde – obwohl er nach einem bösen Foul an Frankreichs Patrick Battiston Glück hatte, überhaupt noch auf dem Platz zu stehen. Auch 1990 erreichte Deutschland das Finale dank eines gewonnenen Elfmeterschießens – dieses Mal gegen England, das im EM-Halbfinale 1996 ein weiteres Mal im Elfmeterschießen gegen Deutschland das Nachsehen hatte. Im Viertelfinale der FIFA WM 2006 gegen Argentinien erwiesen sich die Deutschen abermals als die besseren Schützen vom Elfmeterpunkt. Torhüter Jens Lehmann nahm dabei einen »Spickzettel« mit möglichen Elfmetervarianten der Argentinier zu Hilfe, die Chefscout Urs Siegenthaler auf einen Hotelnotizblock gekritzelt hatte. Nur ein einziges Mal – im EM-Finale 1976 gegen die Tschechoslowakei – zog Deutschland bei einem Elfmeterschießen in einem großen Turnier den Kürzeren. Aus dieser Erfahrung hat man offensichtlich gelernt, denn seitdem ging keines mehr verloren.

Fehlschüsse im Elfmeterschießen

Argentinien: Diego Maradona (1990), Pedro Troglio (1990), Hernán Crespo (1998), Roberto Ayala (2006), Esteban Cambiasso (2006)
Brasilien: Sócrates (1986), Júlio César (1986), Márcio Santos (1994)
Bulgarien: Krassimir Balakow (1994)
BRD/Deutschland: Uli Stielike (1982)
England: Stuart Pearce (1990), Chris Waddle (1990), Paul Ince (1998), David Batty (1998), Frank Lampard (2006), Steven Gerrard (2006), Jamie Carragher (2006)
Frankreich: Didier Six (1982), Maxime Bossis (1982), Michel Platini (1986), Bixente Lizarazu (1998), David Trezeguet (2006)
Ghana: John Mensah (2010), Dominic Adiyiah (2010)
Irland: Matt Holland (2002), David Connolly (2002), Kevin Kilbane (2002)
Italien: Roberto Donadoni (1990), Aldo Serena (1990), Franco Baresi (1994), Daniele Massaro (1994), Roberto Baggio (1994), Demetrio Albertini (1998), Luigi Di Biagio (1998)
Japan: Yūichi Komano (2010)
Jugoslawien: Dragan Stojković (1990), Dragoljub Brnović (1990), Faruk Hadžibegić (1990)
Mexiko: Fernando Quirarte (1986), Raúl Servin (1986), Alberto Garcia Aspe (1994), Marcelino Bernal (1994), Jorge Rodriguez (1994)
Niederlande: Phillip Cocu (1998), Ronald de Boer (1998)
Portugal: Hugo Viana (2006), Petit (2006)
Rumänien: Daniel Timofte (1990), Dan Petrescu (1994), Miodrag Belodedici (1994)
Schweden: Håkan Mild (1994)
Schweiz: Marco Streller (2006), Tranquillo Barnetta (2006), Ricardo Cabanas (2006)
Spanien: Eloy (1986), Juanfran (2002), Juan Carlos Valerón (2002), Joaquin (2002)
Ukraine: Andrij Schewtschenko (2006)
Uruguay: Maximiliano Pereira (2010)

TEIL 2 –
DIE LÄNDER

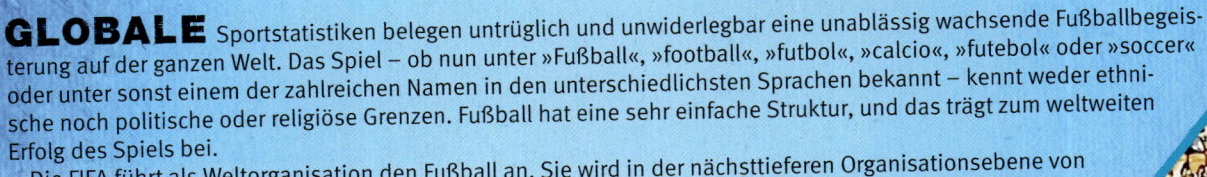

GLOBALE Sportstatistiken belegen untrüglich und unwiderlegbar eine unablässig wachsende Fußballbegeisterung auf der ganzen Welt. Das Spiel – ob nun unter »Fußball«, »football«, »futbol«, »calcio«, »futebol« oder »soccer« oder unter sonst einem der zahlreichen Namen in den unterschiedlichsten Sprachen bekannt – kennt weder ethnische noch politische oder religiöse Grenzen. Fußball hat eine sehr einfache Struktur, und das trägt zum weltweiten Erfolg des Spiels bei.

Die FIFA führt als Weltorganisation den Fußball an. Sie wird in der nächsttieferen Organisationsebene von den sechs Repräsentationen der Kontinente Afrika, Asien, Europa, Ozeanien, Südamerika und die Karibik, Zentral- und Nordamerika unterstützt. Die nationalen Fußballverbände der zusammengeschlossenen 208 Länder bilden die Mitglieder der FIFA – sie hat als weltweite Organisation damit mehr Mitgliedsstaaten als die Vereinten Nationen oder die Olympische Bewegung! Die Länder spielen eine zentrale Rolle für das Fußballleben. Sie pflegen die Nationalteams, die in den zentralen Wettkämpfen wie z. B. der FIFA Weltmeisterschaft unter den Augen der Welt Fußballgeschichte schreiben. Sie bemühen sich aber auch um den Nachwuchs und den Ausbau des Fußballs in ihren Ländern – von der professionellen Liga bis zur Hobbymannschaft.

Die ersten Teams, die sich im späten 19. Jahrhundert zu einem offiziellen Wettkampf trafen, stammten aus Schottland und England. Sie schafften die Grundlage für die vier britischen Mannschaften innerhalb einer Gemeinschaft von üblicherweise an ein einziges Land gebundenen Teams. Die damalige »British Home Championship«, eine Art Britische Meisterschaft, war der erste Wettbewerb für nationale Teams. Ein zu enges Timing im Wettbewerb war ihr Untergang. So blieb als älteste Meisterschaft, neben dem Fußballturnier der Olympischen Spiele, nur die Copa América in Südamerika übrig.

Aus dem Interesse für eben jene Olympischen Spiele heraus reifte in den 1920er-Jahren die Idee für die FIFA Weltmeisterschaft heran, und 1930 wurde sie zum ersten Mal verwirklicht. Danach kamen die Meisterschaften der Kontinentalverbände hinzu, deren Gewinner sich alle vier Jahre im FIFA Konföderationen-Pokal treffen. Das nächste Turnier dieses Wettbewerbs findet 2013 in Brasilien statt, ein Jahr, bevor das südamerikanische Land die nächste FIFA Weltmeisterschaft ausrichten wird – ein Fest für den beliebtesten Sport der Welt!

Vertreter der 32 Teilnehmerländer der FIFA Fußball-Weltmeisterschaft 2010 in Südafrika sorgten bei der Eröffnungsfeier im eindrucksvollen Soccer-City-Stadion von Johannesburg für ein farbenfrohes Spektakel.

EUROPA

Europa war die Wiege des modernen Verbandsfuß-
balls. Die Regeln wurden in der Mitte des 19. Jahrhunderts in England aufgestellt. Doch binnen
weniger Jahre sorgten Studenten, Ingenieu-
re, Matrosen, Soldaten und Geschäftsleu-
te dafür, dass sie sich in ganz Europa
verbreiteten – und bei den Fans jene
Leidenschaft auslösten, die land-
ein, landaus zu beobachten
ist. Nicht zuletzt auch bei
den Spaniern.

ENGLAND

England ist die Wiege des Fußballs. Dort wurde das Spiel erfunden, dort entstanden der erste Fußballverband und die erste professionelle Fußball-Liga und dort ist heute die reichste Liga der Welt zu Hause. Doch auf internationalem Parkett geht nicht immer alles nach dem Willen Englands, ganz im Gegenteil: Nur einmal – als Gastgeber 1966 – gewannen die »Three Lions« die FIFA Weltmeisterschaft™. Sonst blieben sie bei größeren Turnieren meist hinter den Erwartungen zurück – und finden aus dieser Rolle auch nur schwer wieder heraus.

Gut »behütet«

Im historischen ersten Spiel gegen Schottland trugen die Engländer Mützen, wie sie sonst beim Cricket 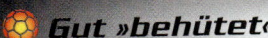 üblich sind, während die Schotten Hauben aufhatten. Diesem modischen Statement der Engländer ist es zu verdanken, dass in England heute der Einsatz in einem Länderspiel mit dem Wort »cap« (Mütze) bezeichnet wird. Nach alter Tradition erhalten britische Fußballer noch heute eine Mütze, wenn sie an einem Länderspiel teilnehmen.

Böse Jungs

Alan Mullery war der erste von 12 englischen Akteuren, die in einem Spiel der Nationalmannschaft des Feldes verwiesen wurden. Er sah am 5. Juni 1968 im EM-Halbfinale gegen Jugoslawien in Florenz Rot. Von diesen 12 englischen Spielern ist David Beckham der einzige, der bereits zweimal vom Platz flog.

Am Anfang war der Ball

Der Tag, an dem alles seinen Anfang nahm, war der 30. November 1872. Damals trat England zu seinem ersten offiziellen Länderspiel an: gegen Schottland auf dem Hamilton Crescent Cricketplatz in Partick. Die Partie endete unentschieden vor einem für damalige Verhältnisse riesigen Publikum von 4000 Zuschauern, die dafür je einen Schilling (ca. 5 Cent) Eintritt bezahlt hatten. Englische und schottische Mannschaften waren allerdings auch vorher schon gegeneinander angetreten, doch spielten damals die meisten schottischen Spieler in England, und so wurden diese fünf Spiele offiziell nicht anerkannt. Die englische Mannschaft für das erste offizielle Spiel stellte Charles Alcock, der Sekretär des englischen Fußballverbandes, zusammen. Zu seinem großen Bedauern konnte er wegen einer Verletzung nicht selbst antreten. Das erste internationale Rugbyspiel zwischen England und Schottland wurde bereits 1871 ausgetragen, doch Englands erstes »Test-Cricket-Match« fand erst 1877 gegen Australien statt.

Gigantische Erfolge

Fünfmal konnte England zweistellige Torzahlen erreichen: 1882 und 1899 gegen Irland mit 13:0 und 13:2, 1908 gegen Österreich mit 11:1, 1947 in Lissabon gegen Portugal mit 10:0 und schließlich 1964 in New York gegen die USA mit 10:0. Hier waren Roger Hunt (vier), Fred Pickering (drei), Terry Paine (zwei) und Bobby Charlton  die Torschützen.

Die erste Niederlage

Als Ungarn 1953 England in Wembley mit 6:3 schlug, war dies die erste Heimniederlage der Engländer gegen eine Mannschaft vom europäischen Festland. Ihre erste Niederlage gegen einen nicht-britischen Gegner fand bereits 1949 im Goodison Park, Liverpool, statt. Damals siegte Irland mit 2:0.

Eine neue Zeitrechnung

1961 fegte England Schottland im Londoner Wembley-Stadion mit 9:3 vom Platz. Ein weiteres Tor wurde England wieder aberkannt. Der Unglücksrabe im schottischen Tor hieß Frank Haffey. Als ein trauriger Schottland-Fan einen Engländer nach der Uhrzeit fragte, antwortete dieser daraufhin prompt: »Fast zehn nach Haffey ...«

Spät, aber nicht zu spät

Der Torhüter David James war mit 39 Jahren und 321 Tagen der älteste Spieler, der je sein WM-Debüt gab, als er 2010 in Südafrika zum ersten Mal für England auflief. Im zweiten Spiel der Engländer in der Gruppe C gegen Algerien hielt er seinen Kasten sauber: Das Spiel endete 0:0. James spielte anstelle von Robert Green, der sich gegen die USA einen peinlichen Patzer geleistet hatte, der seiner Mannschaft den Sieg kostete; der Trainer verbannte ihn daher auf die Ersatzbank.

Englands höchste Siege

1882	Irland – England 0:13
1899	England – Irland 13:2
1908	Österreich – England 1:11
1964	USA – England 0:10
1947	Portugal – England 0:10
1982	England – Luxemburg 9:0
1960	Luxemburg – England 0:9
1895	England – Irland 9:0
1927	Belgien – England 1:9
1896	Wales – England 1:9
1890	Irland – England 1:9

Englands höchste Niederlagen

1954	Ungarn – England 7:1
1878	Schottland – England 7:2
1881	England – Schottland 1:6
1958	Jugoslawien – England 5:0
1964	Brasilien – England 5:1
1928	England – Schottland 1:5
1882	Schottland – England 5:1
1953	England – Ungarn 3:6
1963	Frankreich – England 5:2
1931	Frankreich – England 5:2

Vertrauen in die Erfahrung

Der englische WM-Kader von 2010 war der älteste, der je zu einer WM-Endrunde gefahren ist: Der Altersdurchschnitt lag bei 28,7 Jahren. Dieser Rekord wurde bis dahin vom 1954er-Kader gehalten, dessen Mitglieder im Durchschnitt 28,4 Jahre alt waren. In beiden Fällen spielte jeweils ein 39-Jähriger mit – 2010 der Torhüter David James, 1954 der Rechtsaußen Stanley Matthews. Die 23-köpfige Auswahl von 2010 brachte es außerdem auf zusammengerechnet 900 Länderspieleinsätze, also 39,1 Länderspiele pro Spieler. Damit brach sie den Rekord, den bis dahin mit 32,2 Länderspielen pro Kopf die Auswahl von 1990 hielt.

Der Klassiker

Weil England als das Mutterland des modernen Fußballs gilt und Brasilien schon fünfmal Weltmeister wurde, gilt das Spiel England – Brasilien als einer der großen Fußballklassiker. Bei 23 Begegnungen mit Brasilien konnte England erst dreimal gewinnen – nie jedoch bei einem wichtigen Wettbewerb.

Englische Nullnummern

Mit dem torlosen Unentschieden gegen Algerien am 18. Juni 2010 in Kapstadt wurde England zum ersten Land, das bereits zehn WM-Partien mit einem 0:0 beendete. Die erste WM-Nullnummer gab es 1958 in Schweden gegen Brasilien. Zu den zehn Unentschieden zählen u. a. auch die Spiele in der 2. Finalrunde der WM von 1982 gegen den späteren Vizeweltmeister Deutschland und den Gastgeber Spanien.

Deutschland demontiert England

Das 1:4, das England gegen Deutschland im Achtelfinale von 2010 im südafrikanischen Bloemfontein erlitt, war die bisher höchste englische WM-Niederlage und übertraf damit die 2:4-Pleite gegen Uruguay im Viertelfinale von 1954. Deutschland brachte es zudem in dem einen Spiel auf mehr Treffer als England während der ganzen Endrunde 2010 – der Verteidiger Matthew Upson erzielte in Bloemfontein noch einen Ehrentreffer, nachdem davor in zwei von den drei Gruppenspielen nur Steven Gerrard (rechts) und Jermain Defoe jeweils  einmal als Torschützen erfolgreich gewesen waren. Im September 2001 hatte sich England über einen 5:1-Auswärtssieg über Deutschland freuen dürfen; bei diesem WM-Qualifikationsspiel hatte Michael Owen einen Hattrick erzielt, Steven Gerrard und Emile Heskey steuerten die beiden übrigen Treffer bei. Bei der WM in Südkorea und Japan im darauffolgenden Jahr kamen die Deutschen trotzdem weiter als England: Sie scheiterten erst im Endspiel an Brasilien, das die Three Lions bereits im Viertelfinale aus dem Turnier geworfen hatte.

Großer alter Mann

Als Stanley Matthews am 15. Mai 1957 bei einem Spiel gegen Dänemark im Alter von 42 Jahren und 104 Tagen als Rechtsaußen auflief, wurde er zum ältesten Nationalspieler Englands aller Zeiten. Das war 22 Jahre und 229 Tage nach seinem ersten Länderspiel. Gleichzeitig ist er auch Englands ältester Torschütze. Bei seinem Treffer gegen Nordirland am 10. Oktober 1956 war er 41 Jahre und acht Monate alt.

Der jüngste Spieler

Theo Walcott wurde Englands jüngster Nationalspieler, als er am 30. Mai 2006 im Alter von 17 Jahren und 75 Tagen in Old Trafford/Manchester gegen Ungarn antrat. Am 10. September 2008 erzielte er als jüngster Engländer bei einem Auswärtsspiel gegen Kroatien in Zagreb einen Hattrick. Sein Team gewann 4:1, Walcott war gerade 19 Jahre und 178 Tage alt. Zuvor war Wayne Rooney jüngster Nationalspieler gewesen. Beim Spiel gegen Australien 2003 war er 17 Jahre und 111 Tage alt.

Beckhams Rekorde

David Beckham spielte zum 109. Mal für England, als er bei einem 4:0-Sieg in einem Freundschaftsspiel über die Slowakei am 28. März 2009 eingewechselt wurde. Damit stellte er den Rekord für den Feldspieler mit den meisten Einsätzen in der Nationalmannschaft ein, der zuvor von Bobby Moore, dem Kapitän der englischen Weltmeisterelf von 1966, gehalten wurde. Beckham, geboren am 2. Mai 1975 in Leytonstone, London, lief am 1. September 1996 in einem WM-Qualifikationsspiel gegen Moldau zum ersten Mal für sein Land auf. 2001 wurde er vom damals neuen Trainer Sven-Göran Eriksson zum Kapitän der Nationalelf ernannt. Nach der Viertelfinalniederlage gegen Portugal bei der FIFA WM 2006 trat er vom Kapitänsamt zurück.

Neues Spiel, neuer Trainer

Der Stürmer Andy Cole lief bei jedem seiner ersten vier Länderspiele unter einem anderen Nationaltrainer auf: unter Terry Venables bei seinem Länderspieldebüt 1995 gegen Uruguay, unter Glen Hoddle 1997 gegen Italien, unter Interimstrainer Howard Wilkinson 1999 bei der Partie gegen Frankreich und unter Dauerersatz Kevin Keegan ebenfalls 1999 gegen Polen. Cole bestritt danach nur noch elf weitere Länderspiele – alle unter Keegan und Eriksson.

Über kurz oder lang

Mit seinen 2,01 Metern ist Mittelstürmer Peter Crouch der bislang größte Nationalspieler, der jemals für England auflief. Außenstürmer Fanny Walden von den Tottenham Hotspurs, der 1914 und 1922 insgesamt zwei Länderspiele bestritt, war mit 1,58 Metern der kleinste Spieler.

Lampards Pechsträhne

Seit Beginn der Aufzeichnungen in dieser »Disziplin« 1966 hat es keinen Spieler gegeben, der bei Weltmeisterschaften öfter erfolglos auf das Tor geschossen hat als Frank Lampard. Beim 1:4 gegen Deutschland bei der WM 2010 hat sich die Anzahl seiner fruchtlosen Torschussversuche auf 37 erhöht; dazu zählt jedoch auch ein Ball, der zwar die Torlinie überquerte, aber weder vom Schiedsrichter noch von seinen Assistenten als Treffer anerkannt wurde.

Alexander der Späte

Der älteste Spieler, der in der englischen Nationalmannschaft debütierte, ist immer noch Alexander Morton: Er war schon 41 Jahre und 114 Tage alt, als er am 8. März 1873 im »Oval« im Londoner Stadtteil Kennington gegen Schottland bei Englands erstem Heimspiel für die Nationalmannschaft auflief. An dem Tag war er auch Spielführer und ist somit bis heute auch der älteste Mannschaftskapitän, den England je hatte.

Top Ten Torschützen

1.	Bobby Charlton	49
2.	Gary Lineker	48
3.	Jimmy Greaves	44
4.	Michael Owen	40
5.	Tom Finney	30
=	Nat Lofthouse	30
=	Alan Shearer	30
8.	Viv Woodward	29
9.	Steve Bloomer	28
10.	David Platt	27

Dicht dran und doch kein Blumentopf ...

Jimmy Greaves ist einer der besten Torschützen, der jemals für England auf dem Platz stand: In nur 57 Einsätzen erzielte er die unglaublich Anzahl von 44 Toren – darunter sechs Hattricks. Jedoch verpasste er den Höhepunkt seiner Karriere, als er sich bei der FIFA WM 1966 im letzten Gruppenspiel verletzte. Sein Ersatzmann Geoff Hurst traf im Viertelfinale, verteidigte seinen Platz und schrieb mit seinem Hattrick im Endspiel Geschichte. Greaves und die anderen Ersatzspieler, die nicht zum Einsatz gekommen waren, wurden 2007 von der FIFA nachträglich mit einer Medaille ausgezeichnet.

Spurs an der Spitze

Jermain Defoes Treffer beim Gruppenspiel gegen Slowenien bei der FIFA WM 2010 brachte nicht nur den englischen Achtelfinaleinzug unter Dach und Fach, sondern es war zugleich das 184. Tor für England, das ein Kicker von Tottenham Hotspur erzielte – Spieler keines anderen Vereins haben ihrem Land bisher so viele Tore beschert.

Top Ten Länderspiele

1.	Peter Shilton	125
2.	David Beckham	115
3.	Bobby Moore	108
4.	Bobby Charlton	106
5.	Billy Wright	105
6.	Bryan Robson	90
7.	Michael Owen	89
8.	Kenny Sansom	86
9.	Gary Neville	85
10.	Steven Gerrard	84
=	Ray Wilkins	84

Kapitän für einen Tag

Mittelstürmer Claude Ashton vom FC Corinthian stellte einen Rekord auf, als er in seinem einzigen Länderspiel als Kapitän auflief. Das war am 24. Oktober 1925 in Belfast bei einem 0:0 gegen Nordirland.

Großartige Kapitäne

Die Nationalmannschaftskarrieren von Billy Wright und Bobby Moore, die England jeweils 90-mal als Kapitän anführten, hätten sich fast überlappt. Wright von den Wolverhampton Wanderers spielte von 1946 bis 1959 für England, Moore von West Ham United von 1962 bis 1973, u. a. beim Gewinn der FIFA WM 1966.

🔵 Falsche Richtung!

Obwohl das Tor manchmal dem schottischen Stürmer John Smith zugerechnet wird, gilt Edgar Field als der erste englische Spieler, der jemals ein Eigentor erzielte – bei einer 1:6-Niederlage gegen Schottland 1881. Als Field ins eigene Netz traf, lag England jedoch schon 1:4 zurück. Der Verteidiger, der mit Clapham Rovers den FA Cup sowohl gewann als auch verlor, befindet sich jedoch in guter Gesellschaft. Gary Neville von Manchester United hat sogar zweimal »gegen« England getroffen.

🟠 Gäste aus dem Ausland

Argentinien war das erste nicht-britische Team, das am 9. Mai 1951 in Wembley spielte (2:1 für England), während die »Goldene Elf« von Ungarn mit Ferenc Puskás 1953 bei ihrem legendären 6:3-Sieg die erste Mannschaft vom Festland war, die England in Wembley besiegte. Diese Demütigung war Alf Ramseys letzter Auftritt als Nationalspieler. Seine erste Niederlage gegen ein Team vom europäischen Kontinent musste England am 15. Mai 1929 einstecken, als man in Madrid 3:4 gegen Spanien verlor. Zwei Jahre später nahm England mit einem 7:1-Sieg im heimischen Highbury-Stadion Revanche.

🔴 Die wahre Heimat des Fußballs

Entgegen der landläufigen Meinung und den Aussagen in vielen Fußballgeschichtsbüchern ist »The Oval« die wahre Heimat der englischen Fußballnationalmannschaft. Es war im »Oval« im Londoner Stadtteil Kennington – den meisten eher als Cricket-Stadion und als der Austragungsort des ersten Länderspiels in England (1880 gegen Australien, das sogenannte »Test match«) bekannt –, in dem zwischen 1870 und 1872 die ersten »inoffiziellen« Länderspiele (insgesamt fünf) zwischen englischen und schottischen Auswahlmannschaften ausgetragen wurden. Danach war »The Oval« Austragungsort von Englands erstem »offiziellem« Heimländerspiel und gleichzeitig erstem Sieg auf internationalem Parkett (4:2 über Schottland) sowie Erfolgen gegen Wales und Irland in der noch jungen British Home Championship.

🟢 Wer ist der Größte?

Statistisch gesehen ist Fabio Capello mit 68 % gewonnenen Spielen der erfolgreichste englische Nationaltrainer, gefolgt von Sir Alf Ramsey und Glenn Hoddle, die mit einer Quote von jeweils 61 % gleichauf den zweiten Platz belegen. Mit dem FIFA WM-Titel 1966 ist Sir Alf jedoch einsame Spitze. Rein statistisch schneidet Interimstrainer Peter Taylor mit einer Quote von 100 % Niederlagen am schlechtesten ab. Es gab aber auch nur ein Spiel unter seiner Verantwortung – ein 0:1 gegen Italien in Turin, bei dem David Beckham Kapitän war. Don Revie (1974–1977) und Steve McClaren (2006–2007) sind die einzigen Nationaltrainer, unter denen sich England nicht für ein großes Turnier qualifizieren konnte. Terry Venables musste sich für sein einziges Turnier, die EM 1996, nicht qualifizieren, da England Gastgeber war. McClarens 16-monatige Amtszeit ist gleichzeitig die kürzeste Amtszeit eines Nationaltrainers.

🟢 Zu Ende, aber nicht fertig

Das Freundschaftsspiel der Engländer in Argentinien, das am 17. Mai 1953 in Buenos Aires stattfand, musste beim Spielstand von 0:0 wegen wolkenbruchartiger Regenfälle abgebrochen werden. Beide Fußballverbände einigten sich darauf, das Spiel offiziell 0:0 zu werten. Als jedoch 1995 in Dublin ein Spiel der Engländer gegen die Republik Irland nach 27 Minuten wegen Zuschauerausschreitungen abgepfiffen wurde, wurde der Spielstand von 0:1 nicht gewertet. Die englischen Spieler behielten dennoch die »Mützen«, die sie für dieses Spiel traditionell bekommen hatten.

🔵 Geteilte Verantwortung

Aufgrund von Ein- und Auswechslungen trugen bei einem Freundschaftsspiel gegen Serbien-Montenegro, das England am 3. Juni 2003 mit 2:1 gewann, vier Kicker von der Insel die Kapitänsbinde. David Beckham war nicht mit von der Partie, daher führte Michael Owen die Mannschaft an. Zur Halbzeit gab er die Binde an Emile Heskey weiter. Als der den Platz verließ, übernahm Jamie Carragher die Aufgabe des Spielführers und gab die Binde schließlich an Philip Neville weiter.

🟠 Treten Sie näher!

Mit 149 547 Zuschauern lockte die Begegnung gegen Schottland (das 3:1 gewann) bei der British Home Championship am 17. April 1937 die höchste Zuschauerzahl, die je für ein Spiel der englischen Nationalelf gemessen wurde, in den Glasgower Hampden Park. Dagegen sahen nur 2378 Fans, wie San Marino in Bologna England nach nur neun Sekunden mit einem Blitztor schockte und das Team von Graham Taylor trotz einem 7:1 die Teilnahme an der FIFA WM 1994 verpasste.

Immer die Ersten

Englands erstes offizielles Länderspiel war ein 0:0 gegen Schottland in Glasgow am 30. November 1872, obwohl England und Schottland zuvor schon mehrmals in inoffiziellen Spielen gegeneinander angetreten waren. Angesichts der Tatsache, dass England über vier Jahrzehnte ausschließlich gegen britische Teams spielte – und in den ersten sieben Jahren sogar nur gegen Schottland –, ist es nicht verwunderlich, dass das erste Unentschieden, der erste Sieg und die erste Niederlage jeweils gegen die nördlichen Nachbarn verzeichnet wurden. Nach der torlosen ersten Partie gab es am 8. März 1873 im »Oval« ein weit packenderes Match: England gewann 4:2 in einem wahren Krimi. In ihrem dritten Aufeinandertreffen fast auf den Tag genau ein Jahr später in Glasgow, glich Schottland mit einem 2:1-Sieg aus.

Der italienische Trainer

Der Italiener Fabio Capello ist der zweite ausländische Nationaltrainer der Engländer. Er übernahm das Amt im Januar 2008 von Steve Mc Claren und führte sein Team zur Weltmeisterschaft 2010 in Südafrika. Aus seiner Zeit als Spieler hatte Capello gute Erinnerungen an das Wembley-Nationalstadion – am 14. November 1973 hatte er dort das einzige Tor des Spiels geschossen, das den Italienern den ersten Auswärtssieg überhaupt gegen die Engländer einbrachte.

Dein Land braucht dich

Die ersten Nationalspieler wurden in offenen Ausscheidungswettkämpfen aus Engländern ermittelt, die sich auf Anzeigen des englischen Fußballverbands gemeldet hatten. Als diese Prozedur aufgrund des immer größer werdenden Zuspruchs zu schwierig zu handhaben wurde, entschied man sich 1887, die Benennung des Kaders einem Länderspiel-Auswahlkomitee zu übertragen, das diese Funktion bis zur Ernennung Sir Alf Ramseys zum Nationaltrainer 1962 ausübte.

Nationaltrainer und Teamchefs

Name	AS	S	U	N	TG	GT
Walter Winterbottom (1946–62)	138	77	33	28	380	195
Sir Alf Ramsey (1962–74)	113	69	27	17	224	98
Joe Mercer (1974)	7	3	3	1	9	7
Don Revie (1974–77)	29	14	7	8	49	25
Ron Greenwood (1977–82)	55	33	12	10	93	40
Bobby Robson (1982–90)	95	47	30	18	154	60
Graham Taylor (1990–93)	38	18	13	7	62	32
Terry Venables (1994–96)	24	11	11	2	35	14
Glenn Hoddle (1996–98)	28	17	6	5	42	13
Howard Wilkinson (1999–2000)	2	0	1	1	0	2
Kevin Keegan (1999–2000)	18	7	7	4	26	15
Peter Taylor (Nov. 2000)	1	0	0	1	0	1
Sven-Göran Eriksson (2001–06)	67	40	17	10	127	60
Steve McClaren (2006–07)	18	9	4	5	32	12
Fabio Capello (2008–)	29	19	4	5	64	25

Legende: AS = Anzahl der Spiele, S = Siege, U = Unentschieden, N = Niederlage, TG = Tore geschossen, GT = Gegentore

Nicht wirklich Heimat …

Das Wembley-Stadion war nicht immer das Nationalstadion der Three Lions. Das Stadion wurde 1923 eröffnet, das erste Länderspiel, das dort am 12. April 1924 ausgetragen wurde – damals hieß es noch »Empire Stadium« –, war ein 1:1-Unentschieden gegen Schottland.

Wunderbarer Walter

Walter Winterbottom war der erste Vollzeit-Trainer der englischen Nationalmannschaft – und er ist (mit 138 Spielen unter seiner Leitung) sowohl der dienstälteste als auch der jüngste Trainer, den England je hatte. Bei seinem Amtsantritt 1946 (anfangs als Trainer, ab 1947 als Manager) war er lediglich 33 Jahre alt. Der ehemalige Lehrer und Spieler von Manchester United betreute England bei vier FIFA Weltmeisterschaften.

FRANKREICH

Frankreich ist eine der erfolgreichsten Mannschaften im Weltfußball und eines von nur drei Ländern, das gleichzeitig Welt- und Europameister war. Bei der WIFA WM im eigenen Land bezwang Frankreich 1998 Brasilien mit 3:0. Und bei der EM zwei Jahre später siegten die Franzosen gegen Italien im Endspiel. Erst in der Nachspielzeit glichen sie zum 1:1 aus und gewannen schließlich durch ein Golden Goal. Den EM-Titel hatten sie erstmals 1984 durch ein 2:0 gegen Spanien in Paris errungen. 2006 erreichten sie erneut das Finale der FIFA WM, scheiterten aber im Elfmeterschießen gegen Italien. In den Jahren 2001 und 2003 gewann Frankreich den FIFA Konföderationen-Pokal und 1984 das Olympische Fußballturnier in Los Angeles.

Kopa – Frankreichs erster Superstar

Raymond Kopa, geboren am 13. Oktober 1931, war Frankreichs erster internationaler Superstar. Als Sohn polnischer Einwanderer – der Familienname lautete Kopaszewski – war er maßgeblich an den ersten Meisterschaftserfolgen von Stade Reims in den 50er-Jahren beteiligt. Nach seinem Wechsel zu Real Madrid gewann er in den Jahren 1957 bis 1959 als erster französischer Spieler dreimal den Europacup der Landesmeister. Kopa war Spielmacher des französischen Teams, das bei der FIFA WM 1958 Dritter wurde. Im selben Jahr wurde er zu »Europas Fußballer des Jahres« gewählt.

Michel Platini

(Liga- und Länderspiele):

Zeitraum	Mannschaft	Spiele	Tore
1972–79	AS Nancy	181	98
1979–82	AS Saint-Étienne	104	58
1982–87	Juventus Turin	147	68
1976–87	Frankreich	72	41

Platinis schillernde Karriere

Michel Platini, geboren am 21. Juni 1955 in Joeuf, kann auf eine einmalige Karriere zurückblicken: Nach seinen Anfängen beim AS Nancy wurde er zu einem der größten Stars Frankreichs, feierte Erfolge in Italien und ist heute Präsident der UEFA. Gemeinsam mit Fernand Sastre war er 1998 einer der Organisationschefs der WM in Frankreich. Platini ist Enkel eines italienischen Einwanderers, der in Joeuf, Lorraine, ein Café besaß. Nach Erfolgen mit Nancy und dem AS St. Etienne wechselte er zu Juventus Turin und gewann zahlreiche internationale Trophäen. Als Nationalspieler war er 1982 maßgeblich an Frankreichs Eindringen ins WM-Halbfinale beteiligt. Zwei Jahre später führte er die Mannschaft auf heimischem Boden zum Turniergewinn und war der uneingeschränkte Star der EM.

Party in Paris

Frankreichs Sieg bei der FIFA WM 1998 führte in Paris zur größten Party seit 1944, als die französische Hauptstadt ihre Befreiung von der deutschen Besatzung feierte. Schätzungen der Polizei zufolge strömten nahezu zwei Millionen Menschen auf die Straßen; fast eine Million Fans tanzten im Zentrum von Paris die Champs-Élysées entlang. Der beliebteste Schlachtruf der Fans galt Zinedine Zidane: »Präsident Zidane!«

WM mal vier

Das Erreichen der FIFA WM-Endrunde von 2010 mag für Frankreich vielleicht eine anstrengende – und sicher auch von etlichen Streitigkeiten geprägte – Angelegenheit gewesen sein, doch damit hatte sich das Land zum ersten Mal überhaupt viermal hintereinander für die WM qualifiziert. Wenn man die EM 2008 noch mit dazunimmt, ist Raimond Domenech der erste Trainer Frankreichs, der sein Land zu drei wichtigen Fußballturnieren in Folge geführt hat.

Eingewanderte Stars

Frankreichs Mannschaften wurden schon früh durch Spieler aus Einwandererfamilien geprägt. Drei der größten französischen Stars – Raymond Kopa, Michel Platini und Zinedine Zidane – sind Söhne oder Enkel von Immigranten. 2006 hatten 17 von 23 Mitgliedern des WM-Kaders Wurzeln in den ehemaligen Kolonien des Landes.

Frankreich und die FIFA

Frankreich war 1904 eines der FIFA Gründungsmitglieder. Der Franzose Robert Guérin wurde erster Präsident des Weltfußballverbandes, einer seiner Nachfolger war sein Landsmann Jules Rimet, der von 1921 bis 1954 Präsident war. Rimet war auch die treibende Kraft, als die FIFA Weltmeisterschaft ins Leben gerufen wurde – die begehrteste Trophäe des Weltfußballs wurde nach ihm benannt.

Skandal-Raymond

Dass es Frankreich nicht schaffte, bei der FIFA WM 2010 ein einziges Spiel zu gewinnen, bedeutete für Raymond Domenech, dass er den Rekord von 41 Nationalmannschaftssiegen, den Michel Hidalgo hält, nicht brechen konnte. Immerhin hatte Domenech am Ende seiner sechsjährigen Amtszeit aber Hidalgo, der die EM 1984 als Trainer gewann, in Bezug auf die Anzahl der Länderspiele unter seiner Verantwortung überholt: Das letzte Gruppenspiel der Franzosen bei der WM 2010 gegen Südafrika war Domenechs 79. Spiel – das sind vier Spiele mehr, als Hidalgo schaffte. Domenech, der als Spieler von Hidalgo in die Nationalmannschaft geholt wurde, entpuppte sich während seiner Trainerkarriere als Exzentriker: So soll er z. B. seine Mannschaft nach den Sternzeichen seiner Spieler aufgestellt haben, und als Frankreich 2008 aus der Europameisterschaft flog, machte er seiner Freundin bei einem Interview vor laufender Kamera einen Heiratsantrag.

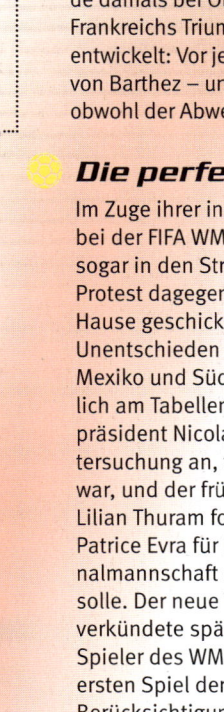

Rituelle Küsse

Mittelfeldspieler Laurent Blanc und Torwart Fabien Barthez, beide damals bei Olympique Marseille unter Vertrag, hatten bei Frankreichs Triumphzug zum Titel 1998 ein spezielles Ritual entwickelt: Vor jedem Spiel küsste Blanc die markante Glatze von Barthez – und dies wurde beim Endspiel beibehalten, obwohl der Abwehrspieler gesperrt war.

Die perfekte Blamage

Im Zuge ihrer insgesamt katastrophalen Vorstellung bei der FIFA WM 2010 traten die französischen Spieler sogar in den Streik: Sie verweigerten das Training – als Protest dagegen, dass Nicolas Anelka frühzeitig nach Hause geschickt worden war. Nach einem torlosen Unentschieden gegen Uruguay und Niederlagen gegen Mexiko und Südafrika landete Frankreich schließlich am Tabellenende ihrer Gruppe. Der Staatspräsident Nicolas Sarkozy ordnete eine Untersuchung an, was da alles schiefgegangen war, und der frühere Nationalverteidiger Lilian Thuram forderte, dass der Kapitän Patrice Evra für immer aus der Nationalmannschaft ausgeschlossen werden solle. Der neue Trainer Laurent Blanc verkündete später, dass keiner der 23 Spieler des WM-Kaders von 2010 beim ersten Spiel der Franzosen nach der WM Berücksichtigung finden würde.

Top Ten Länderspiele

1.	Lilian Thuram	142
2.	Thierry Henry	123
3.	Marcel Desailly	116
4.	Zinedine Zidane	108
5.	Patrick Vieira	107
6.	Didier Deschamps	103
7.	Laurent Blanc	97
=	Bixente Lizarazu	97
9.	Sylvain Wiltord	92
10.	Fabien Barthez	87

Henry drückt die Ersatzbank

Der französische Rekordtorschütze Thierry Henry kam wegen einer Roten Karte für Marcel Desailly im Endspiel der FIFA WM 1998 nicht zum Einsatz. Henry führte bei dem Turnier mit drei Treffern in den Gruppenspielen die französische Torschützenliste an. Trainer Aimé Jacquet hatte vor, ihn im Finale als Einwechselspieler zu bringen, doch der Platzverweis von Desailly zwang ihn zum Umdenken: Jacquet entschloss sich dazu, das Mittelfeld zu verstärken – statt Henry brachte er dessen Arsenal-Kollegen Patrick Vieira.

Top Ten Torschützen

1.	Thierry Henry	51
2.	Michel Platini	41
3.	David Trezeguet	34
4.	Zinedine Zidane	31
5.	Just Fontaine	30
=	Jean-Pierre Papin	30
7.	Youri Djorkaeff	28
8.	Sylvain Wiltord	26
9.	Jean Vincent	22
10.	Jean Nicolas	21

Die zweite Hand Gottes

Frankreichs Qualifikation für die FIFA WM 2010 war sehr umstritten. Der Rekordtorschütze Thierry Henry machte sich zum »Bösewicht«, als er im November 2009 im Relegations-Rückspiel der Franzosen gegen Irland in der Verlängerung den Ball eindeutig unter Zuhilfenahme der Hand an William Gallas weiterspielte, der den Siegtreffer erzielte. Henry entschuldigte sich später für das, was bald mit Begriffen wie »Die zweite Hand Gottes« tituliert wurde. Die FIFA lehnte die Forderung der Iren ab, das Spiel zu wiederholen oder Irland im darauffolgenden Jahr – was es noch nie gegeben hatte – als 33. Teilnehmer zur Endrunde zuzulassen.

Deschamps, der »Chef«

Didier Deschamps war der erfolgreichste Mannschaftskapitän Frankreichs und führte das Team bei der FIFA WM 1998 und der EM 2000 zum Titelgewinn. Er bestritt 103 Länderspiele und agierte von 1996 bis zu seinem Rücktritt im Juli 2000 55-mal als Kapitän der Mannschaft – ein einmaliger Rekord. Seinen Einstand als Kapitän gab er am 1. Juni 1996 beim 1:0 gegen Deutschland, und er führte auch das Team an, das 1996 im EM-Halbfinale beim Elfmeterschießen gegen Tschechien versagte.

Zidane und Saint-Denis

Das »Stade de France« in Saint-Denis in Paris war während des FIFA WM-Finales 1998 Schauplatz von Zinedine Zidanes größtem Triumph. Eine zusätzliche emotionale Bindung bestand darin, dass Zidanes Vater Smail sich in Saint-Denis niedergelassen hatte, als er von Algerien nach Frankreich einwanderte. Später zog die Familie nach Marseille, wo Zinedine geboren wurde.

Bittersüß für Trezeguet

David Trezeguet hat bittersüße Erinnerungen an Frankreichs Spiele gegen Italien bei wichtigen Turnieren. Er schoss das »Golden Goal«, durch das die Italiener beim EM-Finale 2000 in der Verlängerung bezwungen wurden; sechs Jahre später jedoch verlor Frankreich im WM-Finale das Elfmeterschießen, weil Trezeguet nur den Pfosten traf.

Lilian, der Unermüdliche

Der Abwehrspieler Lilian Thuram absolvierte sein 142. und letztes Länderspiel für Frankreich 2008 bei der EM-Niederlage gegen Italien. Seine fast 14-jährige Karriere in der Nationalmannschaft begann am 17. August 1994 mit einem Spiel gegen Tschechien. Thuram, geboren am 1. Januar 1972 in Pointe-à-Pitre, Guadeloupe, spielte für AS Monaco, AC Parma, Juventus Turin und den FC Barcelona, ehe er im Sommer 2008 aufgrund eines Herzproblems seine Karriere beenden musste. 1998 gehörte er zu den Stars des französischen WM-Teams und schoss beide Tore beim Halbfinalsieg gegen Kroatien – es waren seine einzigen Länderspieltore überhaupt. Auch bei der EM 2000 gehörte er zu Frankreichs Siegerteam. Nachdem die Franzosen 2004 bei der EM ausgeschieden waren, trat er aus der Nationalmannschaft zurück, ließ sich jedoch von Raimond Domenech zu einem Comeback überreden. So stand er 2006 ein zweites Mal in einem WM-Finale. Im Gruppenspiel gegen Togo brach er Marcel Desaillys Rekord von 116 Länderspiel-Einsätzen.

Vom Präsidenten zum Nationaltrainer

Als Spieler trug Laurent Blanc den Spitznamen »Le Président« – nun ist er der Nachfolger von Nationaltrainer Raymond Domenech, der nach der FIFA WM 2010 aus dem Amt schied. Blanc verpasste sehr unglücklich das Endspiel der WM 1998: Im Halbfinale hatte er einen Platzverweis erhalten, weil er angeblich Slaven Bilić ins Gesicht geschlagen hatte – Videoaufzeichnungen zeigten allerdings, dass der Kroate stark übertrieben hatte. Blanc erfuhr zwei Jahre später Genugtuung, als er mit Frankreich die Europameisterschaft gewann. Das Amt des französischen Nationaltrainers nahm er 12 Monate nach dem Gewinn der französischen Meisterschaft 2008/2009 mit Girondins Bordeaux an; unter seiner Leitung beendeten die Gironds die Serie von Olympique Lyon, das die Meisterschaft siebenmal hintereinander gewonnen hatte.

Da waren's nur noch 21

Der 23-köpfige WM-Kader der Franzosen wurde nur drei Tage nach ihrem ersten Spiel 2010 auf 22 Mann reduziert, als sich der dritte Torhüter Cédric Carrasso eine Verletzung zuzog. Daraufhin beendete Stéphane Ruffier, Torhüter des AS Monaco, seinen Urlaub und flog nach Südafrika, doch er durfte Carrasso nicht ersetzen, weil das Turnier bereits begonnen hatte. Der französische Kader verkleinerte sich dann vor dem Spiel der Franzosen gegen Südafrika noch einmal: Der verärgerte Stürmer Nicolas Anelka hatte den Trainer beleidigt und wurde aus der Mannschaft ausgeschlossen.

Medaillen-Sammler

Vier französische Spieler besitzen die komplette Sammlung der wichtigsten Medaillen im internationalen Fußball – sie waren: Weltmeister, Europameister und Europapokal-Sieger. Marcel Desailly, Bixente Lizarazu, Didier Deschamps und Zinedine Zidane gehörten zu Frankreichs Siegerteams bei der FIFA WM 1998 und der EM 2000. Desailly gewann außerdem 1993 mit Marseille und im Folgejahr mit dem AC Mailand die Champions League, Deschamps errang diesen Titel 1993 ebenfalls mit Marseille sowie 1996 mit Juventus Turin. Lizarazu folgte 2001 mit Bayern München, Zidane 2002 mit Real Madrid.

Albert der Erste

Albert Batteux (1919–2003) war einer der erfolgreichsten Trainer in der Geschichte Frankreichs. In den 1950er-Jahren führte er Stade Reims zu großen Erfolgen und betreute von 1955 bis 1962 parallel auch die Équipe Tricolore. Sein größter Erfolg hier war der dritte Platz bei der FIFA WM 1958. Die beiden Stars der Mannschaft, Raymond Kopa und Just Fontaine, hatte er bereits in Reims trainiert. Im Jahr 2000 wurde er hinter Aimé Jacquet zum zweitbesten französischen Trainer des Jahrhunderts gewählt.

Hidalgo regiert am längsten

Frankreichs Trainer mit der längsten Amtszeit war Michel Hidalgo, der ebenfalls unter Batteux in Reims gespielt hatte. Er trat sein Amt am 27. März 1976 an und behielt den Posten über 8 Jahre lang. Hidalgo war zudem der erste Trainer, der mit Frankreich bei der Europameisterschaft 1984 einen wichtigen Titel gewann. Unmittelbar danach trat er zurück. Bereits 1982 hatte er die Mannschaft ins Halbfinale der FIFA WM in Spanien geführt, das sie allerdings unter sehr unglücklichen Umständen im Elfmeterschießen gegen die Bundesrepublik verlor.

Jacquets Triumph

Aimé Jacquet, der Frankreich zum FIFA WM-Sieg 1998 führte, war lange Zeit in der Öffentlichkeit heftig umstritten. Besonders stark kritisiert wurde seine Defensivtaktik, mit der er Frankreich immerhin ins Halbfinale der EM 1996 geführt hatte. Obwohl die Équipe Tricolore unter seiner Leitung in vier Jahren nur drei Spiele verloren hatte, behauptete die Sportzeitschrift »L'Équipe« noch einen Monat vor der WM-Endrunde, Jacquet sei nicht fähig, ein erfolgreiches Team aufzubauen.

Fontaines kurze Amtszeit

Der ehemalige Stürmer Just Fontaine hält den Rekord für die kürzeste Amtszeit eines französischen Nationaltrainers: Er kam am 22. März 1967 und gab den Posten schon am 3. Juni desselben Jahres nach zwei verlorenen Freundschaftsspielen wieder auf.

Der Ball ist oval

Der Vater des französischen Rekordnationaltorhüters Fabien Barthez war ebenfalls französischer Nationalspieler: Alain Barthez war ein ausgezeichneter Rugbyspieler und bestritt ein Länderspiel für Frankreich.

Französische Nationaltrainer

Albert Batteux	1955–62
Henri Guérin	1962–66
José Arribas/Jean Snella	1966
Just Fontaine	1967
Louis Dugauguez	1967–68
Georges Boulogne	1969–73
Ştefan Kovács	1973–75
Michel Hidalgo	1976–84
Henri Michel	1984–88
Michel Platini	1988–92
Gérard Houllier	1992–93
Aimé Jacquet	1993–98
Roger Lemerre	1998–2002
Jacques Santini	2002–04
Raymond Domenech	2004–10
Laurent Blanc	seit 2010

Jacques, der Quotenkönig

Statistisch gesehen ist Jacques Santini der erfolgreichste französische National-trainer, obwohl er 2004 im Amt war, als Frankreich es nicht schaffte, die EM-Krone zu verteidigen. Von den 28 Spielen zwischen 2002 und 2004 unter seiner Verant-wortung gewann er 22: Das ergibt eine Erfolgsquote von 79 % – damit liegt Santi-ni vor seinen Konkurrenten Aimé Jacquet und Roger Lemerre, die beide auf 64 % kommen. Santini, der früher Lyon trainierte, hat mit Frankreich nur zwei Spiele verloren – das letzte von beiden war allerdings das EM-Viertelfinale gegen den späteren Europameister Griechenland. Mit seiner Ankündigung, nach dem Turnier zum englischen Verein Tottenham Hotspur wechseln zu wollen, hatte er schon vorher in der Heimat für Unruhe bei den Fans gesorgt.

Vom Helden zum Bösewicht

Mit dem Scheitern sowohl Frankreichs als auch Italiens in der Grup-penphase der FIFA WM 2010 ist dieses Schicksal zum ersten Mal den Endspielteilnehmern des vorherigen Turniers gleichzeitig wider-fahren. In beiden Fällen waren jeweils sowohl Raymond Domenech als auch Marcello Lippi als Trainer verantwortlich: Beide bestritten 2006 mit ihren Teams das Endspiel im Berliner Olympiastadion, bei-de landeten vier Jahre später in Südafrika am unteren Tabellenende ihrer jeweiligen Gruppen.

Jugend gewinnt

In den frühen 1990er-Jahren war Frankreich das erste europäische Land, das ein nationales Jugendförde-rungsprogramm entwickelte. Die besten Nachwuchs-spieler wurden an nationalen Jugendakademien ausgebildet, die über das ganze Land verteilt waren. Dieses Modell hat zahlreiche Stars hervorgebracht. Die Weltmeister Didier Deschamps, Marcel Desailly und Christian Karembeu fingen in Nantes an. Lilian Thu-ram, Thierry Henry, Manu Petit und David Trezeguet begannen in Monaco, und Zinedine Zidane und Patrick Vieira waren Absolventen von Cannes.

Roux bestimmt das Tempo

Der frühere Trainer von AJ Auxerre, Guy Roux, hält den Rekord, die meisten Liga-1-Spiele ge-coacht zu haben. Roux, geboren am 18. Oktober 1938, betreute sein Team während einer 44-jäh-rigen Amtsperiode in 890 Spielen. Er übernahm den Verein als Trainer 1961 und beendete seine Karriere erst 2005. Nachdem er den Klub aus der damaligen 3. Division in die Division 1 geführt hatte, errang Auxerre ab den 1990er-Jahren große Erfolge: 1996 die Meisterschaft sowie 1994, 1996, 2003 und 2005 viermal den französischen Pokal. Roux wusste, dass ein wenig attraktiver Provinzklub wie Auxer-re finanziell nicht mit den großen Vereinen mithalten konnte, und entwickelte deshalb ein Programm der Nachwuchsförderung, das in der Folge Stars wie Eric Cantona und Basile Boli hervorbrachte. Roux' Erfolge waren auch einer der Gründe für das später sehr erfolgreiche nationale Jugendförderungsprogramm.

Sieg im Fremdtrikot

Frankreich ist das bisher einzige Land, das bei einer Weltmeisterschaft ein Spiel im Trikot einer anderen Mannschaft bestritten hat. 1978 in Ar-gentinien mussten »Les Bleus« ihr Spiel gegen Ungarn in Mar de la Plata in den grün-weiß gestreiften Trikots des heimischen Klubs Atlético Kimberley absolvieren. Sie hatten anstelle ihres regulären blauen Heimtrikots ihr weißes Auswärtstrikot zu dem Treffen mitgebracht, während die Ungarn gleichermaßen mit ihrem weißen Auswärtstrikot angereist wa-ren. Der kurzfristig anberaumte Trikot-wechsel beeindruckte die Franzosen nicht: Sie gewannen die Partie mit 3:1.

DEUTSCHLAND

Auch wenn das Land 40 Jahre lang in zwei Staaten getrennt war, können sich nur wenige Nationen mit Deutschlands Erfolgen im internationalen Fußball messen. Der dreimalige Weltmeister (1954, 1974, 1990) und dreimalige Europameister (1972, 1980, 1996) war 1974 das erste Land der Geschichte, das gleichzeitig Welt- und Europameister war und bei den großen Turnieren bis heute immer wieder über sich hinauswächst.

Doppelter Einsatz

Acht Spieler spielten sowohl für die ehemalige DDR als auch für Deutschland nach der Wiedervereinigung:

Spieler	DDR	BRD
Ulf Kirsten	49	51
Matthias Sammer	23	51
Andreas Thom	51	10
Thomas Doll	29	18
Dariusz Wosz	7	17
Olaf Marschall	4	13
Heiko Scholz	7	1
Dirk Schuster	4	3

Elfmeterkönige

Deutsche Teams haben sich immer sehr gründlich auf ein mögliches Elfmeterschießen vorbereitet. Ihre letzten großen Erfolge bei der FIFA WM 1990 und der EM 1996 haben sie jeweils auch einem Elfmeterschießen im Halbfinale zu verdanken. Beide Male war England der leidtragende Gegner.

Das Wunder von Bern

Der WM-Sieg 1954 wird von vielen als einschneidendes Ereignis für die Geschichte der Bundesrepublik Deutschland bewertet, vor allem für den folgenden wirtschaftlichen Erfolg des jungen Staates. Der Biograf des Erfolgstrainers Sepp Herberger schrieb: »Dies war der echte Gründungstag des westdeutschen Staates.« Der historische sportliche Triumph wurde über 50 Jahre später von Sönke Wortmann in dem Kinofilm »Das Wunder von Bern« erzählt.

Für den Verein und die Nation

Das Ausscheiden der Italiener nach der Gruppenphase der WM 2010 kurz nach dem Champions-League-Sieg von Inter Mailand bedeutet, dass die Bundesrepublik Deutschland weiterhin das einzige Land ist, das im gleichen Jahr Weltmeister wurde, in dem auch einer seiner Vereine den Europapokal der Landesmeister (bzw. später die UEFA Champions League) gewonnen hat. Franz Beckenbauer konnte 1974 beide Trophäen in die Höhe recken: den WM-Pokal für Deutschland und den Europapokal für den FC Bayern München.

Österreich gibt es nicht mehr

Nachdem Österreich 1938 von Deutschland annektiert worden war, bestanden Adolf Hitler und sein Nazi-Regime darauf, dass unbedingt auch österreichische Spieler im deutschen WM-Kader berücksichtigt wurden. Allerdings führte dies zu Unruhen im Trainingslager. Reichstrainer Sepp Herberger konnte die unterschiedlichen Stile der zusammengewürfelten Mannschaften nicht unter einen Hut bringen, und so wurde das reichsdeutsche Team bei der WM 1938 bereits im Wiederholungsspiel des Achtelfinales mit einem 2:4 gegen die Schweiz außer Gefecht gesetzt.

Top Five der DDR

Spiele

1.	Joachim Streich	102
2.	Hans-Jürgen Dörner	100
3.	Jürgen Croy	94
4.	Konrad Weise	86
5.	Eberhard Vogel	74

Tore

1.	Joachim Streich	55
2.	Eberhard Vogel	25
=	Hans-Jürgen Kreische	25
4.	Rainer Ernst	20
5.	Henning Frenzel	19

Aller guten Dinge sind 99

Die (alte und neue) Bundesrepublik Deutschland hat jetzt mehr WM-Spiele bestritten als jedes andere Land. Die Halbfinalniederlage von 2010 gegen Spanien war die 98. deutsche WM-Partie – eine mehr, als der Viertelfinalist Brasilien bis jetzt aufweisen kann. Mit dem Spiel um den dritten Platz, das Deutschland 3:2 gewann, hat sich die Gesamtzahl auf 99 erhöht. Diese 99 Begegnungen brachten 60 Siege, 19 Unentschieden und 20 Niederlagen; dabei schossen die Deutschen 206 Tore und kassierten 115 Gegentreffer.

Willkommen im 200er-Klub

Thomas Müllers Treffer gegen Argentinien in der 3. Minute der WM-Viertelfinalpartie von 2010 – das Spiel endete mit einem sensationellen 4:0 der Deutschen – bewirkte, dass Deutschland als zweites Land die Marke von 200 WM-Toren knacken konnte. Nachdem die Jungs von Jogi Löw die WM 2010 beendet hatten, standen für Deutschland insgesamt 206 WM-Treffer zu Buche, vier weniger als für Brasilien. Das überhaupt erste deutsche WM-Tor erzielte Stanislaus Kobierski 1934 beim 5:2 gegen Belgien. Das deutsche Team von 2010 war zudem seit 1970 die erste Mannschaft nach Brasilien, die drei Siege mit 4 geschossenen Toren einfahren konnte (4:0 gegen Australien, 4:1 gegen England und 4:0 gegen Argentinien).

Diamantene Stollen

Die Deutschen waren bei technischen Neuerungen immer ganz vorne mit dabei, wie sie 1954 beim WM-Finale unter Beweis stellten. Das Spielfeld in Bern war nass und es regnete nach dem Anpfiff weiter. Die Bundesrepublik gehörte zu den ersten Teams, die Schuhe mit auswechselbaren Schraubstollen trugen. Die ungarischen Gegner vertrauten hingegen auf das traditionelle Schuhwerk, womit Ungarns Torwart Gyula Grosics prompt auf dem nassen Rasen ausrutschte, als Helmut Rahn den Siegtreffer erzielte.

Geschichtsträchtig

Die Mannschaften der Bundesrepublik und der DDR spielten nur ein einziges Mal gegeneinander – am 22. Juni 1974 in einem Gruppenspiel der WM in Westdeutschland. Die DDR siegte in Hamburg sensationell mit 1:0. Beide Teams kamen eine Runde weiter.

Goldenes Wunder

Deutschland war das erste Team, das durch die inzwischen wieder abgeschaffte »Golden-Goal«-Regel einen wichtigen Titel errungen hat. Beim EM-Finalspiel gegen Tschechien 1996 im Londoner Wembley-Stadion brachte Oliver Bierhoffs Ausgleichstreffer die Deutschen überhaupt erst in die Verlängerung, nachdem Patrik Berger zuvor einen Elfmeter für Tschechien verwandeln konnte. Wenige Minuten später traf Bierhoff erneut, und Deutschland war Europameister.

Doppelt genäht hält besser

Die Mannschaft der Bundesrepublik war als erste gleichzeitig Welt- und Europameister. Im EM-Finale von 1972 besiegten sie die Sowjetunion mit 3:0 und überraschten zwei Jahre später die favorisierten Niederlande mit einem 2:1-Sieg im Münchner WM-Finale.

Es müllert wieder

Der 20-jährige Thomas Müller war zweifellos einer der Stars der FIFA WM 2010, obwohl er erst im März dieses Jahres sein Nationalmannschaftsdebüt gegeben hatte – beim 0:1 der Deutschen gegen Argentinien. In einer Pressekonferenz wurde Müller vom argentinischen Trainer Diego Maradona versehentlich für einen Balljungen gehalten, doch der revanchierte sich in der Viertelfinalpartie der WM 2010 gegen denselben Gegner nachdrücklich: Müller erzielte das erste Tor beim überzeugenden deutschen 4:0. Dabei hatte der Nachwuchsspieler sein Debüt sowohl bei Bayern München als auch bei der deutschen U-21-Mannschaft erst zu Beginn der Saison 2009/2010 gegeben; seine eindrucksvollen Leistungen im Mittelfeld und im Sturm veranlassten Bundestrainer Joachim Löw, ihn im Eiltempo zum Nationalspieler zu befördern. Zu Beginn der WM-Endrunde hatte Müller gerade zwei Länderspiele absolviert, doch in Südafrika erzielte er fünf Tore in sechs WM-Partien. Die Halbfinalniederlage gegen Spanien verpasste er, weil er nach seiner zweiten Gelben Karte im Turnier, die er für ein Handspiel im Match gegen Argentinien gesehen hatte, gesperrt war. Wie schon sein (mit ihm nicht verwandter) Namensvetter Gerd Müller bei den Weltmeisterschaften 1970 und 1974, trug auch Thomas Müller bei seinen Heldentaten 2010 in Südafrika die Rückennummer 13 auf dem Trikot.

Bomber der Nation

Gerd Müller war der effektivste Torschütze der letzten Jahrzehnte: weder besonders groß noch ein außergewöhnlicher Techniker, aber ausgestattet mit dem Instinkt eines Torjägers, erzielte er regelmäßig die entscheidenden Tore in wichtigen Spielen, darunter den Siegtreffer beim FIFA WM-Finale 1974 für die Bundesrepublik, die er bereits mit seinem goldenen Tor im Zwischenrundenspiel gegen Polen zum Erfolg geführt hatte. Zwei Jahre zuvor hatte er sein Land mit zwei Treffern im Finale gegen die UdSSR zum EM-Sieg geschossen. In 62 Länderspielen netzte er 68-mal ein und ist bis heute unangefochtener Rekordtorschütze in der Geschichte der deutschen Fußballbundesliga.

Europäische Ehrungen

Vier Spieler der Bundesrepublik wurden mit dem Titel »Europas Fußballer des Jahres« ausgezeichnet. Gerd Müller war 1970 der erste, gefolgt von Franz Beckenbauer 1972 und 1976, Karl-Heinz Rummenigge 1980 und 1981 sowie Lothar Matthäus 1990. Matthias Sammer, dessen Karriere in der DDR begann, war 1996 der erste Spieler, der die Auszeichnung für das wiedervereinigte Deutschland errang.

Der Terrier

Berti Vogts wurde aufgrund seiner bissigen und kämpferischen Einstellung »der Terrier« genannt. Höhepunkt seiner Spielerkarriere war der Sieg im WM-Finale 1974 gegen die Niederlande, als er Johan Cruyff weitgehend neutralisierte – nur dessen Durchmarsch in der 1. Minute, der zum Elfmeter für die Niederländer führte, konnte er nicht aufhalten. 1996 führte er das wiedervereinigte Deutschland als Bundestrainer zum Gewinn der Europameisterschaft.

Der Kaiser

Franz Beckenbauer gilt weltweit als der größte Spieler der deutschen Fußballgeschichte. Als Teamchef führte er die Mannschaft der Bundesrepublik 1990 zum WM-Titel und setzte auch als Funktionär und Organisator Meilensteine. Geboren am 11. September 1945, stand Beckenbauer bereits mit 20 Jahren mit dem bundesdeutschen Team im verlorenen WM-Finale, damals noch als Mittelfeldspieler. Schon bei der WM 1970 agierte er als Libero und führte die Mannschaft als Kapitän zu ihren Erfolgen bei der EM 1972 sowie der WM 1974. Obwohl er bis dahin keine Erfahrungen als Trainer vorweisen konnte, wurde Beckenbauer 1984 zum Teamchef der Nationalmannschaft berufen. 1986 führte er die Bundesrepublik ins WM-Finale, erreichte zwei Jahre später mit ihr das EM-Halbfinale und wurde 1990 im letzten Spiel unter seiner Leitung auch als »Trainer«-Weltmeister. 1994 wurde Beckenbauer Präsident seines ehemaligen Vereins Bayern München, dem er als Kapitän zwischen 1974 und 1976 zu drei Siegen im Europapokal der Landesmeister verholfen hatte. Schließlich war er als Vorsitzender des Bewerbungskomitees maßgeblich an Deutschlands erfolgreicher Bewerbung für die Ausrichtung der WM 2006 beteiligt und agierte danach als Präsident des Organisationskomitees. Den Spitznamen »Kaiser« erhielt Beckenbauer bereits während seiner Spielerkarriere.

Magischer Matthäus

Lothar Matthäus ist Deutschlands Rekordnationalspieler. Er trat bei fünf FIFA WM-Endrunden an – 1982, 1986, 1990, 1994 und 1998 –, was für einen (Mittel-)Feldspieler rekordverdächtig ist. Matthäus war vielseitig einsetzbar, konnte sowohl im defensiven als auch im offensiven Mittelfeld sowie als Libero spielen. Er war Weltmeister 1990, Vizeweltmeister 1982 und 1986 und gehörte zum Europameister-Kader des Teams von 1980. Während seiner 20-jährigen internationalen Laufbahn hat er insgesamt 150 Länderspiele bestritten. Er schoss 23 Tore und wurde nach der FIFA WM 1990 zu »Europas Fußballer des Jahres« gewählt. 1990 (inoffiziell) und 1991 (offiziell) war er zudem »Weltfußballer des Jahres«.

Top Ten Länder-spiele (ohne DDR)

1.	Lothar Matthäus	150
2.	Jürgen Klinsmann	108
3.	Jürgen Kohler	105
4.	Franz Beckenbauer	103
5.	Thomas Häßler	101
=	Miroslav Klose	101
7.	Michael Ballack	98
8.	Berti Vogts	96
9.	Sepp Maier	95
=	Karl-Heinz Rummenigge	95

Top Ten Tor-schützen (ohne DDR)

1.	Gerd Müller	68
2.	Miroslav Klose	52
3.	Jürgen Klinsmann	47
=	Rudi Völler	47
5.	Karl-Heinz Rummenigge	45
6.	Uwe Seeler	43
7.	Michael Ballack	42
8.	Lukas Podolski	40
9.	Oliver Bierhoff	37
10.	Fritz Walter	33

Klose trifft wieder

Bei der WM 2010 in Südafrika konnte Miroslav Klose in der Statistik der erfolg-reichsten Toschützen mit Gerd Müller gleich-ziehen: Er erhöhte die Anzahl seiner WM-Treffer auf 14 und ist zusammen mit dem »Bomber der Nation« jetzt der erfolgreichste deutsche WM-Torschütze. Den Grundstein dafür legte er 2002 mit einem Dreierpack gegen Saudi-Arabien; im weiteren Verlauf der WM in Südkorea und Japan netzte er noch zweimal ein. Bei der WM 2006 in Deutschland ließ er es abermals fünfmal im gegnerischen Kasten klingeln und bekam dafür den »Goldenen Schuh« verliehen. Zu seinen vier Treffern in Südafrika zählten das Führungstor im Achtelfina-le gegen England und zwei Treffer im Viertelfinale gegen Argentinien. Bei der WM 2010 gelang dem gebürtigen Polen Klose ein Treffer mehr als in der gesamten für ihn enttäuschenden Bundesligasaison 2009/2010 für Bayern München. Klose hält außerdem einen weiteren Rekord, um den ihn allerdings kaum jemand beneiden dürfte: Er wurde bei seinen drei WM-Endrun-den insgesamt 13-mal ausgewechselt – so oft wie kein anderer Spieler.

Super-Seeler

Uwe Seeler war der beste deutsche Stürmer der späten 1950er- und der 1960er-Jahre. Er erzielte 43 Treffer in 72 Länderspielen und traf bei vier WM-Endrunden (1958, 1962, 1966 und 1970). 1966 stand er als Spielführer mit der Bundesrepublik Deutschland im Finale der WM, das jedoch mit 2:4 n. V. gegen England verloren wurde; 1970 führte er die Nationalmannschaft als Kapitän ins 3:4 n. V. verlorene Halbfinale gegen Italien. In 476 Liga-spielen erzielte er 404 Tore für den Hamburger SV.

Handschuhe aus Gold

Sepp Maier war maßgeblich beteiligt am deutschen Triumphzug der frühen 1970er-Jahre, einschließlich der Titelgewinne bei der EM 1972 und der WM 1974. Er ist mit 95 Einsätzen zwischen 1965 und 1979 bis heute Deutschlands Torwart mit den meisten Länderspielen. Während seiner Ligakarriere spielte er ausschließlich für Bayern München, bis er wegen eines Autounfalls, bei dem er lebensbedrohliche Verletzungen davontrug, seine aktive Karriere beenden musste. Sepp Maier wurde Torwartcoach und betreute die Torhüter sowohl des deutschen Nationalteams als auch seines ehemaligen Vereins.

Kein Weltmeister, aber trotzdem erfolgreich

Bevor Joachim Löw Bundestrainer wurde, war in Deutschland ein gewisser Trend zu erkennen:
Die Nationalmannschaft wurde regelmäßig von Spielerlegenden zu Weltmeisterschaften geführt, die sich bei früheren Turnieren auf dem Rasen hervorgetan hatten: Franz Beckenbauer und Berti Vogts wurden 1974 Weltmeister und waren 1986 und 1990 bzw. 1994 und 1998 Bundestrainer; Rudi Völler und Jürgen Klinsmann wurden 1990 Weltmeister und waren 2002 bzw. 2006 für das deutsche WM-Team verantwortlich. Löw, 2006 Assistent von Klinsmann, war nach Jupp Derwall im Jahr 1982 der erste Bundestrainer, der Deutschland zu einer Weltmeisterschaft führte, ohne selbst als Spieler bei einer Endrunde mitgewirkt zu haben. Derwall hatte in seiner aktiven Zeit immerhin 1954 zwei Länderspiele bestritten – allerdings erst nach dem sensationellen Titelgewinn der Deutschen beim WM-Turnier in der Schweiz, bei dem er nicht zum Kader gehört hatte.

Viermal drei

Das Spiel um den dritten Platz zwischen Deutschland und Uruguay war die Neuauflage eines Aufeinandertreffens beider Länder bei der WM 1970; damals hatte sich die Bundesrepublik mit einem 1:0 den dritten Platz gesichert. 40 Jahre später wurden die Deutschen erneut Dritter: In einer dramatischen Partie fuhren sie im Nelson-Mandela-Bay-Stadion in Port Elizabeth einen 3:2-Sieg ein. Mit dem Endergebnis, das Sami Khedira mit seinem späten Treffer herstellte, wurde Deutschland bereits zum vierten Mal Dritter – auch 1934 und 2006 hatte man diesen Rang belegt – und stellte damit einen neuen Rekord auf.

Otto Nerz

Der erste Trainer der deutschen Nationalmannschaft war Otto Nerz, der zuvor für den VfR Mannheim und Tennis Borussia Berlin gespielt hatte. Nerz, ein Bewunderer des englischen Fußballs, führte Deutschland als Reichstrainer bei der WM 1934 auf Rang 3. Die Mannschaft verlor das Halbfinale 1:3 gegen Tschechien, schlug aber Österreich im »kleinen Finale« mit 3:2. Die Nazi-Regierung entließ Nerz 1936, als Deutschland bei den Olympischen Spielen in Berlin im Viertelfinale an Norwegen scheiterte.

Trainer und Teamchefs der deutschen Nationalmannschaft

Otto Nerz	1926–36
Sepp Herberger	1936–64
Helmut Schön	1964–78
Jupp Derwall	1978–84
Franz Beckenbauer (TC)	1984–90
Berti Vogts	1990–98
Erich Ribbeck	1998–2000
Rudi Völler (TC)	2000–04
Jürgen Klinsmann	2004–06
Joachim Löw	seit 2006

Prämienstreit

Die Weltmeister von 1974 wären fast wieder abgereist, noch bevor die WM überhaupt begonnen hatte, denn Helmut Schön stand kurz davor, die Spieler wegen eines Streits um die WM-Prämien nach Hause zu schicken. In letzter Minute wurde zwischen Franz Beckenbauer und dem damaligen Vizepräsidenten der FIFA, Hermann Neuberger, ein Kompromiss ausgehandelt. Das Abstimmungsergebnis innerhalb des Kaders lautete 11:11, aber der Kapitän Franz Beckenbauer überredete seine Mitspieler, das Angebot des DFB anzunehmen. Die Entscheidung war Gold wert: Die Bundesrepublik gewann wenig später das WM-Endspiel mit 2:1 gegen die Niederlande.

Im Torrausch

Der bislang höchste Sieg einer deutschen Nationalmannschaft ist ein 16:0 gegen Russland bei den Olympischen Spielen 1912 in Stockholm. Gottfried Fuchs vom Karlsruher FV schoss in diesem Spiel 10 Tore und hält damit bis heute den Länderspiel-Torschützenrekord.

Kurswechsel

Die Geschichte der deutschen Reichs- und Bundestrainer war lange Zeit stark durch Kontinuität geprägt. Helmut Schön übernahm den Posten des Bundestrainers 1964, nachdem er zuvor Sepp Herbergers Assistent gewesen war; sein Assistent Jupp Derwall wurde 1978 auch sein Nachfolger. Diese Tradition wurde aufgegeben, nachdem die BRD bei der EM 1984 schon in der Gruppenphase ausgeschieden war. Statt Derwalls Assistenten Erich Ribbeck zu berufen, ernannte der DFB Franz Beckenbauer, der keine Trainerlizenz besaß, zum Teamchef. Spätere Quereinsteiger waren Rudi Völler als Teamchef und Jürgen Klinsmann, der zwar die offizielle Lizenz besaß, aber bis dahin keine Erfahrung als Trainer nachweisen konnte.

Schön im Saarland

Helmut Schön war einer der erfolgreichsten deutschen Bundestrainer. Seine internationale Trainerlaufbahn begann 1952 im damals noch autonomen Saarland, das erst 1957 der Bundesrepublik beitrat. Die Qualifikationsspiele zur WM 1954 bescherten dem Saarland ein Wechselbad der Gefühle: In Oslo besiegte es die norwegische Mannschaft mit 3:2 und nahm damit vorübergehend die Führungsposition in der Gruppe ein; letztlich scheiterte das Saarland jedoch an Sepp Herbergers deutscher Nationalmannschaft und schied aus.

Blitzstart

Der Abwehrspieler Arne Friedrich hatte gerade zwei Bundesliga-Spiele absolviert, als er zu seinem ersten Länderspieleinsatz kam – bei einem 2:2 gegen Bulgarien im Jahr 2002. Nachdem er von der Außen- auf die Innenverteidigerposition gewechselt war, schoss er 2010 im Viertelfinale gegen Argentinien bei seinem 77. Länderspieleinsatz schließlich sein erstes Tor für die Nationalmannschaft. In seiner Freizeit kocht Friedrich sehr gerne und hat sogar ein Buch mit eigenen Rezepten veröffentlicht.

Bayerns Rekorde

Der deutsche Rekordmeister ist der FC Bayern München, der insgesamt 22 Meistertitel gewann. Ihren ersten Titel hatten die Bayern schon 1932 durch einen 2:0-Endspielsieg gegen Eintracht Frankfurt errungen. Der Verein feierte weiterhin 14 Erfolge im DFB-Pokal, triumphierte dreimal im Europapokal der Landesmeister (1974–76), gewann 2001 die Champions League und war zweimal Weltpokalsieger. Der inzwischen abgeschaffte Europapokal der Pokalsieger sowie der UEFA Cup komplettieren die beeindruckende Trophäensammlung der Bayern.

Sepps Überraschung

Sepp Herberger (1897–1977) war eine der einflussreichsten Persönlichkeiten des deutschen Fußballs. Er war der dienstälteste Trainer und insgesamt 28 Jahre im Amt. Spätestens mit dem überraschenden Sieg gegen den klaren Favoriten Ungarn im WM-Endspiel 1954 wurde er zur Legende; dieses Ereignis trug maßgeblich dazu bei, dass die Westdeutschen ihre Nachkriegsdepression überwanden. Bereits 1936 hatte Herberger die Verantwortung für die Nationalmannschaft übernommen und sie zwei Jahre darauf ins Achtelfinale der Weltmeisterschaft geführt. Während des Krieges nutzte er seinen Einfluss, um seine besten Spieler aus den schlimmsten Kriegshandlungen herauszuhalten. Als der organisierte Fußball 1949 wiederaufgenommen wurde, beschloss der Verband, die Position des Bundestrainers auszuschreiben, aber Herberger überredete den DFB-Präsidenten Peco Bauwens, ihm seinen alten Job zurückzugeben. Er hatte eine Klausel in seinem Vertrag, der ihm bei der Spielerauswahl völlig freie Hand ließ. Sepp Herberger war auch bekannt für seine Sprüche, von denen etliche zu geflügelten Worten wurden; der bekannteste von ihnen lautete: »Der Ball ist rund.«

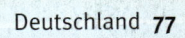

NIEDERLANDE

In den letzten Jahrzehnten gehört es zu den vertrauten Bildern, dass die Fans der Niederlande bei den großen Fußballturnieren die Tribünen in ein orangefarbenes Meer verwandeln. Doch das war nicht immer so. Erst seit den 1970er-Jahren, als die von Johan Cruyff angeführte Mannschaft mit ihrem spektakulären Konzept des »Totalen Fußballs« die Zuschauer begeisterte, zählen die Niederlande zu den großen Fußballnationen, die vor Welt- und Europameisterschaften regelmäßig als Topfavoriten gehandelt werden. Allerdings konnte das Land erst einmal ein großes Turnier gewinnen – die EM 1988 in der Bundesrepublik Deutschland.

Die Bondscoachs der Niederlande (seit 1978)

Jan Zwartkruis	1978–81
Rob Baan	1981
Kees Rijvers	1981–84
Rinus Michels	1984–85
Leo Beenhakker	1985–86
Rinus Michels	1986–88
Thijs Libregts	1988–90
Nol de Ruiter	1990
Leo Beenhakker	1990
Rinus Michels	1990–92
Dick Advocaat	1992–95
Guus Hiddink	1995–98
Frank Rijkaard	1998–2000
Louis van Gaal	2000–02
Dick Advocaat	2002–04
Marco van Basten	2004–08
Bert van Marwijk	seit 2008

Cruyff, der Magier

Johan Cruyff wurde durch den Sport zur lebenden Legende. Der am 25. April 1947 in Amsterdam geborene Spieler hatte eine zentrale Rolle bei den großen Erfolgen von Ajax Amsterdam und der niederländischen Nationalmannschaft in den frühen 1970er-Jahren. Vor dem WM-Finale 1974 schrieb eine Zeitung seines Heimatlandes: »Cruyff weckte Holland aus dem Tiefschlaf und brachte uns auf Weltklasseniveau.« Franz Beckenbauer sagte über ihn: »Er ist der beste Spieler, den Europa je hervorgebracht hat.« Bereits mit 10 Jahren wechselte Cruyff zu Ajax und gab mit 17 sein Liga-Debüt. Er führte den Verein zu acht Meisterschaften und gewann mit ihm von 1971–1973 dreimal in Folge den Europacup der Landesmeister. Gemeinsam mit dem Trainer Rinus Michels perfektionierte er das Konzept des »Totalen Fußballs«, das zum Markenzeichen des niederländischen Fußballs wurde. Sein internationales Debüt hatte Cruyff 1966 gegeben. In 48 Länderspielen schoss er 33 Tore und war 33-mal Mannschaftskapitän. Nach der WM 1974 wurde er zum »Spieler des Turniers« gekürt und nahm im selben Jahr bereits zum dritten Mal die Auszeichnung als »Europas Fußballer des Jahres« entgegen.

»Der General«

Rinus Michels (1928–2005) wurde 1999 aufgrund seiner Erfolge mit der niederländischen Mannschaft und Ajax Amsterdam von der FIFA zum »Trainer des Jahrhunderts« erklärt. Der ehemalige Ajax-Stürmer und Nationalspieler übernahm 1965 den Trainerposten seines alten Vereins und baute in den folgenden Jahren jene überragende Mannschaft auf, die in den frühen 1970ern den europäischen Fußball dominieren sollte. Die Teams um Johan Cruyff, im Verein wie in der Nationalmannschaft, setzten das von Michels weiterentwickelte Konzept des »Totalen Fußballs« perfekt um. Nach Ajax' erstem Sieg im Europacup der Landesmeister 1971 wechselte Michels zum FC Barcelona, kehrte jedoch 1974 in seine Heimat zurück, um die Niederlande bei der WM in der Bundesrepublik Deutschland zu betreuen. Michels, auch »Der General« genannt, war ein Disziplinfanatiker, dem es auch gelang, die häufig untereinander zerstrittenen Grüppchen im Nationalteam zu einer Einheit zusammenzuschweißen. Nicht zuletzt half ihm diese Fähigkeit, mit den Niederlanden am Ende einer weiteren Amtszeit 1988 den bislang einzigen großen Titel zu erringen: In der EM-Endrunde besiegte seine Mannschaft u. a. England und Irland, warf im Halbfinale den Gastgeber Deutschland aus dem Rennen und schlug schließlich im Finale die Sowjetunion mit 2:0. 1990 wurde Michels ein letztes Mal Bondscoach und führte die Niederlande bis ins Halbfinale der EM 1992. Direkt im Anschluss an das Turnier verkündete er seinen Rücktritt.

Orange Siegessträhne

Als die Niederlande 2010 in das WM-Endspiel einzogen, hatten sie alle 14 Partien auf ihrem Weg dorthin gewonnen (acht Qualifikations- und sechs WM-Endrundenspiele). Mit dieser Serie von 14 aufeinanderfolgenden Siegen in einem Wettbewerb, die im September 2008 begonnen hatte, stellten sie einen Rekord auf und waren zudem die neunte Mannschaft, die entweder alle Spiele bis zum Halbfinale oder Finale eines Turniers gewinnen konnte. Unter der Führung von Kapitän Giovanni van Bronckhorst und mit einem Wesley Snijder in Topform zogen die Niederlande mit sechs Siegen in Folge ins Finale ein, was zuvor nur Brasilien im Jahr 2002 geschafft hatte. Mit diesem Durchmarsch ins WM-Finale verbesserte das Team auch den niederländischen Rekord auf 25 Spiele in Serie ohne Niederlage. Zuletzt hatten die Oranjes im September 2008 in einem Freundschaftsspiel gegen Australien mit 1:2 den Kürzeren gezogen.

Happel, der Held

Ernst Happel ist nach Rinus Michels der erfolgreichste Trainer der Niederlande. Der ehemalige österreichische Verteidiger schrieb Geschichte, als Feyenoord Rotterdam als erste Mannschaft des Landes den Europapokal der Landesmeister gewann. 1978 wurde Happel engagiert, um das Team während der WM-Endrunde in Argentinien zu betreuen. Obwohl der Versuch, den ein Jahr zuvor aus der Nationalmannschaft zurückgetretenen Johan Cruyff zu einem Comeback zu überreden, scheiterte, stieß Happels Team bis ins Finale vor und unterlag erst in der Verlängerung mit 1:3 gegen Argentinien.

Man muss nur warten können

Die Niederlande mussten nach ihrer Endspielniederlage 1978 geschlagene 32 Jahre lang warten, bis sie 2010 wieder in ein WM-Finale einziehen durften – genauso lange wie Italien, das 1938 den Titel errang und 1970 Vizeweltmeister wurde. Nur Argentinien musste sich noch länger gedulden: Nach seinem ersten Endspiel 1930 konnte das Land erst 1978 wieder bei einem Finale mitmischen.

Die Amsterdam ArenA

Die Bauarbeiten an Hollands größtem Stadion, der Amsterdam ArenA, begannen 1993. Weit über 100 Millionen Euro wurden in das Projekt investiert, bis das Stadion am 14. August 1996 eröffnet werden konnte. Seither fungiert es als Heimstadion von Ajax Amsterdam und war einer der wichtigsten Austragungsorte bei der EM 2000, die von den Niederlanden und Belgien ausgerichtet wurden. Die ungewöhnliche Schreibweise entstand, als ein Nachtklub gleichen Namens klagte.

Van Bastens »Rekord«

Der Job des Bondscoachs ist einer der unsichersten im Weltfußball. Dienstältester Nationaltrainer der letzten Jahre war Marco van Basten, der das Amt am 29. Juli 2004 antrat und im Juni 2008 wieder aufgab, nachdem die Niederlande im Viertelfinale der EM gegen Russland ausgeschieden waren.

Van Bastens Turniere

Marco van Basten war 1988 einer der großen Stars der EM-Endrunde in der Bundesrepublik Deutschland. In den Gruppenspielen landete der Torjäger gegen England einen Hattrick, erzielte den Siegtreffer beim Halbfinale gegen die Gastgeber und besiegelte im Endspiel mit einem Treffer den 2:0-Sieg über die Sowjetunion. Während seiner aktiven Zeit spielte van Basten u. a. beim AC Mailand und war zweimaliger Torschützenkönig der Serie A. Wegen einer chronischen Knöchelverletzung beendete er 1995 seine Karriere.

Rinus im Glück

1974 wurde Rinus Michels Nachfolger des tschechischen Bondscoachs František Fadrhonc, mit dem die Niederlande sich für die WM-Endrunde in der Bundesrepublik Deutschland qualifiziert hatten; Fadrhonc gehörte bis zum Ende der WM als zweiter Mann hinter Michels zum Trainerstab. Die Qualifikation war gut verlaufen: Im letzten Spiel in Amsterdam erzielte der Belgier Jan Verheyen einen Treffer, der wegen Abseits nicht anerkannt wurde. TV-Aufzeichnungen zeigten später, dass sich der russische Schiedsrichter geirrt hatte. Hätte das Tor gezählt, wäre Belgien als Sieger weitergekommen.

Cruyffs Absage

Johan Cruyff ist bis heute eine der einflussreichsten Persönlichkeiten im niederländischen Fußball, war aber nie Bondscoach. Vor der WM 1994 wurden Verhandlungen mit dem Verband abgebrochen. Über 10 Jahre später lehnte er zweimal Angebote von Marco van Basten ab, der zurücktreten und als Cruyffs Assistent arbeiten wollte.

Der General und die Presse

Einen Tag vor dem WM-Finale 1974 gegen die Bundesrepublik wurde das Team der Niederlande in einen Presseskandal verwickelt. Die BILD-Zeitung behauptete, vier Spieler der Elftal hätten vor dem Spiel gegen Brasilien in der zweiten Gruppenrunde an einer »Nacktparty« im Mannschaftshotel teilgenommen. Rinus Michels warf der deutschen Presse daraufhin vor, sie versuche Unruhe zu stiften.

Flugangst verhindert Rekorde

Ohne seine Flugangst hätte Dennis Bergkamp weitaus mehr als 79 Länderspiele bestritten. Nachdem die Mannschaft der Niederlande während der FIFA WM 1994 in den USA bei einem Flug in heftige Turbulenzen geriet, nahm Bergkamp fortan nur noch an Spielen seiner Vereine und der Elftal teil, wenn er sie zu Land, Wasser oder Schiene erreichen konnte.

Pech im Spiel, Glück in der Liebe

Wesley Sneijder hoffte 2010 bis zum Endspiel seiner Mannschaft gegen Spanien, dass er ein bisher noch nie dagewesenes Quintupel fabrizieren würde: Noch nie hat es ein Fußballer geschafft, im gleichen Jahr Weltmeister zu werden, in dem er mit seiner Mannschaft das Triple erreicht hat (Gewinn der nationalen Meisterschaft, des nationalen Pokals und der Champions League bzw. des Europapokals), und dazu noch bei der WM den »Goldenen Schuh« einzusacken. Sneijder holte mit Inter Mailand in der Saison 2009/2010 zwar die drei Titel, schrammte aber knapp am WM-Sieg und am »Goldenen Schuh« vorbei. Trost für die schmerzliche Finalniederlage gegen Spanien dürfte Sneijder sechs Tage nach dem Ereignis erfahren haben: Bei einer romantischen Hochzeit gab er der niederländischen Schauspielerin und Fernsehmoderatorin Yolanthe Cabau van Kasbergen, die auch als Fotomodell arbeitet, das Jawort.

Top Ten Länderspiele

1.	Edwin van der Sar	130
2.	Frank de Boer	112
3.	Giovanni van Bronckhorst	106
4.	Philip Cocu	101
5.	Clarence Seedorf	87
6.	Marc Overmars	86
7.	Aaron Winter	84
8.	Ruud Krol	83
=	Rafael van der Vaart	83
10.	Dennis Bergkamp	79
=	Patrick Kluivert	79

Frühstart

Im Finale der WM 1974 gingen die Niederlande in der ersten Minute in Führung, bevor ein deutscher Spieler überhaupt den Ball berührte. Nach dem Anstoß passten die Oranjes den Ball über 14 Stationen bis in den Strafraum, wo Johan Cruyff von Uli Hoeneß gefoult wurde. Johan Neeskens verwandelte den allerersten Elfmeter in einem FIFA WM-Finale überhaupt – doch am Ende hatten die Niederlande das Spiel trotzdem mit 1:2 verloren.

Doppelte Verlierer

Neun Spieler der Niederlande scheiterten sowohl 1974 (1:2 gegen die BRD) als auch 1978 (1:3 gegen Argentinien) erst in den Endspielen gegen die Gastgebermannschaften. Jan Jongbloed, Ruud Krol, Wim Jansen, Arie Haan, Johan Neeskens, Johnny Rep und Rob Rensenbrink standen beide Male auf dem Platz, Wim Suurbier spielte 1974 und war 1978 im Kader. René van de Kerkhof saß 1974 auf der Ersatzbank und kam im Endspiel 1978 zum Einsatz.

Verwandtschaftliche Bande

Der defensive Mittelfeldspieler Mark van Bommel wurde 2008 von Bondscoach Marco van Basten nicht in die EM-Auswahl berufen, doch bei der FIFA WM 2010 war er allgegenwärtig. Van Bastens Nachfolger Bert van Marwijk ist van Bommels Schwiegervater: Mark ist mit van Marwijks Tochter Andra verheiratet.

Kapitän auf Siegeskurs

Ruud Gullit war eine der schillerndsten Figuren des Weltfußballs der 1980er- und frühen 1990er-Jahre. Er gewann während seiner Karriere viele Titel, u. a. mit dem AC Mailand 1989 und 1990 zweimal den Europapokal der Landesmeister. Bereits 1987 war er zu »Europas Fußballer des Jahres« gewählt worden. Den niederländischen Fans wird er immer in Erinnerung bleiben als der erste Mann in Oranje, der eine wichtige Trophäe für sein Land hochhalten konnte – den Pokal für den Gewinn der EM 1988.

Eurostars der Niederlande

Drei niederländische Spieler wurden zu »Europas Fußballer des Jahres« gewählt: Johan Cruyff, Ruud Gullit und Marco van Basten. Cruyff nahm die Auszeichnung in den Jahren 1971, 1973 und 1974 entgegen, Gullit wurde 1987 geehrt und van Basten in den Jahren 1988, 1989 und 1992.

»Holland on tour«

Die großartige Mannschaft des AC Mailand der späten 1980er-Jahre wurde aufgrund ihrer niederländischen Stars Ruud Gullit, Marco van Basten und Frank Rijkaard häufig als »Holland on tour« bezeichnet. Die drei waren Schlüsselfiguren beim EM-Sieg der Niederlande 1988 und den Triumphen des AC Mailand im Europapokal der Landesmeister 1989/90. Beim Sieg über Steaua Bukarest 1989 erzielten van Basten und Gullit je zwei Tore, im Jahr darauf markierte Rijkaard den einzigen Treffer im Endspiel gegen Benfica Lissabon.

Rekordzwillinge

Die Zwillinge Frank und Ronald de Boer halten den Rekord für die meisten Spiele, bei denen Brüder gemeinsam im Team der Niederlande spielten. Frank bestritt insgesamt 112 Länderspiele, Ronald 67.

Cruyffs wundersame Wandlung

Johan Cruyff rauchte 20 Zigaretten am Tag, bis er sich 1991 einer Bypass-Operation unterziehen musste; zu dieser Zeit war er Trainer des FC Barcelona. Danach gab er das Rauchen auf und engagierte sich für eine Anti-Raucher-Kampagne zugunsten der katalanischen Regionalregierung.

Top Ten Torschützen

1.	Patrick Kluivert	40
2.	Dennis Bergkamp	37
3.	Faas Wilkes	35
4.	Johan Cruyff	33
=	Abe Lenstra	33
=	Ruud van Nistelrooy	33
7.	Bep Bakhuys	28
8.	Kick Smit	26
9.	Marco van Basten	24
10.	Leen Vente	19
=	Wesley Sneijder	19
=	Robin van Persie	19

Verzweiflung

Der 1. September 2001 ist einer der schwärzesten Tage in der Geschichte des niederländischen Fußballs. Das 0:1 gegen Irland in Dublin zerstörte die Hoffnung, dass sich die Elftal doch noch für die FIFA WM-Endrunde 2002 qualifizieren könnte. Die Spieler waren sichtlich geschockt, als sie in der 68. Minute ein Tor kassierten, obwohl sie nach dem Platzverweis von Gary Kelly nur noch gegen 10 Mann spielten. Die Niederlage zwang Bondscoach Louis van Gaal zum Rücktritt.

Vor langer Zeit

Am 30. April 1905 trafen die Niederlande und Belgien zum ersten Mal in einem Länderspiel aufeinander. Eddy de Neve schoss alle Tore beim 4:1 der Elftal. Im Fußball sind die beiden Länder seitdem Erzrivalen.

Totaalvoetbal

Die niederländische WM-Mannschaft von 1974 verdankte ihren Erfolg dem Konzept des »Totalen Fußballs« (Totaalvoetbal), mit dem Trainer Rinus Michels und sein Star Johan Cruyff bereits Ajax Amsterdam zu drei Siegen im Europapokal der Landesmeister verholfen hatten. Das Spiel der Mannschaft war geprägt durch schnelle Pässe und ständige Positionswechsel. Im gesamten Turnier drängten die Außenverteidiger Wim Suurbier und Ruud Krol häufig in die Spitze, während Stürmer und Mittelfeldspieler wie Johan Cruyff und Johan Neeskens umgekehrt auch Abwehraufgaben übernahmen.

Der Rekordtorjäger

Der Innenstürmer Patrick Kluivert, am 1. Juli 1976 in Amsterdam geboren, trat 1994 zum ersten Mal für die Niederlande an. In den folgenden 10 Jahren absolvierte er weitere 78 Länderspiele und ist mit 40 Treffern der erfolgreichste Torschütze des Landes.

Moderne Helden

Die Niederlande zählen seit 1974 zu den stärksten Nationen im Weltfußball. Die von Johan Cruyff angeführte Mannschaft stand 1974 im FIFA WM-Finale und unterlag der Bundesrepublik Deutschland mit 1:2. Vier Jahre später verloren die Oranjes in Buenos Aires gegen Argentinien mit 1:3 nach Verlängerung. 1976 wurde die Mannschaft Dritter bei der Europameisterschaft, und 12 Jahre danach sicherte sie sich mit einem 2:0 im EM-Endspiel gegen die Sowjetunion ihren bislang einzigen großen Titel. Fast noch wichtiger für das von Rinus Michels betreute Team war der 2:1-Erfolg im Halbfinale gegen den Gastgeber Bundesrepublik Deutschland, der auch eine Revanche für das verlorene WM-Endspiel 1974 darstellte. Obwohl die Niederlande vor großen Turnieren regelmäßig als Favoriten gehandelt wurden, erreichten sie bis 2010 kein weiteres Endspiel mehr. Bei der FIFA WM 1998 scheiterte die Mannschaft im Halbfinale mit einem 2:4 im Elfmeterschießen gegen Brasilien – und bei den Euro-Endrunden 1992, 1996 und 2000 gingen ebenfalls sämtliche Halbfinalspiele verloren.

Hart an der Grenze zur Körperverletzung

Die Niederlande sind die erste Mannschaft, die bei einem WM-Endspiel acht Karten bekommen hat: 2010 sahen die Oranjes gegen Spanien siebenmal Gelb – darunter eine schmeichelhafte Gelbe für Nigel de Jongs höchst rotverdächtige Kung-Fu-Attacke gegen Xabi Alonso – und einmal Gelb-Rot. Die Niederlande wirkten auch bei der WM-Partie mit den bisher meisten Karten mit: Bei ihrer Achtelfinalniederlage gegen Portugal vier Jahre davor hatte es insgesamt 16 Karten gehagelt – 12 Gelbe und vier Gelb-Rote.

Um Haaresbreite

1978 verfehlten die Niederlande den Sieg im FIFA WM-Finale nur um Haaresbreite: In der letzten Minute der regulären Spielzeit prallte ein Schuss des Stürmers Rob Rensenbrink am Torpfosten ab, sodass das Spiel beim Stand von 1:1 in die Verlängerung ging. Schließlich setzte sich Argentinien mit 3:1 durch.

Albtraum Elfmeter

Verschossene Elfmeter sind ein Albtraum der Niederlande, da sie die Elftal in mehreren Turnieren zu Fall brachten. Der Fluch begann im Elfmeterschießen des EM-Halbfinales 1992 gegen Dänemark, als Peter Schmeichel einen Schuss Marco van Bastens hielt und so den Sieg des Außenseiters sicherte. 1996 schieden die Oranjes im EM-Viertelfinale gegen Frankreich ebenso durch Elfmeterschießen aus wie zwei Jahre später im WM-Halbfinale gegen Brasilien. Aber es kam noch schlimmer – bei der EM 2000 konnten sie im Halbfinale gegen Italien während der regulären Spielzeit gleich zwei Elfmeter nicht verwandeln – und im Elfmeterschießen wurde Italiens Torwart Francesco Toldo mit zwei gehaltenen Bällen zum Triumphator. Italien siegte mit 3:1.

Der Ton macht die Musik

Für niederländische Trainer war es oft eine schwierige Aufgabe, bei großen internationalen Turnieren den Zusammenhalt innerhalb der Mannschaft aufrechtzuerhalten. Bert van Marwijk gelang dies bei der WM 2010 recht gut, obwohl es Gerüchte über Spannungen zwischen einigen seiner Schützlinge gab. Abseits der Trainerbank war van Marwijk gelegentlich am Piano aufzufinden, das in der Lobby des Mannschaftshotels in Johannesburg stand.

Van der Sar schlägt sie alle

Der Torhüter Edwin van der Sar, geboren am 29. Oktober 1970 in Voorhout, ist mit 130 Länderspielen Rekordnationalspieler der Niederlande. Er kam 1990 zu Ajax Amsterdam und gewann 1995 mit dem Verein die Champions League. Am 7. Juni 1995 gab er gegen Weißrussland sein Länderspieldebüt und war 13 Jahre lang die unangefochtene Nummer eins der Elftal. Nach der Niederlage gegen Russland im Viertelfinale der EM 2008 trat er aus der Nationalmannschaft zurück, ließ sich aber vom neuen Bondscoach Bert van Marwijk zu einem Comeback überreden, da seine Nachfolger Maarten Stekelenburg und Henk Timmer für WM-Qualifikationsspiele verletzungsbedingt ausgefallen waren. Seit 2005 spielt Edwin van der Sar, der auch bei Juventus Turin und dem FC Fulham unter Vertrag stand, für Manchester United und gewann mit diesem Verein bislang drei englische Meistertitel und 2008 zum zweiten Mal in seiner Karriere die UEFA Champions League.

Vollzeitprofis

Der niederländische Fußball wurde erst 1954 professionalisiert. Zu einer Macht im Weltfußball wurden die Vereine und die Nationalmannschaft des Landes erst, als Ajax Amsterdam und Feyenoord Rotterdam in den 1960er-Jahren mit Vollzeitprofis spielten. Bis dahin hatten sogar Stars wie Ajax' Linksaußen Piet Keizer, der in einer Schneiderei arbeitete, noch Teilzeitjobs neben dem Fußball.

Höhen und Tiefen

Zwischen den beiden höchsten Länderspielerfolgen der Niederländer liegen 60 Jahre: Bei den Olympischen Spielen in Stockholm schlugen sie am 4. Juli 1912 Finnland mit 9:0. Mit dem selben Ergebnis fegten sie bei einem WM-Qualifikationsspiel am 1. November 1972 in Rotterdam Norwegen vom Platz. Die größte Schmach erlitt das Land am 21. Dezember 1907 mit einem 2:12 gegen die englische Amateurmannschaft in Darlington.

Aufstieg der Niederlande

Bei den FIFA Weltmeisterschaften 1934 und 1938 schieden die Niederlande beide Male im Achtelfinale aus und konnten sich nach dem 2. Weltkrieg erstmals wieder für die WM 1974 qualifizieren. Der Aufstieg des niederländischen Fußballs in die Weltspitze wurde entscheidend dadurch befördert, dass die großen Vereine des Landes in den 1960er-Jahren begonnen hatten, mit Vollzeitprofis zu arbeiten.

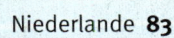

ITALIEN

Nur der fünffache Weltmeister Brasilien war bei FIFA Weltmeisterschaften noch erfolgreicher als Italien. Die Azzurri waren die Ersten, die die Trophäe mit zwei Siegen in den Jahren 1934 und 1938 verteidigten. 1982 verbuchten sie in Spanien einen Überraschungserfolg und errangen die begehrteste Trophäe des Weltfußballs 2006 nach einem dramatischen Finale gegen Frankreich zum vierten Mal. 1968 wurde das Land zudem Europameister. Aber das ist nicht alles: Italienische Vereine haben elfmal den Europacup der Landesmeister bzw. die Champions League gewonnen, und die Serie A zählt zu den stärksten des Fußballs. Italien ist im Fußball eine Macht.

Altbewährte Kämpen

Marcello Lippi baute bei seiner WM-Auswahl 2010 auf die Stars von 2006: Neun Spieler wirkten in beiden Auswahlen mit, darunter auch Fabio Cannavaro und der Außenverteidiger Gianluca Zambrotta: Die beiden kamen auf die meisten Spielminuten in der Qualifikation (je 810 Minuten), und beide bestritten auch jeweils alle 270 Minuten der Italiener in Südafrika.

Im zweiten Anlauf

Das einzige Mal, dass ein großes internationales Turnier erst im Wiederholungsspiel entschieden wurde, geschah bei Italiens EM-Sieg über Jugoslawien 1968. Zum Entzücken der Fans gewann Gastgeber Italien das zweite Spiel mit 2:0, zwei Tage nach einem 1:1-Unentschieden im Olympiastadion von Rom.

Fauler Empfang

Italiens Spieler wurden von verärgerten Fans mit Tomaten beworfen, als sie nach der Bruchlandung bei der FIFA WM 1966 in der Gruppenphase vorzeitig zurückkehrten. Nach einem nicht überzeugenden 2:0 gegen Chile brachen die Italiener ein und unterlagen der Sowjetunion mit 0:1. Das Spiel gegen Nordkorea endete ebenfalls mit einem beschämenden 0:1 und bedeutete das Aus für Italien.

Rekordserie

In seinen zwei Amtszeiten als Nationaltrainer blieb Marcello Lippi mit der Squadra Azzurra 31-mal hintereinander ungeschlagen und stellte damit den Weltrekord ein, den bis dahin der Spanier Javier Clemente und der Argentinier Alfio Basile hielten.

Fehlschüsse

Nur England hat bei FIFA Weltmeisterschaften genauso viele Elfmeterschießen verloren wie Italien – beide Länder scheiterten je dreimal. Roberto Baggio, einer der größten italienischen Stars der 1990er-Jahre, war jedesmal dabei – 1990, 1994 und 1998. Der linke Außenverteidiger Antonio Cabrini ist der einzige Spieler, der einen Strafstoß in der regulären Spielzeit eines WM-Finales verschoss – 1982 im Spiel gegen die Bundesrepublik Deutschland. Zu diesem Zeitpunkt stand das Spiel 0:0, und Cabrini hatte Glück, denn Italien gewann trotzdem mit 3:1.

In Gewahrsam

Während des Zweiten Weltkriegs versteckte der Funktionär Ottorino Barassi Italiens FIFA WM-Trophäe von 1938 in einem Schuhkarton unter seinem Bett. Barassi zog es vor, den »Coupe Jules Rimet« in seiner Nähe zu haben, statt ihn wie üblich in einer Bank in Rom einzuschließen. Erst zur WM-Endrunde 1950 gab er die Trophäe unversehrt an die FIFA zurück.

Auf Wiedersehen

Italien und Argentinien trafen als einzige Länder fünfmal hintereinander bei einer FIFA WM-Endrunde aufeinander: 1974 brachte ein Unentschieden, 1978 und 1982 gewann Italien, 1986 gab es ein erneutes Unentschieden, und 1990 gewann Argentinien nach einem dramatischen Elfmeterschießen beim WM-Halbfinale in Neapel.

Müder Start

Italien ist das einzige Land, das Weltmeister wurde, ohne ein einziges Vorrundenspiel gewonnen zu haben. Beim Turnier 1982 in Spanien spielten sie in allen drei Gruppenspielen gegen Peru, Polen und Kamerun unentschieden. Die Azzurri konnten sich nur durch ein erzieltes Tor mehr für die zweite Finalrunde qualifizieren – vor Kamerun, das die Italiener beim letzten Gruppenspiel unglücklicherweise nicht schlagen konnte. Die Italiener packten ihr Glück beim Schopf, kämpften sich bis ins Finale vor, besiegten die Bundesrepublik Deutschland mit 3:1 und nahmen die Trophäe zum dritten Mal mit nach Hause.

 ## Turnierexperten

FIFA Weltmeisterschaft™: 17 Teilnahmen – Siege 1934, 1938, 1982, 2006
2006 Europameisterschaft: 7 Teilnahmen – Sieg 1968
Erstes Länderspiel: Italien – Frankreich 6:2 (Mailand, Mai 1910)
Höchster Sieg: Italien – USA 9:0 (Brentford, England, August 1948)
Höchste Niederlage: Ungarn – Italien 7:1 (Budapest, April 1924)

 ## Höhenflüge

Vittorio Pozzo ist der einzige Trainer, der die FIFA WM zweimal gewonnen hat – beide Male mit Italien, 1934 und 1938. Dank Pozzo wurde das Land 1936 auch Olympiasieger. Geboren in Turin am 2. März 1886, studierte Pozzo in England, wo er sich als Zuschauer bei Spielen von Manchester United in den Fußballsport verliebte. Als seine Familie ihm zur Hochzeit seiner Schwester ein Ticket zur Heimreise schickte, kehrte er nur widerwillig nach Italien zurück. Vor dem Halbfinale 1938 gegen Brasilien motivierte Pozzo seine Spieler, indem er ihnen sagte, die Gegner hätten bereits einen Flug von Marseille zum Finale nach Paris gebucht. Italien gewann 2:1 und errang mit einem 4:2 gegen Ungarn auch den Titel.

 ## Die Remis-Könige

Keine andere Mannschaft hat bei WM-Partien öfter unentschieden gespielt als die Italiener: Mit den beiden 1:1 gegen Paraguay und Neuseeland bei der Endrunde 2010 haben sie die Anzahl ihrer WM-Remis auf 21 erhöht. Das erste WM-Unentschieden war ebenfalls ein 1:1 – 1934 trennte man sich im Viertelfinale nach Verlängerung mit diesem Ergebnis von Spanien. Das machte ein Wiederholungsspiel erforderlich, das am darauffolgenden Tag ausgetragen wurde und mit einem 1:0 für Italien endete.

Italiens Fiasko

Der trostlose Auftritt bei der FIFA WM 2010 war das schlechteste WM-Turnier, das die Italiener bisher abgeliefert haben – und das, obwohl sie als Titelverteidiger nach Südafrika gefahren waren. Die beiden Unentschieden gegen Paraguay und Neuseeland und die 2:3-Niederlage gegen die Slowakei führten dazu, dass sie zum ersten Mal überhaupt bei einer WM komplett ohne Sieg blieben. Und Gruppenletzter waren sie auch noch bei keinem Turnier zuvor. Nach dieser schwachen Vorstellung hat Marcello Lippi, der Italien 2006 zum Weltmeistertitel geführt hatte, es vermutlich bedauert, dass er 2008 das Amt des Nationaltrainers wieder aufnahm: Unmittelbar nach dem Slowakei-Spiel und dem WM-Aus erklärte Lippi, dass seinen Spielern keine Vorwürfe zu machen seien und er die ganze Verantwortung trage. Seinen Rücktritt nach der WM hatte er schon zuvor verkündet.

Italiens Nationaltrainer und Teamchefs

Vittorio Pozzo	1912, 1924
Augusto Rangone	1925–28
Carlo Carcano	1928–29
Vittorio Pozzo	1929–48
Ferruccio Novo	1949–50
Carlino Beretta	1952–53
Giuseppe Viani	1960
Giovanni Ferrari	1960–61
Giovanni Ferrari/ Paolo Mazza	1962
Edmondo Fabbri	1962–66
Helenio Herrera/ Ferruccio Valcareggi	1966–67
Ferruccio Valcareggi	1967–74
Fulvio Bernardini	1974–75
Enzo Bearzot	1975–86
Azeglio Vicini	1986–91
Arrigo Sacchi	1991–96
Cesare Maldini	1997–98
Dino Zoff	1998–2000
Giovanni Trapattoni	2000–04
Marcello Lippi	2004–06
Roberto Donadoni	2006–08
Marcello Lippi	2008–10
Cesare Prandelli	seit 2010

Rossi kommt zurück

Paolo Rossi war der Held bei Italiens FIFA WM-Triumph 1982 und wurde für sechs erzielte Tore mit dem »Goldenen Schuh« für den erfolgreichsten Torschützen des Turniers ausgezeichnet. Im Gruppenspiel der 2. Finalrunde erzielte er sämtliche Tore der Italiener beim 3:2 gegen Brasilien, und im Endspiel brachte er sein Team mit dem 1:0 gegen die Bundesrepublik Deutschland auf die Siegerstraße. Dabei war er sehr spät für Italiens Kader nominiert worden, weil er wegen seiner vermeintlichen Beteiligung an einem Bestechungsskandal bis kurz vor dem Turnierstart eine zweijährige Sperre abzusitzen hatte.

Helfende Hände

Der ehemalige italienische Nationaltorhüter Angelo Peruzzi war 1984 dabei als 14-Jähriger Balljunge beim Finale des Europacups der Landesmeister, das der FC Liverpool im Elfmeterschießen gegen den AS Rom gewann. Während seiner aktiven Karriere spielte er für AS Rom, Hellas Verona, Juventus Turin, Inter Mailand und Lazio Rom. Seine größten Erfolge feierte er mit Juventus.

Die Juve-Connection

Obwohl die Italiener bei der FIFA WM 2010 in Südafrika auf ganzer Linie enttäuschten, war der frühere italienische U-21-Kapitän Giorgio Chiellini sicher froh, dass er neben seinem Turiner Mannschaftskameraden, der Juve-Legende Fabio Cannavaro, in der Innenverteidigung auflaufen durfte. Obwohl er 2004 schon sein erstes Länderspiel bestritten hatte, wurde er nicht in den italienischen WM-Kader von 2006 berufen. Danach war Chiellini unabsichtlich dafür verantwortlich, dass Cannavaro nicht an der EM 2008 teilnehmen konnte: Beim Training erlitt dieser durch ein Tackling von ihm eine Knöchelverletzung.

Blau bringt's

Inter Mailand, der Triplegewinner von 2010, stellte Spieler für mehr Nationalmannschaften ab als irgendein anderer Verein – mit Ausnahme der VW-Werkself VfL Wolfsburg. Beide Vereine waren in Südafrika bei acht Nationalmannschaften mit Spielern vertreten. Nur wenige Wochen nach dem Triple aus italienischer Meisterschaft, italienischem Pokal und Champions-League-Pokal liefen Inter-Kicker mit den Nationalmannschaften von Italien, Argentinien, Brasilien, Kamerun, Ghana, den Niederlanden, Serbien und Slowenien auf.

Top Ten Länderspiele

1.	Fabio Cannavaro	136
2.	Paolo Maldini	126
3.	Dino Zoff	112
4.	Gianluigi Buffon	102
5.	Gianluca Zambrotta	97
6.	Giacinto Facchetti	94
7.	Alessandro Del Piero	91
8.	Franco Baresi	81
=	Giuseppe Bergomi	81
=	Marco Tardelli	81

Top Ten Torschützen

1.	Luigi Riva	35
2.	Giuseppe Meazza	33
3.	Silvio Piola	30
4.	Roberto Baggio	27
=	Alessandro Del Piero	27
6.	Alessandro Altobelli	25
=	Adolfo Baloncieri	25
=	Filippo Inzaghi	25
9.	Francesco Graziani	23
=	Christian Vieri	23

Die Zoff-Skala

Der Torwart Dino Zoff erzielte einen einmaligen Länderspielrekord, als er von September 1972 bis Juni 1974 über 1142 Minuten keinen einzigen Treffer gegen Italien zuließ. 1982 wurde Zoff als Mannschaftskapitän mit Italien Weltmeister und wiederholte damit den Triumph von Juventus-Torwart Gianpiero Combi, der beim ersten WM-Sieg der Squadra Azzurra 1934 ebenfalls Kapitän gewesen war. Als Trainer führte Zoff die Italiener später ins Finale der EM 2000, das sie gegen die Franzosen aufgrund eines Golden Goals in der Verlängerung mit 1:2 verloren. Wenige Tage darauf erklärte er seinen Rücktritt, auch aus Verärgerung über die Kritik von Italiens heutigem Ministerpräsidenten Silvio Berlusconi, der 2000 als Präsident des AC Mailand großen Einfluss ausübte.

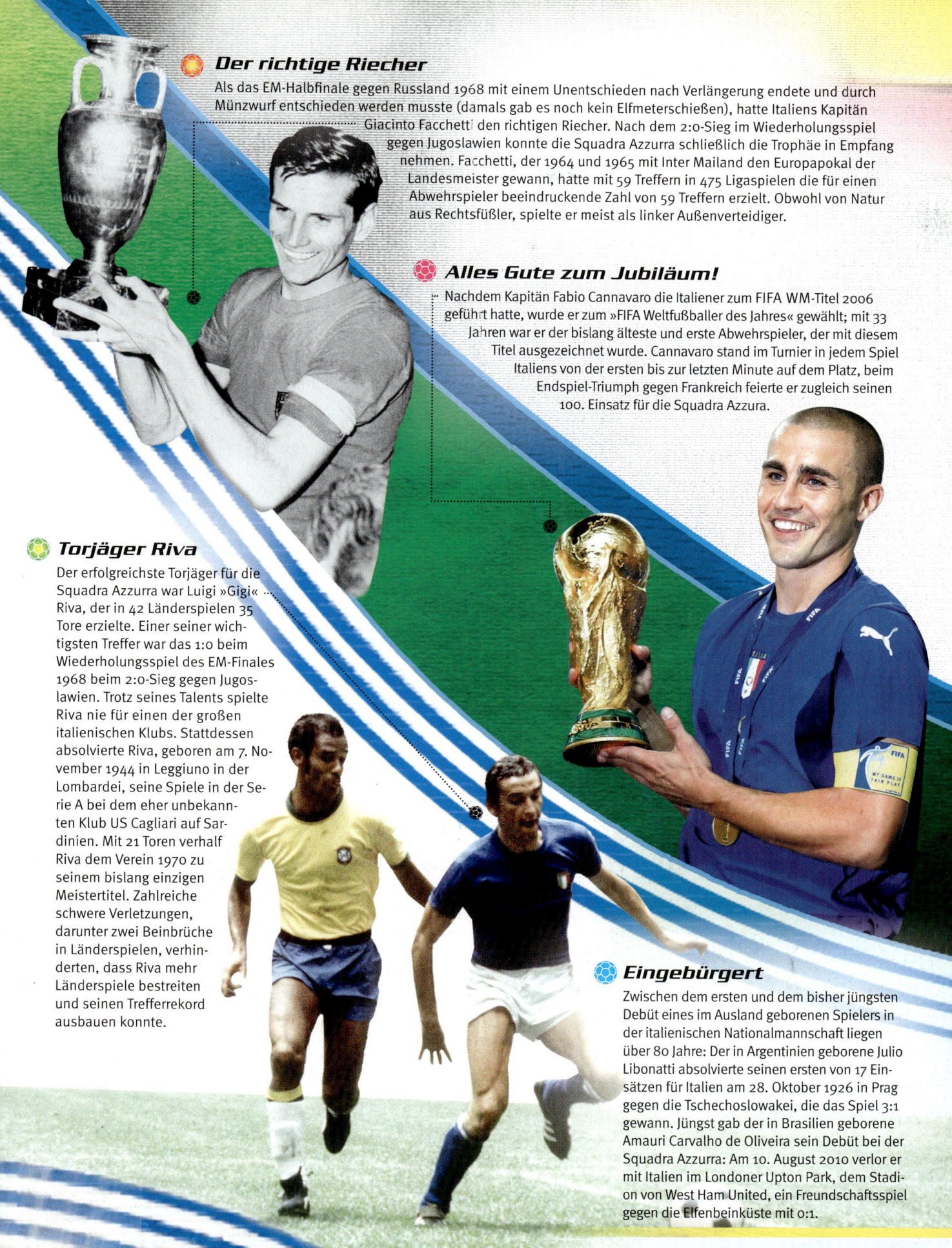

Der richtige Riecher

Als das EM-Halbfinale gegen Russland 1968 mit einem Unentschieden nach Verlängerung endete und durch Münzwurf entschieden werden musste (damals gab es noch kein Elfmeterschießen), hatte Italiens Kapitän Giacinto Facchetti den richtigen Riecher. Nach dem 2:0-Sieg im Wiederholungsspiel gegen Jugoslawien konnte die Squadra Azzurra schließlich die Trophäe in Empfang nehmen. Facchetti, der 1964 und 1965 mit Inter Mailand den Europapokal der Landesmeister gewann, hatte mit 59 Treffern in 475 Ligaspielen die für einen Abwehrspieler beeindruckende Zahl von 59 Treffern erzielt. Obwohl von Natur aus Rechtsfüßler, spielte er meist als linker Außenverteidiger.

Alles Gute zum Jubiläum!

Nachdem Kapitän Fabio Cannavaro die Italiener zum FIFA WM-Titel 2006 geführt hatte, wurde er zum »FIFA Weltfußballer des Jahres« gewählt; mit 33 Jahren war er der bislang älteste und erste Abwehrspieler, der mit diesem Titel ausgezeichnet wurde. Cannavaro stand im Turnier in jedem Spiel Italiens von der ersten bis zur letzten Minute auf dem Platz, beim Endspiel-Triumph gegen Frankreich feierte er zugleich seinen 100. Einsatz für die Squadra Azzura.

Torjäger Riva

Der erfolgreichste Torjäger für die Squadra Azzurra war Luigi »Gigi« Riva, der in 42 Länderspielen 35 Tore erzielte. Einer seiner wichtigsten Treffer war das 1:0 beim Wiederholungsspiel des EM-Finales 1968 beim 2:0-Sieg gegen Jugoslawien. Trotz seines Talents spielte Riva nie für einen der großen italienischen Klubs. Stattdessen absolvierte Riva, geboren am 7. November 1944 in Leggiuno in der Lombardei, seine Spiele in der Serie A bei dem eher unbekannten Klub US Cagliari auf Sardinien. Mit 21 Toren verhalf Riva dem Verein 1970 zu seinem bislang einzigen Meistertitel. Zahlreiche schwere Verletzungen, darunter zwei Beinbrüche in Länderspielen, verhinderten, dass Riva mehr Länderspiele bestreiten und seinen Trefferrekord ausbauen konnte.

Eingebürgert

Zwischen dem ersten und dem bisher jüngsten Debüt eines im Ausland geborenen Spielers in der italienischen Nationalmannschaft liegen über 80 Jahre: Der in Argentinien geborene Julio Libonatti absolvierte seinen ersten von 17 Einsätzen für Italien am 28. Oktober 1926 in Prag gegen die Tschechoslowakei, die das Spiel 3:1 gewann. Jüngst gab der in Brasilien geborene Amauri Carvalho de Oliveira sein Debüt bei der Squadra Azzurra: Am 10. August 2010 verlor er mit Italien im Londoner Upton Park, dem Stadion von West Ham United, ein Freundschaftsspiel gegen die Elfenbeinküste mit 0:1.

Federico versagt

Gianluigi Buffon wegen einer Rückenverletzung nach ungefähr der Hälfte des Auftaktspiels zu verlieren, war das Letzte, was die Italiener 2010 in Südafrika wollten, nachdem der Juve-Torhüter vier Jahre zuvor, als Italien Weltmeister geworden war, während des gesamten Turniers nur zwei Gegentore zugelassen hatte. Ersatztorhüter Federico Marchetti hielt in der restlichen Spielzeit seinen Kasten sauber und die Italiener glichen gegen Paraguay noch zum 1:1-Endstand aus. Doch in den beiden nächsten Gruppenspielen griff der Torhüter von Cagliari Calcio bei vier von fünf Schüssen, die auf sein Tor kamen, daneben. Während andere italienische Veteranen wie Fabio Cannavaro und Gennaro Gattuso ihre Nationalmannschaftskarrieren nach dem Ausscheiden Italiens beendeten, wollte Buffon weitermachen – und wurde vom neuen italienischen Trainer Cesare Prandelli als Nachfolger von Cannavaro zum Mannschaftskapitän ernannt.

Fast unüberwindbar

Walter Zenga ließ bei der FIFA WM-Endrunde 1990 über 517 Minuten kein Tor zu und stellte damit einen bis heute nicht übertroffenen Rekord auf. Gianluigi Buffon musste bei der WM 2006 in Deutschland nur zweimal hinter sich greifen – er konnte nur durch ein Eigentor und einen Elfmeter überwunden werden.

Weit herumgekommen

Der Italiener Giovanni Trapattoni gewann als Trainer Meisterschaften in mehreren Ländern – in Italien mit Juventus Turin und Inter Mailand, in Deutschland mit Bayern München, in Portugal mit Benfica Lissabon und in Österreich mit Red Bull Salzburg. Zudem ist Trapattoni – neben dem Deutschen Udo Lattek – der einzige Trainer, der sämtliche drei europäischen Pokale gewinnen konnte. Mit Juventus gewann er zudem 1985 den Weltpokal und trainierte von 2000 bis 2004 auch die Squadra Azzurra, hier jedoch mit mäßigem Erfolg.

Italiens beste Spieler

(gewählt vom italienischen Fußballverband)

1. Giuseppe Meazza
2. Luigi Riva
3. Roberto Baggio
4. Paolo Maldini
5. Giacinto Facchetti
6. Sandro Mazzola
7. Giuseppe Bergomi
8. Valentino Mazzola

Wie der Vater, so der Sohn

Cesare und Paolo Maldini sind das erfolgreichste Vater-Sohn-Paar in der Geschichte des Fußballs: Beide hielten die wichtigste Trophäe des europäischen Vereinsfußballs in Händen – beide mit dem AC Mailand und beide in England. Cesare gewann 1963 mit einem Sieg gegen Benfica Lissabon im Londoner Wembley-Stadion den Europapokal der Landesmeister – es war der erste Triumph eines italienischen Vereins überhaupt. Paolo folgte ihm 40 Jahre später mit dem Erfolg von Milan gegen Juventus Turin im Champions-League-Finale im Old-Trafford-Stadion von Manchester. Für den Junior war dies allerdings schon der zweite von drei Erfolgen mit dem AC Mailand in der Champions League. Zweimal agierten Vater und Sohn auch gemeinsam bei Weltmeisterschaften: Bei der Endrunde 1998 war Cesare Trainer, Paolo Kapitän der Squadra Azzurra. Vier Jahre später trainierte Cesare das Team von Paraguay. Es scheint, als sei die Maldini-Dynastie noch nicht an ihrem Ende angelangt: Paolos Sohn Christian startet derzeit seine Karriere – natürlich beim AC Mailand. Sollte er es in die erste Mannschaft schaffen, wird er als Privileg Paolos legendäres Trikot mit der Nummer 3 tragen dürfen.

Prandellis Versprechen

Nachdem er zugestimmt hatte, nach der WM 2010 das Amt des italienischen Nationaltrainers von Marcello Lippi zu übernehmen, reiste Cesare Prandelli, von 2005 bis 2010 Coach des AC Florenz, während des Turniers nach Afrika – doch nicht nur, um Fußball zu schauen: Das 1:1 zwischen Italien und Neuseeland verfolgte er an einem Fernsehgerät im tansanischen Sansibar – dort eröffnete Prandelli nämlich mit seiner Tochter eine Schule zum Andenken an seine Frau Manuela, die drei Jahre zuvor an Krebs gestorben war.

Trophäen-Sammler

Giovanni Ferrari gewann 1934 und 1938 die FIFA WM zweimal mit Italien und ist mit acht Titeln auch der erfolgreichste Spieler in der Geschichte der Serie A: Er wurde fünfmal Meister mit Juventus Turin, zweimal mit Inter Mailand und einmal mit dem FC Bologna. Den Meisterschaftsrekord teilt er sich jedoch mit Virginio Rosetta (zweimal italienischer Meister mit US Pro Vercelli und sechsmal mit Juventus Turin) und Guiseppe Furino, der sämtliche seiner acht nationalen Titel mit Juve gewann.

Aufgepäppelt

Das Stadion, das sich Inter und der AC Mailand teilen, wird allgemein »San Siro« genannt, nach dem Stadtteil, in dem es sich befindet. Offiziell heißt es Giuseppe-Meazza-Stadion, benannt nach jenem berühmten Stürmer, der für beide Klubs spielte und mit Italien 1934 und 1938 Weltmeister wurde. Ein Scout von Inter hatte den am 23. August 1910 in Mailand geborenen Meazza entdeckt, als dieser auf der Straße mit einem Fußball aus Lumpen jonglierte. Meazza war so dünn, dass er mit Steaks aufgepäppelt werden musste. Legendär ist sein letztes Tor für Italien: Bei der WM 1938 verwandelte er im Halbfinale gegen Brasilien einen Elfmeter, musste beim Schuss aber seine Hose festhalten, weil deren Gummiband gerissen war.

Italienische Meister

Juventus Turin	27
Inter Mailand	18
AC Mailand	17
CFC Genua	9
FC Bologna	7
FC Turin	7
US Pro Vercelli	7
AS Rom	3
AC Florenz	2
SSC Neapel	2
Lazio Rom	2
Cagliari Calcio	1
AS Casale	1
Sampdoria Genua	1
US Novese	1
Spezia Calcio	1
Hellas Verona	1

Der erfolgreichste Verein Italiens

Juventus Turin, einer der traditions- und erfolgreichsten italienischen Vereine, war bislang bei jeder WM, an der die Italiener teilnahmen, mit mindestens einem Spieler im Kader vertreten. Juventus war in der Saison 2005/06 in einen Manipulationsskandal verwickelt und wurde in die Serie B strafversetzt; zum ersten Mal seit der Vereinsgründung im Jahr 1897 war Juventus damit vorübergehend zweitklassig. Mit insgesamt 51 Titeln, darunter 27 italienischen Meisterschaften, ist der Verein der erfolgreichste Italiens. Als Juventus 1985 auch im Europapokal der Landesmeister siegte, hatte der Verein als erster sämtliche drei großen europäischen Trophäen errungen.

Kurzer Einsatz

Die schnellste Rote Karte der Welt bekam Guiseppe Lorenzo vom FC Bologna, als er einen Spieler des FC Parma in einem Serie-A-Spiel im Dezember 1990 schlug – der Anstoß lag gerade zehn Sekunden zurück.

Drei auf einen Streich

In der Saison 1989/90 gewannen italienische Klubs alle drei großen europäischen Wettbewerbe: Der AC Mailand holte den Europapokal der Landesmeister mit einem 1:0-Endspielsieg gegen Benfica Lissabon; Juventus Turin triumphierte im UEFA-Pokal mit 3:1 und 0:0 gegen den AC Florenz, und Sampdoria Genua gewann den Europapokal der Pokalsieger mit einem 2:0 im Finale gegen den RSC Anderlecht.

Die Turiner Tragödie

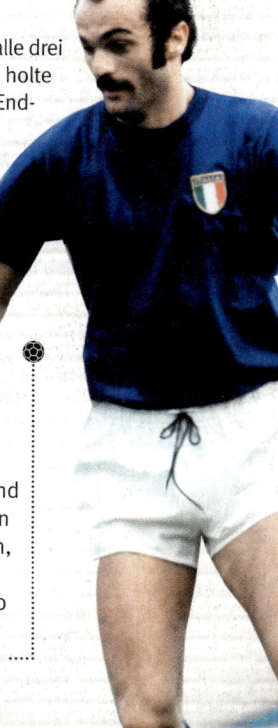

In den späten 1940er-Jahren war der AC Turin Italiens erfolgreichster Verein. Doch am 4. Mai 1949 kamen bei einem Flugzeugabsturz unterhalb der Superga-Basilika bei Turin fast sämtliche Spieler der Mannschaft und einige Begleiter ums Leben. Danach hat der Verein nur noch einmal den Titel in der Serie A errungen, in der Saison 1976/77. Unter den Opfern der Tragödie befand sich auch der Stürmerstar Valentino Mazzola, der die Reise trotz Krankheit angetreten hatte. Sandro Mazzola, sein Sohn, zum Zeitpunkt des Unglücks sechs Jahre alt, feierte später große Erfolge mit der italienischen Nationalmannschaft: 1968 wurde er mit Italien Europameister, zwei Jahre später Vizeweltmeister.

SPANIEN

Aus Spanien stammen einige der besten Klubs Europas (die insgesamt 13-mal den Europapokal der Landesmeister bzw. die Champions League gewonnen haben) und das Land hat zahlreiche Superstars hervorgebracht. Abgesehen von einem EM-Titel 1964 scheiterte das Land jedoch bei großen Turnieren vorzeitig – bis zum Finale der EM 2008: Spanien gewann mit 1:0 gegen Deutschland. Dieser Sieg beförderte die Iberer zum ersten Mal an die Spitze der FIFA Weltrangliste. Der 1:0-Triumph über die Niederländer im Endspiel der FIFA WM 2010 zementierte den Rang Spaniens als die aktuelle Fußballnation Nummer eins.

Spanische Spielkultur

Der WM-Pokal war nicht die einzige Trophäe, die Spanien 2010 in Südafrika einheimste. Den Iberern wurde auch die FIFA Fairplay-Auszeichnung verliehen, da sie in ihren sieben Spielen nur acht Gelbe Karten – und keinen einzigen Platzverweis – kassiert hatten. Bei der WM 2006 in Deutschland hatten die Spanier diese Auszeichnung auch schon erhalten, mussten sie sich allerdings mit den Brasilianern teilen.

Pokalverdoppelung

Mit dem Gewinn der FIFA WM 2010 ist Spanien nach Deutschland das erste Land seit 1974, das den Pokal als amtierender Europameister entgegennehmen konnte. Als Frankreich beide Titel einfuhr, war die Reihenfolge umgekehrt: Das Land wurde 1998 Weltmeister und zwei Jahre später Europameister.

Die Null steht

Der spanische Torhüter Iker Casillas hielt bei allen sieben K.-o.-Spielen, die sein Team bei der EM 2008 und bei der WM 2010 absolvierte, seinen Kasten sauber. Die Mannschaft schoss in den drei EM-K.-o.-Spielen und in den vier WM-K.-o.-Spielen jeweils vier Tore.

Wettkampfstätten

Kein Land stellte bei einer FIFA Weltmeisterschaft mehr Wettkampfstätten zur Verfügung als Spanien 1982: 17 Stadien in 14 Städten. Das Turnier 2002 wurde zwar an 20 verschiedenen Orten ausgetragen, aber zehn davon lagen in Japan und zehn in Südkorea. Die Weltmeisterschaft 1982 war die erste, an der 24 Mannschaften teilnahmen. Das Finale wurde im Santiago-Bernabéu-Stadion von Madrid ausgetragen.

Drei mal drei

Nur drei Spanier haben in drei verschiedenen WM-Endrunden getroffen – Raúl (1998, 2002 und 2006), Julio Salinas (1986, 1990 und 1994) und Fernando Hierro (1994, 1998 und 2002). Letzterer ist der drittbeste spanische Schütze, obwohl er während seiner Karriere zumeist als Verteidiger spielte.

Gastarbeiter

Spanien gewann im Mai 1929 in Madrid nach einem Zwischenstand von 0:2 und 2:3 – als erstes nicht-britisches Team schließlich mit 4:3 gegen England. Den Sieg im Estadio Metropolitano verdankten die Iberer auch ihrem englischen Trainer Fred Pentland, der 1920 nach Spanien gezogen war. Seine größten Erfolge feierte er mit Athletic Bilbao: 1930 und 1931 gewann er mit Bilbao sowohl die Meisterschaft als auch den Pokal und fügte 1931 dem FC Barcelona die höchste Niederlage der Vereinsgeschichte zu, ein 12:1.

Bedeutende Turniere

FIFA WM™:
13 Teilnahmen, Titelgewinn 2010

EM:
Acht Teilnahmen, Titelgewinn 1964, 2008

Erstes Länderspiel:
Spanien – Dänemark 1:0
(Brüssel, Belgien, 28. August 1920)

Höchster Sieg:
Spanien – Bulgarien 13:0
(Madrid, Spanien, 21. Mai 1933)

Höchste Niederlagen:
Italien – Spanien 7:1
(Amsterdam, Niederlande, 4. Juni 1928);
England – Spanien 7:1 (London, England, 9. Dezember 1931)

Alarmstufe Rot

Weil die erste Europameisterschaft 1960 in der kommunistischen Sowjetunion ausgetragen wurde, verweigerten die Spanier aus Protest die Teilnahme. Vier Jahre später änderten sie ihre Haltung: Spanien war nicht nur Gastgeber der Meisterschaft, sondern gewann sie auch – durch ein 2:1 gegen die Sowjets im Finale. Kapitän der spanischen Mannschaft war Fernando Olivella, Trainer José Villalonga, der als Trainer mit Real Madrid 1956 den erstmals ausgespielten Europapokal der Landesmeister gewonnen hatte.

Historisches Datum?

Der 22. Juni galt lange als Pechtag der spanischen Nationalmannschaft, vor allem beim Elfmeterschießen: Die Spanier verloren an diesem Tag im Elfmeterschießen bei der FIFA WM 1986 gegen Belgien, der EM 1996 gegen England und der FIFA WM 2002 gegen Südkorea. Aber am 22. Juni 2008 schlug Spanien Italien im Viertelfinale der EM im Elfmeterschießen, nachdem es nach Verlängerung 0:0 stand. Das war zugleich Spaniens erster Sieg über Italien in Pflichtspielen seit 1920.

Altersweisheit

Als Spanien 2008 Europameister wurde, war Luis Aragonés der älteste Trainer eines Europameisters – einen Monat vor seinem siebzigsten Geburtstag. Der frühere Mittelstürmer wurde während seiner Spielerlaufbahn nur »Luis« genannt. Er war 1964, als Spanien Europameister wurde, im Finale nicht für die Mannschaft aufgestellt worden. In seiner Zeit als Nationaltrainer (2004 bis 2008) nannte man ihn den »Weisen von Hortaleza«, und er gewann mehr Spiele als jeder andere spanische Nationaltrainer, nämlich 38. Der am 28. Juli 1938 im Madrider Stadtteil Hortaleza geborene Aragonés spielte den größten Teil seiner Zeit als Aktiver bei Atlético Madrid, wo er auch unmittelbar nach seinem Karriereende 1974 überraschend zum Trainer berufen wurde – mit nur 36 Jahren.

Multinational

Ladislav Kubala hat als einziger Spieler für die Nationalmannschaften dreier verschiedener Länder gespielt, allerdings kein einziges Mal das Finale eines wichtigen Turniers erreicht: Er wurde am 10. Juni 1927 in Budapest geboren, bestritt aber sein erstes Länderspiel 1946 für die Tschechoslowakei. Nach fünf weiteren Einsätzen für die Heimat seiner Eltern spielte er dreimal für Ungarn, nachdem er 1948 dorthin umgezogen war. Als er 1951 aus Ungarn floh und bei Barcelona anheuerte, trat er noch 19-mal für Spanien an.

Top Ten Länderspiele

1.	Andoni Zubizarreta	126
2.	Iker Casillas	111
3.	Raúl	102
4.	Xavi	94
5.	Carles Puyol	90
6.	Fernando Hierro	89
7.	José Antonio Camacho	81
8.	Fernando Torres	80
9.	Xabi Alonso	76
10.	Rafael Gordillo	75

Top Ten Torschützen

1.	Raúl	44
2.	David Villa	43
3.	Fernando Hierro	29
4.	Fernando Morientes	27
5.	Emilio Butragueño	26
6.	Fernando Torres	24
7.	Alfredo di Stéfano	23
=	Julio Salinas	23
9.	Míchel	21
10.	Telmo Zarra	20

Torres' Tore

Als Kind wollte Stürmerstar Fernando Torres Torwart werden. Der am 20. März 1984 in Madrid geborene Spieler war nur 19 Jahre alt, als er zum Kapitän der Helden seiner Kindheit wurde – der Mannschaft von Atlético Madrid. Torres hat die einzigartige Fähigkeit, das einzige Tor in Finalbegegnungen zu schießen, wie das Siegtor gegen Deutschland bei der EM 2008. Dasselbe war ihm mit der U-16-Nationalmannschaft bei der EM 2001 und mit der U-19 bei der EM im darauffolgenden Jahr gelungen.

Durchmarsch

Mit seinem Einsatz beim 3:2 der Spanier gegen Saudi-Arabien am 29. Mai 2010 hat es der Innenverteidiger Carlos Marchena als erster Spieler geschafft, 50 Länderspiele in Serie ungeschlagen zu bleiben – eines mehr als der Flügelflitzer Garrincha, der in den 1950er- und 1960er-Jahren für Brasilien spielte. Marchena gehörte dann auch zum erfolgreichen spanischen WM-Kader von 2010, und nach dem Turnier war die Anzahl seiner Länderspiele ohne Niederlage in Folge schon auf 54 hochgeklettert – Tendenz steigend. Seine bisher letzte und gleichzeitig auch einzige Niederlage mit der spanischen Nationalmannschaft war das 0:1 gegen Griechenland am 7. Juni 2003 bei der Qualifikation zur EM 2004.

Rekord-Bindenträger

Kein Spieler hat die Spanier bisher öfter als Mannschaftskapitän angeführt als Iker Casillas: Sein Einsatz im WM-Endspiel von 2010 gegen die Niederlande war bereits sein 54. Länderspiel als Spielführer. Bei seinem 50. Länderspiel als Kapitän musste er sich den Rekord noch mit Andoni Zubizarreta teilen, der bei den Weltmeisterschaften von 1986, 1990, 1994 und 1998 für Spanien aufgelaufen war. Casillas übertraf seinen Torwartkollegen dann im Achtelfinale gegen Portugal, das Spanien am 29. Juni 2010 in Kapstadt mit 1:0 gewann.

⚽ Villa füllt sein WM-Torkonto

Mit seinem Tor im Gruppenspiel gegen Chile am 25. Juni 2010 wurde David Villa zum neuen spanischen WM-Rekordtorschützen: In seinen Einsätzen bei den Turnieren von 2006 und 2010 hatte er nun schon insgesamt sechs Treffer für Spanien erzielt – und mit seinen beiden Toren in den K.-o.-Partien gegen Portugal und Paraguay erhöhte er sein Konto schließlich auf acht. Emilio Butragueño, Fernando Hierro, Fernando Morientes und Raúl hatten mit je fünf WM-Toren bis dahin diesen Rekord gemeinsam gehalten. Villa war aber auch der erste Spanier, der bei einer WM einen Strafstoß verschoss: Beim Gruppenspiel gegen Honduras versiebte er am 21. Juni 2010 einen Elfer und schrammte damit knapp an einem Hattrick vorbei. Bis dahin hatte Spanien alle seine 14 WM-Elfmeter verwandelt (Elfmeterschießen ausgenommen).

⚽ Nicht faul, Raúl

Der frühere Torjäger von Real Madrid, Raúl González Blanco, genannt Raúl, ist Spaniens erfolgreichster Stürmer mit 44 Toren in 102 Spielen. Außerdem führt er die Torschützenliste der Champions League mit 66 Toren und die von Real Madrid an, nachdem er Alfredo di Stefanos Rekord von 309 Treffern in der Spielzeit 2008/2009 übertraf. Raúl erzielte sieben Tore für sein Land in nur vier Tagen, als Spanien im März 1999 zunächst Österreich mit 9:0 deklassierte (Raúl traf viermal) und danach San Marino mit 6:0 überrollte (drei Tore gingen auf Raúls Konto). Allerdings wurde er für die EM 2008 nicht ins Nationalteam berufen – Trainer Luis Aragonés hielt dem Star dessen mangelnde Erfolge bei internationalen Turnieren vor. Raúl verpasste auch den spanischen WM-Triumph von 2010. Nach der WM heuerte er ablösefrei beim FC Schalke 04 an. Der am 27. Juni 1977 in Madrid geborene Spieler küsst seiner Frau Mamen Sanz zuliebe nach jedem erzielten Treffer seinen Ehering.

⚽ Nachwuchsarbeit

Cesc Fàbregas von Arsenal London war der jüngste spanische Nationalspieler seit 70 Jahren und der jüngste spanische Teilnehmer an einer FIFA WM überhaupt, als er im Alter von 19 Jahren und 41 Tagen bei der WM 2006 gegen die Ukraine eingewechselt wurde. In Spanien ist er fast nur als »Cesc« bekannt, obwohl auf seinem Trikot der Name »Fàbregas« steht.

⚽ Gelbe Gefahr

Julio Alberto bekam bei der FIFA WM 1986 gegen Brasilien bereits nach sechs Minuten eine Gelbe Karte. Dieser Rekord wurde allerdings acht Jahre später von Sergei Gorlukowitsch übertroffen: Der Russe sah bereits während der ersten Spielminute Gelb.

⚽ Topfit

Luis Suárez spielte trotz einer Verletzung im Finale der EM 1964 für Spanien – und bereitete beide Tore beim 2:1-Sieg der Spanier vor. Er wurde »Europas Fußballer des Jahres 1960« – der einzige in Spanien geborene Spieler, der bislang diese Auszeichnung bekam.

Schatztruhe

Der spanische Erstliga-Torwart, der in einer Saison die wenigsten Treffer pro Spiel zulässt, bekommt den Zamora-Pokal, benannt nach dem legendären Torhüter Ricardo Zamora, der zwischen 1920 und 1936 46-mal für Spanien spielte, unter anderem auch beim legendären 4:3-Sieg über England 1929 in Madrid. Zamora war der erste spanische Fußballstar, der sowohl für den FC Barcelona als auch für Real Madrid spielte. Später gewann er als Trainer zwei Meistertitel – mit Atlético Madrid.

Das ging fast ins Auge, Juan!

Bisher hat nur einziger Spieler bei einem WM-Elfmeterschießen einen Versuch verschossen, der spielentscheidende Wirkung gehabt hätte: Beim Stand vom 2:1 für Spanien gegen Irland knallte 2002 der Spanier Juan Carlos Valerón den Ball an den Pfosten – das 3:1 wäre der Sieg für die Spanier gewesen; sie gewannen dann aber trotzdem noch mit 3:2.

Siegesserien

Nur zwei Vereine haben je eine Spielzeit ungeschlagen überstanden: Athletic Bilbao (1929/30) und Real Madrid zwei Jahre später. Das war der erste Titel des Rekordmeisters. Heute sind es 31.

Spanische Meister

Real Madrid	31
FC Barcelona	20
Atlético Madrid	9
Athletic Bilbao	8
FC Valencia	6
Real Sociedad San Sebastián	2
Deportivo La Coruña	1
FC Sevilla	1
Betis Sevilla	1

Weltspitze

Im Juli 2008, nach dem Gewinn der Europameisterschaft, stand Spanien zum ersten Mal an der Spitze der FIFA Weltrangliste. Bisher führten nur sechs Teams, diese Rangliste an und die Spanier waren der einzige Weltranglistenerste, der noch nie Weltmeister war.

Wer 1:0 führt, der nie verliert

Die Spanier haben Spiele, bei denen sie mit 1:0 in Führung gegangen sind, fast immer gewonnen: Mittlerweile hat das Team 43 solcher Siege in Serie eingefahren. Zuletzt konnte Nordirland ein Spiel gegen die Iberer drehen – im September 2006 bei einem 3:2 im Rahmen der EM-Qualifikation.

Wertvolles Halbfinale

Das wuchtige Kopfballtor von Innenverteidiger Carles Puyol bescherte den Spaniern nicht nur den Sieg über Deutschland im Halbfinale der WM 2010 – es sorgte auch für den ersten spanischen Sieg über die Bundesrepublik Deutschland in den letzten vier Weltmeisterschaftsbegegnungen. Die Bundesrepublik Deutschland besiegte Spanien 1966 und 1982 jeweils mit 2:1, 1994 trennten sich Spanien und das mittlerweile wiedervereinigte Deutschland mit einem 1:1-Unentschieden. Der spanische 1:0-Halbfinalsieg von 2010 war gleichzeitig eine Neuauflage EM-Finales von 2008, das die Spanier ebenfalls mit 1:0 für sich entschieden hatten. 19 Mitglieder der WM-Kader beider Länder für 2010 (elf spanische und acht deutsche) hatten bereits im EM-Finale 2008 mitgewirkt.

Nicht bloß ein Verein

Der 1899 vom Schweizer Geschäftsmann Hans Gamper gegründete FC Barcelona rühmt sich, »mehr als nur ein Verein« zu sein. Das berühmte blauviolette Trikot blieb über ein Jahrhundert für Werbung gesperrt, bis der Verein 2006 einen Benefizvertrag mit UNICEF, dem Kinderhilfswerk der Vereinten Nationen, abschloss, dessen Logo seitdem auf dem Trikot von Barcelona prangt.

Pichichis Perfektion

Die jährliche Auszeichnung für den Torschützenkönig der spanischen Liga heißt »Pichichi« – so lautete der Spitzname von Rafael Moreno Avanzadi, der zwischen 1911 und 1921 als Stürmer für Athletic Bilbao in 170 Spielen 200 Tore für seinen Verein und eines in fünf Spielen für die Nationalmannschaft schoss. Pichichi lief oft mit einer großen weißen Mütze aufs Feld. Er starb 1922 völlig überraschend im Alter von nur 29 Jahren.

Der Geier

Der in Madrid geborene Emilio Butragueño war ein Jahrzehnt lang ein Superstar bei Real: Aufgrund seines zielsicheren Gespürs für Schwächen des Gegners im Strafraum nannte man ihn »Geier«. Er spielte 69-mal für die Nationalmannschaft und erzielte 26 Treffer.

Die wichtigsten Stadien

Name	Stadt	Zuschauer
Camp Nou	Barcelona	98 772
Estadio Santiago Bernabéu	Madrid	80 354
Estadio de La Cartuja	Sevilla	72 000
Estadio Vicente Calderon	Madrid	57 200
Estadio Olímpic Lluís Companys	Barcelona	56 000
Estadio Mestalla	Valencia	55 000
Estadio Manuel Ruiz de Lopera	Sevilla	52 500
Estadio Ramón Sánchez Pizjuán	Sevilla	45 500
Estadio San Mamés	Bilbao	40 000
Estadio Manuel Martínez Valero	Elche	38 750

Im Zeichen des Zarra

Telmo Zarraonaindía, genannt Zarra, erzielte in der Priméra División 251 Tore in 277 Spielen zwischen 1940 und 1955 – ein spanischer Rekord. Außerdem trat er für Spaniens Nationalmannschaft zwischen 1945 und 1951 20-mal. Man nannte ihn »Europas besten Kopf – nach Churchill«.

Gründungsmitglied

Real Madrid war der einzige Verein, der beim ersten Treffen des Weltfußballverbandes FIFA 1904 vertreten war, allerdings hieß der Klub damals schlicht Madrid FC. Spanische Vereine wie Real Madrid und Real Betis Sevilla verzichteten während der zweiten Spanischen Republik, von 1931 bis 1939, auf den Namensbestandteil »Real« (königlich).

BELGIEN

Acht Jahrzehnte brachte Belgien keine Mannschaft hervor, die auch nur in die Nähe eines wichtigen Turniersiegs kam. Die größten Erfolge kamen in den 1980er-Jahren: 1980 war Belgien Vize-Europameister, 1986 erreichte das Team das Halbfinale der FIFA WM™, dazu kamen regelmäßige Teilnahmen an weiteren großen Turnieren. Derzeit hoffen die Belgier, dass die verpassten Qualifikationen für die EM-Turniere 2004 und 2008 sowie die Weltmeisterschafts-endrunden 2006 und 2010 keine längere Schwächeperiode einleiteten.

Top Ten Länderspiele

1.	Jan Ceulemans	96
2.	Eric Gerets	86
=	Franky Van der Elst	86
4.	Enzo Scifo	84
5.	Paul van Himst	81
6.	Bart Goor	78
7.	Georges Grün	77
8.	Timmy Simons	74
9.	Lorenzo Staelens	70
=	Marc Wilmots	70

Aller guten Dinge sind sechs

Mit der Qualifikation zur FIFA WM 2002 war Belgien das erste Land, das sechsmal hintereinander in eine Endrunde einzog. Beim Turnier 1982 in Spanien schlugen die Belgier den Titelverteidiger Argentinien und trafen vier Jahre später in Mexiko im Halbfinale auf denselben Gegner, unterlagen dem späteren Weltmeister diesmal jedoch mit 0:2.

Top Ten Torschützen

1.	Paul Van Himst	30
=	Bernard Voorhoof	30
3.	Marc Wilmots	28
4.	Joseph Mermans	27
5.	Raymond Braine	26
=	Robert De Veen	26
7.	Wesley Sonck	24
8.	Jan Ceulemans	23
=	Marc Degryse	23
10.	Henri Coppens	21

Trost für Preud'homme

Die Lew-Jaschin-Trophäe für den besten Torhüter bei einer WM gibt es seit 1994. Der erste Preisträger war der belgische Keeper Michel Preud'homme – obwohl Belgien bereits im Achtelfinale ausgeschieden war.

Misserfolg zu Hause

Die EM-Endrunde 2000 wurde gemeinsam von den Niederlanden und Belgien ausgerichtet. Dabei schieden die Belgier als erster Gastgeber überhaupt bereits in der ersten Gruppenphase aus.

Muttersöhnchen

Jan Ceulemans gehört zu den wenigen Fußballspielern, die ein Angebot des AC Mailand abgelehnt haben – nach Rücksprache mit seiner Mutter. Der mit 96 Einsätzen am häufigsten in die Fußballnationalmannschaft berufene Belgier spielte überwiegend für den FC Brügge, die Fans lieben ihn für seine Leistungen bei drei aufeinanderfolgenden Weltmeisterschaften: Belgiens beste Platzierung war der vierte Platz 1986 in Mexiko, als Kapitän Ceulemans drei Tore erzielte. Der am 28. Februar 1957 in Lier geborene Spieler beendete nach der FIFA WM 1990 seine Karriere. 2005 und 2006 kehrte er als Trainer zum FC Brügge zurück.

Reger Wechsel an der Spitze

In den 13 Monaten zwischen April 2009 und Mai 2010 wurde die belgische Nationalmannschaft von vier verschiedenen Trainern betreut. Die dreijährige Amtszeit von René Vandereycken endete am 7. April 2009, nachdem Belgien in der WM-Qualifikation enttäuscht hatte, doch dessen Nachfolger Franky Vercauteren blieb nur vier Monate. Der Niederländer Dick Advocaat übernahm das Amt im Oktober 2009, aber auch er gab bereits im April darauf nach fünf Spielen wieder auf. Für ihn kam Georges Leekens, der schon von 1997 bis 1999 belgischer Nationaltrainer gewesen war.

Frühes Debüt

Fernand Nisot hielt 60 Jahre lang den Rekord als jüngster Fußballer in einem Länderspiel: Er gab sein Debüt für Belgien 1911 im Alter von 16 Jahren und 19 Tagen.

Mannschaftskameraden

Am Ende eines Länderspiels gegen die Niederlande 1964 standen für Belgien nur Spieler vom RSC Anderlecht auf dem Platz, nachdem Torhüter Guy Delhasse von Standard Lüttich gegen Jean Trappeniers ausgewechselt worden war.

Brillenschlange

Viele Fußballspieler tragen Kontaktlinsen. Der belgische Mannschaftskapitän Jef Jurion trug in den späten 50er- und frühen 60er-Jahren in sämtlichen Spielen eine Spezialbrille mit besonderen Gläsern.

Kompanys Abreise

Belgien gewann 1900 die olympische Bronze- und 20 Jahre später die Goldmedaille. 2008 in Peking verfehlte das Team durch eine Niederlage gegen Brasilien im entscheidenden Match die Bronzemedaille nur knapp: Der Abwehrspieler Vincent Kompany war nach der Vorrunde von seinem Verein Hamburger SV zurückbeordert worden.

Der Veteran

Der belgische Nationaltrainer mit der längsten Amtszeit und den größten Erfolgen war Guy Thys. Thys führte Belgien 1980 ins Finale der EM und sechs Jahre später ins Halbfinale der FIFA WM. Er war seit 1976 Nationaltrainer, trat 1989 zurück, kehrte jedoch acht Monate später zurück, um Belgien zur Qualifikation für die Weltmeisterschaft 1990 zu verhelfen.

BULGARIEN

Lässt man die glorreichen Zeiten der »goldenen Generation«, als Bulgarien bei der FIFA WM 1994 in den USA den Titelverteidiger Deutschland mit 2:1 schlug und schließlich den vierten Platz erreichte, einmal beiseite, so kristallisierte sich im bulgarischen Fußball ein beständiges Muster heraus. Das Land qualifizierte sich zwar regelmäßig für wichtige Turniere und brachte auch einige internationale Stars (darunter Christo Stoitschkow und Dimitar Berbatow) hervor, doch wenn es darauf ankam, versagte Bulgarien oft und konnte auf der Bühne des Weltfußballs keinen bleibenden Eindruck hinterlassen.

Ein Volk trauert

Im Juni 1971 verlor Bulgarien zwei seiner beliebtesten Fußballspieler durch einen Autounfall: die Stürmer Georgi Asparuchow (28) und Nikola Kotkow (32). Asparuchow schoss 19 Tore in 50 Länderspielen, darunter auch Bulgariens allererstes Tor bei einer FIFA WM. Das Spiel verloren sie 1962 dann allerdings mit 1:6 gegen Ungarn.

Der heilige Stefan

Bulgariens beste Fußballergebnisse bei Olympischen Spielen waren eine Bronzemedaille 1956 in Melbourne und eine Silbermedaille in Mexiko zwölf Jahre später. In Melbourne spielte Stefan Bojkow für Bulgarien, in Mexiko war er Trainer der Nationalmannschaft.

Top Ten Länderspiele

1.	Borislaw Michailow	102
2.	Christo Bonew	96
3.	Krassimir Balakow	92
=	Stilian Petrow	92
5.	Dimitar Penew	90
6.	Radostin Kischischew	88
7.	Christo Stoitschkow	83
8.	Nasko Sirakow	82
9.	Zlatko Jankow	80
10.	Ajan Sadakow	79

Der Sprachpate

Dimitar Berbatow, Stürmer von Manchester United, behauptet, er habe seine Englischkenntnisse mithilfe der Filme um den »Paten« erworben. Berbatow wechselte 2008 von Tottenham Hotspur zu United – die Summe, die für ihn bezahlt wurde, war sowohl für den Verein als auch für einen bulgarischen Spieler ein Rekord: 30,75 Millionen Pfund (über 35 Mio. Euro). Vor seiner Zeit bei Tottenham hatte er für Bayer Leverkusen gespielt und war mit dem Team in der Champions League, in der Bundesliga und im DFB-Pokal Zweiter geworden.

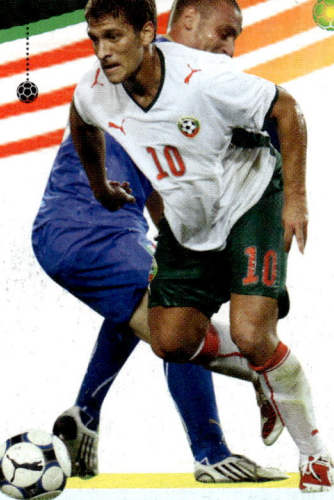

Durchgeschlichen

Die von Ivan Vutsow trainierte bulgarische Nationalmannschaft erreichte bei der FIFA WM 1986 in Mexiko das Achtelfinale, obwohl sie in der Gruppenphase nur zwei Unentschieden zuwege gebracht und ein Spiel sogar verloren hatte. Zusammen mit Uruguay war Bulgarien damit das erste Land, das mit negativem Punktekonto in die K.-o.-Phase einzog. Im Achtelfinale unterlagen die Bulgaren dem Gastgeber Mexiko mit 0:2.

Der bessere Penew

Dimitar Penew, Trainer der bulgarischen Mannschaft, die bei der FIFA WM 1994 Vierter wurde, war für sein Land bei den WM-Turnieren von 1966, 1970 und 1974 als Verteidiger aufgelaufen. Nachdem er 2007 die Nationalmannschaft für kurze Zeit zum zweiten Mal geführt hatte, wurde er Cheftrainer beim bulgarischen Topklub ZSKA Sofia. Im März 2009 wurde er dort allerdings gefeuert – und durch seinen Neffen Ljuboslaw Penew ersetzt.

Vier gewinnt

Die sogenannte »goldene Generation« von 1994 gewann als erste bulgarische Mannschaft Spiele bei einer Weltmeisterschaft. Nach Siegen über Griechenland, Argentinien, Mexiko und Deutschland landete sie auf dem vierten Platz. Bulgarien hatte sich für das Turnier nur knapp qualifiziert, nachdem Emil Kostadinow in Paris in der letzten Spielminute ein Tor geschossen und somit Gerard Houlliers Franzosen aus dem Rennen geworfen hatte.

Aleksandar der Alleskönner

Verteidiger Aleksandar Schalamanow stand bei den Weltmeisterschaften 1966 und 1970 im Kader Bulgariens. Zuvor war er bei den Olympischen Winterspielen 1960 als Skifahrer für sein Land angetreten. Bei Olympia 1964 gehörte er zur Volleyball-Mannschaft, kam aber nicht zum Einsatz. Schalamanow wurde 1967 und 1973 zum besten Sportler Bulgariens gewählt.

Top Ten Torschützen

1.	Dimitar Berbatow	48
2.	Christo Bonew	47
3.	Christo Stoitschkow	37
4.	Emil Kostadinow	26
5.	Ivan Kolew	25
=	Petar Tschekow	25
7.	Atanas Michailow	23
8.	Nasko Sirakow	23
9.	Dimitar Milanow	20
10.	Georgi Asparuchow	19

Bürgermeister ohne Haare

Der glatzköpfige Jordan Letschkow schoss sein Team im Viertelfinale der FIFA WM 1994 in den USA zum Sieg gegen den Titelverteidiger Deutschland. Damals spielte er für den Hamburger SV. Später wurde Letschkow Bürgermeister von Sliwen, der Stadt in Bulgarien, in der er im Juli 1967 geboren wurde.

Im Namen Christo

Christo Stoitschkow wurde am 8. Februar 1966 in Plowdiw (Bulgarien) geboren. Er teilte sich bei der FIFA WM 1994 den Preis für den Torschützenkönig des Turniers, den »Goldenen Schuh«, mit dem Russen Oleg Salenko. Beide schossen sechs Tore, doch die Auszeichnung zu »Europas Fußballer des Jahres« gewann Stoitschkow 1994 allein. Im selben Jahr hatte er zusammen mit dem Brasilianer Romario den FC Barcelona ins Finale der UEFA Champions League geschossen. In jüngeren Jahren wurde er ein Jahr lang gesperrt, nachdem es während des bulgarischen Pokalfinales 1985 zwischen ZSKA Sofia und Lewski Sofia zu Handgreiflichkeiten gekommen war. Stoitschkow gewann als Spieler Titel mit bulgarischen, spanischen, saudi-arabischen und US-amerikanischen Vereinen. 2003 beendete er seine aktive Laufbahn.

An der (Haar-)Spitze

Die meisten Länderspiele für Bulgarien absolvierte Borislaw Michajlow, der am 12. Februar 1962 geboren wurde. Bei einigen Spielen trug er eine Perücke, später unterzog er sich einer Haartransplantation. 2005 beendete er seine aktive Laufbahn und wurde Präsident der Bulgarischen Fußballverbandsunion. Sein Vater Bisser war ebenfalls Torwart, sein Sohn Nikolaj unterschrieb 2007 beim FC Liverpool. Alle drei spielten für Lewski Sofia.

# KROATIEN

Kroatiens rot-weißes Trikotmuster ist äußerst charakteristisch und gerade England wohlbekannt: Kroatien schlug nicht nur bei der FIFA WM 1998 Deutschland mit 3:0, sondern schaltete mit zwei Siegen in den Qualifikationsspielen für die EM 2008 (2:0 in Zagreb und 3:2 in Wembley) England aus. Dass Kroatien bei der EM 2008 erneut das Viertelfinale erreichte, bekräftigte, dass Kroatien im Fußball eine Macht ist.

Bilićs Band

Kurz nach seiner Ernennung zum Nationaltrainer veröffentlichte Slaven Bilić als Gitarrist mit seiner Rockband eine Single mit dem Titel »Vatreno Ludilo« (»Glühender Wahnsinn«), die den Erfolg der Mannschaft während der FIFA WM 1998 beschrieb und in den kroatischen Charts Platz 1 erreichte. Der modebewusste Bilić trägt auch einen diamantbesetzten Ohrring.

Die besten Torschützen

1. Davor Šuker	45
2. Eduardo da Silva	18
= Darijo Srna	18
4. Goran Vlaović	15
5. Niko Kovač	14
6. Ivica Olić	13
7. Zvonimir Boban	12
= Ivan Klasnić	12
9 Mladen Petrić	11
10 Robert Prosinečki	10
= Alen Bokšić	10
= Boško Balaban	10
= Niko Kranjčar	10

Wieder dabei

Kroatien, das über 40 Jahre zu Jugoslawien gehörte, erreichte bei der EM 1996 das Viertelfinale und wurde 1998 bei der FIFA WM Dritter – dieses Team wird heute als die »goldene Generation« bezeichnet. Seit der Wiederaufnahme des Landes in die FIFA 1992 hat sich Kroatien für jede WM (außer der von 2010) qualifiziert und nur eine EM verpasst.

Gut und schlecht

Die beiden höchsten Siege Kroatiens waren die 7:0-Erfolge gegen Andorra 2006 und gegen Australien 1998. Die höchste Niederlage seit der Unabhängigkeit Kroatiens war ein 1:5 gegen England am 9. September 2009 in London im Rahmen der Qualifikation zur WM-Endrunde 2010.

Šuker schlägt zu

Davor Šuker wurde bei der FIFA WM 1998 als Torschützenkönig mit dem »Goldenen Schuh« ausgezeichnet: Mit sechs Treffern in sieben Spielen hatte er maßgeblichen Anteil am dritten Platz der kroatischen Mannschaft. Unter anderem schoss er das erste Tor im Halbfinale gegen den späteren Weltmeister Frankreich, das Kroatien dann aber 1:2 verlor; außerdem erzielte er den Siegtreffer beim 2:1 gegen die Niederlande im Spiel um Platz drei. 1996 hatte Šuker bei der EM in England drei Tore geschossen, darunter eines mit einem dreisten Heber, der den dänischen Torwart Peter Schmeichel richtig alt aussehen ließ.

Flink wie ein Reh

Darijo Srna ist aktuell der zweiterfolgreichste kroatische Torschütze, obwohl er bei vielen Partien meist als Außenverteidiger oder Außenbahnspieler zum Einsatz kommt. Seine Wade ziert ein Tattoo, das ein Reh darstellt – das kroatische Wort »srna« bedeutet »Reh«. Außerdem trägt er ein »Igor«-Tattoo über dem Herzen – für seinen Bruder Igor, der unter dem Down-Syndrom leidet und dem Darijo jedes seiner Tore widmet.

Das geht an die Nieren ...

Obwohl Ivan Klasnić Anfang 2007 unter Niereninsuffizienz litt, spielte er danach wieder für die kroatische Nationalelf. Eine erste Nierentransplantation schlug fehl: Sein Körper stieß die Niere ab, die seine Mutter gespendet hatte. Erst der zweite Anlauf mit einer Niere seines Vaters war von Erfolg gekrönt. Im März 2008 hatte Klasnić sich schon so weit von dem Eingriff erholt, dass er wieder mit der kroatischen Elf trainieren und mit ihr im Sommer an der Europameisterschaft in Österreich und der Schweiz teilnehmen konnte. Dort erzielte er zwei Tore; eines davon war der Siegtreffer gegen Polen.

Es bleibt in der Familie

Niko Kranjčar ist der Sohn des früheren kroatischen Nationaltrainers Zlatko Kranjčar, aber das Verhältnis der beiden war nicht immer einfach. »Zwei Tage, bevor mein Vater Nationaltrainer wurde, sagte mir jeder, dass ich in die Nationalmannschaft gehöre«, erzählte Niko einmal. »Als er mich dann für die EM 2004 in den Kader nahm, hieß es, ich sei halt sein Sohn.« Weniger Probleme hatten die berühmten Brüder Kovač, die beide in Berlin geboren wurden, aber kroatische Staatsbürger sind. Beide haben mittlerweile ihre Länderspielkarrieren beendet.

Top Ten Länderspiele

1. Dario Šimić	100
2. Robert Kovač	84
3. Niko Kovač	83
4. Robert Jarni	81
5. Stipe Pletikosa	79
6. Josip Šimunić	76
7. Darijo Srna	73
8. Ivica Olić	69
= Davor Šuker	69
10. Aljoša Asanović	62

Export- weltmeister

Fast alle kroatischen Nationalspieler spielen im Ausland: Von den 23 Spielern im Kader gegen Rumänien (Februar 2009) spielten nur fünf bei kroatischen Vereinen.

Voller Energie

Dinamo Zagreb ist der beliebteste Verein Kroatiens: Zwischen 33 und 36 Prozent der Bevölkerung des Landes bezeichnen sich als Fans. Umstritten war allerdings die Namensänderung zu HAK-Gradanski im Jahre 1992 und die Namensänderung zu Croatia Zagreb im folgenden Jahr: Die Fans sahen darin politische Winkelzüge und feuerten ihre Mannschaft stets mit »Dinamo«-Rufen und -Transparenten an.

TSCHECHIEN

Als erfolgreichste Nationalmannschaft Osteuropas wurde die Tschechoslowakei bei den FIFA WM-Turnieren 1934 und 1962 Vizeweltmeister. Gegen die Bundesrepublik Deutschland gewann sie 1976 das EM-Finale. Seit 1994 treten Tschechien und die Slowakei getrennt an. Tschechien kam dem Gewinn der EM 1996 äußerst nahe, verlor jedoch das Finale und erreichte das Halbfinale der EM 2004. Obwohl zuletzt die Erfolge ausblieben und man es nicht schaffte, sich für die WM 2010 in Südafrika zu qualifizieren, bleibt Tschechien eine der stärkeren europäischen Mannschaften.

Perfekt

Der hünenhafte Stürmer Jan Koller ist mit 55 Treffern in 91 Spielen Tschechiens Torschützenkönig. Koller traf bei seinem Debüt gegen Belgien und schoss zehn Tore in zehn aufeinanderfolgenden Länderspielen. Während der Qualifikation zu den Europameisterschaften 2000, 2004 und 2008 traf er jeweils sechsmal. Bei Sparta Prag wurde er vom Torwart zum Torjäger. In Belgien spielte er für den SC Lokeren, bevor er in zwei aufeinanderfolgenden Spielzeiten mit dem RSC Anderlecht den Meistertitel holte und insgesamt 42 Tore erzielte. Bei Borussia Dortmund ersetzte er einmal sogar den vom Feld geschickten Jens Lehmann und hielt seinen Kasten sauber, nachdem er in der ersten Halbzeit selbst ein Tor erzielt hatte.

Hineingeschaufelt

Einer der berühmtesten Elfmeter, der je geschossen wurde, ist der Siegelfmeter, den Antonín Panenka beim Elfmeterschießen im Finale der EM 1976 für die Tschechoslowakei gegen die BRD verwandelte. Trotz der Anspannung und der Verantwortung, die auf ihm lastete, lupfte Panenka schlitzohrig den Ball ganz sanft in die Mitte des Tores – während der deutsche Torhüter Sepp Maier zur Seite sprang. Diese Elfmetertechnik ist heute allgemein als »Panenka-Heber« bekannt und wurde z. B. auch von Zinedine Zidane erfolgreich eingesetzt – er brachte damit im Endspiel der FIFA WM 2006 seine Mannschaft gegen Italien in der siebten Minute in Führung.

Prima, Poborský

Die EM 1996 gab Karel Poborský einen Karriereschub. Nachdem er mit Tschechien das Finale erreicht hatte, erhielt er einen Traumvertrag bei Manchester United. Sein Heber gegen Portugal im Viertelfinale gilt als eines der schönsten Abstaubertore in der Geschichte der EM. Seine 118 Länderspieleinsätze sind tschechischer Rekord.

Kopfschutz

Torwart Petr Čech trägt einen Kopfschutz, seit er während eines Spiels in der englischen Premier League im Oktober 2006 einen Schädelbasisbruch erlitt. Nachdem ein Trainingszwischenfall eine Gesichtsoperation nötig machte, fügte Čech noch einen Kinnschutz hinzu.

Top Ten Länderspiele

(Tschechoslowakei und Tschechien)

1.	Karel Poborský	118
2.	Jan Koller	91
=	Pavel Nedvěd	91
4.	Zdeněk Nehoda	90
5.	Pavel Kuka	87
6.	Jiří Němec	84
7.	Vladimír Šmicer	81
8.	Marek Jankulovski	79
9.	Milan Baroš	78
=	Tomáš Ujfaluši	78

67 Jahre vorn

Das Endspiel der FIFA WM 1934 war das erste, das in die Verlängerung ging; die Tschechoslowakei verlor es schließlich 1:2 gegen den Gastgeber Italien, obwohl sie in der 76. Minute mit einem Tor von Antonín Puč in Führung gegangen war. Puč führte nach 1938, als er seine Karriere beendete, 67 Jahre lang die Liste der Rekordtorschützen der Tschechoslowakei bzw. von Tschechien an. Erst 2005 wurde er von Jan Koller auf den zweiten Platz verdrängt und vor Kurzem überholte ihn auch noch Milan Baroš.

Kampflos

Der belgische Gewinn der Goldmedaille bei den Olympischen Spielen 1920 wurde von dem Rückzug des tschechoslowakischen Nationalteams überschattet: Die Spieler verließen nach einer halben Stunde den Platz, um gegen den Schiedsrichter zu protestieren. Die Tschechoslowakei ist das einzige Team, das im olympischen Fußball disqualifiziert wurde.

Bescheiden

Pavel Nedvěds Auszeichnung als Europas Fußballer des Jahres 2003 beendete eine lange Durststrecke übersehener tschechischer Spitzenspieler, seitdem zuletzt Josef Masopust 1962 diese Auszeichnung erhalten hatte. Der Mittelfeldregisseur hatte das Führungstor für sein Team im FIFA WM-Finale 1962 in Santiago (Chile) erzielt, allerdings gewann schließlich Brasilien mit 3:1. Jahre später erinnerte Pelé an Masopust, der 2004 von der FIFA in die Liste der 125 besten lebenden Fußballer aufgenommen wurde. Auf Vereinsebene wurde Masopust mit dem Armeeverein Dukla Prag achtmal tschechoslowakischer Meister. Er war tschechoslowakischer Fußballer des Jahres 1962. Damals überreichte man ihm die Auszeichnung einfach vor dem Anstoß eines Europapokalspiels gegen Benfica Lissabon. Masopust erinnerte sich Jahre danach: »Eusebio schüttelte mir die Hand, ich packte den Pokal in meine Sporttasche und fuhr mit der Straßenbahn nach Hause.«

Ein Lied

Die Armeemannschaft Dukla Prag erhielt eine späte Ehrung in einem Lied der britischen Rockband Half Man Half Biscuit: »All I Want For Christmas Is A Dukla Prague Away Kit.«

Die verflixte Sieben

Trainer Karel Brückner brachte Tschechien bis ins Halbfinale der EM 2004 und schied nach der EM 2008 von diesem Posten, den er sieben Jahre innehatte. Sein nachfolgendes Amt als österreichischer Nationaltrainer bekleidete er dann nur sieben Monate.

Top Ten Torschützen

(Tschechoslowakei und Tschechien)

1.	Jan Koller	55
2.	Milan Baroš	38
3.	Antonín Puč	35
4.	Zdeněk Nehoda	31
5.	Pavel Kuka	29
6.	Oldřich Nejedlý	28
=	Josef Silný	28
8.	Vladimír Šmicer	27
9.	Adolf Scherer	22
=	František Svoboda	22

Später Sieg

Jahrelang war Oldřich Nejedlý nur geteilter Torschützenkönig bei der FIFA WM 1934, mit vier Toren für den Vize-Weltmeister Tschechoslowakei. 2006, 16 Jahre nach seinem Tod, erkannte die FIFA ihm ein zuvor umstrittenes Tor zu und machte ihn so mit fünf Toren zum alleinigen Torschützenkönig. Er traf auch bei der FIFA WM 1938 zweimal und brachte die Tschechoslowakei ins Viertelfinale.

DÄNEMARK

Dänemark spielt seit 1908 international, doch erst seit Mitte der 1980er-Jahre nimmt das Land auch an den großen Meisterschaften teil. Die Krönung kam im Jahr 1992: Nachdem die Dänen erst zehn Tage vor Beginn des Turniers als Ersatzmannschaft einberufen worden waren, holten sie sich den Europameister-Titel und schockten den amtierenden Weltmeister Deutschland mit einem 2:0. Diesen Erfolg konnten sie zwar nicht wiederholen, doch spielen sie nach wie vor eine wichtige Rolle auf der Fußball-Weltbühne.

Bei Nummer 99 war Schluss

Bei der WM 2010 avancierte der Mittelfeldspieler Martin Jørgensen, der in Südafrika auch Kapitän des Teams war, zum ersten dänischen Fußballer, der bei drei Weltmeisterschaften mitgewirkt hatte – schon 1998 und 2002 war er mit von der Partie. Die Entscheidung, seine Nationalmannschaftskarriere nach Südafrika zu beenden, und das Scheitern der Dänen in der Gruppenphase führten dazu, das Jørgensen kein 100. Länderspiel mehr für Dänemark absolvierte. Durch die WM-Endrunde 2010 erhöhte der Verteidiger Dennis Rommedahl die Anzahl seiner Länderspieleinsätze auf jetzt ebenfalls 99.

Top Ten Länderspiele

1.	Peter Schmeichel	129
2.	Jon Dahl Tomasson	112
3.	Thomas Helveg	108
4.	Michael Laudrup	104
5.	Morten Olsen	102
6.	Martin Jørgensen	99
=	Dennis Rommedahl	99
8.	Thomas Sørensen	90
9.	John Sivebæck	87
10.	Jan Heintze	86

Führungsstil

Morten Olsen war der dänische Kapitän bei der FIFA WM 1986. Nachdem er 1989 seine aktive Laufbahn beendete, wurde er Trainer: erst bei Brøndby IF, dann beim FC Köln und bei Ajax Amsterdam. Seit 2000 trainiert er die dänische Nationalmannschaft.

Die Nummer eins

Peter Schmeichel galt in den frühen 1990ern als bester Torhüter der Welt. Mit Manchester United holte er den englischen Meistertitel, mit seiner Nationalmannschaft wurde er Europameister.

Dann eben im Nachschuss!

Jon Dahl Tomasson verschoss den einzigen von insgesamt fünf WM-Elfmetern, die Dänemark bisher zugesprochen bekam: Im Gruppenspiel gegen Japan am 24. Juni 2010 wehrte Eiji Kawashima den Versuch des Dänen erfolgreich ab. Tomasson konnte zwar im Nachschuss noch einnetzen, doch seine Mannschaft verlor das Spiel am Ende mit 1:3 und musste die Koffer packen. Der besagte Elfmeter war zugleich der 200. Strafstoß in der Geschichte der Weltmeisterschaft, Tomassons Nachschusstreffer war sein 52. Tor für Dänemark, wodurch er mit dem bisherigen Rekordtorschützen Poul Nielsen gleichzog. Tomasson erzielte seine Länderspieltore bei 112 Einsätzen, Nielsen benötigte für seine Erfolge im Zeitraum von 1910 bis 1925 nur 38 Spiele. Jon Dahl Tomasson gab am 9. August 2010 seinen Rücktritt aus der Nationalmannschaft bekannt.

Trendsetter

Nils Middelboe, der bei drei Olympischen Spielen für Dänemark antrat, erzielte das erste dänische Tor in einem Länderspiel. 1913 wechselte er dann zu Chelsea. Damit war er der erste Däne, der in England spielte, und der erste von vielen ausländischen Spielern bei diesem West-Londoner Verein.

Gerade mal 18

Der jüngste Spieler der FIFA WM 2010 lief für Dänemark auf: Christian Eriksen von Ajax Amsterdam war erst 18 Jahre alt, als er in den Spielen gegen die Niederlande und Japan eingewechselt wurde. Sein Länderspieldebüt hatte er erst am 3. März 2010 beim Testspiel gegen Österreich gegeben; damit war er der viertjüngste dänische Nationalspieler aller Zeiten.

Export-Experten

Dänische Fußballer sind bei ausländischen Vereinen heiß begehrt. Als erster Spieler unterzeichnete Carl »Skomar« (Schuhmacher) Hansen einen Profi-Vertrag im Ausland, und zwar 1921 bei den Glasgow Rangers. Später wurden dänische Spieler hauptsächlich an Vereine in England, Deutschland, Niederlande und Belgien verkauft. Allan Simonsen wurde international bekannt, als er in den 1970ern für Borussia Mönchengladbach spielte. 1975 und 1979 gewann der den UEFA-Pokal, 1977 wurde er zu »Europas Fußballer des Jahres« gewählt.

Top Ten Torschützen

1.	Poul Nielsen	52
=	Jon Dahl Tomasson	52
3.	Pauli Jørgensen	44
4.	Ole Madsen	42
5.	Preben Elkjær Larsen	38
6.	Michael Laudrup	37
7.	Henning Enoksen	29
8.	Michael Rohde	22
=	Ebbe Sand	22
10.	Brian Laudrup	21
=	Flemming Povlsen	21
=	Allan Simonsen	21

1992 passiert das Unglaubliche

Kaum ein Fußballfan wird je den Juni 1992 vergessen, Dänemarks größte Stunden im Fußball, als die Mannschaft die Europameisterschaft gewann. Die Dänen hatten sich ursprünglich nicht für die EM in Schweden qualifiziert, doch zehn Tage vor dem Eröffnungsspiel bat die UEFA sie, den Platz von Jugoslawien einzunehmen, da das Land aufgrund von internationalen Sanktionen wegen des Balkankriegs vom Turnier ausgeschlossen wurde. Die Dänen waren in der Qualifikationsrunde Zweiter hinter Jugoslawien geworden. Die Erwartungen an sie waren nur gering, doch dann geschah das Unfassbare. Durch die starken Leistungen des Torhüters Peter Schmeichel und der Abwehrspieler und die kreativen Ideen von Brian Laudrup sorgten die Dänen für eine der größten Sensationen der modernen Fußballgeschichte: Sie gewannen das Turnier und besiegten im Finale den amtierenden Weltmeister Deutschland mit 2:0. Dieser Erfolg war umso erstaunlicher, als Brians Bruder Michael, der beste Spieler des Teams, in der Qualifikation nicht antrat, weil er sich mit dem Trainer Richard Møller Nielsen überworfen hatte. 1993 kehrte Michael Laudrup aufs internationale Parkett zurück, doch Dänemark konnte sich nicht für die bevorstehende FIFA WM in den USA qualifizieren.

Schnellschuss

Ebbe Sand schoss das schnellste FIFA WM-Tor eines eingewechselten Spielers aller Zeiten. Nur 16 Sekunden, nachdem er den Platz betreten hatte, setzte er beim Spiel gegen Nigeria in der FIFA WM von 1998 den Ball ins Tor.

Weit gereiste Brüder

Brian (links) und Michael Laudrup gehören zu den erfolgreichsten Geschwisterpaaren im Fußball. Zusammen brachten sie es auf 186 Länderspiele. Michael (104 Länderspiele, 37 Tore) spielte in Italien bei Lazio Rom und Juventus Turin sowie in Spanien beim FC Barcelona und bei Real Madrid. Brian (82 Länderspiele, 21 Tore) brillierte in Deutschland bei Bayer Uerdingen und Bayern München (1990–92), in Italien beim AC Florenz und dem AC Mailand, in Schottland bei den Glasgow Rangers und in England bei Chelsea London.

Ein plötzliches Ende

Dänemarks 6:1 gegen Uruguay in der Gruppenphase der FIFA WM 1986 im Neza-Stadion in Mexiko-Stadt gehört zu den besten Spielen, die Dänemark je abgeliefert hat. Leider wurde Dänemarks Vorstoß im Achtelfinale durch Spanien aufgehalten.

GRIECHENLAND

Es gibt keinen Zweifel darüber, was Fußball-Griechenland bisher am meisten mit Stolz erfüllt hat: natürlich der überraschende Titelgewinn bei der EM 2004, eine der größten Sensationen im Weltfußball überhaupt! Unter der Leitung ihres langjährigen deutschen Trainers Otto Rehhagel hatten die Griechen erst zum zweiten Mal überhaupt an der EM-Endrunde teilgenommen. Und die FIFA WM 2010 war ebenfalls erst das zweite WM-Turnier, für das sich Griechenland qualifizieren konnte.

Besser spät als gar nicht

Theodoros »Thodoris« Zagorakis, der am 27. Oktober 1971 in der Nähe von Kavala auf die Welt kam, führte die Griechen als Kapitän an, als sie 2004 den EM-Titel holten; der defensive Mittelspieler wurde außerdem zum »Besten Spieler des Turniers« gewählt. Mit 120 Länderspielen ist er derzeit Rekordnationalspieler seines Landes, doch erst in seiner 101. Partie für die Griechen – zehn Jahre und fünf Monate nach seinem Debüt – schoss er sein erstes Länderspieltor: Am 9. Februar 2005 erzielte er in einem WM-Qualifikationsspiel gegen Dänemark den Führungstreffer. Er beendete seine Nationalmannschaftskarriere im August 2007 nach einem Freundschaftsspiel gegen Spanien, bei dem er einen 15-minütigen Gastauftritt gab.

Top Ten Torschützen

1.	Nikolaos Anastopoulos	29
2.	Angelos Charisteas	24
3.	Dimitris Saravakos	22
4.	Mimis Papaioannou	21
5.	Theofanis Gekas	20
6.	Nikos Machlas	18
7.	Demis Nikolaidis	17
8.	Panagiotis Tsalouchidis	16
9.	Giorgos Sideris	14
10.	Nikos Liberopoulos	13

Die Aufmischer

Griechenland, der überraschende Sieger der EM 2004, schlug als erste Mannschaft sowohl den Titelverteidiger als auch den Gastgeber auf dem Weg zu einem EM- oder FIFA WM-Titel. Gastgeber Portugal schlugen sie sogar zweimal: im Eröffnungsspiel des Turniers und im Finale. Dazwischen lag ein Viertelfinalsieg über den Titelverteidiger Frankreich.

Farbspielereien

Der überraschende Titelgewinn bei der EM 2004 brachte für die griechische Nationalmannschaft eine bedeutende Veränderung mit sich – sie machten ihr Auswärtstrikot (Weiß mit Blau) zum Heimtrikot. Seit der Gründung des Griechischen Fußballverbandes HFF im Jahr 1926 war das Heimtrikot Blau mit Weiß gewesen, doch der Erfolg von Otto Rehhagels Jungs veranlasste die Griechen zu einem Tausch.

Ehrlichkeit wird belohnt

Das 500. griechische Länderspieltor wurde im Oktober 2001 im »Old Trafford« in Manchester bei einem Qualifikationsspiel für die FIFA WM 2002 erzielt: Der Stürmer Demis Nikolaidis brachte mit diesem Treffer unerwartet Griechenland mit 2:0 gegen England in Führung; David Beckham erzielte dann allerdings mit seinem berühmten Freistoßtor noch in letzter Sekunde den Ausgleich. Im März des darauffolgenden Jahres wurde Nikolaidis vom Internationalen Fair-Play-Komitee ausgezeichnet: Er hatte dem Schiedsrichter im griechischen Pokalendspiel gestanden, dass er bei seinem Treffer für die AEK Athen den Ball mit der Hand gespielt hatte. Die Athener gewannen trotzdem das Spiel und holten den Pokal.

Top Ten Länderspiele

1.	Theodoros Zagorakis	120
2.	Angelos Basinas	100
3.	Stratos Apostolakis	96
=	Giorgios Karagounis	96
5.	Antonios Nikopolidis	90
6.	Angelos Charisteas	85
7.	Dimitris Saravakos	78
8.	Stelios Giannakopoulos	77
=	Tasos Mitropoulos	77
10.	Panagiotis Tsalouchidis	76

Dimitrios schreibt Geschichte

Der Stürmer Dimitrios Salpingidis schoss nicht nur das einzige Tor im Relegationsrückspiel gegen die Ukraine, das im Rahmen der WM-Qualifikation für 2010 am 18. November 2009 in Donezk ausgetragen wurde, und sicherte den Griechen damit den Einzug in die Endrunde – er ist auch der erste Grieche überhaupt, der bei einer WM traf: Im Gruppenspiel gegen Nigeria, das am 17. Juni 2010 stattfand und mit 2:1 für Griechenland endete, erzielte er in der 44. Minute mit einem abgefälschten Schuss den 1:1-Ausgleichstreffer.

Der Schnauzbärtige

Nikolaos Anastopoulos hat in 74 Länderspielen insgesamt 29 Tore geschossen und führt damit die griechische Rekordtorschützenliste an – unter anderem erzielte er den einzigen Treffer Griechenlands bei der EM 1980, dem ersten größeren Turnier der Hellenen – er traf per Kopf gegen den Titelverteidiger Tschechoslowakei. Anastopoulos war auch als »Moustakias« bekannt, was so viel wie »der Schnauzbärtige« bedeutet.

Vertraute Widersacher

Bei ihren beiden bisherigen WM-Teilnahmen mussten die Griechen in der Gruppenphase jeweils gegen Argentinien und Nigeria spielen. Die anderen Gegner waren 1994 Bulgarien und 16 Jahre später Südkorea. Argentinien gewann beide Partien gegen Griechenland (4:0 bzw. 2:0), doch während Nigeria 1994 mit 2:0 gewann, erfuhren die Griechen 2010 mit einem 2:1 gegen die Westafrikaner eine gewisse Wiedergutmachung.

Absturz nach dem EM-Höhenflug

Bisher haben es drei Länder nach einem EM-Titelgewinn nicht geschafft, sich für die zwei Jahre später stattfindende Weltmeisterschaft zu qualifizieren: die Tschechoslowakei (Europameister 1976), Dänemark (1992) und Griechenland (2004). Für Otto Rehhagels Hellenen begann die Qualifikation für die WM 2006 denkbar schlecht mit einer 1:2-Niederlage gegen den Fußballzwerg Albanien – und das gerade einmal zwei Monate nach dem überraschenden Titelgewinn. In der Qualifikationsrunde für die EM 2004 hatten die Griechen zwar auch ihre ersten beiden Partien verloren, doch die restlichen sechs Spiele durch die Bank gewonnen.

Titelverteidiger mit null Punkten raus

Bei der EM 2008 war Griechenland der erste Titelverteidiger, der es nicht schaffte, im Folgeturnier auch nur einen einzigen Punkt zu erzielen: Die Griechen verloren alle drei Spiele in ihrer Gruppe D, obwohl sie beim 1:2 gegen den späteren Europameister Spanien mit ihrem einzigen Turniertreffer sogar in Führung gegangen waren.

16 Jahre ohne WM

Nachdem Griechenland bei seiner ersten FIFA WM 1994 in drei Spielen kein einziges Mal getroffen hatte – als einziges europäisches Land war es bei dieser Weltmeisterschaft mit null Toren ausgeschieden –, konnte man 2010 endlich die ersten Zähler auf dem WM-Torkonto verbuchen. Beim 2:1 gegen Nigeria sackten die Griechen auch ihre ersten Punkte ein. Doch trotz dieses Erfolges, bei dem ein Treffer von Vasilios Torosidis die Entscheidung brachte, verpassten die Jungs von Otto Rehhagel wegen der Pleiten gegen Südkorea und Argentinien den Einzug ins Achtelfinale.

König Otto

Nachdem er sein Team als Trainer zum EM-Titel geführt hatte, wurde der Essener Otto Rehhagel 2004 als erster Ausländer zum »Griechen des Jahres« gewählt; außerdem bot man ihm die griechische Staatsbürgerschaft an. Rehhagel coachte die Hellenen von 2001 bis 2010 und ist mit diesen neun Jahren von allen griechischen Nationaltrainern bisher am längsten im Amt gewesen. 2004 wurde zum ersten Mal ein Team mit einem ausländischen Trainer Europa- oder Weltmeister. Beim Turnier 2004 war Rehhagel 65 Jahre alt und damit der bis dahin älteste Trainer, der je die EM gewinnen konnte. Diesen Rekord büßte Rehhagel vier Jahre später ein, als Louis Aragonés im Alter von 69 Jahren mit Spanien den Titel holte.

UNGARN

In der ersten Hälfte der 1950er-Jahre war Ungarn die beste Fußballmannschaft der Welt. Das Land holte in Helsinki 1952 olympisches Gold, gewann als erste Mannschaft des Kontinents überhaupt im Wembley-Stadion gegen England und war zu Beginn der FIFA WM™ 1954 seit über vier Jahren ungeschlagen und haushoher Favorit. Ungarn verlor im Endspiel gegen die Bundesrepublik Deutschland und konnte seitdem nie wieder an seine Glanzzeit anknüpfen.

Top Ten Torschützen

1.	Ferenc Puskás	84
2.	Sándor Kocsis	75
3.	Imre Schlosser-Lakatos	59
4.	Lajos Tichy	51
5.	György Sárosi	42
6.	Nándor Hidegkuti	39
7.	Ferenc Bene	36
8.	Tibor Nyilasi	32
=	Gyula Zsengellér	32
10.	Flórián Albert	31

Top Ten Länderspiele

1.	József Bozsik	101
2.	László Fazekas	92
3.	Gyula Grosics	86
4.	Ferenc Puskás	85
5.	Imre Garaba	82
6.	Sándor Mátrai	81
7.	Ferenc Sipos	77
8.	László Bálint	76
=	Ferenc Bene	76
=	Máté Fenyvesi	76

Wendepunkt

Der Wendepunkt für Ungarns Fußball war der niedergeschlagene Aufstand von 1956 gegen das kommunistische Regime. Im Anschluss flohen Mannschaftskapitän Ferenc Puskás und zahlreiche Teamkameraden ins Ausland. Puskás wurde die Rückkehr aus dem spanischen Exil zu seiner Familie erst gestattet, nachdem er seine Profikarriere schon lange beendet hatte.

Ganz unten

Wenn etwas in Ungarn schlecht läuft, ist es »béka segge alatt« (»unterm Froschbauch«). Der ungarische Fußball verharrt seit den 80er-Jahren in diesem Zustand – seit 1986 hat sich Ungarn nicht mehr für ein großes Turnier qualifizieren können.

In der Fremde

Der Engländer Jimmy Hogan war in Ungarn extrem beliebt, weil er dort während des Ersten Weltkriegs als Trainer arbeitete. Er war der Ehrengast des ungarischen Fußballverbandes nach dem Sieg gegen England 1953. Derzeitiger ungarischer Nationaltrainer ist Erwin Koeman, niederländischer Europameister von 1988.

Der Major

Ferenc Puskás war einer der besten Fußballspieler aller Zeiten. Er erzielte 84 Tore in 85 Länderspielen für Ungarn und 514 Tore in 529 Spielen in der ungarischen und der spanischen Liga. Der gefährlichste Linksfuß der Fußballgeschichte wurde auch als »Major« bezeichnet, weil er für die Armeemannschaft Honved Budapest gespielt hatte, bevor er für Real Madrid und später für die Nationalmannschaft Spaniens antrat. Während der 1950er-Jahre war er bester Torschütze und Kapitän der ungarischen Nationalmannschaft und der Armeemannschaft Honved Budapest.

Goldköpfchen

Sándor Kocsis, mit 11 Treffern Torschützenkönig der FIFA WM 1954, war so kopfballstark, dass er »Goldköpfchen« genannt wurde. In 68 Länderspielen erzielte er unglaubliche 75 Tore, darunter sieben Hattricks (bis heute ein Rekord). Er schoss die beiden entscheidenden Tore im FIFA WM-Halbfinale von 1954 gegen Uruguay und riss diese Partie für Ungarn noch aus dem Feuer.

Sturz des Fußballkönigs

Ungarns 6:3 gegen England im Wembley-Stadion 1953 ist bis heute eines der bedeutendsten Ergebnisse aller Zeiten: Ungarn war das erste nicht-britische Team, das die Engländer auf heimischem Boden besiegte, ein Rekord, der seit 1901 bestand. Ungarn war seit drei Jahren unbesiegt und hatte im Vorjahr das olympische Fußballturnier gewonnen. Die britische Presse nannte das Spiel gegen das Mutterland des Fußballs das »Match des Jahrhunderts«. In der Folge revolutionierte dieses Spiel die englische Spielweise. Ungarns überlegener Sieg deckte die Antiquiertheit der englischen Taktik auf. Kapitän Billy Wright fasste es so zusammen: »Wir haben den Fortschritt der Ungarn vollkommen unterschätzt, nicht nur in taktischer Hinsicht. Als wir in Wembley aufliefen, fiel mir auf, dass die Ungarn ganz leichte Fußballstiefel trugen, die unter dem Knöchel endeten. Ich sagte zu Stan Mortensen: ›Kein Problem, Stan, die haben nicht mal eine richtige Ausrüstung.‹«

Europäische Wegbereiter

Während die Partie zwischen Argentinien und Uruguay im Juli 1902 das erste Länderspiel außerhalb Englands darstellte, war die 0:5-Niederlage der Ungarn gegen Österreich drei Monate später in Wien das erste Länderspiel in Europa ohne englische Beteiligung. Bei zehn der ersten 16 Länderspiele der Ungarn war Österreich der Gegner; davon gewann Ungarn vier, fünf verlor es, eine Partie endete mit einem Unentschieden. Die bisherige Bilanz der Ungarn gegen ihre österreichischen Nachbarn: 66 Siege, 30 Unentschieden, 40 Niederlagen.

Ruhmreiche Niederlage

Ungarn war bei der FIFA WM 1954 in der Schweiz klarer Favorit. Vor dem Finale hatte die Mannschaft seit vier Jahren kein Spiel verloren. In der ersten Runde wurde die Bundesrepublik mit 8:3 deklassiert, obwohl Ungarn das Match nach einer Verletzung von Kapitän Ferenc Puskás mit nur zehn Spielern beenden musste.

Lehrstunde

Bei der WM 1966 gab Ungarn Brasilien im Liverpooler Goodison Park eine fußballerische Lehrstunde: Die Südamerikaner verloren 1:3, die Ungarn schieden später im Viertelfinale gegen die Sowjetunion aus. Es war Brasiliens erste Niederlage bei einer FIFA WM seit 1954: In der Schweiz waren die Südamerikaner im Viertelfinale mit 2:4 ausgeschieden – gegen Ungarn.

Jahre des Überflusses

Die schillernde ungarische Auswahl der frühen 1950er-Jahre war auch als »Aranycsapat« bekannt, was auf Deutsch »Goldene Elf« bedeutet. Von Mai 1950 bis zur Endspielniederlage gegen Deutschland im Juli 1954 blieb Ungarn 31 Länderspiele in Folge ungeschlagen und stellte damit einen Rekord auf; Teil dieser Serie waren auch die Partien, mit denen die Ungarn 1952 Gold bei den Olympischen Spielen von Helsinki holten. Diesen Rekord konnten bisher nur Brasilien und Spanien verbessern. In den 1950er-Jahren stellte Ungarn außerdem noch zwei weitere Rekordmarken auf: In 73 Länderspielen in Folge schossen die Ungarn mindestens ein Tor; außerdem erzielten sie bei der FIFA WM 1954 im Schnitt 5,4 Tore pro Spiel – ein Wert, der bei keinem der folgenden WM-Turniere mehr erreicht wurde.

Tamás Hajnal
Zentrales Mittelfeld,
stellvertretender Kapitän,
34 Einsätze, 4 Tore

Höhenflug

1938 – Ungarn verliert im FIFA WM-Finale mit 2:4 gegen Italien.

1953 – Ungarn schlägt als erste Mannschaft vom europäischen Kontinent England mit 6:3 im Londoner Wembley-Stadion.

1954 – Die favorisierten Ungarn verlieren das WM-Finale 2:3 gegen die Bundesrepublik.

1964 – Ungarn erreicht das EM-Halbfinale in Spanien.

1965 – Ferencváros Budapest gewinnt als erster und bis heute einziger ungarischer Verein einen europäischen Wettbewerb, den Messestädte-Pokal (Vorläufer des UEFA-Pokals).

1972 – Ungarn verliert im Halbfinale der EM in Belgien mit 0:1 gegen die Sowjetunion.

1986 – Die bis heute letzte WM-Teilnahme Ungarns in Mexiko.

NORDIRLAND

Seit 1921 tritt Nordirland als eigenständiges Land an (zuvor gab es nur eine gesamtirische Mannschaft) und qualifizierte sich dreimal für FIFA WM™-Endrunden: 1958 (als bis heute kleinstes Land, das je im Viertelfinale einer WM stand), 1982 (beim Erreichen der Zwischenrunde) sowie 1986, als das Team in der Vorrunde ausschied.

George Best

Best, der 37-mal für Nordirland antrat, ist einer der besten Spieler in der Geschichte des Fußballs, der nie an einer WM teilnahm. Mit Manchester United feierte er dennoch internationale Triumphe – 1968 gewann er mit dem Verein den Europapokal der Landesmeister und wurde im selben Jahr zu »Europas Fußballer des Jahres« gewählt. Später spielte er in den USA, Hongkong und Australien, bevor er 1984 endgültig seine Karriere beendete. Der Star, der 37 Länderspiele für Nordirland bestritt, starb 2005 im Alter von nur 59 Jahren.

Großartiger Jennings

Pat Jennings, einer der besten Torhüter aller Zeiten, ist mit 119 Einsätzen Nordirlands Rekordnationalspieler. Der ehemalige Star von Tottenham Hotspur und Arsenal London war bei seinem internationalen Debüt am 15. April 1964 gegen Wales erst 18 Jahre alt. An seinem 41. Geburtstag trat er bei der FIFA WM 1986 gegen Brasilien zu seinem letzten Spiel an.

Preisgekrönte Fans

Die nordirischen Fußballfans zählen zu den Preisträgern des 2005 von der UEFA ins Leben gerufenen »European Football Supporters Award«, mit dem Fan-Gruppen von Fußballmannschaften ausgezeichnet werden, die sich um ein faires Miteinander auf den Rängen bemüht haben.

Dannys Double

Bei der FIFA WM 1958 war Danny Blanchflower von Tottenham Hotspur der Kapitän des nordirischen Teams; und in der Saison 1960/61 errangen die Spurs mit ihm als Kapitän das Double aus englischer Meisterschaft und englischem Pokal, als erste englische Mannschaft im 20. Jahrhundert überhaupt. 1958 antwortete er auf die Frage, was das Geheimnis des Erfolgs der Nationalmannschaft sei: »Uns gelingt es immer wieder, den Ausgleich zu erzielen, bevor der Gegner getroffen hat.« Noch berühmter wurde er mit dieser philosophischen Äußerung: »Es ist ein großer Irrtum, dass es beim Fußball ums Gewinnen geht. Im Gegenteil: Es geht um Ruhm und darum, die Dinge mit Stil und Schwung zu erledigen. Also rauszugehen, um den anderen Haufen zu schlagen, und nicht zu warten, bis sie vor Langeweile sterben.«

Eine uralte Frage

Sam Johnston ist der jüngste Spieler, der jemals in einer irischen Nationalmannschaft spielte. Als er 1882 für das damals, lange vor der Gründung der Republik Irland, gesamtirische Team zum Einsatz kam, war er 15 Jahre und 154 Tage alt. In seinem zweiten Spiel wurde er darüber hinaus Irlands jüngster Torschütze aller Zeiten.

Peter der Große

Peter Doherty, ein ehemaliger Stürmer von Manchester City und Derby County, zählte zu den teuersten Spielern seiner Zeit. Er gewann den Ligapokal und den FA Cup (den Pokal des Verbandes, gleichbedeutend mit dem DFB-Pokal in Deutschland) und absolvierte insgesamt 19 Länderspiele für Nordirland. 1947 sorgte er durch ein Tor in letzter Minute für ein 2:2-Unentschieden gegen England, sodass Nordirland erstmals eine Niederlage gegen die »Three Lions« vermeiden konnte. Als Nationaltrainer führte er das Land 1958 ins FIFA WM-Viertelfinale, wo Nordirland gegen Frankreich, den späteren WM-Dritten, mit 0:4 unterlag.

Top Ten Torschützen

1.	David Healy	35
2.	Colin Clarke	13
=	Billy Gillespie	13
4.	Gerry Armstrong	12
=	Joe Bambrick	12
=	Iain Dowie	12
=	Jimmy Quinn	12
8.	Billy Bingham	10
=	Johnny Crossan	10
=	Jimmy McIlroy	10
=	Peter McParland	10

Top Ten Länderspiele

1.	Pat Jennings	119
2.	Mal Donaghy	91
3.	Sammy McIlroy	88
4.	Keith Gillespie	86
5.	Maik Taylor	83
6.	David Healy	80
7.	Jimmy Nicholl	73
8.	Aaron Hughes	71
=	Michael Hughes	71
10.	David McCreery	67

Healy, der Held

Nordirlands Rekordtorschütze David Healy hat in Länderspielen für Nordirland mehr als doppelt so viele Tore erzielt wie der nächstplatzierte Spieler. Bei seinem Debüt gegen Luxemburg am 23. Februar 2000 traf er gleich zweimal, am 6. September 2006 schoss er beim Qualifikationsspiel für die EM 2008 gleich alle drei Tore zum 3:2-Sieg über Spanien.

Junge Kanone

Norman Whiteside brach Pelés Rekord und wurde 1982 zum jüngsten Spieler bei einer FIFA WM-Endrunde, als er für Nordirland im Alter von 17 Jahren und 41 Tagen in Spanien auflief. Er bestritt 38 Länderspiele und erzielte neun Tore, bis er aufgrund einer Verletzung mit nur 26 Jahren seine Karriere beenden musste.

Binghams Doppelgänger

Billy Bingham, bei der FIFA WM 1958 Rechtsaußen des nordirischen Teams, führte sein Land als Trainer 1982 und 1986 zweimal hintereinander in eine WM-Endrunde, ein für Nordirland bislang einmaliger Erfolg.

Briten unter sich

Nordirland ist immer noch der amtierende Titelträger des Wettbewerbs »British Home Championship«. Dieses Turnier wurde von 1883/84 bis 1983/84 jährlich ausgetragen, Teilnehmer waren England, Schottland, Wales und Nordirland. Am Ende des letzten Turniers hatten alle vier Mannschaften drei Punkte, denn jede hatte einmal gewonnen (damals gab es für einen Sieg nur zwei Punkte), einmal unentschieden gespielt (dafür gab es wie heute einen Punkt) und einmal verloren. Das von Billy Bingham trainierte nordirische Team hatte allerdings als einzige Mannschaft eine positive Tordifferenz.

NORWEGEN

Obwohl das erste Länderspiel gegen Schweden schon 1908 stattfand und 1938 die Qualifikation zur FIFA WM™ gelang, dauerte es danach 56 Jahre, bis das Land erneut an einem größeren Turnier teilnehmen konnte: Norwegen ist noch nie in einem größeren Turnier über die zweite Runde hinausgekommen, hat aber als einzige Mannschaft der Welt noch nie gegen Brasilien verloren.

Widerstand gegen Brasilien

Norwegen ist das einzige Land, das bislang noch nie gegen die Sambakicker verloren hat – mit einer Bilanz von zwei Siegen und zwei Unentschieden aus den Begegnungen mit Brasilien halten die Norweger einen Rekord. Ihr denkwürdigstes Spiel gegen den Rekordweltmeister absolvierten sie in der Gruppenphase der FIFA WM 1998 – damals besiegten die Norweger das Team, das später das Finale bestritt, mit 2:1. Zunächst war Norwegen mit einem Tor in Rückstand geraten, drehte dann aber das Spiel in den letzten sieben Minuten mit zwei Treffern von Tore André Flo (links) und Kjetil Rekdal.

Sieg des Jahres

Norwegens Sieg im Frühjahr 2009 war der erste Erfolg gegen eine deutsche Nationalmannschaft seit den Olympischen Spielen 1936. Während Norwegen im Jahr zuvor kein einziges Länderspiel gewonnen hatte, war Deutschland frischgebackener Vize-Europameister. Das entscheidende Tor fiel in der 63. Minute, als Christian Grindheim einen Pass von Morten Gamst Pedersen verwandelte.

Bergwandern

Egil Olsen, besser bekannt unter dem Spitznamen »Drillo«, kennt die genaue Höhe jedes bedeutenden Berges. Der überzeugte Nichtraucher benutzte niemals ein Auto, als er Manager des Vereins Wimbledon war, sondern ging zu Fuß zum Übungsplatz, meistens in seinen legendären Stiefeln.

Eure Jungs haben verloren

Bjørge Lilleliens Kommentar zu einem norwegischen 2:1 gegen England in einem Qualifikationsspiel zur FIFA WM 1982 ist bis heute berühmt. Lillelien war seit 1957 bis unmittelbar vor seinem Tod durch ein Krebsleiden 1987 Sportkommentator, vor allem im Wintersport und Fußball. Er sagte 1982: »Lord Nelson, Lord Beaverbrook, Sir Winston Churchill, Sir Anthony Eden, Clement Attlee, Henry Cooper, Lady Diana, Maggie Thatcher, können Sie mich hören? Eure Jungs haben gerade so richtig verloren.« Obwohl diese Sätze im norwegischen Radio gesprochen wurden, erreichten sie rasch Großbritannien und sind bis heute populär. Die Sportredaktion der Zeitung »Observer« wählte Lilleliens Worte 2002 zum besten Sportkommentar aller Zeiten.

🔴 Big John

Der Name des offensiven Mittelfeldspielers John Carew klingt wenig norwegisch, weil sein Vater aus Gambia stammt. In seiner Karriere spielt die Zahl sieben eine gewichtige Rolle: Er hat bisher bei sieben Vereinen gespielt und war der siebte Spieler von Aston Villa, der jemals einen Hattrick erzielt hat – beim 4:1 über Newcastle United 2007/08. Carew ist der erste dunkelhäutige norwegische Nationalspieler.

Top Ten Länderspiele

1.	Thorbjørn Svensson	104
2.	Henning Berg	100
3.	Erik Thorstvedt	97
4.	Øyvind Leonhardsen	86
=	John Arne Riise	86
6.	Kjetil Rekdal	83
7.	John Carew	82
8.	Erik Mykland	78
9.	Svein Grøndalen	77
=	Steffen Iversen	77

Top Ten Torschützen

1.	Jørgen Juve	33
2.	Einar Gundersen	26
3.	Harald Hennum	25
4.	Tore André Flo	23
=	Ole Gunnar Solskjær	23
6.	John Carew	22
=	Gunnar Thoresen	22
8.	Steffen Iversen	21
9.	Jan Åge Fjørtoft	20
10.	Odd Iversen	19
=	Øyvind Leonhardsen	19
=	Olav Nilsen	19

🔴 Thorbjørn der Große

Als die Norweger im September 1961 in ihrer Hauptstadt Oslo ein Spiel gegen die dänischen Nachbarn mit 0:4 verloren, war das für ihre Anhänger sicher wenig erfreulich. Grund zum Feiern hatte jedoch der norwegische Innenverteidiger Thorbjørn Svensson, denn für ihn war es das 100. Länderspiel. Er war damals erst der zweite Fußballer überhaupt, der 100 Spiele für sein Land bestritten hatte; dem Engländer Billy Wright war dies bereits zwei Jahre zuvor gelungen.

🔴 Der Exzentriker

Egil Olsen gilt als einer der exzentrischsten Trainer Europas. Er wurde für die Qualifikation zur FIFA WM 2010 in Südafrika ein zweites Mal zum norwegischen Nationaltrainer ernannt. 15 Jahre zuvor hatte der Trainer die Skandinavier bereits zur FIFA WM 1994 geführt. Das war die erste Teilnahme an einer FIFA WM-Endrunde seit 1938. Bei der nachfolgenden WM 1998 in Frankreich besiegte Norwegen in der Vorrunde Brasilien. Daraufhin war Olsen in seinen charakteristischen Wellington-Stiefeln eine Art norwegischer Volksheld, und sein Land erreichte Platz 2 der FIFA Weltrangliste. Bevor er Norwegen ein zweites Mal trainierte, war Olsen drei Monate lang Trainer der Auswahl des Irak. Das erste Spiel unter seiner Leitung gewann Norwegen Anfang 2009 gegen Deutschland mit 1:0, wobei Olsen sich wieder auf seine vertraute Taktik verließ. Weniger erfolgreich war Olsen während seiner Zeit als Trainer von Wimbledon 1999 – 2000: Der Norweger ist fest von einer wissenschaftlichen Herangehensweise an den Wettkampfsport überzeugt und führte bei Wimbledon die Raumdeckung ein. Kritiker gaben dieser Konzeption Olsens die Schuld an der katastrophalen Rückrunde von Wimbledon in jener Saison.

🔴 Erik der Wikinger

Erik Thorstvedts Verpflichtung für Tottenham Hotspur schien ein schwerer Fehler zu sein, als der Norweger noch vor der fünften Minute seines allerersten Spiels, gegen Nottingham Forest, seinem Gegenspieler Nigel Clough den Ball überließ und Clough den Führungstreffer erzielte. Trotz dieses Patzers wurde Thorstvedt bei den Fans beliebt und verdiente sich den Spitznamen »Erik der Wikinger«.

🟢 Heimniederlage

Norwegens Sieg gegen Deutschland während der Olympischen Spiele 1936, drei Jahre nach der Machtergreifung der Nazis, war ein politischer und sportlicher Meilenstein. Unter den Zuschauern waren Goebbels, Göring, Heß und Hitler selbst. Nach der deutschen 0:2-Niederlage verließ Hitler, der noch nie zuvor ein Länderspiel gesehen hatte, verärgert das Stadion.

POLEN

In der Geschichte des polnischen Fußballs wechseln sich glänzende Phasen mit langen Durststrecken ab. Dem Gewinn der olympischen Goldmedaille 1972 folgten dritte Plätze bei den Weltmeisterschaften 1974 und 1982. Seit 1986 konnte sich die Mannschaft bis zur FIFA WM 2002 für kein großes Turnier mehr qualifizieren. 2008 qualifizierte sich Polen erstmals überhaupt für die Europameisterschaft und richtet dieses Turnier gemeinsam mit der Ukraine 2012 aus.

Torhüter

Während nur wenige aktive polnische Feldspieler Weltklasseniveau aufweisen, spielen mit Jerzy Dudek (FC Liverpool), Artur Boruc (Celtic Glasgow), Łukasz Fabianski (Arsenal London) und Tomasz Kuszczak (Manchester United) vier hervorragende Torhüter bei großen britischen Vereinen. Łukasz Załuska, der gerade von Dundee United zu Celtic gewechselt ist, könnte der nächste polnische Torwartstar werden.

Super-Ernest

Ernest Wilimowski erzielte bei der FIFA WM 1938 gegen Brasilien vier Treffer – und trotzdem verlor sein Team das Spiel. Die Polen unterlagen in Straßburg in der Verlängerung der Achtelfinalpartie mit 5:6, nachdem es nach Ablauf der regulären Spielzeit noch 4:4 gestanden hatte.

Top Ten Länderspiele

1.	Grzegorz Lato	100
2.	Kazimierz Deyna	97
3.	Jacek Bąk	96
=	Jacek Krzynówek	96
5.	Michael Żewłakow	94
6.	Władysław Żmuda	91
7.	Antoni Szymanowski	82
8.	Zbigniew Boniek	80
9.	Włodzimierz Lubański	75
10.	Tomasz Wałdoch	74

Leo, der Löwe

Als der Niederländer Leo Beenhakker polnischer Nationaltrainer wurde, war er der erste Ausländer auf diesem Posten. In seiner über dreißigjährigen Karriere trainierte Beenhakker bereits die Niederlande, Saudi-Arabien und Trinidad und Tobago. Er wurde mit Real Madrid 1987 – 89 dreimal spanischer Meister und holte mit Ajax Amsterdam 1980 und 1990 zwei niederländische Meistertitel. Der grauhaarige Beenhakker unterstrich seinen Ruf als Arbeitstier, als er im Frühjahr 2009 eine Zusatzaufgabe als Berater für Feyenoord Rotterdam übernahm.

Polens größte Erfolge

Im Fußball ist die Drei Polens Glückszahl: 1974 als auch 1982 erzielte die Mannschaft ihre größten Erfolge im internationalen Fußball und belegte bei beiden Weltmeisterschaften den dritten Rang. 1974 war das blitzschnelle und eingespielte Team, das England aus der Qualifikation geworfen hatte, fast unaufhaltsam. Bei der Wasserschlacht von Frankfurt, dem Spiel gegen die Bundesrepublik in der 2. Finalrunde, benötigten die Polen einen Sieg, um das Finale zu erreichen. Sie forderten eine Verlegung, weil der Platz durch schwere Regenfälle unbespielbar war. Gerd Müller erzielte den Siegtreffer für die Deutschen. 1982 bei der WM in Spanien waren von dem 74er-Team noch Grzegorz Lato, Andrzej Szarmach, Marek Kusto und Wladyslaw Zmuda dabei. Polen verlor im Halbfinale gegen Italien mit 0:2.

Schwarze Serie

Polens Fußball wird seit Jahrzehnten von einer Serie von Bestechungsskandalen erschüttert, die sowohl Schiedsrichter als auch Spieler, Vereinsoffizielle und Verbandsfunktionäre betrifft. Die Krise wurde durch den schlechten Zustand vieler Spielorte, finanzielle Probleme und Ausschreitungen von Hooligans noch verschärft. Als 2001 die Regierung eingriff, wäre Polen beinahe von allen internationalen Wettbewerben ausgeschlossen worden, da die FIFA jede Art von politischen Einflussmaßnahmen untersagt.

Top Ten Torschützen

1.	Włodzimierz Lubański	48
2.	Grzegorz Lato	45
3.	Kazimierz Deyna	41
4.	Ernest Pol	39
5.	Andrzej Szarmach	32
6.	Gerard Cieślik	27
7.	Zbigniew Boniek	24
8.	Ernest Wilimowski	21
9.	Dariusz Dziekanowski	20
10.	Roman Kosecki	19
=	Euzebiusz Smolarek	19

Unpünktlichkeit wird bestraft

Kazimierz Górski, der während seiner Spielerkarriere nur eine einzige Partie für die polnische Nationalmannschaft bestritt, führte als Trainer Polen bei der FIFA WM 1974 zum dritten Platz. Zwei Jahre zuvor hatte er mit seinem Team bei den Olympischen Spielen in München Gold geholt. Górski war dafür bekannt, dass er mit seinen Spielern einen sehr vertrauten Umgang pflegte, doch er konnte auch knallhart sein: Der Schlüsselspieler Adam Musiał flog beim Turnier von 1974 vor dem Spiel gegen Schweden (zweite Finalrunde) aus der Mannschaft – als Strafe dafür, dass er 20 Minuten zu spät zum Training erschienen war. Polen gewann die Partie trotzdem mit 1:0.

Emmanuel, komm nach Polen!

Polen qualifizierte sich als erstes europäisches Land für die FIFA WM 2002. Zu verdanken hatte die Mannschaft das den acht Treffern, die der Stürmer Emmanuel Olisadebe in der Qualifikation erzielte – und damit einen neuen polnischen Rekord aufstellte. Olisadebe, der aus Nigeria stammt, erlangte die polnische Staatsbürgerschaft, nachdem er drei Jahre erfolgreich für Polonia Warschau gespielt hatte. Tatsächlich sorgte der polnische Präsident Aleksander Kwaśniewski im Juli 2000 mit einer persönlichen Order dafür, dass Olisadebe die Staatsbürgerschaft schon vor Ablauf der regulären Frist bekam.

Fünf gewinnt

Für den 5:1-Sieg der Polen über Peru bei der FIFA WM 1982 waren fünf verschiedene polnische Torschützen verantwortlich: Włodzimierz Smolarek, Grzegorz Lato, Zbigniew Boniek, Andrzej Buncol und Włodzimierz Ciołek. Erst 1998 brachte eine andere Mannschaft dieses Kunststück erneut zustande: Bei der Weltmeisterschaft in Frankreich schossen Phillip Cocu, Marc Overmars, Dennis Bergkamp, Pierre van Hooijdonk und Ronald de Boer die Niederlande zu einem 5:0-Sieg über Südkorea.

Boniek

Zbigniew Boniek war vielleicht der beste polnische Spieler aller Zeiten. Sein Beitrag zum Erreichen des dritten Platzes bei der FIFA WM 1982 machte ihn in Polen legendär. Dass er im Halbfinale gegen Italien gesperrt war, wirft bis heute die Frage auf, ob Polen den Favoriten Italien mit seinem Stürmerstar hätte schlagen können. Ohne ihn verlor das polnische Team 0:2.

In der Pflicht

Grzegorz Lato, einer der besten polnischen Fußballer aller Zeiten, ist seit 2008 Präsident des polnischen Fußballverbandes. Lato versprach, den polnischen Nationalsport von den Skandalen zu reinigen, damit Polen die Europameisterschaft 2012 (gemeinsam mit der Ukraine) ausrichten kann. »Ich bin entschlossen, dem polnischen Fußball wieder einen sauberen Ruf zu verpassen«, sagte Lato, der mit sieben Treffern Torschützenkönig der WM 1974 war.

PORTUGAL

Portugals erster Auftritt auf der internationalen Bühne endete beinahe mit einem Triumph. Von Eusébio inspiriert, zogen die Portugiesen ins Halbfinale der FIFA WM™ von 1966 ein – und verloren dann gegen den späteren Weltmeister England. Von einer herausragenden Leistung in der EM 1984 abgesehen, sollte es mehr als 30 Jahre dauern, bis Portugal erneut in solch schwindelerregende Höhen vorstieß. Eine »goldene Generation« von Spielern betrat das Feld, und seit der Jahrtausendwende ist Portugal auf der Weltbühne des Fußball eine Kraft, mit der man rechnen muss.

Top Ten Länderspiele

1. LUÍS Filipe Madeira FIGO	127
2. FERNANDO Manuel Silva COUTO	110
3. RUI Manuel César COSTA	94
4. Pedro Miguel Carreiro Resendes »PAULETA«	88
5. SIMÃO Pedro Fonseca SABROSA	85
6. JOÃO Manuel VIEIRA PINTO	81
7. VÍTOR Manuel Martins BAÍA	80
8. RICARDO Alexandre Martins Soares Pereira	79
9. Nuno Miguel Soares Pereira Ribeiro »NUNO GOMES«	77
10. CRISTIANO RONALDO dos Santos Aveiro	76

Top Ten Torschützen

1. Pedro Miguel Carreiro Resendes »PAULETA«	47
2. EUSÉBIO da Silva Ferreira	41
3. LUÍS Filipe Madeira FIGO	32
4. Nuno Miguel Soares Pereira Ribeiro »NUNO GOMES«	29
5. RUI Manuel César COSTA	26
6. JOÃO Manuel VIEIRA PINTO	23
= CRISTIANO RONALDO dos Santos Aveiro	23
8. Tamagnini Manuel Gomes Batista »NENÉ«	22
= SIMÃO Pedro Fonseca SABROSA	22
10. Rui Manuel Trinidade JORDÃO	15
= Fernando Baptista de Seixas PEYROTEO de Vasconcelos	15

Triumph im Goodison Park

Bei der FIFA WM 1966 schlug Portugal Nordkorea mit 5:3 in einem unglaublichen Viertelfinale im Goodison Park von Liverpool, dem Stadion des FC Everton. Der überragende Eusébio setzte eine gnadenlose Aufholjagd in Gang, nachdem die Koreaner nach nur 25 Minuten 3:0 in Führung lagen. Er schoss vier Tore und brachte die Portugiesen damit ins Halbfinale ihrer allerersten FIFA WM. Die Tränen flossen in Strömen, als Portugal vom späteren Weltmeister England besiegt wurde, doch rappelten sich die Portugiesen wieder auf und sicherten sich mit einem 2:1-Sieg über die Sowjetunion den dritten Platz.

Alle neune!

Fernando Baptista de Peyroteo ist einer der erfolgreichsten Torschützen der Fußballgeschichte. Seine Rekorde: neun Tore in einem Spiel gegen den Leça FC, acht in einem Spiel gegen Boavista Porto, dreimal sechs Tore in einem Spiel, zwölfmal fünf Tore in einem Spiel und 17-mal vier Tore in einem Spiel. Insgesamt kickte er den Ball zwischen 1937 und 1939 in 197 portugiesischen Ligaspielen unglaubliche 330-mal ins Netz (das entspricht 1,68 Toren pro Spiel). Für die Nationalmannschaft erzielte er 15 Tore in nur 20 Spielen.

Der schwarze Panther

Zum 50. Geburtstag der UEFA 2004 wurde der aus Mosambik stammende Eusébio da Silva Ferreira vom Fußballverband seines Heimatlandes zu Portugals »Goldenem Spieler« ernannt. 1960, im Alter von 18 Jahren, wurde er von Benfica Lissabon unter Vertrag genommen und erzielte bereits in seinem zweiten Spiel einen Hattrick gegen den brasilianischen FC Santos in Paris. Damit stellte er sogar Pelé, den jungen Star des Gegners, in den Schatten. 1962 verhalf er Benfica mit zum zweiten Gewinn des Europapokals der Landesmeister, 1965 wurde er »Europas Fußballer des Jahres« und 1966 führte er Portugal auf den dritten Platz der FIFA WM und wurde Torschützenkönig dieses Turniers (9 Tore). Der Stürmer schoss bei 313 Einsätzen in der portugiesischen Liga 320 Tore und gewann 1968 als Erster den »Goldenen Schuh« (1973 noch einmal), den die UEFA seitdem an den erfolgreichsten Torschützen einer Saison vergibt. Nur Pauleta war mit 47 Treffern in 88 Spielen noch erfolgreicher, er benötigte jedoch 24 Einsätze mehr als Eusébio für seine 41 Tore.

Schützenfest zu sechst und siebt

Nach dem portugiesischen 7:0-Sieg über Nordkorea bei der FIFA WM 2010 standen sechs verschiedene Torschützen auf dem Spielberichtsbogen: Raul Meireles, Simão, Hugo Almeida, Tiago (zwei Treffer), Liédson und Kapitän Cristiano Ronaldo. Dieser Rekord wird nur noch von den sieben jugoslawischen Torschützen überboten, die Zaire bei der FIFA WM 1974 eine 0:9-Klatsche verpassten. Mit ihren Toren haben es Simão und Cristiano Ronaldo geschafft, wie Pauleta bei zwei Weltmeisterschaften für Portugal als Torschützen erfolgreich zu sein.

Ronaldo, der zweite

Cristiano Ronaldo dos Santos Aveiro bekam seinen zweiten Vornamen, weil sein Vater den amerikanischen Präsidenten Ronald Reagan bewunderte. Obwohl er eigentlich Benfica-Fan war, begann Ronaldo seine Profikarriere beim Lokalrivalen Sporting Lissabon, bevor er 2003 dann zu Manchester United ging. 2008 war sein Glücksjahr, denn er gewann den Titel in der englischen Premier League, die Champions League sowie den »Goldenen Schuh« als Europas bester Torschütze. Die Krönungen waren die Wahlen zu »Europas Fußballer des Jahres« und – als zweiter Portugiese nach Luís Figo – zum »FIFA Weltfußballer des Jahres«. 2009 wurde er zum teuersten Fußballspieler aller Zeiten: Real Madrid holte ihn von Manchester United und zahlte dafür die Rekordtransfersumme von umgerechnet 93 Millionen Euro.

Die fabelhaften fünf

Eusébio, Mário Coluna, José Augusto, António Simões und José Torres waren die »fabelhaften fünf« in Benficas »Dream-Team« der frühen 1960er-Jahre und bildeten das Rückgrat der portugiesischen Nationalmannschaft bei der FIFA WM von 1966. Coluna (das »heilige Monster«) schoss 1961 das entscheidende dritte Tor im Finale des Europapokals der Landesmeister gegen den FC Barcelona und war 1966 Kapitän der Nationalmannschaft. José Augusto, der zwei Tore im ersten Spiel bei der WM gegen Ungarn schoss, trainierte später die Nationalmannschaft und danach die portugiesische Damenmannschaft. Antonio Simões (der »riesige Zwerg«, nur 1,58 Meter groß) spielte 1962 im Alter von nur 18 Jahren zum ersten Mal für Portugal und Benfica. José Torres gewann als Einziger der fünf nicht den Europapokal (er kam bei den Finalniederlagen 1963 gegen den AC Mailand bzw. 1968 gegen Manchester United zum Einsatz), doch 1966 erzielte er das Siegtor gegen Russland im Spiel um den dritten Platz. Danach trainierte er die Nationalmannschaft und führte sie 1986 zu ihrer nächsten Teilnahme an einer FIFA WM-Endrunde.

Ein gern gesehener Gegner

Bei der FIFA WM 2010 schoss Portugal sieben Tore in vier Spielen; allerdings wurden alle Treffer gegen die Nordkoreaner erzielt, die von den Portugiesen mit 7:0 zerlegt wurden. Es war der bisher dritte WM-Sieg mit sieben Toren Unterschied. Unter Einbeziehung des 5:3 gegen die Nordkoreaner 1966 bedeutet das, dass Portugal fast ein Drittel seiner 39 WM-Tore gegen die Asiaten erzielt hat.

Der Halbfinalgarant versagt

Die WM 2010 in Südafrika war das erste FIFA-Turnier, bei dem Carlos Queiroz mit seiner Mannschaft nicht mindestens bis ins Halbfinale gekommen ist. Er war vorher als Trainer für die portugiesischen Teams der »Goldenen Generation« verantwortlich, die 1989 und 1991 die U-20-Weltmeisterschaft gewannen, und trainierte auch das Team, das 1989 bei der U-17-WM Dritter wurde. Doch in seiner zweiten Amtszeit als Trainer der ersten portugiesischen Mannschaft erreichte er 2010 nur das Achtelfinale; in der Gruppenphase hatten seine Kicker zwar alle drei Partien zu null gespielt, doch dann unterlagen sie Spanien mit 0:1.

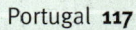

IRLAND

Es bedurfte einer Kombination aus geschicktem Management und akribischen Analysen von Familienstammbüchern, ehe sich Irland im zwanzigsten Anlauf endlich für die Endrunde eines großen Fußballturniers qualifizieren konnte. Doch seit Jack Charlton das Team zur EM-Endrunde 1988 führte, erwies sich Irland regelmäßig als brandgefährlich für seine Gegner.

Auf geht's Keane!

Während Irlands Vorbereitung auf die FIFA WM 2002 in Japan und Korea reiste Roy Keane nach einem Streit mit dem Manager Mick McCarthy überraschend ab, bevor das Turnier überhaupt begonnen hatte. Keanes Länderspielkarriere begann mit einem Spiel gegen Chile am 22. Mai 1991, von 1996 bis 2002 fungierte er als Kapitän Irlands. Von 1993 bis 2005 spielte Keane für den englischen Klub Manchester United, mit dem er siebenmal Meister und viermal Pokalsieger wurde sowie einmal die Champions League gewann. Keane kehrte 2003 wieder ins irische Nationalteam zurück, als Brian Kerr den Managerposten übernahm. Nachdem sich Irland nicht für die WM-Endrunde 2006 qualifizieren konnte, trat Keane endgültig zurück. Sein letztes Länderspiel war ein 0:1 gegen Frankreich am 7. September 2005.

Steve Staunton

Irlands damaliger Rekordnationalspieler fungierte bei der FIFA WM-Endrunde 2002 nach dem überraschenden Ausstieg von Roy Keane als Mannschaftskapitän. Von 2006 bis 2007 war Steve Staunton irischer Nationaltrainer, wurde jedoch entlassen, als die Mannschaft 2008 nicht die EM-Endrunde erreichte. Mehr Einsätze für Irland können inzwischen zwei Spieler aufweisen, die Staunton als Teamchef der Nationalmannschaft selbst häufig berief: der Torhüter Shay Given und der vielseitig einsetzbare linke Außenverteidiger und Mittelfeldspieler Kevin Kilbane führen die Liste derzeit gemeinsam mit je 103 Einsätzen an.

Croke Park

Croke Park in Dublin ist die traditionelle Heimat des Gälischen Sportverbandes GAA. Das Stadion war lange Zeit traditionell gälischen Sportarten vorbehalten – bis für die Austragung der irischen Qualifikationsspiele zur EM 2008 eine Sondererlaubnis erteilt wurde, solange das Landsdown Road-Stadion renoviert wurde.

Champion Charlton

Jack Charlton wurde zum Helden, als er Irland 1988 zum ersten Mal in eine wichtige Endrunde führte und das Team gleich beim ersten EM-Spiel England mit 1:0 besiegte. Noch erfolgreicher verlief Irlands erste FIFA WM-Endrunde zwei Jahre später, als die Außenseiter erst im Viertelfinale von Gastgeber Italien besiegt wurden.

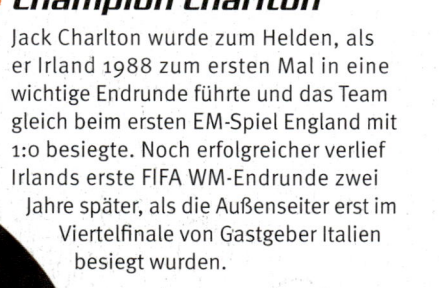

Multijobber Giles

Von allen irischen Nationaltrainern war Jack Charlton am
längsten im Amt: Er coachte
die Iren von 1986 bis 1995.
Die Trainerära von Johnny
Giles (1973–1980) verdient
jedoch ebenfalls Beach-
tung, denn während seiner
Tätigkeit als Teamchef war
er gleichzeitig noch selbst
als Spieler bei Leeds United, West Bromwich Albion,
Philadelphia Fury und den
Shamrock Rovers aktiv. Trotz
seiner Pflichten als Nationaltrainer war er in seiner
siebenjährigen Amtszeit
u. a. einer der Leistungsträger
in Leeds' Meistermannschaft
von 1973/74 und Spielertrainer bei West Bromwich und
den Rovers.

 ### Kapitän für alle Fälle

Als Mannschaftskapitän
verhalf Johnny Carey
nicht nur Matt Busby und
Manchester United 1952
zum englischen Meister-
titel, sondern er war auch
Mannschaftskapitän für
Nordirland (9 Länderspiele)
und später der Republik
Irland (27 Länderspiele).
Außerdem managte er von
1955 bis 1967 das irische
Nationalteam.

 ### Schottischer Ire

Ray Houghton wurde zwar in
Glasgow geboren und spricht
mit schottischem Akzent, doch
der Sohn eines irischen Vaters
schoss zwei der wichtigsten
Tore für die irische Nationalmannschaft: Per Kopf erzielte
er bei der EM 1988 in der
Bundesrepublik den 1:0-Sieg-
treffer gegen England. Und in
der Gruppenphase der FIFA
WM 1994 in den USA blieb
sein Weitschusstor gegen den
späteren Endspielteilnehmer
Italien der einzige Treffer der
Begegnung.

Ed Brookes

Ed Brookes, Stürmer bei
Bohemians Dublin, erzielte
im Juni 1924, nur ein Jahr,
nachdem der Irische Fußballverband von der FIFA anerkannt wurde, Irlands ersten
Hattrick bei einem 3:1 gegen
die USA.

 ### Mehr für Moore

Paddy Moore war der erste
Spieler überhaupt, der vier
Tore in einem FIFA WM-Qualifikationsspiel erzielte, als
Irland am 25. Februar 1934
in einer Aufholjagd noch ein
4:4-Unentschieden erreichte.
Als bislang einziger Ire konnte Don Givens hier gleichzie-
hen, als er im Oktober 1975
beim irischen Sieg
über die Türkei
alle 4 Tore
schoss.

 ### Seitenwechsel

Cornelius »Con« Martin war ein irischer
Spieler, dessen Leidenschaft für Fußball
zu seinem Ausschluss aus dem Gälischen
Sportverband (GAA) führte. Seine Vielsei-
tigkeit zeigte sich darin, dass er als Innenverteidiger ebenso gut eingesetzt werden
konnte wie im Tor, sowohl für seinen Verein
Aston Villa als auch in Länderspielen. Für
Irland verwandelte er 1949 im Liverpooler
Goodison Park beim 2:0 gegen England
einen Elfmeter, was zur ersten englischen
Heimniederlage gegen einen nicht-britischen Gegner führte.

Top Ten Länderspiele

1.	Shay Given	103
=	Kevin Kilbane	103
3.	Steve Staunton	102
4.	Robbie Keane	99
5.	Niall Quinn	91
6.	Tony Cascarino	88
7.	Paul McGrath	83
8.	Damien Duff	82
9.	Packie Bonner	80
10.	Ray Houghton	73

Top Ten Torschützen

1.	Robbie Keane	43
2.	Niall Quinn	21
3.	Frank Stapleton	20
4.	John Aldridge	19
=	Tony Cascarino	19
=	Don Givens	19
7.	Noel Cantwell	14
8.	Gerry Daly	13
=	Jimmy Dunne	13
10.	Ian Harte	11

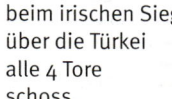
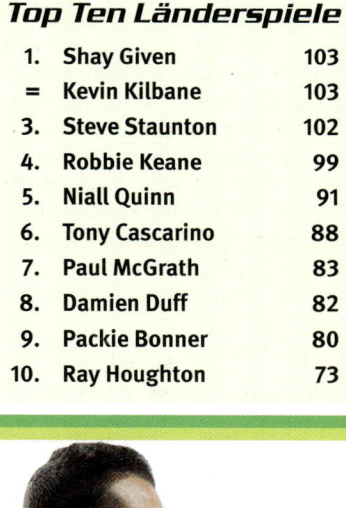

RUMÄNIEN

Die rumänische Fußballgeschichte ist gespickt mit Glanzpunkten: Rumänien war eines von vier Ländern (neben Brasilien, Frankreich und Belgien), die an den ersten drei FIFA Weltmeisterschaften™ teilnahmen. Doch danach folgte eine lange Flaute, denn seit 1938 konnte sich die Mannschaft nur viermal für das Turnier qualifizieren – bei immerhin 14 Versuchen. Der Höhepunkt in der Fußballgeschichte des Landes kam 1994, als Rumänien – angeführt von Gheorghe Hagi – das Viertelfinale der FIFA WM™ erreichte.

Ein guter Name

Gheorghe Popescu, geboren 1918, war Verteidiger in der rumänischen Nationalmannschaft und wurde später erfolgreicher Trainer von Steaua Bukarest und Präsident des rumänischen Fußballverbandes. Gheorghe »Gica« Popescu, geboren 1967, ist zwar nicht mit ihm verwandt, war jedoch ebenfalls Verteidiger in der rumänischen Nationalmannschaft. Er nahm an 115 Länderspielen teil und gewann mit seinen Vereinen einige europäische Titel, darunter den abgeschafften Europapokal der Pokalsieger und den UEFA-Cup sowie diverse Pokale in den Ligen von Holland, Spanien, Rumänien und der Türkei.

Wie gewonnen, so zerronnen

Rumäniens allererstes Spiel in der ersten FIFA WM begann großartig, denn Adalbert Desu schoss bereits in der ersten Minute ein Tor. Mit 3:1 gewann Rumänien das Spiel, in dem der Peruaner Placido Galindo in der 54. Minute als erster Spieler bei einer FIFA WM vom Platz gestellt wurde. Nur 3000 Zuschauer waren bei diesem Drama dabei – die niedrigste Zuschauerzahl, die je bei einem WM-Spiel verzeichnet wurde.

Der »Held von Sevilla«

Helmuth Duckadam, der »Held von Sevilla«, ging in die Fußballgeschichte ein, denn er hielt vier Strafstöße, als Steaua Bukarest 1986 den FC Barcelona im Elfmeterschießen besiegte und so als erste osteuropäische Mannschaft den Europapokal der Landesmeister gewann. Da er an einer seltenen Blutkrankheit litt, musste er 1991 seine Fußballkarriere beenden. Heute ist er Offizier der rumänischen Grenzpolizei.

Ein traumhaftes Trio

1994 glänzten Gheorghe Hagi, Florin Raducioiu und Ilie Dumitrescu bei der FIFA WM in den USA. Zusammen schossen sie neun von Rumäniens zehn Toren (Raducioiu vier, Hagi drei, Dumitrescu zwei). Alle drei konnten ihre Elfmeter im Elfmeterschießen im Viertelfinale gegen Schweden verwandeln, doch da Dan Petrescu und Miodrag Belodedici danebenschossen, schied Rumänien aus. In der Spielzeit 1994/95 folgten alle drei dem Ruf des Geldes: Hagi wechselte von Brescia nach Barcelona, Dumitrescu von Steaua Bukarest zu Tottenham Hotspur und Raducioiu ging von der Ersatzbank des AC Mailand in die erste Mannschaft von Espanyol Barcelona.

Die blonde Gefahr

An die rumänischen Spieler, die bei der WM 1998 aufliefen, wird man sich vielleicht nicht so sehr deswegen erinnern, weil sie in der Gruppenphase Erster der Gruppe G wurden, sondern hauptsächlich deshalb, weil sie alle miteinander beschlossen hatten, sich die Haare vor dem letzten Gruppenspiel blond färben zu lassen. Die frisch blondierten Rumänen erkämpften sich gegen Tunesien ein mühsames 1:1 Unentschieden, unterlagen jedoch im Achtelfinale den Kroaten mit 0:1.

Top Ten Torschützen

1.	Gheorghe Hagi	35
2.	Iuliu Bodola	31
3.	Adrian Mutu	29
4.	Anghel Iordănescu	26
5.	Viorel Moldovan	25
6.	Ladislau Bölöni	23
7.	Rodion Cămătaru	22
8.	Dudu Georgescu	21
=	Florin Răducioiu	21
10.	Ştefan Dobay	20
=	Illie Dumetrescu	20

Top Ten Länderspiele

1.	Dorinel Munteanu	134
2.	Gheorghe Hagi	125
3.	Gheorghe Popescu	115
4.	Ladislau Bölöni	108
5.	Dan Petrescu	95
6.	Bogdan Stelea	91
7.	Michael Klein	90
8.	Marius Lăcătuş	84
9.	Mircea Rednic	83
10.	Silviu Lung	77

Wie oft tatsächlich?

Der Stürmer Rodion Cămătaru schoss zwar 22 Tore für Rumänien in 75 Spielen, doch bekannt wurde er aus anderen Gründen: In der Spielzeit 1986/87 wurde er mit dem europäischen »Goldenen Schuh« ausgezeichnet – und diese Ehrung ist bis heute umstritten. Auf Cămătarus Kappe gehen 44 Tore, die zweithöchste Zahl in der Geschichte der rumänischen Liga. Doch es schien verdächtig, dass 18 dieser Tore in den letzten sechs Spielen der Saison fielen. Die Auszeichnung wurde vorübergehend abgeschafft und erst zehn Jahre später wieder eingeführt. Gleichzeitig trat ein kompliziertes neues Bewertungssystem in Kraft, das die unterschiedlichen Leistungsstärken der einzelnen europäischen Ligen berücksichtigte.

Elfmeterschießen

Zweimal hintereinander schied Rumänien nach Elfmeterschießen bei einer FIFA WM aus: 1990 spielten die Rumänen zunächst 0:0 gegen Irland und unterlagen im Elfmeterschießen mit 4:5. 1994 erreichten sie immerhin das Viertelfinale, verloren jedoch erneut 4:5 nach Elfmeterschießen, diesmal gegen Schweden. Nur zweimal konnten sie ein Elfmeterschießen für sich entscheiden, und das auch nur gegen schwache Gegner in unbedeutenden Turnieren: 5:3 gegen China in einem Turnier 1985 und 4:2 gegen Georgien beim Zypern-Pokal von 2000.

Ein Jahrhundertspieler

Gheorghe Hagi, Rumäniens »Spieler des Jahrhunderts«, schoss bei der FIFA WM in den USA 1994 drei Tore und wurde ins All-Star-Team des Turniers aufgenommen. Trotzdem schied Rumänien im Viertelfinale nach einem 2:2 im Elfmeterschießen gegen Schweden aus. An seinem ersten Länderspiel nahm Hagi 1983 teil, als er erst 18 Jahre alt war, mit 19 schoss er sein erstes Tor (bei einem 2:3 gegen Nordirland) und auch heute noch ist er mit 35 Toren in 125 Spielen Rumäniens Torschützenkönig. Obwohl er sich nach der FIFA WM 1998 aus der Nationalmannschaft verabschiedet hatte, folgte Hagi 2000 dem Ruf seines Landes und spielte in der EM. Doch leider handelte er sich im Viertelfinale gegen Italien zwei Gelbe Karten in sechs Minuten ein und verabschiedete sich somit unglücklich von der internationalen Bühne. In seiner Heimatstadt benannte der FC Farul Constanţa 2000 das Stadion nach ihm, doch die Anhänger der Mannschaft verwenden diesen Namen nicht mehr, seit Hagi Trainer bei deren Rivalen vom FC Timişoara wurde.

Bedeutende Turniere

FIFA Weltmeisterschaft™: 7 Teilnahmen, Viertelfinale 1994
Europameisterschaften: 4 Teilnahmen, Viertelfinale 2000
Erstes Länderspiel: Jugoslawien – Rumänien 1:2 (Belgrad, Jugoslawien, 8. Juni 1922)
Höchster Sieg: Rumänien – Finnland 9:0 (Bukarest, Rumänien, 14. Oktober 1973)
Höchste Niederlage: Ungarn – Rumänien 9:0 (Budapest, Ungarn 6. Juni 1948)

Dämpfer für Mutu

Mit Adrian Mutu, ihrem wohl besten Spieler der letzten Jahre, hatten die Rumänen ziemlich Pech: Er wurde bisher schon zweimal wegen Dopings gesperrt. Das erste Mal zog man Mutu im September 2004 aus dem Verkehr: Der FC Chelsea, sein damaliger Arbeitgeber, hatte ihn einen Test machen lassen, der den Nachweis auf Spuren von Kokain erbrachte und den englischen Verein dazu veranlasste, ihn zu feuern. Mutu wurde außerdem für sieben Monate gesperrt, konnte danach aber seine Karriere bei Juventus Turin und dem AC Florenz fortsetzen. Im Januar 2010 wurde er erneut positiv getestet. Ihm wurde der Konsum eines verbotenen Abführmittels nachgewiesen, was ihm im April eine Sperre von neun Monaten eintrug. In der rumänischen Rekordtorschützenliste nimmt er immer noch den dritten Platz ein; zu seinen 29 Toren zählt auch ein Treffer, den er bei der EM 2008 gegen Italien erzielte. Von den Spielen, in denen Mutu als Torschütze erfolgreich war, hat Rumänien nur ein einziges verloren.

RUSSLAND

Vor dem Zusammenbruch der Sowjetunion 1992 war die UdSSR eine Macht im Weltfußball – mit dem Gewinn der ersten Europameisterschaft 1960, Olympiagold 1956 und 1988 und Teilnahmen an allen FIFA WM™-Endrunden bis auf 1974 und 1978. Für die russische Auswahl seit August 1992 scheinen die guten Zeiten vorbei zu sein. Sie stand zwar bei der EM 2008 im Halbfinale, schaffte es danach aber nicht, sich für die FIFA WM 2010™ zu qualifizieren, sondern scheiterte in der Relegation an Slowenien.

Top Ten Torschützen

(nur Russland)

1.	Wladimir Bestschastnych	26
2.	Waleri Karpin	17
3.	Andrej Arschawin	16
4.	Alexander Kerschakow	15
=	Roman Pawljutschenko	15
=	Dmitri Sytschow	15
7.	Igor Kolywanow	12
8.	Sergei Kirjakow	10
=	Alexander Mostowoi	10
10.	Dmitri Radschenko	9

Ein eindrucksvolles Debüt

Als Eduard Strelzow bei seinem Nationalmannschaftsdebüt im Juni 1955 gegen Schweden einen Hattrick erzielte, avancierte er mit 17 Jahren und 340 Tagen zum jüngsten sowjetischen Nationalspieler aller Zeiten. Beim olympischen Fußballturnier 1956 in Melbourne kam er im Endspiel nicht zum Einsatz; die UdSSR gewann gegen Jugoslawien 1:0. Strelzows Karriere wurde vor der WM 1958 jäh unterbrochen: Nach einer Verurteilung wegen einer angeblichen Vergewaltigung verbüßte er fünf Jahre in einem Arbeitslager, konnte nach 1965 jedoch abermals Erfolge im Fußball feiern. Der jüngste Nationalspieler der postsowjetischen Ära ist der Torhüter Igor Akinfejew: Bei seinem Debüt im April 2004 gegen Norwegen war er 18 Jahre und 20 Tage alt.

Top Ten Länderspiele

(nur Russland)

1.	Wiktor Onopko	109
2.	Waleri Karpin	72
3.	Wladimir Bestschastnych	71
4.	Sergei Semak	61
5.	Sergei Ignaschewitsch	56
6.	Dmitri Alenitschew	55
=	Juri Nikiforow	55
=	Alexei Smertin	55
9.	Dmitri Chochlow	53
10.	Andrej Arschawin	51

Der Mann mit dem Geld

Roman Abramowitsch, der Milliardär hinter dem FC Chelsea, war auch an der Wiederauferstehung des russischen Fußballs beteiligt – einschließlich der Verpflichtung des Holländers Guus Hiddink als Trainer der Nationalmannschaft. 2008 führte Hiddink Russland bis ins EM-Halbfinale (ihr bestes postsowjetisches Abschneiden), wo das Team gegen den späteren Europameister Spanien mit 0:3 verlor. Abramowitsch finanziert ferner die »Nationale Fußballakademie« in Russland, die den Bau von Trainingsanlagen und Spielfeldern zur Förderung des Jugendfußballs unterstützt.

Wichtige Meisterschaften

FIFA Weltmeisterschaften™: 9 Endrundenteilnahmen (7 als UdSSR, 2 als Russland) – vierter Platz 1966

Europameisterschaften: 9 Endrundenteilnahmen (5 als UdSSR, 1 als GUS 1992, 3 als Russland) – Europameister 1960 (UdSSR), Halbfinale 2008 (Russland)

Erstes Länderspiel: Russisches Reich: Finnland – Russisches Reich 2:1 (Stockholm, Schweden, 30. Juni 1912)
UdSSR: UdSSR – Türkei 3:0 (Moskau, 16. November 1924)
(letztes Länderspiel: Zypern – UdSSR 0:3, Larnaka, 13. November 1991)
GUS: USA – GUS 0:1 (Miami, USA, 25. Januar 1992) (letztes Länderspiel: Schottland – GUS 3:0, Norrköping, Schweden, 18. Juni 1992)
Russland: Russland – Mexiko 2:0 (Moskau, 16. August 1992)

Höchster Sieg: UdSSR: UdSSR – Indien 11:1 (Moskau, 16. September 1955); Finnland – UdSSR 0:10 (Helsinki, 15. August 1957)
GUS: El Salvador – GUS 0:3 (San Salvador, 29. Januar 1992)
Russland: San Marino – Russland 0:7 (San Marino, 7. Juni 1995)

Höchste Niederlage: Russisches Reich: Deutschland – Russisches Reich 16:0 (Stockholm, Schweden, 1. Juli 1912)
UdSSR: England – UdSSR 5:0 (London, 22. Oktober 1958)
GUS: Mexiko – GUS 4:0 (Mexiko-Stadt, 8. März 1992)
Russland: Portugal – Russland 7:1 (Lissabon, 13. Oktober 2004)

Das toppt alles

Wiktor Onopko, obwohl in der Ukraine geboren, spielte während seiner gesamten Karriere für die GUS und für Russland. Das erste seiner 113 Länderspiele (darunter 4 für die GUS) war ein 2:2 gegen England in Moskau am 29. April 1992. Er spielte bei den FIFA Weltmeisterschaften 1994 und 1998 wie auch bei der EM 1996. Bei der EM 2004 gehörte er zwar zum Kader, musste jedoch verletzungsbedingt passen. In seiner 19-jährigen Vereinskarriere spielte er u.a. für Schachtar Donezk, Spartak Moskau, Real Oviedo, Rayo Vallecano, Alanija Wladikawkas und Saturn Ramenskoje. 1993 und 1994 war er Russlands »Fußballer des Jahres«.

Keiner hält besser

Lew Jaschin wurde von der FIFA zum Welttorhüter des 20. Jahrhunderts gekürt und natürlich auch in die Weltauswahl des 20. Jahrhunderts gewählt. In seiner 20-jährigen Fußballerlaufbahn bestritt Jaschin 326 Ligaspiele für Dynamo Moskau – dem einzigen Verein, für den er je spielte – und 78 Länderspiele für die Sowjetunion, wobei er mit insgesamt 70 Gegentreffern im Durchschnitt weniger als ein Tor pro Spiel zuließ. Mit Dynamo gewann er fünfmal die Meisterschaft der UdSSR und dreimal den Sowjet-Pokal, zuletzt in seiner letzten Saison 1970. In seiner langen Karriere hielt er rund 140 Elfmeter und behielt bei vier seiner insgesamt 12 WM-Spiele eine weiße Weste. Der Chilene Eladio Rojas freute sich bei der FIFA WM 1962 so, den legendären Jaschin überwunden zu haben, dass er den überraschten Keeper spontan umarmte, während der Ball noch im Netz zappelte – ein Beleg für den überragenden Ruf, den Jaschin weltweit genoss. Aufgrund seines schwarzen Dresses und seiner schon fast unheimlichen Fähigkeit, jeglichem Ball mit einem wie auch immer gearteten Körperteil den Weg ins Tor zu versperren, wurde er auch »Schwarze Spinne« genannt. 1963 wurde er als erster und bislang einziger Torhüter zu »Europas Fußballer des Jahres« gewählt. Im selben Jahr wurde er zum fünftenmal sowjetischer Meister und trat beim Jubiläumsspiel zum 100-jährigen Bestehen des englischen Fußballverbands für die Weltauswahl gegen England in Wembley an.

Kicker mit Diplom

Der damalige russische Nationaltrainer Guus Hiddink berief Andrej Arschawin zur EM 2008 in seinen Kader, obwohl er wusste, dass er den Spielmacher wegen einer Sperre in den ersten beiden der drei Gruppenspiele nicht einsetzen durfte. Arschawin war im letzten Qualifikationsspiel gegen Andorra in den Schlussminuten wegen einer Tätlichkeit vom Platz gestellt worden. Hiddinks Entscheidung war goldrichtig: Arschawin glänzte sowohl beim dritten Gruppenspiel, das sein Team gegen Schweden 2:0 gewann, als auch im Viertelfinale beim 3:1-Sieg über die Niederlande. Arschawin, der später von Zenit Sankt Petersburg, mit dem er 2008 den UEFA-Pokal gewonnen hatte, zu Arsenal London wechselte, ist nicht nur ein Weltklassespieler, sondern spielt auch sehr gut Dame – und hat außerdem einen Hochschulabschluss im Fach Modedesign.

Goldjunge

Igor Netto führte die UdSSR als Kapitän zu ihren größten Erfolgen: olympisches Gold 1960 in Melbourne und der Titelgewinn bei der allerersten EM 1960 in Frankreich. 1930 in Moskau geboren, wurde Netto 1957 mit dem Leninorden ausgezeichnet. Nach Beendigung seiner Fußballkarriere wurde er Eishockeytrainer.

SCHOTTLAND

Schottland hat nicht nur eine starke Fußballliga, sondern auch eine große Fußballtradition, denn hier fand das erste Fußballländerspiel aller Zeiten statt – gegen England im November 1872. Doch leider konnten die Leistungen der Nationalmannschaft ihren hochfliegenden Ansprüchen selten gerecht werden. Es gibt zwar durchaus auch Augenblicke des Triumphs, wie zum Beispiel den unerwarteten Sieg gegen die Niederlande bei der FIFA WM 1978, doch insgesamt leider mehr Anlass zur Verzweiflung. Seit 1998 konnte sich Schottland für kein größeres Turnier mehr qualifizieren.

Top Ten Torschützen

1.	Kenny Dalglish	30
=	Denis Law	30
3.	Hughie Gallacher	24
4.	Lawrie Reilly	22
5.	Ally McCoist	19
6.	Bob Hamilton	15
=	James McFadden	15
8.	Maurice Johnston	14
9.	Bob McColl	13
10.	John Collins	12
=	Alan Gilzean	12
=	Billy Steel	12
=	Andy Wilson	12

König Kenny

Kenny Dalglish schoss (zusammen mit Denis Law) die meisten Länderspieltore für Schottland. Als einziger Spieler trat er mehr als 100-mal, nämlich 102-mal, für die Nationalmannschaft an. Damit absolvierte er elf Länderspiele mehr als Torhüter Jim Leighton, der an zweiter Stelle steht. Obwohl Dalglish (geboren am 4. März 1951 in Glasgow) ursprünglich Rangers-Fan war, dominierte er in den 1970ern mit Celtic die schottische Liga. Mit ihm gewann der Verein sechs Meisterschaften, fünfmal den schottischen Pokal und dreimal den Liga-Pokal. Danach wechselte Dalglish zum FC Liverpool und wurde dort zur Legende: Dreimal gewann er mit der Mannschaft den Europapokal der Landesmeister (1978, 1981 und 1984), 1986 führte er das Team als Spielertrainer zu seinem ersten Double (Meisterschaft und Pokal). Später führte er als dritter Trainer nach Herbert Chapman und Brian Clough zwei verschiedene Vereine zur Meisterschaft: nach Liverpool 1986 die Blackburn Rovers in der Spielzeit 1994/95. Für Schottland schoss Dalglish zwei Tore bei den FIFA Weltmeisterschaften von 1978 und 1982, darunter eins beim legendären 3:2 gegen den späteren Vize-Weltmeister Niederlande in den Gruppenspielen. Sein letztes Länderspiel bestritt er 1986.

Sein Name ist Gesetz

Zusammen mit Kenny Dalglish ist Denis Law Schottlands Torschützenkönig. In nur 55 Länderspielen schoss er 30 Tore – Dalglish dagegen brauchte 102 Spiele, um auf diese Zahl zu kommen. Zweimal erzielte Law sogar vier Tore für Schottland in einem Spiel: gegen Nordirland am 7. November 1962 (die Mannschaft gewann in diesem Jahr die British Home Championship) und in einem Freundschaftsspiel gegen Norwegen am 7. November 1963. Norwegen dürfte Laws Lieblingsgegner gewesen sein, denn fünf Monate zuvor hatte er in Bergen einen Hattrick erzielt.

Bleibt doch noch ein Weilchen

Schottland kam noch nie über die Vorrunde eines internationalen Turniers hinaus. Dreimal nacheinander schieden sie bei Punktgleichheit aufgrund der schlechteren Tordifferenz bei Weltmeisterschaften in der ersten Gruppenphase aus: 1974 hinter Brasilien, 1978 hinter den Niederlanden und 1982 hinter der Sowjetunion.

Ist hier noch ein Platz frei?

Hampden Park, Schottlands Nationalstadion, hält den Besucherrekord
eines Spiels in Europa. Es waren so viele Zuschauer da, dass niemand
mit Sicherheit sagen kann, wie viele Menschen sich 1937 tatsächlich ins
Stadion quetschten und zusahen, wie Schottland gegen England spielte.
Offiziell wird die Zahl mit 149 415 angegeben. Schottland gewann das Spiel
der British Home Championship mit 3:1, den Titel gewann jedoch Wales.

Wo ist der Gegner?

Als die Schotten im Oktober 1996 in Estland ein WM-Qualifikationsspiel bestreiten sollten, standen sie buchstäblich allein auf dem Platz: Die Gastmannschaft
weigerte sich aufzulaufen, weil der Anstoß nach Beschwerden der Schotten
über die Flutlichtanlage um vier Stunden vorverlegt worden war. Die Schotten
schickten also in Tallinn im Kadrioru Staadion zur neuen Anstoßzeit elf Spieler
auf den Rasen – nur waren weit und breit keine Gegner zu sehen. Nachdem Billy Dodds und John Collins den Anstoß ordnungsgemäß ausgeführt hatten, blies
der jugoslawische Schiedsrichter Miroslaw Radoman in seine Trillerpfeife und
brach das Spiel offiziell ab. Die FIFA ordnete später an, das Spiel im neutralen
Fürstentum Monaco zu wiederholen; es endete torlos und Schottland qualifizierte sich für die FIFA WM 1998 in Frankreich.

Mal eine andere Kugel

Der in der schottischen Grafschaft Lanark-
shire geborene Stürmer Andrew »Andy«
Wilson schoss von Februar 1920 bis April
1923 12 Tore in 12 Länderspielen, doch den
größten Teil seiner Karriere verbrachte er
südlich der schottischen Grenze: Er spielte
für den FC Middlesbrough, den FC Chelsea
und die Queens Park Rangers, bevor er
seine Karriere mit einem zweijährigen
Engagement für den französischen Verein
Olympique Nîmes beendete.

Top Ten Länderspiele

1.	Kenny Dalglish	102
2.	Jim Leighton	91
3.	Alex McGleish	77
4.	Paul McStay	76
5.	Tom Boyd	72
6.	Christian Dailly	67
7.	Willie Miller	65
=	David Weir	65
9.	Danny McGrain	62
10.	Richard Gough	61
=	Ally McCoist	61

Die Weltmeister-Besieger

Einer der Siege, an den sich schottische Fans mit Vorliebe erinnern
dürften, ist das triumphale 3:2, das
die Schotten im April 1967 im Wembley-Stadion über den Erzrivalen
England errangen. Es war gleichzeitig das erste Spiel, das die Mannen
von Sir Alf Ramsey nach ihrem
WM-Titel 1966 verloren. Der Mann
des Spiels auf schottischer Seite
war der ballgewandte Jim Baxter,
und gleichzeitig war es auch die
erste Partie, bei der Bobby Brown
als Trainer die Verantwortung trug
(Brown war übrigens der erste Voll-
zeit-Teamchef der Schotten). Weniger gern erinnert man sich an die
3:9-Klatsche, die die Schotten im
April 1961 vom selben Gegner im
selben Stadion verpasst bekamen.
Sie war auch die Grundlage für
einen beliebten Witz, der danach
in England herumging und in dem
man sich über den glücklosen Torwart Frank Haffey lustig machte. Für
Haffey war es sein zweiter Einsatz
und zugleich auch sein letzter ...

Der schönste Tag, seit Archie Gemill ein Tor gegen Schottland schoss

Archie Gemill schoss Schottlands wichtigstes Tor
auf internationalem Parkett, und zwar beim überraschenden 3:2 gegen die Niederlande bei der FIFA
WM 1978. Er umspielte drei Verteidiger, bevor er
den Ball schön über den holländischen Torhüter Jan
Jongbloed schoss. 2008 verewigte das englische
Nationalballett diesen magischen Augenblick in
dem Stück »The Beautiful Game«.

Zu früh von uns gegangen

Der legendäre Celtic-Spieler
Tommy Burns (16. Dezember
1956 – 15. Mai 2008) gewann
als Spieler mit Celtic Glasgow
1988 das Double und be-
stritt acht Länderspiele.
Der früh infolge einer
Krebserkrankung
verstorbene
Burns hält
auch den
zweifelhaften
Rekord, Schottlands Trainer mit dem kürzesten
Gastspiel in der Geschichte zu sein. Er übernahm Ende 2004 den Job nach dem Rücktritt
von Berti Vogts, doch hatte er nur bei einem
einzigen Spiel das Ruder in der Hand: bei einer
entmutigenden 1:4-Niederlage gegen Schweden. Bis 2007 arbeitete er danach noch als
Assistent von Walter Smith.

SERBIEN

Das frühere Jugoslawien war eine der stärksten osteuropäischen Mannschaften. Jugoslawien erreichte 1930 und 1962 das Halbfinale der FIFA WM™ und wurde 1960 und 1968 Vizeeuropameister. Jugoslawiens Spitzenverein Roter Stern Belgrad ist neben Steana Bukarest (1986) die einzige Mannschaft Osteuropas, die den Europapokal der Landesmeister gewinnen konnte – durch einen Sieg im Elfmeterschießen gegen Olympique Marseille im Finale 1991.

Dragans Trickkiste

Der beste Spieler Jugoslawiens war der Linksaußen Dragan Džajić von Roter Stern Belgrad, der später Vereinspräsident wurde. Mit 18 spielte er zum ersten Mal in der Nationalmannschaft, wurde mit 85 Einsätzen am häufigsten in die Nationalmannschaft berufen und erzielte 23 Treffer. Sein Siegtor in der Schlussminute der EM 1968 gegen England in Florenz brachte Jugoslawien ins Finale gegen Italien. Pelé sagte über Džajić: »Ein echter Zauberkünstler. Schade, dass er kein Brasilianer ist.«

Top Ten Länderspiele

1.	Savo Milošević	102
2.	Dejan Stanković	91
3.	Dragan Stojković	84
4.	Predrag Mijatović	73
5.	Slavisa Jokanović	64
=	Siniša Mihajlović	64
7.	Mladen Krstajić	59
=	Zoran Mirković	59
9.	Darko Kovaćević	58
10.	Dejan Savićević	56

Savićević schlägt zu

Savićević ist der berühmteste serbische Spieler nach 1994. Der offensive Mittelfeldmann war ein Schlüsselspieler in der Mannschaft von Roter Stern Belgrad, die 1991 den Europapokal der Landesmeister gewann. Er führte Belgrad auch zu drei Meistertiteln in Folge. Mit dem AC Mailand siegte er im Champions-League-Finale 1994 gegen den FC Barcelona mit 4:0. Er bereitete das erste Tor vor und erzielte mit einem Volleyschuss aus über 30 Metern Entfernung einen Treffer. Später war Savićević leidenschaftlicher Anhänger der Unabhängigkeit Montenegros von Serbien und warb im Vorfeld des schließlich erfolgreichen Referendums vom 21. Mai 2006 für die Trennung des Landes von Serbien.

Boykott gegen Jugoslawien

Die Rivalität zwischen Serbien und Kroatien war schon im alten Jugoslawien offensichtlich. Jugoslawien erreichte die Runde der letzten vier bei der FIFA WM 1930, aber ohne einen einzigen Kroaten. Die kroatischen Spitzenfußballer blieben dem Turnier fern, um gegen die Gründung des Sitzes des jugoslawischen Fußballverbandes in Belgrad, der Hauptstadt Serbiens, zu protestieren.

Top Ten Torschützen

1.	Savo Milošević	37
2.	Predrag Mijatović	28
3.	Dejan Savićević	19
4.	Mateja Kežman	17
5.	Nikola Žigić	16
6.	Dragan Stojković	15
7.	Dejan Stanković	14
8.	Slavisa Jokanović	10
=	Darko Kovaćević	10
=	Danko Lazović	10

Dreiländermann

Dejan Stanković kann für sich in Anspruch nehmen, der erste Fußballer zu sein, der für drei
verschiedene Nationen gespielt hat: 1998 für
Jugoslawien, 2006 für Serbien-Montenegro und
2010 für Serbien – als Kapitän. Der vielseitige
Mittelfeldspieler hatte unmittelbar vor der WM
in Südafrika mit Inter Mailand das Triple aus
italienischer Meisterschaft, italienischem Pokal
und Champions-League-Pokal geholt.

Lange Amtszeit

Slobodan Santrač war der erste Trainer der
»neuen« jugoslawischen Nationalmannschaft. Er hatte bis heute die längste Amtszeit: Von 1994 bis 1998 gewann Serbien
26 seiner 43 Spiele. Seit Santračs Abgang
waren Milan Zivadinović, Vujadin Boškov
(zweimal), Ilija Petković (zweimal), Milovan
Dorić, Ivan Curković, Dejan Savićević (zweimal), der Spanier Javier Clemente, Miroslav
Dukić und der amtierende Radomir Antić
Nationaltrainer.

Milorads Meilensteine

Der Erste, der sein Land bei einer WM
zunächst als Kapitän aufs Spielfeld
geführt und danach als Trainer betreut
hat, war Milorad Arsenijević: Bei der
ersten WM 1930 in Uruguay kam er als
Spielführer mit der jugoslawischen
Mannschaft bis ins Halbfinale, 20 Jahre
danach war er bei der Endrunde in
Brasilien Trainer des Teams.

Die weißen Adler

Die frühere jugoslawische Nationalmannschaft wurde wegen
ihrer Trikotfarbe mit »Plavni« (»die Blauen«) angefeuert. Nach
der Eigenständigkeit Montenegros entschied sich Serbien für
einen Wechsel der Trikotfarbe zu Rot. Die Anhänger wurden
nach einem neuen Spitznamen befragt, und der Radiosender
B92 schlug »Beli Orlovi« (»die weißen Adler«) vor, nach dem
doppelköpfigen Adler im serbischen Wappen. Der Name blieb,
die Spieler der U-21-Nationalmannschaft werden heute mit
»Orlici« (»Adlerküken«) angefeuert.

Alleine nach Südafrika

Bei der Weltmeisterschaft 2006 in Deutschland waren Serbien und Montenegro noch als ein
Land angetreten, 2010 war Serbien erstmals alleine dabei, denn zwischenzeitlich hatte Montenegro die Unabhängigkeit erlangt. Die von Radomir Antić trainierten Serben führten zwar
nach der WM-Qualifikation die Tabelle der Gruppe 7 vor Frankreich an, schafften es aber beim
Turnier trotz eines 1:0 in Gruppe D gegen den Rivalen Deutschland nicht, bis in die K.-o.-Phase
vorzudringen. Mitschuld daran hatte auch ein Serbe: Milovan Rajevac trainierte die ghanaische
Mannschaft, die den Serben im ersten Spiel beider Teams eine 0:1-Niederlage bescherte. Serbien kassierte in seinen beiden ersten Gruppenspielen aufgrund unerklärlicher Handspiele im
Strafraum jeweils einen Elfmeter – gegen Ghana war Zdravko Kuzmanović der Übeltäter und
gegen Deutschland Nemanja Vidić; beide sahen dafür auch die Gelbe Karte. Ghana verwandelte
seinen Strafstoß und gewann mit 1:0, der Deutsche Lukas Podolski verschoss jedoch.

SCHWEDEN

Elf Endrundenteilnahmen an FIFA Weltmeisterschaften™ (bestes Ergebnis war ein zweiter Platz bei der WM im eigenen Land 1958) und drei olympische Medaillen (einschließlich Gold in London 1948) zeugen von Schwedens großer Vergangenheit im Weltfußball. In jüngerer Zeit waren Erfolge jedoch rar gesät. Das Erreichen des Halbfinales bei der EM 1992 (erneut als Gastgeber) und der dritte Platz bei der FIFA WM 1994 in den USA waren die besten Ergebnisse der letzten Jahre.

Glorreiches Sturm-Trio »Gre-No-Li«

Durch Schwedens Gewinn der Goldmedaille bei den Olympischen Spielen 1948 in London weltweit bekannt geworden, wurden die schwedischen Nationalstürmer Gunnar Gren, Gunnar Nordahl und Nils Liedholm vom AC Mailand unter Vertrag genommen. Das kongeniale Gre-No-Li-Sturm-Trio verhalf dem Verein 1951 zum Meistertitel in der Serie A. Nordahl, der zwischen 1949 und 1955 fünfmal Torschützenkönig der Serie A wurde, ist mit 210 Toren in 257 Spielen bis heute erfolgreichster Torjäger des AC Mailand. Gren und Liedholm wurden mit der schwedischen Nationalmannschaft bei der FIFA WM 1958 Vize-Weltmeister.

Top Ten Länderspiele

1.	Thomas Ravelli	143
2.	Roland Nilsson	116
3.	Björn Nordqvist	115
4.	Niclas Alexandersson	109
5.	Anders Svensson	107
6.	Henrik Larsson	106
7.	Olof Mellberg	101
8.	Patrik Andersson	96
9.	Orvar Bergmark	94
10.	Teddy Lučić	86

Mach's noch einmal!

Einer der berühmtesten und erfolgreichsten schwedischen Fußballer neuerer Zeit, Henrik Larsson (er spielte u. a. bei Celtic Glasgow und dem FC Barcelona), verabschiedete sich nach der FIFA WM 2002 aus dem Nationalteam und erneut nach der FIFA WM 2006 in Deutschland, gab jedoch in der Qualifikation für die FIFA WM 2010 ein weiteres Comeback. Mit 37 Toren in 106 Länderspielen, darunter fünf bei seinen drei WM-Teilnahmen, ist er einer der effektivsten Torjäger in der jüngeren Geschichte seines Landes. Durch die verpasste Qualifikation Schwedens für die Endrunde 1998 lagen 12 Jahre zwischen seinem ersten Tor bei einer WM-Endrunde gegen Bulgarien 1994 und seinem letzten WM-Treffer, mit dem er 2006 den Ausgleich zum 2:2 im dramatischen Gruppenspiel gegen England erzielte.

Ravelli, der Superkeeper

Mit 143 Einsätzen führt der Torwart Thomas Ravelli die Liste der Rekordnationalspieler seines Landes an – und genau 143 Tore (nur!) hat er bei diesen Einsätzen auch kassiert. Bei der FIFA WM 1994 wehrte er im Viertelfinale gegen Rumänien im Elfmeterschießen zwei Strafstöße ab und brachte damit die Schweden ins Halbfinale, das sie dann allerdings mit 0:1 gegen Brasilien verloren. Schweden wurde schließlich Dritter und hatte in dem Turnier mit insgesamt 15 Treffern die höchste Torausbeute erzielt (vier mehr als der spätere Weltmeister Brasilien). Zum schwedischen Torreigen trug Kennnet Andersson fünf Tore bei, Martin Dahlin traf viermal und Tomas Brolin netzte dreimal ein.

Nur eine Minute

Der Schwede Magnus Erlingsmark und der Bulgare Petar Mikhtarski teilen sich einen Rekord, um den sie nicht viele beneiden: die kürzeste Gesamteinsatzzeit bei einer WM-Endrunde! Erlingsmark wurde bei der WM 1994 beim Gruppenspiel der Schweden gegen Russland in der 89. Minute eingewechselt, Mikhtarski kam im selben Turnier beim Achtelfinalsieg der Bulgaren über Mexiko in der letzten Minute der Verlängerung zum Einsatz (das Spiel endete 3:1 im Elfmeterschießen).

Halbfinal-Express

Bei der FIFA WM 1938 benötigte Schweden nur ein einziges Spiel, um in die Runde der letzten vier einzuziehen: Ihr erster Gegner Österreich hatte zurückgezogen, weil es kurz davor vom Deutschen Reich annektiert worden war, und Schweden rückte daher kampflos ins Viertelfinale vor. Dort zerlegten die ausgeruhten Schweden Kuba mit 8:0; dabei erzielten Tore Keller und Gustav Wetterström je einen Hattrick. Das Halbfinale verlor Schweden gegen den späteren Vizeweltmeister Ungarn.

Göteborg hält die Fahnen hoch

Unter Sven-Göran Eriksson gewann mit dem IFK Göteborg erstmals ein schwedisches Team einen europäischen Wettbewerb, als man im UEFA-Cup-Finale 1982 den HSV mit insgesamt 4:0 Toren (Hin-/Rückspiel) bezwang.

Trainertausch

Der erfolgreichste Nationaltrainer, den Schweden jemals hatte, war der Engländer George Raynor, der Schweden zu olympischem Gold in London 1948 und zu einem dritten und zweiten Platz bei den FIFA Weltmeisterschaften 1950 bzw. 1958 führte. Raynor gelang es auch, seinem Heimatland »eins auszuwischen«, als Schweden 1959 bei seinem 3:2 gegen England als zweites ausländisches Team überhaupt in Wembley als Sieger vom Platz ging. Umgekehrt verließ 2001 Sven-Göran Eriksson Lazio Rom, um als erster Ausländer englischer Nationaltrainer zu werden. Er führte das Team dreimal in Folge in ein Viertelfinale – bei den Weltmeisterschaften 2002 und 2006 und der EM 2004. Es gelang ihm jedoch kein einziger Sieg über sein Heimatland Schweden. Seine Bilanz: drei Unentschieden (1:1 in einem Freundschaftsspiel 2001; 1:1 in einem FIFA WM-Gruppenspiel 2002; 2:2 in einem Gruppenspiel bei der FIFA WM 2006) und eine Niederlage (0:1 in einem Freundschaftsspiel 2004).

Glückliche Verlierer ...

Trotz einer Finalniederlage gegen Nottingham Forest im Europapokal der Landesmeister 1979 trat Malmö FF zum Spiel um den Weltpokal an, nachdem das englische Team die Einladung abgelehnt hatte. Leider unterlag Malmö Olimpia Asunción aus Paraguay.

Solange wir nur die Dänen schlagen

1931 wurde Schwedens Rekordtorschütze Sven Rydell für seine Leistungen als erster Fußballer mit der angesehenen Svenska-Dagbladet-Goldmedaille ausgezeichnet. Rydell erzielte 49 Tore in 43 Länderspielen (1,14 pro Spiel), darunter sieben Hattricks und zwei Viererpacks, und verhalf Schweden mit seinen sechs Toren während des Olympischen Fußballturniers 1924 in Paris zum Gewinn der Bronzemedaille. Seine Tochter Ewa Rydell führte die Familientradition fort und trat 1960 und 1964 als Turnerin bei Olympia an.

Zlatan Ibrahimović
Stürmer, 56 Länderspiele, 20 Tore

Top Ten Torschützen

1.	Sven Rydell	49
2.	Gunnar Nordahl	43
3.	Henrik Larsson	37
4.	Gunnar Gren	32
5.	Kennet Andersson	31
6.	Marcus Allbäck	30
7.	Martin Dahlin	29
8.	Agne Simonsson	27
9.	Tomas Brolin	26
10.	Per Kaufeldt	23

Das Alter kann ihnen nichts anhaben

Mit 33 Jahren und 159 Tagen steuerte Tore Keller drei Treffer zum 8:0 Schwedens gegen Kuba bei der WM 1938 bei und kürte sich damit zum ältesten Spieler, der bei einer WM einen Hattrick erzielte. Nils Liedholm, der 1948 bereits olympisches Gold gewonnen hatte, wurde 1958 als 35-Jähriger mit seinem Treffer bei der 2:5-Endspielniederlage Schwedens gegen Brasilien zum ältesten Spieler, der jemals in einem WM-Finale traf.

Erfolgreiche Brüder

Die Brüder Nordahl – Bertil, Knut und Gunnar – gewannen 1948 mit Schweden gemeinsam Gold beim Olympischen Fußballturnier. Alle drei spielten danach in Italien: Bertil bei Atalanta Bergamo, Knut bei AS Rom, und Gunnar wurde zunächst beim AC Milan zur Torschützen-Legende, bevor auch er bei AS Rom anheuerte. Die Zwillinge Thomas und Andreas Ravelli setzten die Tradition fort und absolvierten 143 bzw. 41 Länderspiele für Schweden.

Retter in der Not

Torhüter Karl-Oskar »Rio-Kalle« Svensson, der bei den Weltmeisterschaften 1950 und 1958 mit Schweden Bronze und Silber holte, arbeitete in Helsingborg als Feuerwehrmann. In 349 Spielen für Helsingborgs IF in der ersten Liga kassierte er 575 Gegentreffer und hält damit einen – eher zweifelhaften – Ligarekord.

SCHWEIZ

Als sich die Schweiz 2006 ohne einen einzigen Gegentreffer aus der FIFA Weltmeisterschaft™ verabschiedete, stellte sie damit einen neuen Rekord auf. Gleichzeitig ist das Ausscheiden symptomatisch für das Abschneiden der Schweizer: Trotz dreier Viertelfinalteilnahmen (1934, 1938 und 1954 im eigenen Land) konnte sich die Schweiz international nie etablieren. Das Land war gemeinsam mit Österreich Co-Gastgeber der EM 2008 und ist besser als Sitz sowohl der FIFA als auch der UEFA bekannt.

Ohne Gegentor ausgeschieden

Die Schweizer Nationalmannschaft schrieb Geschichte, als sie 2006 als erstes und bislang einziges Team ohne ein einziges Gegentor in der regulären Spielzeit bei der FIFA WM ausschied. Jedoch mussten die Schweizer im Achtelfinale gegen die Ukraine nach torlosen 120 Minuten ins Elfmeterschießen, wo sie keinen einzigen Treffer erzielten und 0:3 verloren. Obwohl er im Elfmeterschießen dreimal hinter sich greifen musste, sicherte sich Torhüter Pascal Zuberbühler die längste Zu-null-Serie bei einem internationalen Fußballturnier.

Top Ten Torschützen

1.	Alexander Frei	40
2.	Kubilay Türkyılmaz	34
3.	Max Abegglen	32
4.	André Abegglen	29
=	Jacques Fatton	29
6.	Adrian Knup	26
7.	Josef Hügi	23
8.	Charles Antenen	22
9.	Lauro Amadò	21
=	Stéphane Chapuisat	21

Top Ten Länderspiele

1.	Heinz Hermann	117
2.	Alain Geiger	112
3.	Stéphane Chapuisat	103
4.	Johann Vogel	94
5.	Hakan Yakin	83
6.	Patrick Müller	81
7.	Severino Minelli	80
8.	Ciriaco Sforza	79
9.	Alexander Frei	77
10.	André »Andy« Egli	76

»Lama« Frei

Nachdem er in der Schweizer Sportpresse aufgrund seiner Spuckattacke gegen Steven Gerrard bei der EM 2004 als »Lama« beschimpft worden war, übernahm der Schweizer Rekordtorschütze Alexander Frei als Entschuldigung kurzerhand die Patenschaft für ein Lama im Baseler Zoo.

Meister Chappi

Als 1997 Borussia Dortmund 3:1 gegen Juventus Turin gewann, wurde Stéphane »Chappi« Chapuisat – er war der dritte Spieler, der schon 100 Länderspiele für die Schweiz bestritten hat – damit zum ersten Schweizer, der jemals einen UEFA Champions-League-Pokal holte. Chapuisat wurde in der zweiten Halbzeit gegen Lars Ricken ausgewechselt, der mit seiner ersten Ballberührung für den Endstand sorgte. Auch »Chappis« Vater Pierre-Albert Chapuisat war ein erfolgreicher Schweizer Nationalspieler, der in den 1970er- und 1980er-Jahren 34 Länderspiele für die Schweiz bestritt. Jedoch konnte er mit den Erfolgen seines Sohns nicht mithalten, der später mit Borussia Dortmund noch den Weltpokal sowie mit Grasshoppers Club Zürich auch die Schweizer Meisterschaft gewann.

Glatt Rot für Valon

Valon Behrami wurde bei der WM 2010 zum ersten Schweizer, der jemals bei einer Weltmeisterschaft vom Platz gestellt wurde: Der Außenbahnspieler sah beim Gruppenspiel gegen Chile, das die Schweiz mit 0:1 verlor, in der 31. Minute für einen Ellenbogencheck gegen den Chilenen Arturo Vidal glatt Rot.

Schweizergarde

Die Schweiz stellte bei der FIFA WM 2010 einen neuen Rekord auf, den bis dahin Italien gehalten hatte: Die WM von 2006 miteingerechnet, ließen die Schweizer neun Stunden und annähernd 15 Minuten lang keinen Gegentreffer zu, dann hämmerte der Chilene Mark Gonzáles den Ball ins Schweizer Gehäuse. Die Mannschaft von Ottmar Hitzfeld verlor die Partie der Gruppe H mit 0:1 und verpasste nach einem 0:0 gegen Honduras den Einzug ins Achtelfinale, obwohl sie in ihrem ersten Spiel den späteren Weltmeister Spanien 1:0 bezwungen hatte.

Hermanns Triumph

Der Schweizer Heinz Hermann ist nicht nur Rekordnationalspieler seines Landes, sondern wurde zwischen 1984 und 1988 unglaubliche fünf Mal in Folge zum Schweizer »Fußballer des Jahres« gekrönt.

Schock für Spanien

Die Schweiz bereitete dem Europameister und Titelfavoriten Spanien bei der FIFA WM 2010 ein Schockerlebnis: Im Auftaktspiel der beiden Mannschaften in der Gruppe H schlugen die Eidgenossen die Iberer mit 1:0. Der Schweizer Mittelfeldspieler Gelson Fernandes erzielte im Moses-Mabhida-Stadion in Durban den einzigen Treffer der Partie. Spanien hatte 63 % Ballbesitz und kam auf 24 Torschüsse und zwölf Eckstöße, während für die Schweizer nur acht Torschüsse und drei Eckbälle notiert wurden. Der Sieg bedeutete für die Schweiz zugleich den ersten Erfolg gegen Spanien – nach 18 vergeblichen Anläufen.

Schweizer Riegel

Karl Rappans Verdienste um den Schweizer Fußball waren so groß, dass darüber häufig vergessen wird, dass er von Geburt Österreicher war. Nach einer eher mittelmäßigen Karriere als Spieler und Trainer in Österreich erlangte Rappan anhaltenden Ruhm als innovativer Trainer in der Schweiz, u. a. als Chefcoach der »Nati!« bei den FIFA Weltmeisterschaften 1938 und 1954 und als Meister- und Pokalsieger-Trainer der Grasshoppers Zürich, des Servette FC Genf und des FC Zürich. Er entwickelte ein neuartiges Spielsystem, bei dem Spieler flexibel die Position wechseln konnten, um den Gegner stärker unter Druck setzen zu können. Dieses als »Schweizer Riegel« bekannt gewordene System half den als Außenseiter gehandelten Gastgebern der FIFA WM 1954, Italien zu schlagen, bevor im Viertelfinale das WM-Aus gegen Rappans Heimatland Österreich kam. Als früher Fürsprecher einer europäischen Liga setzte sich Rappan schließlich für einen einfacheren Wettbewerb im K.-o.-System ein, dem UI-Cup (UEFA Intertoto Cup), an dessen Gründung 1961 er maßgeblich beteiligt war; bis 1967 hieß der Wettbewerb International Football Cup (IFC). Rappan ist der dienstälteste Schweizer Trainer und mit 29 Siegen in 77 Spielen war er vor Köbi Kuhn auch der statistisch erfolgreichste Übungsleiter der Nationalmannschaft.

»Danke Köbi«

Der ehemalige Schweizer Nationalspieler und -trainer Jakob »Köbi« Kuhn weinte fast, als seine Spieler nach seinem letzten Spiel als Chefcoach, dem 2:0-Erfolg über Portugal im letzten Gruppenspiel der EM 2008, ein Transparent mit der Aufschrift »Danke Köbi« ausrollten. Wie die Zeiten sich geändert haben: Während er nun höchstes Ansehen genießt, musste er mit 22 Jahren bei der FIFA WM 1966 wegen Übertretens des »Zapfenstreichs« vorzeitig die Heimreise antreten und wurde dann für ein Jahr aus dem Kader gestrichen. Und nun war es Köbi Kuhn, der seinen Stürmer Alexander Frei nach dessen Spuckattacke gegen Englands Steven Gerrard bei der EM 2004 nach Hause schicken musste. Den Großteil seiner aktiven Karriere verbrachte Kuhn beim FC Zürich, mit dem er sechsmal die Schweizer Meisterschaft und fünfmal den Schweizer Cup gewann. Er spielte 63-mal für die Nationalmannschaft und erzielte dabei fünf Tore. Sein Debüt als Nationaltrainer gab er bei der Schweizer U-18-Nationalmannschaft, bevor er die U-21 und schließlich das A-Team übernahm. Mit 64 Jahren schied er als Trainer aus dem Amt. Seine Bilanz: 32 Siege, 16 Unentschieden und 25 Niederlagen in 73 Länderspielen.

TÜRKEI

Mit dem Triumph im Elfmeterschießen von Galatasaray Istanbul über Arsenal London im UEFA-Cup-Finale 2000 zeichnete sich eine bessere Zukunft für den türkischen Fußball ab. Vor jener Nacht in Kopenhagen hatte sich die Türkei nur zweimal für eine FIFA Weltmeisterschaft™ qualifiziert (1950, als man auf die Teilnahme an der Endrunde verzichtete, und 1954) und war regelmäßig hinter den Erwartungen zurückgeblieben. Seit dem Jahr 2000 haben türkische Fans jedoch jede Menge Grund zur Freude – nicht zuletzt über den dritten Platz bei der FIFA WM™ 2002 in Japan und Südkorea und das Erreichen des Halbfinales bei der EM 2008.

Ratet mal, wer wieder da ist

Rüstü Reçber kennt augenscheinlich die Bedeutung des Wortes »Rücktritt« nicht. Knapp ein Jahr nach seinem Abschied aus der Nationalmannschaft nach der EM 2008 kehrte der türkische Rekordnationalspieler zurück, um sein Team in der Qualifikation für die FIFA WM 2010 in Südafrika zu unterstützen. Und dies war nicht sein erstes Comeback: Bei der EM 2008 war er auf die Bank verbannt worden, kehrte jedoch im Viertelfinale gegen Kroatien ins Tor zurück, nachdem der erste Keeper Volkan Demirel im letzten Gruppenspiel Rot gesehen hatte. Rüstü avancierte im Elfmeterschießen zum Helden, indem er gegen Mladen Petrić parierte und der Türkei ihr allererstes EM-Halbfinale sicherte, in dem sie an Deutschland scheiterte. 1993 kehrte Rüstü nach einem schweren Autounfall, bei dem ein Freund ums Leben gekommen war, in die Nationalelf zurück. Mit Fenerbahce und später Beşiktaş Istanbul wurde er insgesamt fünfmal Türkischer Meister. Mit seinem Pferdeschwanz und seiner schwarzen Kriegsbemalung stach Rüstü immer hervor. Am auffälligsten war er aber wohl als Leistungsträger seines Teams im Spiel um Platz drei bei der FIFA WM 2002. Er wurde – als zweitbester Torhüter des Turniers nach Oliver Kahn – ins All-Star-Team der WM berufen und kam bei der Wahl zum »Welttorhüter des Jahres« auf den dritten Platz.

Hattrick-Held

Dem Kapitän der türkischen Nationalelf Tuncay Şanli gelang als erstem türkischen Spieler ein Hattrick in der Champions League. Beim 3:0 von Fenerbahce Istanbul gegen Manchester United in Istanbul 2004 gingen alle Tore auf sein Konto. Auch für die Türkei erzielte er zwei Hattricks: gegen die Schweiz am 16. November 2005 (Endstand 4:2) und gegen Österreich (wiederum 4:2) am 19. November 2008.

Gold von gestern

Das letzte »Golden Goal« einer FIFA WM wurde bei der Weltmeisterschaft 2002 in Japan und Südkorea vom türkischen Einwechselspieler İlhan Mansız in der 94. Minute der Viertelfinalbegegnung Senegal - Türkei erzielt. Die Türken gewannen dadurch mit 1:0 und wurden am Ende des Turniers Dritter. Die Golden-Goal-Regel wurde vor der WM 2006 wieder abgeschafft, seither gibt es wieder eine normale Verlängerung von 2 mal 15 Minuten, wenn ein K.-o.-Spiel nach den regulären 90 Minuten mit einem Unentschieden endet.

Schnell gezielt und gut getroffen

Hakan Şükür erzielte das schnellste Tor in einer FIFA WM-Endrunde. Nur 11 Sekunden dauerte es, bis der Ball im Spiel um den dritten Platz gegen Südkorea bei der WM 2002 im Netz lag. Die Türkei gewann am Ende mit 3:2 und erreichte damit ihr bestes Ergebnis in einem großen Turnier. Mit insgesamt 51 Toren (in 112 Spielen) verbucht Şükür mehr als doppelt so viele Treffer wie der Zweitplatzierte auf der türkischen ewigen Torjägerliste. Sein erstes Tor erzielte er bereits bei seinem zweiten Länderspieleinsatz, dem 2:1 der Türkei gegen Dänemark am 8. April 1992. Zweimal traf er sogar viermal in einem einzigen Spiel – beim 6:4 über Wales am 20. August 1997 und beim 5:0-Kantersieg über Moldawien am 11. Oktober 2006.

Wichtige Meisterschaften

FIFA Weltmeisterschaften™: 2 Endrundenteilnahmen – 3. Platz 2002
Europameisterschaften:
3 Endrundenteilnahmen – Halbfinale 2008
Erstes Länderspiel: Türkei – Rumänien 2:2 (Istanbul, 26. Oktober 1923)
Höchster Sieg: Türkei – Syrien 7:0 (Ankara, 20. November 1949)
Türkei – Südkorea 7:0 (Genf, Schweiz, 20. Juni 1954)
Türkei – San Marino 7:0 (Istanbul, 10. November 1996)
Größte Niederlage: Polen – Türkei 8:0 (Chorzów, 24. April 1968)
Türkei – England 0:8 (Istanbul, 14. November 1984)
England – Türkei 8:0 (London, 14. Oktober 1987)

Fatih Terim

Nach dem Gewinn des UEFA-Pokals mit Galatasaray im Jahr 2000 übernahm Fatih Terim für eineinhalb Jahre den Trainerposten beim AC Florenz und gab ein kurzes Gastspiel beim AC Mailand, ehe er zu Galatasaray zurückkehrte. 2005 übernahm er zum zweiten Mal die türkische Nationalmannschaft, die er überraschend bis ins Halbfinale der EM 2008 führte. Nach der Auftaktniederlage gegen Portugal zogen die Türken nach dramatischen Aufholjagden gegen die Schweiz und die Tschechen ins Viertelfinale ein. Nach einem Tor für Kroatien in der 119. Minute schien das Spiel bereits entschieden. Doch während der Gegner schon feierte, trieb »Imperator« Terim seine Spieler an, den Ball aus dem Netz zu holen und bis zum Schluss zu kämpfen. Durch einen Ausgleichstreffer von Semih Şentürk retteten sie sich ins siegreiche Elfmeterschießen. Das Halbfinale gegen Deutschland bot eine weitere Achterbahnfahrt, diesmal hatten sie jedoch dem Last-Minute-Siegtreffer der Deutschen nichts entgegenzusetzen. Der Aussage Terims, dass dieses Team »etwas Besonderes« hätte, konnte kaum jemand widersprechen.

Top Ten Torschützen

1.	Hakan Şükür	51
2.	Tuncay Şanlı	22
3.	Lefter Küçükandonyadis	21
4.	Metin Oktay	19
=	Cemil Turan	19
6.	Nihat Kahveci	17
7.	Zeki Rıza Sporel	15
8.	Arif Erdem	11
=	Ertuğrul Sağlam	11
10.	Tanju Çolak	9

Top Ten Länderspiele

1.	Rüştü Reçber	119
2.	Hakan Şükür	112
3.	Bülent Korkmaz	102
4.	Tugay Kerimoğlu	94
5.	Alpay Özalan	90
6.	Ogün Temizkanoğlu	76
7.	Tuncay Şanlı	74
8.	Abdullah Ercan	71
9.	Oğuz Çetin	70
10.	Emre Belözoğlu	69

Aller guten Dinge sind drei

Der höchste Sieg einer türkischen Nationalelf ist ein 7:0 – ein Ergebnis, das man insgesamt dreimal errang: gegen Syrien (1949), Südkorea (1954) und San Marino (1996). Jedoch musste man auch drei 0:8-Niederlagen einstecken: 1968 gegen Polen und zweimal gegen England – 1984, als Bryan Robson einen Hattrick schoss, und 1987 wiederum im Wembley-Stadion, als Gary Lineker dreimal traf.

Coca-Cola-Colin

England schaffte es zwar nicht, sich für die EM 2008 zu qualifizieren, doch waren trotzdem zwei in England gebürtige Spieler mit dabei: der Italiener Simone Perrotta, der in der Nähe von Manchester auf die Welt kam, und der aus London stammende Colin Kâzim-Richards, der in seiner Wahlheimat Türkei unter dem Namen Kâzım Kâzım bekannt ist. Bevor er 2007 bei Fenerbahçe Istanbul unterschrieb, hatte er nur für die unattraktiven Vereine FC Bury, Brighton & Hove Albion und Sheffield United gespielt. Als Brighton & Hove Albion ihn vom FC Bury holte, wurde die Transfersumme quasi von Coca-Cola bezahlt: Ein Brighton-Fan hatte bei einem Preisausschreiben des Getränkeherstellers gewonnen und das Geld für den Wechsel zur Verfügung gestellt – und Kâzim-Richards hatte ab da den Spitznamen »Coca-Cola Kid« weg.

UKRAINE

Schon seit vielen Jahren ist die Ukraine eine Bastion im osteuropäischen Fußball. Ein stetiger Strom von Talenten aus ukrainischen Klubs mit einer bedeutenden europäischen Geschichte, wie zum Beispiel Dynamo Kiew, brachte der sowjetischen Nationalmannschaft viele herausragende Spieler, bevor die Ukraine 1991 unabhängig wurde. In den Jahren danach entwickelte sich die Ukraine zu einer eigenständigen Fußballmacht und qualifizierte sich 2006 zum ersten Mal für die FIFA WM™, wo sie immerhin das Viertelfinale erreichte.

Bedeutende Meisterschaften

FIFA WM™: 1 Teilnahme, Viertelfinale (2006)
Erstes Länderspiel: Ukraine – Ungarn 1:3 (Uschhorod, Ukraine, 29. April 1992)
Höchster Sieg: Ukraine – Aserbaidschan 6:0 (Kiew, Ukraine, 15. August 2006);
Andorra – Ukraine 0:6 (Andorra la Vella, Andorra, 14. Oktober 2009)
Höchste Niederlagen: Kroatien – Ukraine 4:0 (Zagreb, Kroatien, 25. März 1995);
Spanien – Ukraine 4:0 (Leipzig, 14. Juni 2006)

Pokalsieger Kiew

Die Sowjetunion hätte bei der FIFA WM von 1974 durchaus einen bleibenden Eindruck hinterlassen können, denn schließlich kam der Kern der Mannschaft von Dynamo Kiew – einem Team, das später sowohl den Europapokal der Pokalsieger als auch den Europäischen Supercup gewinnen sollte. Dennoch weigerte sich die Sowjetregierung, die Mannschaft zu einem interkontinentalen Ausscheidungsspiel nach Chile fahren zu lassen. Der Grund: Das Spiel sollte im Estadio Nacional in Santiago de Chile stattfinden – und das war während des Militärputsches, der zum Sturz des kommunistischen Präsidenten Salvador Allende geführt hatte, als Internierungslager genutzt worden.

Elfmeterkönig

Olexandr Schowkowskyj hat mehr als 300-mal für Dynamo Kiew gespielt und ist, nach Andrij Schewtschenko und Anatolij Tymoschtschuk, der Spieler, der am dritthäufigsten (86-mal) für die Nationalmannschaft der Ukraine antrat. Seinen größten Erfolg feierte er bei der WM-Endrunde 2006, als er im Elfmeterschießen gegen die Schweiz zwei Strafstöße abwehrte und seinem Team den Einzug ins Viertelfinale des Turniers in Deutschland bescherte. Zu Beginn des Jahres 2006 hatte es für ihn jedoch gar nicht gut ausgesehen: In einem Freundschaftsspiel brach er sich das Schlüsselbein und befürchtete schon, bis zur WM nicht wieder fit zu werden. Doch in nur zwei Monaten erholte er sich prächtig und sorgte mit für das bisher beste Ergebnis der Ukraine bei einem großen Turnier.

Aller Anfang ist schwer

Da die Ukraine mit ihrer Unabhängigkeit zu spät dran war, um sich für die Qualifikationsrunde zur FIFA WM 1994 anzumelden, entschlossen sich viele ihrer Stars, für die Gemeinschaft Unabhängiger Staaten (GUS) anzutreten, die kurze Zeit Nachfolgerin der Sowjetunion war. Andrei Kantschelskis, Wiktor Onopko, Sergei Juran und Oleg Salenko hätten alle für die neue Nationalmannschaft der Ukraine spielen können. Danach konnte sich die Ukraine erst 2006 wieder für eine internationale Meisterschaft qualifizieren, und zwar für die FIFA WM 2006 in Deutschland, wo sie im Viertelfinale dem späteren Sieger Italien mit 0:3 unterlag.

Super-Schewtschenko

2004 wurde Andrij Schewtschenko als dritter Ukrainer mit dem »Goldenen Ball« für »Europas Fußballer des Jahres« ausgezeichnet – der erste war im Jahr 1975 sein Trainer während der FIFA WM von 2006: Oleg Blochin; der zweite war Igor Belanow im Jahr 1986. Schewtschenko wurde am 29. September 1976 geboren. In seiner Jugend war er ein vielversprechender Boxer, bevor er beschloss, nur noch Fußball zu spielen. Mit jedem Verein, für den er spielte, gewann er Titel, darunter fünf Meisterschaften nacheinander mit Dynamo Kiew; mit dem AC Mailand siegte er in der Serie A und der Champions League, während er in seiner »enttäuschenden« Zeit bei Chelsea London »nur« den Englischen Pokal und den Ligapokal (beide 2007) erringen konnte. Schewtschenko ist Rekordnationalspieler der Ukraine und mit 45 Treffern in 96 Spielen auch Torschützenkönig des Landes. Zwei Tore erzielte er als Mannschaftskapitän bei der FIFA WM 2006 – der ersten Teilnahme der Ukraine an einem bedeutenden Turnier.

Führung von der Spitze her

Oleg Blochin war Trainer der Ukraine, als sie 2006 zum ersten Mal an einer FIFA WM teilnahm, doch bekannt wurde er als Stürmer seines Heimatvereins Dynamo Kiew. Geboren wurde Blochin am 5. November 1952, als die Ukraine noch zur Sowjetunion gehörte. Mit 211 Toren ist er Rekordtorschütze von Dynamo Kiew. Diese erzielte er bei 432 Einsätzen in der Liga der UdSSR – ebenfalls ein Rekord. Außerdem ist er der Spieler mit den meisten Länderspielen und Toren für die UdSSR, denn er erzielte in 101 Spielen 35 Treffer. Zweimal, 1975 und 1986, führte er Kiew zum Sieg im Europapokal der Pokalsieger, beide Male schoss er Tore. Für seine herausragenden Leistungen wurde er 1975 zu »Europas Fußballer des Jahres« gewählt. Blochin war immer der Beste, und so führte er auch als erster Trainer die Ukraine zu einem internationalen Turnier: zur FIFA WM 2006 in Deutschland. Dort verlor die Ukraine im Viertelfinale gegen den späteren Sieger Italien, nachdem sie im Achtelfinale die Schweiz nach Hause geschickt hatte. Blochin war vor allem für seine Geschwindigkeit berühmt. Walerij Borsow, der zweifache Goldmedaillengewinner über 100 und 200 Meter bei den Olympischen Spielen 1972, soll in dem jungen Blochin sogar seinen möglichen Nachfolger gesehen haben.

Amateurfunker mit Torhunger

Serhij Rebrow, der seine Karriere 2009 beendete, war sowohl auf Vereinsebene als auch in der Nationalmannschaft Andrij Schewtschenkos dynamischer Sturmpartner. Das Stürmerduo glänzte in den späten 1990er-Jahren bei Dynamo Kiew, bevor die beiden zu westeuropäischen Mannschaften wechselten. Wie Schewtschenko bei Chelsea ackerte Rebrow ebenfalls in London, zuerst bei Tottenham Hotspur, danach bei West Ham United. Doch erst, als er in die Ukraine zurückkehrte, wurde er in die Nationalmannschaft berufen und erzielte bei der FIFA WM 2006 ein denkwürdiges Weitschusstor gegen Saudi-Arabien. Danach spielte er in Russland beim FK Rubin Kasan und trug 2008 mit dazu bei, dass der Verein die russische Meisterschaft gewinnen konnte. Trotzdem ist Rebrow, der übrigens ein passionierter Amateurfunker ist, mit 125 Toren in 286 Spielen immer noch Torschützenkönig der ukrainischen ersten Liga.

Top Ten Torschützen

1.	Andrij Schewtschenko	45
2.	Serhij Rebrow	15
3.	Serhij Nasarenko	11
4.	Andrij Worobej	9
=	Andrij Hussin	9
6.	Timerlan Huseinow	8
7.	Maxym Kalynytschenko	7
=	Oleg Gusew	7
9.	Wiktor Leonenko	6
=	Ruslan Rotan	6
=	Andrij Woronin	6

Ukraine und die EURO

Im Olympiastadion Kiew wird 2012 das Endspiel der UEFA EURO 2012 abgehalten werden; das Turnier wird gemeinsam von Polen und der Ukraine ausgerichtet. Das Stadion wurde 1923 eröffnet und seither mehrfach umgebaut und renoviert. Seinen gegenwärtigen Namen verdankt es den Olympischen Sommerspielen von 1980, die zwar zum größten Teil in Moskau stattfanden, doch wurden in Kiew sieben Spiele des olympischen Fußballturniers ausgetragen.

Top Ten Länderspiele

1.	Andrij Schewtschenko	96
2.	Anatolij Tymoschtschuk	95
3.	Olexandr Schowkowskyj	86
4.	Serhij Rebrow	75
5.	Andrij Hussin	71
6.	Andrij Worobej	68
7.	Andrij Nesmatschnyj	67
8.	Wladyslaw Waschtschuk	63
9.	Andrij Woronin	61
10.	Aleksandr Golovko	58

WALES

Wales, ein Land, in dem Rugby nach wie vor der Volkssport Nummer eins ist, hat sich im Fußball international ziemlich schwergetan. Trotz einiger sehr talentierter Spieler schaffte es Wales mit der Teilnahme an der FIFA-Weltmeisterschaft™ in Schweden 1958 bislang nur einmal in die Endrunde eines großen Turniers.

Vom Staub zum Ruhm

Torhüter und Rekordnationalspieler Neville Southall absolvierte am 27. Mai 1982 den ersten seiner 92 Auftritte für Wales beim 3:2 gegen Nordirland. Er stand 15 Jahre im walisischen Tor und hielt es in 34 Spielen sauber. Während seiner Zeit beim FC Everton wurde er 1985 zu Englands »Fußballer des Jahres« gewählt; unterstützt von seinem Mannschaftskameraden und Kapitän Kevin Ratcliffe hatte er die Defensive des Klubs aus Liverpool stabilisiert. Bei seinem letzten Einsatz für Wales am 20. August 1997 wurde er in Istanbul bei einem 4:6 gegen die Türkei vorzeitig ausgewechselt.

Im Torrausch

Ian Rush ist mit 28 Toren in 73 Spielen Rekordtorschütze von Wales. Seinen ersten Treffer erzielte er am 27. Mai 1982 beim 3:0 gegen Nordirland; sein 28. und damit letztes Tor verhalf Wales 1994 in Tallinn zum 2:1-Sieg über Estland.

Wo ist unser Goldjunge?

Ryan Giggs, einer der besten und erfolgreichsten Spieler, der noch nie bei einer WM spielte, brachte es tatsächlich fertig, 18 Freundschaftsspiele in Folge zu versäumen.

Hattrick-Held

Der walisische Stürmer Robert Earnshaw hält einen bemerkenswerten Rekord: Er ist der einzige Spieler, der in allen vier Profiligen Englands einen Hattrick erzielte. Auch für die walisische Nationalmannschaft traf er dreimal in einem Spiel – am 18. Februar 2004 gegen Schottland.

Top Ten Länderspiele

1.	Neville Southall	92
2.	Gary Speed	85
3.	Dean Saunders	75
4.	Peter Nicholas	73
=	Ian Rush	73
6.	Mark Hughes	72
=	Joey Jones	72
8.	Ivor Allchurch	68
9.	Brian Flynn	66
10.	Andy Melville	65

Top Ten Torschützen

1.	Ian Rush	28
2.	Ivor Allchurch	23
=	Trevor Ford	23
4.	Dean Saunders	22
5.	Craig Bellamy	17
6.	Mark Hughes	16
=	Cliff Jones	16
8.	John Charles	15
9.	Robert Earnshaw	14
=	John Hartson	14

Champions der Heimat

Wales gewann zwölfmal die »British Home Championship«, einen Wettbewerb, der von 1883 bis 1984 jährlich zwischen England, Nordirland, Schottland und Wales ausgetragen wurde.

Rekordergebnisse

Wales' Rekordsieg mit 11:0 gegen Irland in Wrexham am 3. März 1888; die deftigste Niederlage war das 0:9 gegen Schottland am 23. März 1878.

Kleiner Drache

Gareth Bale war 16 Jahre und 315 Tage alt, als er am 27. Mai 2006 gegen Trinidad und Tobago aufgestellt wurde. Er ist seitdem der jüngste Fußballer, der je international für Wales gespielt hat.

Nachbarschaftsstreitigkeiten

Im Wembley-Stadion konnte Wales bisher nur eines von 16 Derbys gegen England gewinnen: Im Mai 1977 siegten die Waliser 1:0 durch ein Tor von Leighton James in der 44. Minute. Im September 2011 wird die Mannschaft erneut Gelegenheit haben, einen Sieg einzufahren: Wales und England wurden für die Qualifikation zur EM 2012 in die gleiche Gruppe gelost. Außer Schottland hat bisher kein anderes Land England so viele Heimniederlagen beigebracht wie Wales: Achtmal war es in englischen Stadien erfolgreich (Schottland hat England dagegen schon 18 Heimpleiten bereitet). Gegen die Bundesrepublik Deutschland haben die Three Lions zu Hause bisher fünfmal verloren.

Spieler, Trainer und Dichter

Als Spieler schoss der amtierende walisische Nationaltrainer John Toshack – der übrigens auch Autor eines Gedichtbandes ist – für Wales in 40 Länderspielen 12 Tore; außerdem gewann er mit dem FC Liverpool dreimal die englische Meisterschaft, einmal den Europäischen Supercup und zweimal den UEFA-Cup. Als Trainer führte er Swansea City von der vierten in die erste englische Liga. Später war er zweimal Trainer von Real Madrid. In seiner ersten Amtszeit dort gewann er 1989/90 mit dem Verein die spanische Meisterschaft; dabei erzielten seine Schützlinge 107 Tore in 38 Spielen (spanischer Rekord). 1994 wurde Toshack für 41 Tage walisischer Nationaltrainer. Sein zweites Engagement als Teamchef von Wales hat mehr Bestand: Mittlerweile bekleidet er das Amt schon seit September 2004.

Im Scheinwerferlicht

Sagar Mitchell und James Kenyon, Pioniere unter den Filmemachern, waren im März 1906 beim Spiel Wales gegen Irland mit der Kamera dabei und drehten den ersten Film über ein internationales Fußballspiel.

»Gentle Giant«

Die walisische Legende John Charles, der während seiner gesamten Karriere nie verwarnt oder gar vom Platz gestellt wurde, erhielt während seiner Zeit in Italien von den Juventus-Turin-Fans den Spitznamen »Gentle Giant« (»Sanfter Riese«). Mit Juventus gewann er drei Meistertitel und zwei italienische Pokale. 1958 trat er bei der FIFA WM für sein Land an, stand jedoch infolge einer Verletzung beim 0:1 gegen den späteren Weltmeister Brasilien im Viertelfinale nicht auf dem Platz.

Der Jones-Clan

Der Linksverteidiger Cliff Jones, der mit Wales an der FIFA WM 1958 teilnahm und 1961 mit Tottenham Hotspur das Double aus englischer Meisterschaft und englischem Pokal schaffte, stammte aus einer walisischen Fußball-Dynastie: Sein Vater Ivor Jones hatte schon für Wales gespielt und dessen Bruder Bryn ebenfalls. Cliffs Cousin Ken, ein Torwart, gehörte ebenfalls zum walisischen WM-Kader von 1958, kam aber nie für sein Land zum Einsatz.

ANDERE MANN- SCHAFTEN IN EUROPA

Für Europas große Fußballnationen gibt es zwei Dinge, die zu einer Qualifikationsrunde für eine der großen internationalen Meisterschaften unbedingt dazugehören: unangenehme Reisen in ein Land des ehemaligen Ostblocks und die Aussicht auf ein Torfestival gegen Kandidaten wie San Marino oder Liechtenstein. Doch für die Spieler dieser kleinen Nationen ist es wichtiger, ihr Land zu vertreten, als davon zu träumen, in der Fußballwelt den Ton anzugeben.

Selva schlägt zu

Mit einer Einwohnerzahl von unter 30 000 ist San Marino das kleinste Mitgliedsland der UEFA. Mit acht Toren ist Andy Selva nicht nur San Marinos Torschützenkönig, sondern auch der bisher einzige Spieler, der mehr als ein Tor bei Länderspielen geschossen hat.

Anfängerglück

Die Slowakei war der einzige WM-Neuling, der sich für das Turnier von 2010 qualifizieren konnte. Sie war nach 12 Jahren auch der erste WM-Debütant, der sein Auftaktspiel nicht verlor: Das Match gegen Neuseeland endete 1:1 und die Slowaken verpassten den Sieg nur durch den Ausgleichstreffer der Kiwis in der 93. Minute. Die beiden letzten WM-Neulinge davor unterlagen bei ihren Premieren jeweils gegen Spanien: die Ukraine 2006 mit 0:4 und Slowenien 2002 mit 1:3.

Die Stunde der Außenseiter

In der Qualifikation zur FIFA WM 2010 war in der europäischen Zone Slowenien das einzige von vier ungesetzten Teams, das seine Relegation gewann: Es schlug Russland aufgrund des Auswärtstorregel. Slowenien geriet im Hinspiel in Moskau mit 0:2 in Rückstand, doch zwei Minuten vor Spielende erzielte der erst kurz davor eingewechselte Nejc Pečnik das entscheidende Auswärtstor. Sein Mannschaftskamerad Zlatko Dedič schoss im Rückspiel in Maribor das einzige Tor. Dadurch stand es nach Hin- und Rückspiel 2:2 unentschieden, aber durch das erzielte Auswärtstor – knapper ging es nicht mehr – war Slowenien weiter. Das Land hat nur zwei Millionen Einwohner und war damit der kleinste Teilnehmer der FIFA WM 2010. Gerade einmal 429 slowenische Staatsbürger sind als Berufsfußballer gemeldet.

Schmerzhafte Eigentore

Der Spieler, der mit seinem Tor dafür sorgte, dass die Slowakei zu ihrer ersten WM überhaupt fahren durfte, war gar kein slowakischer, sondern ein polnischer Kicker: In der Qualifikation für die WM 2010 verhalf ein Eigentor des Verteidigers Seweryn Gancarczyk der Slowakei im Oktober 2009 zu einem 1:0 im entscheidenden Spiel der Gruppe 3. In der Gruppe 8 machte es Kacha Kaladse, Spielführer der Georgier, im Spiel gegen Italien noch besser – oder besser gesagt, noch schlechter: Innerhalb von zwölf Minuten überwand er im September 2009 zweimal seinen eigenen Torwart und schenkte dadurch den Italienern, die schon seit drei Spielen keinen Treffer mehr erzielt hatten, einen 2:0-Sieg. Zu dieser Zeit verdiente Kaladse seine Brötchen beim AC Mailand ... Noch schlimmer erging es Stan van den Buys von Germinal Ekeren: In einem Pflichtspiel gegen den RSC Anderlecht in der ersten belgischen Liga fabrizierte er im Januar 1995 einen Eigentor-Hattrick. Germinal Ekeren verlor die Partie schließlich mit 2:3.

Frühes Aufgeben

Litauen und Estland traten erst gar nicht zu ihrem letzten Gruppenspiel gegeneinander an, als es um die Qualifikation für die FIFA WM 1934 ging. Schweden hatte sich nämlich bereits die Spitzenposition in der Gruppe – und den einzigen noch freien Platz in der Meisterschaft – durch ein 2:0 gegen Litauen und ein 6:2 gegen Estland gesichert.

Hinter dem Eisernen Vorhang

Die Auflösung der Sowjetunion im Jahr 1990 brachte der Welt 15 neue Fußballnationen, obwohl Russland bei der Europameisterschaft 1992 zunächst als Gemeinschaft Unabhängiger Staaten antrat, allerdings ohne Estland, Lettland und Litauen. Danach ließen sowohl die UEFA als auch die FIFA eigene Mannschaften für die folgenden Länder zu: Russland, Armenien, Aserbaidschan, Estland, Georgien, Kasachstan, Kirgisien, Lettland, Litauen, Moldawien, Tadschikistan, Turkmenistan, die Ukraine, Usbekistan und Weißrussland. Durch Unruhen in den frühen 1990ern zerfiel auch das frühere Jugoslawien in Kroatien, Serbien, Bosnien-Herzegowina, Mazedonien, Slowenien und Montenegro. Die Tschechoslowakei wiederum teilte sich in die Slowakei und die Tschechische Republik.

Jahr des FIFA Beitritts

Albanien: 1932
Andorra: 1996
Bosnien-Herzegowina: 1996
Estland: 1923
Färöer-Inseln: 1988
Finnland: 1908
Georgien: 1992
Griechenland: 1927
Island: 1947
Israel: 1929
Kasachstan: 1994
Lettland: 1922
Liechtenstein: 1974
Luxemburg: 1910
Malta: 1959
Mazedonien: 1994
Moldawien: 1994
Montenegro: 2007
Österreich: 1905
San Marino: 1988
Slowakei: 1994
Slowenien: 1992
Weißrussland: 1992
Zypern: 1948

Vergebliche Liebesmüh

Wenn es nicht gleich auf Anhieb klappt, so versuche es einfach noch einmal – doch die armen Luxemburger haben es schon 17-mal hintereinander versucht und konnten sich trotzdem für keine Weltmeisterschaft qualifizieren. Nur einmal beteiligten sie sich nicht: 1930, als es keine Qualifikationsrunde gab und Luxemburg nicht zur Meisterschaft eingeladen wurde. Bisher hat das Land in der Qualifikationsrunde nur dreimal gewonnen: ein 4:2-Heimsieg gegen Portugal im Oktober 1961, ein 2:0-Heimsieg gegen die Türkei im Oktober 1972 und ein 2:1-Auswärtssieg gegen die Schweiz im September 2008, als Alphonse Leweck ein spätes Siegestor schoss.

Montenegro vor!

Kurz nachdem Serbien und Montenegro gemeinsam bei der FIFA WM von 2006 angetreten waren, wurde Montenegro als 208. und bisher letztes Land von der FIFA anerkannt. Doch die neue Nation trat der FIFA oder der UEFA nicht rechtzeitig bei und konnte deshalb nicht an der Qualifikationsrunde für die Europameisterschaft 2008 teilnehmen. Sie musste auf die Qualifikation zur FIFA WM 2010 warten und konnte im September 2008 endlich ihr erstes WM-Qualifikationsspiel austragen – ein 2:2 gegen Bulgarien im eigenen Land.

Eine weit gereiste Mannschaft

Beinahe hätte sich Israel kampflos für die FIFA WM von 1958 qualifiziert, denn die Gegner Türkei, Indonesien und Sudan weigerten sich, gegen das Land anzutreten. Doch die FIFA verfügte, dass Israel zu zwei Entscheidungsspielen gegen eine europäische Mannschaft antreten müsse – und Israel verlor mit einem Gesamtergebnis von 0:4 gegen Wales. In der Qualifikationsrunde zur FIFA WM 2006 hatte Israel schon wieder Pech: Das Team blieb zwar ungeschlagen, wurde aber hinter Frankreich und der Schweiz nur Dritter in seiner Gruppe. Trainer Avram Grant verlor 2008 das Finale der Champions League gegen Manchester United nach Elfmeterschießen. Israel war Gastgeber – und Sieger – der Asienmeisterschaft 1964 und qualifizierte sich für die FIFA WM 1970 – damals in der zusammengefassten »Asiatischen und Ozeanischen Zone«; seit 1994 ist das Land der UEFA angeschlossen.

Slowenien startet durch

Als einzige Mannschaft konnte Slowenien Italien auf seinem Weg zum Sieg in der FIFA WM 2006 schlagen. Im Oktober 2004 siegte Slowenien in der Qualifikationsrunde 1:0 dank eines späten Tors des Innenverteidigers Boštjan Cesar. Trotzdem konnte sich das Land nicht für die Endrunde qualifizieren.

Sindelars Alleingang

Als Österreich 1938 von Deutschland annektiert wurde, weigerte sich Österreichs Starfußballer Matthias Sindelar, für die gemeinsame »deutsche« Nationalmannschaft zu spielen. Sindelar, geboren 1903 im heutigen Ungarn, stand in den 1930ern an der Spitze von Österreichs sogenanntem »Wunderteam«. In 43 Spielen schoss er 27 Tore für sein Land, das zwischen April 1931 und Dezember 1932 in 14 aufeinanderfolgenden Länderspielen ungeschlagen blieb. Außerdem gewann Sindelar 1933 und 1936 den Mitropapokal und eine Silbermedaille bei der Olympiade von 1936. Bei einem Wiedervereinigungsspiel zwischen dem »Altreich« und der »Ostmark« in Wien im April 1938 setzte sich Sindelar über alle Befehle hinweg und erzielte im Alleingang ein sensationelles Tor. Österreich gewann daraufhin 2:0 in einem Spiel, das aus diplomatischen Gründen eigentlich unentschieden hätte ausgehen sollen. Sindelar starb im Januar 1939 unter mysteriösen Umständen in seiner Wiener Wohnung an einer Kohlenmonoxidvergiftung.

Ein »guder« Sohn

Der isländische Stürmer Eidur Gudjohnsen schrieb bei seinem ersten Länderspiel, einem Auswärtsspiel gegen Estland im April 1996, Fußballgeschichte, denn er wurde für seinen eigenen Vater Arnór Gudjohnsen eingewechselt. Eidur war damals 17 Jahre alt, sein Vater 34. Traurig waren beide nur darüber, dass sie nicht gleichzeitig auf dem Platz stehen konnten. Der isländische Fußballverband wollte ihnen bei Islands nächstem Heimspiel eine neue Chance geben, doch Eidur konnte wegen einer Knöchelverletzung nicht antreten. Danach ergab sich die Gelegenheit nie wieder.

Aus der Traum für Karhan

Miroslav Karhan aus der Slowakei trug mit dazu bei, dass sich sein Heimatland für die FIFA WM 2010 qualifizieren konnte. In der Qualifikation schraubte er die Anzahl seiner Länderspiele auf 95 hoch und ist damit Rekordnationalspieler des Landes. Wegen einer Achillessehnenverletzung musste er jedoch seine Teilnahme am eigentlichen Turnier absagen.

Elvir, der Glückspilz

Elvir Bolić hält zwei Rekorde in Bosnien-Herzegowina: Er hat die meisten Länderspiele bestritten und die meisten Tore geschossen. Seit das Land 1996 die internationale Fußballbühne betrat, erzielte er 22 Treffer in 52 Spielen. Auf seine Kappe ging auch das Tor, das Manchester Uniteds 40-jähriger Serie, bei Heimspielen in europäischen Wettbewerben nicht verloren zu haben, ein Ende setzte. Bolić erzielte das Goldene Tor beim Sieg von Fenerbahçe Istanbul im Gruppenspiel der Champions-League-Saison 1996/97.

Eine slowenische »Kata-Strophe«

Srečko Katanec trat zweimal als Trainer einer Nationalmannschaft zurück, nachdem er sich mit ihrem berühmtesten Spieler zerstritten hatte. 2002 brachte er Slowenien zum ersten Mal in die WM-Endrunde, doch der launenhafte Kapitän und Spielmacher Zlatko Zahovič wurde nach einem Wutanfall für das restliche Turnier gesperrt. Slowenien schied in den Gruppenspielen aus und Katanec legte unter Tränen sein Amt nieder. Zahovič kehrte jedoch in die Mannschaft zurück. Später wurde Katanec Trainer von Mazedonien, trat jedoch nach einem Streit mit Kapitän Goran Pandev im April 2008 zurück.

Ganz schön vital, der Vitālijs

Der Mittelfeldspieler Vitālijs Astafjevs machte Lettland in der Welt des Fußballs bekannt, als er – zeitweilig zumindest – die Liste der europäischen Rekordnationalspieler mit 158 Länderspieleinsätzen (darunter auch drei Partien für Lettland bei der EM 2004) anführte. Außerdem erzielte er 16 Tore für sein Land. Sein Länderspieldebüt gab Astafjevs 1992 – sein Land hatte ein Jahr zuvor nach dem Zusammenbruch der Sowjetunion die Unabhängigkeit wiedererlangt. Im November 2009 war er mit bereits 38 Jahren immer noch in der Nationalmannschaft aktiv: In einem Freundschaftsspiel gegen Honduras bot sich ihm die Möglichkeit, den Rekord des Esten Martin Reim zu brechen und sich an die Spitze der europäischen Rekordnationalspieler zu setzen. Reim hatte zwischen 1992 und 2007 in 156 Länderspielen für Estland 14 Tore erzielt.

Die meisten Länderspiele

Albanien: Foto Strakosha 73
Andorra: Oscar Sonejee 83
Bosnien-Herzegowina: Elvir Bolić 55
Estland: Martin Reim 157
Färöer-Inseln: Óli Johannesen 83
Finnland: Jari Litmanen 132
Georgien: Lewan Kobiaschwili 87
Griechenland: Theodoros Zagorakis 120
Island: Rúnar Kristinsson 106
Israel: Arik Benado 95
Kasachstan: Ruslan Baltiew 73
Lettland: Vitālijs Astafjevs 162
Liechtenstein: Mario Frick 92
Luxemburg: Jeff Strasser 96
Malta: David Carabott 122
Mazedonien: Goce Sedloski 100
Moldawien: Radu Rebeja 74
Montenegro: Vukašin Poleksić 21
Österreich: Andreas Herzog 103
San Marino: Damiano Vannucci 53
Slowakei: Miroslav Karhan 96
Slowenien: Zlatko Zahovič 80
Weißrussland: Aleksandr Kulchiy 83
Zypern: Yiannakis Okkas 97

Róbert, der Held

Róbert Vittek ist erst der vierte Spieler eines WM-Debütanten, der es in seinem ersten Turnier gleich auf vier Treffer gebracht hat: 2010 in Südafrika netzte er einmal gegen Neuseeland ein und zweimal gegen den Titelverteidiger Italien; außerdem verwandelte er bei der Achtelfinalniederlage gegen die Niederlande erfolgreich einen Elfmeter in der 94. Minute. Die drei Spieler, die vor ihm beim WM-Debüt ihres Landes 4-mal trafen, waren 1996 Eusébio aus Portugal, 1986 Preben Elkjær Larsen aus Dänemark und 1998 Davor Šuker aus Kroatien. Durch den Last-Minute-Treffer gegen die Niederlande überholte Vittek zugleich den Stürmer Szilárd Németh, der u. a. bei Sparta Prag und beim FC Middlesbrough spielte, und setzte sich an die Spitze der slowakischen Rekordtorschützenliste.

Eine dunkle Zeit

Der mazedonische Stürmer Darko Pančev musste 15 Jahre warten, bis er endlich seinen »Goldenen Schuh« als Europas bester Torschütze in der Saison 1990/91 in Empfang nehmen konnte, in der er 34 Tore für Roter Stern Belgrad geschossen hatte. Doch die UEFA schaffte die Auszeichnung von 1991 bis 1996 vorübergehend ab, da es Unstimmigkeiten über die genauen Torzahlen in Zypern gab. Schließlich übergaben sie Pančev seinen Preis im August 2006 aber doch. Die Pechvögel unter den europäischen Torschützenkönigen von 1992 bis 1996 waren Schottlands Ally McCoist (zweimal), der Waliser David Taylor, der Armenier Arsen Awetissjan und der Georgier Zviad Endeladze.

Cousins im Kasten

Bei der FIFA WM 2010 waren zwei der drei slowenischen Torhüter Cousins: der erste Torhüter, der 25-jährige Samir Handanovič, und der Ersatztorhüter Jasmin Handanovič, der sechseinhalb Jahre älter ist. Obwohl Slowenien nach der Gruppenphase ausschied, wurde Samir für seine drei Vorstellungen gefeiert – nachdem ihn schon der italienische Torwart Gianluigi Buffon als einen der besten Torhüter in Italiens Serie A bezeichnet hatte. Nachdem er von seinem Heimatverein zu Udinese Calcio gewechselt war, gab er sein Debüt dort am 20. November 2004 – nur drei Tage nach seinem ersten Länderspiel. Die beiden Spiele bereiteten dem 20-Jährigen zum einen tiefe Enttäuschung und zum anderen große Freude: Beim 5:4 von Udinese über Lecce kassierte er vier Gegentreffer und einen Platzverweis, beim 0:0 seines Landes gegen die Slowaken hielt er jedoch den Kasten sauber.

Die meisten Tore in Länderspielen

Albanien: Alban Bushi 14
Andorra: Ildefons Lima 7
Bosnien-Herzegowina: Elvir Bolić 24
Estland: Andres Oper 36
Färöer-Inseln: Rógvi Jacobsen 10
Finnland: Jari Litmanen 31
Georgien: Schota Arweladse 26
Griechenland: Nikolaos Anastopoulos 29
Island: Eidur Gudjohnsen 24
Israel: Mordechai Spiegler 25
Kasachstan: Ruslan Baltiew 13
Lettland: Māris Verpakovskis 26
Liechtenstein: Mario Frick 14
Luxemburg: Léon Mart 16
Malta: Michael Mifsud 24
Mazedonien: Goran Pandev 23
Moldawien: Serghei Clescenco 11
Montenegro: Mirko Vučinić 9
Österreich: Toni Polster 44
San Marino: Andy Selva 8
Slowakei: Szilárd Németh 22
Slowenien: Róbert Vittek 23
Weißrussland: Maksim Ramaschtschanka 20
Zypern: Michalis Konstantinou 29

Huhu, Uhu!

Zum Glücksbringer der finnischen Elf ist ein Uhu geworden, der gelegentlich während eines Länderspiels durch das Olympiastadion von Helsinki segelt. So zum ersten Mal während eines mit 2:0 gewonnenen EM-Qualifikationsspiels gegen Belgien im Juni 2007 geschehen. Das Spiel wurde minutenlang unterbrochen, weil »Bubi« über dem Spielfeld kreiste und sich auf dem Torpfosten niederließ. Der Uhu wurde später zu Helsinkis »Bürger des Jahres« gewählt.

Im hohen Norden

Mit 64°09'N ist Islands Hauptstadt Reykjavík der am nördlichsten gelegene Austragungsort von FIFA WM-Spielen – wenngleich bislang nur in der Qualifikation. Der nördlichste Austragungsort einer WM-Endrunde ist Sandviken in Schweden auf 60°37'N – während Christchurch in Neuseeland (43°32'S) den Titel für den südlichsten FIFA WM-Austragungsort für sich in Anspruch nehmen kann. Der südlichste Austragungsort bei einer WM-Endrunde ist Mar del Plata in Argentinien (38°01'S).

Durststrecken

Sieben europäische Teams haben nicht ein einziges Tor während der Qualifikation für eine FIFA WM erzielt: Liechtenstein (in acht Spielen vor der WM 2002), San Marino (acht Spiele 1998), Malta (sechs Spiele 1978 und zehn Spiele 2010), Zypern (vier Spiele 1966), Israel (vier Spiele 1954), Finnland (drei Spiele 1938) und Litauen (ein Spiel 1934).

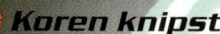

Koren knipst

Das Tor von Mannschaftskapitän Robert Koren sorgte für den ersten slowenischen Sieg bei einer Weltmeisterschaft; es war der einzige Treffer im Spiel gegen Algerien in der Gruppe C am 13. Juni 2010. Wie schon 2002 qualifizierten sich die Slowenen dennoch nicht für das Achtelfinale: In den Partien gegen die USA und England spielten sie 2:2-Unentschieden bzw. verloren 0:1. Zu Beginn des Turniers war Koren vereinslos: Der englische Premier-League-Aufsteiger West Bromwich Albion hatte ihn kurz vorher freigestellt.

Böhmische Rhapsodie

Den Stürmer Josef »Pepi« Bican halten viele österreichische Fußballfans für den besten Goalgetter aller Zeiten. Einige Experten beziffern die Anzahl der Tore, die er in offiziellen Meisterschafts- und sonstigen Pflichtspielen erzielt hat, auf sage und schreibe 805 Treffer – mehr als beispielsweise Romario oder Gerd Müller. Bican spielte in den 1930er-Jahren für die österreichischen Vereine Rapid Wien und Admira Wien, doch den größten Teil seiner Treffer erzielte er zwischen 1937 und 1948 für den tschechischen Klub Slavia Prag. Von 1933 bis 1936 traf er für Österreich in 19 Länderspielen 19-mal. Danach wechselte er die Staatsangehörigkeit und erzielte zwischen 1938 und 1949 in 14 Spielen 21 Tore für die Tschechoslowakei. Bei der FIFA WM 1934 erreichte er mit Österreich das Halbfinale, doch ein Verwaltungsirrtum verhinderte, dass er rechtzeitig vor der WM 1938 als Spieler für sein neues Heimatland registriert wurde. Schließlich bestritt Bican 1939 auch noch ein Länderspiel für die »Auswahl des Protektorates Böhmen und Mähren«, bei dem er einen Hattrick schaffte.

Bühne frei für Lettland

Nachdem Österreich, das seine Qualifikation als Gruppenerster abschloss, vor der FIFA WM 1938 vom Deutschen Reich annektiert wurde, hoffte der Gruppenzweite Lettland, anstelle Österreichs zur WM fahren zu können. Diese Hoffnung erfüllte sich nicht: Die WM wurde mit 15 anstatt mit 16 Teilnehmern ausgetragen. Nach Jahren als Teil der Sowjetunion (1940 bis 1991) qualifizierte sich Lettland schließlich für sein erstes großes Turnier in einem Qualifikationsspiel gegen die Türkei für die EM 2004.

Höchste Siege

Albanien: 5:0 gegen Vietnam (A, Dezember 2003)
  6:1 gegen Zypern (H, August 2009)
Andorra: 2:0 gegen Weißrussland (H, April 2000);
  2:0 gegen Albanien (H, April 2002)
Bosnien und Herzegowina: 7:0 gegen Estland
  (H, September 2008)
Estland: 6:0 gegen Litauen (H, Juni 1928)
Färöer-Inseln: 3:0 gegen San Marino (H, Mai 1995)
Finnland: 10:2 gegen Estland (H, August 1922)
Georgien: 7:0 gegen Armenien (H, März 1997)
Griechenland: 8:0 gegen Syrien (H, November 1949)
Island: 9:0 gegen Färöer-Inseln (H, Juli 1985)
Israel: 9:0 gegen Taiwan (A, März 1988)
Kasachstan: 7:0 gegen Pakistan (H, Juni 1997)
Lettland: 8:1 gegen Estland (H, August 1942)
Liechtenstein: 4:0 gegen Luxemburg (A, Oktober 2004)
Luxemburg: 6:0 gegen Afghanistan (A, Juli 1948)
Malta: 7:1 gegen Liechtenstein (H, März 2008)
Mazedonien: 11:1 gegen Liechtenstein
  (A, November 1996)
Moldau: 5:0 gegen Pakistan (A, August 1992)
Montenegro: 3:0 gegen Kasachstan (H, Mai 2008)
Österreich: 9:0 gegen Malta (H, April 1977)
San Marino: 1:0 gegen Liechtenstein (H, April 2004)
Slowakei: 7:0 gegen Liechtenstein (H, September 2004);
  7:0 gegen San Marino (H, Oktober 2007);
  7:0 gegen San Marino (H, Juni 2009)
Slowenien: 7:0 gegen Oman (A, Februar 1999)
Weißrussland: 5:0 gegen Litauen (H, Juni 1998)
Zypern: 5:0 gegen Andorra (H, November 2000)

Höchste Niederlagen

Albanien: 0:12 gegen Ungarn (A, September 1950)
Andorra: 1:8 gegen Tschechien (A, Juni 2005);
  0:7 gegen Kroatien (A, Oktober 2006)
Bosnien und Herzegowina: 0:5 gegen Argentinien
  (A, Mai 1998)
Estland: 2:10 gegen Finnland (A, August 1922)
Färöer-Inseln: 0:7 gegen Jugoslawien (A, Mai 1991);
  0:7 gegen Rumänien (A, Mai 1992);
  0:7 gegen Norwegen (H, August 1993);
  1:8 gegen Jugoslawien (H, Oktober 1998)
Finnland: 0:13 gegen Deutschland (A, September 1940)
Georgien: 0:5 gegen Rumänien (A, April 1996);
  1:6 gegen Dänemark (A, September 2005)
Griechenland: 1:11 gegen Ungarn (A, März 1938)
Island: 2:14 gegen Dänemark (A, August 1967)
Israel: 1:7 gegen Ägypten (A, März 1934)*;
  1:7 gegen Deutschland (A, Februar 2002)
Kasachstan: 0:6 gegen Türkei (H, Juni 2006);
  0:6 gegen Russland (A, Mai 2008)
Lettland: 0:12 gegen Schweden (A, Mai 1927)
Liechtenstein: 1:11 gegen Mazedonien
  (H, November 1996)
Luxemburg: 0:9 gegen England (H, Oktober 1960);
  0:9 gegen England (A, Dezember 1982)
Malta: 1:12 gegen Spanien (A, Dezember 1983)
Mazedonien: 0:5 gegen Belgien (H, Juni 1995)
Moldau: 0:6 gegen Schweden (A, Juni 2001)
Montenegro: 0:4 gegen Rumänien (A, Mai 2008)
Österreich: 1:11 gegen England (H, Juni 1908)
San Marino: 0:13 gegen Deutschland
  (A, September 2006)
Slowakei: 0:6 gegen Argentinien (A, Juni 1995)
Slowenien: 0:5 gegen Frankreich (A, Oktober 2002)
Weißrussland: 0:5 gegen Österreich (A, Juni 2003)
Zypern: 0:12 gegen BRD (A, Mai 1969)

* Palästina-Eretz Israel unter britischem Mandat

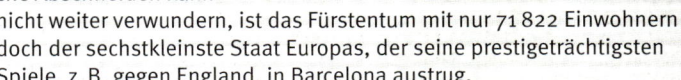

Ladehemmung bei Andorra

Seit seinem ersten Länderspiel an Neujahr 1996 – eine 1:6-Heimniederlage gegen Estland – konnte Andorra lediglich drei Spiele gewinnen, zwei davon Freundschaftsspiele. Der einzige Pflichtspieltriumph war ein 1:0 gegen Mazedonien im Oktober 2004 in der FIFA WM-Qualifikation, als der linke Außenverteidiger Marc Bernaus das Tor des Tages erzielte. Das schwache Abschneiden kann nicht weiter verwundern, ist das Fürstentum mit nur 71 822 Einwohnern doch der sechstkleinste Staat Europas, der seine prestigeträchtigsten Spiele, z. B. gegen England, in Barcelona austrug.

Georgien, Georgien

Dinamo Tiflis aus Georgien und Zalgiris Vilnius aus Litauen trennten sich im Mai 1990 2:2 unentschieden in einem Spiel, das später als Länderspiel zwischen Georgien und Litauen gewertet wurde. Die Partie gilt nun als erstes Länderspiel Georgiens, obwohl das Land seine Unabhängigkeit von der Sowjetunion erst elf Monate später erlangte.

Die Vladimír-Weiss-Dynastie

Drei Personen mit dem Namen Vladimír Weiss – Großvater, Vater und Sohn – haben ihr Land schon im Fußball vertreten, zwei davon bei der FIFA WM 2010. Der Großvater Vladimír (geboren 1939) gewann 1964 beim Olympischen Fußballturnier mit der Tschechoslowakei Silber, danach spielte dessen Sohn Vladimír (geboren 1964) bei der FIFA WM 1990 ebenfalls für die Tschechoslowakei. Dieser zweite Vladimír führte schließlich als Trainer die Slowakei zum WM-Turnier von 2010; dort stellte er bei den vier Spielen des Teams dreimal seinen Sohn auf (geboren 1989), der ebenfalls Vladimír heißt, Mittelfeldspieler ist und zu diesem Zeitpunkt bei Manchester City unter Vertrag war. Der Großvater Vladimír absolvierte drei Länderspiele für die Tschechoslowakei, darunter auch das Endspiel des Olympischen Fußballturniers von 1964, bei dem er durch ein Eigentor mit zum 2:1-Sieg der Ungarn beitrug. Sein Sohn bestritt 19 Länderspiele mit der Tschechoslowakei und zwölf mit der Slowakei, und der dritte Vladimír hatte nach der WM 2010 – obwohl erst 20 Jahre alt – insgesamt schon 12 Länderspiele für die Slowakei absolviert. Der Trainer der Slowakei beschrieb den Tag des 3:2-Sieges gegen den Titelverteidiger Italien bei der WM 2010 als den zweitglücklichsten seines Lebens – der glücklichste sei der gewesen, an dem sein Sohn auf die Welt kam.

SÜDAMERIKA

Südamerika stellte mit Uruguay den ersten Ausrichter und den ersten Sieger einer FIFA Weltmeisterschaft™ und kann insgesamt neun WM-Titel für sich beanspruchen (Brasilien fünf, Argentinien und Uruguay jeweils zwei). Brasilianische Fans können jedes Spiel in ein Karnevalsspektakel verwandeln.

ARGENTINIEN

Argentinien gewann 14-mal die Copa América, zwei olympische Goldmedaillen bei den Spielen 2004 und 2008, errang 1992 den Konföderationen-Pokal und eroberte bei den FIFA Weltmeisterschaften™ 1978 und 1986 zweimal die wertvollste Trophäe im Weltfußball. Kein anderes Land hat so viele internationale Titel gewonnen. Das Land mit der großen Fußballtradition – die National- mannschaft wurde bereits 1890 gegründet – hat zudem eini- ge der besten Fußballer aller Zeiten hervor- gebracht.

Haarig

Daniel Passarella verlangte als Kapitän das Äußerste von seinem Team, als es die FIFA WM 1978 gewann. Auch als Trainer war er anspruchsvoll. Nachdem er 1994 die Nationalmannschaft übernahm, mussten sich alle Spieler die Haare kurz schneiden lassen. Von Stürmer Claudio Caniggia verlangte er, sich die »Mädchenhaare« abzuschneiden.

Ein rundes Dutzend

Argentinien erzielte den deutlichsten Sieg in einem Endrunden- spiel der Copa América, als das Land 1942, unter anderem durch fünf Tore von José Manuel Moreno, mit 12:0 über Ecuador tri- umphierte. Moreno gewann Meistertitel in Argentinien, Mexiko, Chile und Kolumbien.

Das Warten hat sich gelohnt

In Argentiniens wichtigstem Stadion »El Monumental« in Buenos Aires wurde 1938 das erste Spiel ausgetragen. Endgültig fertiggestellt wurde das »Estadio Monumen- tal Antonio Vespucio Liberti«, so der offizielle Name, 20 Jahre später – dank des Geldes, das sein Verein River Plate von Juventus Turin für Omar Sivori erhielt. Das Stadi- on ist eine Sehenswürdigkeit und Austragungsort des »Superclasicó«, des Derbys zwischen River Plate und dem Lokalrivalen Boca Juniors.

Schüsse auf den Hintern

Das einzig Berechenbare an Diego Maradona während seiner Amtszeit als argentinischer Nationaltrainer war vermutlich seine Unberechenbarkeit. Nach der erfolgreichen Qualifikation Argentiniens für die WM in Südafrika wurde er von der FIFA zwei Monate lang gesperrt, weil er in äußerst rüder Weise Kritik an Journalisten geübt hatte. Die Aussicht darauf, von Maradona beleidigt zu werden, hielt die Journalisten in Südafrika jedoch nicht davon ab, in Scharen zu seinen Pressekonferenzen zu strömen – das Interesse an seinen Auftritten war so groß, dass der Einlass sogar über Ein- trittskarten geregelt werden musste. Auch die Trainingseinheiten der argentinischen Mannschaft bei der WM waren von Maradonas Extravaganzen nur so geprägt: Beispielsweise sog er an einer Zigarre, während er Anweisungen gab – oder er beugte sich vornüber und for- derte Spieler auf, mit dem Ball auf seinen Allerwertesten zu schießen.

Anfängerglück

Der jüngste Trainer bei einer FIFA WM war Juan José Tramutola, der nur 27 Jahre und 267 Tage alt war, als Argentinien 1930 Frankreich mit 1:0 schlug. Argentinien erreichte das Endspiel, verlor dort aber gegen Uruguay mit 2:4. Beide Mannschaften spielten je eine Halbzeit lang mit einem Ball aus ihrer Heimat.

Zahlendreher

Die argentinischen FIFA WM-Mannschaften von 1978 und 1982 bekamen ihre Rückennummern in alphabetischer Reihenfolge. Die Nummer 1 trug 1978 Norberto Alonso und 1982 Osvaldo Ardiles. 1982 durchbrach nur ein Spieler diesen Ritus: Die Nummer 10 war Diego Maradona vorbehalten.

Den Jungen geht es gut

Argentinien hat die U-20 (offiziell »FIFA Junioren«)-Weltmeisterschaft sechsmal gewonnen – so oft wie kein anderes Land. Die letzten Siege gelangen 2005 und 2007. Sergio Agüero und Mauro Zarate erzielten die Siegtreffer beim 2:1 gegen Tschechien in Kanada 2007.

Maradonas Mann

Vor der FIFA WM 2010 testete Diego Maradona in Qualifikations- und Freundschaftsspielen insgesamt 107 Fußballer. Allein der Mannschaftskapitän Javier Mascherano musste keine Sekunde daran zweifeln, dass er das volle Vertrauen des Trainers genoss. Maradona betonte: »Meine Mannschaft besteht aus Mascherano und zehn anderen Spielern.« Der defensive Mittelfeldakteur hatte 2004 und 2008 mit Argentinien bei Olympischen Fußballturnieren jeweils die Goldmedaille gewonnen; er war damit seit 1928 der erste (männliche) Fußballspieler, der zweimal olympisches Gold holte.

Bolatti löst das WM-Ticket

Die argentinischen Fußballfans mussten sich bis sechs Minuten vor Ende des letzten WM-Qualifikationsspiels ihres Landes gedulden, bis jenes Tor fiel, das die Teilnahme ihrer Mannschaft an der FIFA WM 2010 klarmachte. Der eingewechselte Mittelfeldspieler Mario Bolatti erzielte den Siegtreffer, mit dem die Argentinier das WM-Ticket lösten und ihren Gegner Uruguay in die Relegationspiele mit Costa Rica zwangen.

Wasser!

Beim Endspiel des Olympischen Fußballturniers von 2008 zwischen Argentinien und Nigeria kam es unter den Augen der 89 102 Zuschauer zu einer ungewöhnlichen Begebenheit: Der Schiedsrichter sah sich zweimal gezwungen, die Mannschaften zu einer Trinkpause zu bitten. Das Spiel fand in der brütenden Hitze statt, die damals in Peking herrschte. Der Argentinier Ángel Di Maria erzielte das einzige Tor der Partie – damit durfte Argentinien den Titel behalten, den es vier Jahre davor in Athen zum ersten Mal geholt hatte.

Spielen Sie öfter hier?

Argentinien und Uruguay haben mehr Länderspiele gegeneinander bestritten als je zwei andere Länder: Insgesamt 177-mal traten sie gegeneinander an. Sie bestritten auch das erste Länderspiel, das außerhalb Großbritanniens stattfand: Im Juli 1902 unterlag Uruguay in Montevideo den argentinischen Gästen mit 0:6. Insgesamt hat Argentinien 81 Spiele gewonnen, Uruguay 53, und 43 Spiele endeten unentschieden.

Bedeutende Turniere

FIFA Weltmeisterschaft™:

15 Teilnahmen – Siege (2) 1978, 1986

Copa América: 38 Teilnahmen – Siege (14) 1921, 1925, 1927, 1929, 1937, 1941, 1945, 1946, 1947, 1955, 1957, 1959, 1991, 1993

Konföderationen-Pokal:

Drei Teilnahmen – Sieg (1) 1992

Erstes Länderspiel: Uruguay – Argentinien 2:3 (Montevideo, Uruguay, 16. Mai 1901, inoffiziell)

Höchster Sieg: Argentinien – Ecuador 12:0 (Montevideo, Uruguay, 22. Januar 1942)

Höchste Niederlagen: Tschechoslowakei – Argentinien 6:1 (Helsingborg, Schweden, 15. Juni 1958), Bolivien – Argentinien 6:1 (La Paz, Bolivien, 1. April 2009)

Weltruhm

Der alte Weltpokal wurde bis 2004 zwischen dem Sieger der südamerikanischen »Copa Libertadores« und dem »Europapokalsieger der Landesmeister« (ab 1993 dem Gewinner der »Champions League«) ausgetragen. Argentinische Vereine konnten die Trophäe neunmal und damit am häufigsten erringen. Boca Juniors gewannen dreimal, Independiente zweimal, Estudiantes de La Plata, Racing Club, River Plate, CA Vélez Sársfield je einmal.

Super Mario

Mario Kempes erzielte zwei Treffer für Argentinien im Finale der FIFA WM 1978 und wurde bester Torschütze des Turniers. Er war der einzige Spieler in Trainer Menottis Kader, der nicht in Argentinien spielte: Er stand beim FC Valencia unter Vertrag und war 1977 und 1978 zweimal hintereinander Torschützenkönig der Primera División geworden.

Die besten Torschützen

1.	Gabriel Batistuta	56
2.	Hernán Crespo	36
3.	Diego Maradona	34
4.	Luis Artime	24
5.	Leopoldo Luque	22
=	Daniel Passarella	22
7.	José Sanfilippo	21
=	Herminio Masantonio	21
9.	Mario Kempes	20
10.	Norberto Méndez	19
=	José Manuel Moreno	19
=	René Pontoni	19

Ossies Traum

Nachdem Argentinien 1978 zum ersten Mal Weltmeister geworden war, verpflichtete Tottenham Hotspur Osvaldo Ardiles und Ricardo Villa. Beide verhalfen dem englischen Verein zum Gewinn des englischen Pokals (FA Cup) 1981. Villa erzielte in einem Wiederholungsspiel gegen Manchester City in Wembley das spektakuläre Siegtor. Ardiles wurde mit dem Song »Ossie's Dream (Spurs Are On Their Way To Wembley)« geehrt, der 1981 als Single auf den Markt kam.

Elfmetertod

Beharrlichkeit ist eine Tugend, aber Martín Palermo war zu beharrlich, als er in einem Spiel gegen Kolumbien bei der Copa América 1999 drei Strafstöße vergab: Der erste Elfmeter ging an die Latte, der zweite übers Tor und der dritte wurde gehalten. Kolumbien gewann mit 3:0.

Kurz und siegreich

Marcelo Trobbiani spielte genau zwei Minuten bei einem WM-Turnier und wurde gleich Weltmeister. Er wurde in den letzten zwei Spielminuten des Finales 1986 für Jorge Burruchaga eingewechselt. Trobbiani hatte einen Ballkontakt. Der Star von Boca Juniors beendete seine Länderspiellaufbahn mit 15 Einsätzen und einem Tor.

Zweiter Versuch

Luis Monti ist der einzige Fußballspieler, der für zwei verschiedene Länder im Endspiel der Weltmeisterschaft gestanden hat. Der am 15. Mai 1901 in Buenos Aires geborene Innenverteidiger stammte aus einer italienischen Familie. Er trug wesentlich zu Argentiniens Einzug ins Endspiel 1930 bei, das mit 2:4 gegen Uruguay verloren ging; Monti hatte vor dem Spiel Morddrohungen erhalten. 1931 wechselte er zu Juventus Turin, erhielt die Spielberechtigung für Italien und gewann 1934 mit seinem neuen Land im Endspiel gegen die Tschechoslowakei. Ein anderes Mitglied des italienischen Weltmeisterteams von 1934 war Raimundo Orsi, der ebenfalls bis 1929 für Argentinien gespielt hatte.

Göttlicher Diego

Diego Armando Maradona gilt vielen Neben Pelé als bester Fußballer aller Zeiten. Die argentinische Fußballlegende kam am 30. Oktober 1960 zur Welt und zog schon als Kind Aufmerksamkeit auf sich, als er während der Halbzeitpause eines Spiels der Argentinos Juniors mit dem Ball jonglierte. Für die FIFA WM 1978 wurde er nicht nominiert, weil Trainer Cesar Luis Menotti ihn für zu jung hielt; vier Jahre später enttäuschte Maradona und bekam im Zwischenrundenspiel gegen Brasilien die Rote Karte. Als Kapitän des siegreichen Teams bei der WM 1986 wurde er hingegen zur nationalen Legende. Unvergessen sind seine Tore im Viertelfinalspiel gegen England, als er zunächst die sprichwörtliche »Hand Gottes« zu Hilfe nahm, um einen »Kopfball«-Treffer zu erzielen; sein 2:0 kurz darauf, dem ein spektakulärer Sololauf durch die Abwehrreihen des Gegners vorausging, wurde 2002 von der FIFA zum »WM-Tor des Jahrhunderts« gewählt. 1990 in Italien stand er erneut im Endspiel, das mit 0:1 gegen die Bundesrepublik verloren ging. Mit dem SSC Neapel gewann er in Italien das Double, wurde ein zweites Mal Meister und errang den UEFA-Pokal. 1994 wurde er bei der WM wegen Dopings disqualifiziert. Maradona, argentinischer Mannschaftskapitän in 16 WM-Spielen, wurde 2008 Nationaltrainer seines Landes, obwohl er kaum Erfahrung hat.

Super, Zanetti

Javier Zanetti ist der Spieler mit den meisten Einsätzen in der argentinischen Nationalmannschaft – 136-mal stand er für sein Heimatland auf dem Platz. Bei der FIFA WM 2006 wurde er von Trainer José Pekerman überraschend nicht nominiert. Aber unter Alfio Basile kehrte er zurück und übertraf anschließend den Rekord von Roberto Ayala. Zanetti, der sowohl in der Außenverteidigung als auch im Mittelfeld spielen kann, hat auch mehr Spiele in der Serie A bestritten als jeder andere Ausländer. Dennoch verpasste er 2010 erneut die Weltmeisterschaft: Er und Esteban Cambiasso wurden von Diego Maradona nicht berücksichtigt, obwohl sie beide kräftig daran mitgewirkt hatten, dass ihr Verein Inter Mailand in der Saison 2009/2010 das Triple aus italienischer Meisterschaft, italienischem Pokal und Champions League holte.

Erzengel Gabriel

Gabriel Batistuta, auch »Batgol« genannt, führt die ewige Torschützenrangliste der argentinischen Nationalmannschaft an. Als einziger Spieler erzielte er je einen Hattrick bei zwei FIFA WM-Turnieren, den ersten gegen Griechenland 1994, den zweiten gegen Jamaika 1998. Der Ungar Sándor Kocsis (1954), der Franzose Just Fontaine (1958) und der Deutsche Gerd Müller (1970) erzielten jeweils zwei Hattricks im selben Turnier. Batistuta kam am 1. Februar 1969 zur Welt. Mit Treffern in elf aufeinanderfolgenden Spielen für den AC Florenz während der Spielzeit 1994/95 stellte er auch einen Rekord in der italienischen Serie A auf.

Schwer erreichbar

Obwohl er ein paar feine Leistungen zeigte, gelang es Lionel Messi nicht, in den fünf Spielen, die er bei der FIFA WM 2010 absolvierte, ein Tor zu schießen. Allerdings durfte er sich darüber freuen, dass er zum jüngsten argentinischen Spieler aller Zeiten wurde, der sich die Spielführerbinde überstreifen durfte – beim letzten Gruppenspiel gegen Griechenland vertrat er den etatmäßigen Mannschaftskapitän Javier Mascherano, der gelb gesperrt fehlte. Vor dem Turnier hatte Trainer Diego Maradona geschildert, wie schwierig es sei, den Barça-Star Messi telefonisch zu erreichen: »Es ist leichter, mit US-Präsident Barack Obama zu sprechen als mit ihm.«

Top Ten Länderspiele

1.	Javier Zanetti	136
2.	Roberto Ayala	115
3.	Diego Simeone	106
4.	Oscar Ruggeri	97
5.	Diego Maradona	91
6.	Ariel Ortega	87
7.	Gabriel Batistuta	78
8.	Juan Pablo Sorín	76
9.	Américo Gallego	73
=	Juan Sebastián Verón	73

Heiliger Palermo!

Nach seinem letzten Einsatz zogen zehn Jahre ins Land, bevor Martín Palermo 2009 von seinem früheren, nun zum Nationaltrainer aufgerückten Boca-Juniors-Mitstreiter Diego Maradona wieder in die argentinische Auswahl berufen wurde. Palermo demonstrierte dann, dass seine überraschende Reaktivierung berechtigt war: Im vorletzten Qualifikationsspiel gegen Peru erzielte er in der Nachspielzeit den entscheidenden Treffer. Maradona hechtete sich daraufhin an der Seitenlinie auf den schlammigen Rasen und jubelte nach dem Spiel über den »heiligen Palermo«. Beim Turnier 2010 in Südafrika wurde Palermo dann zum ältesten argentinischen Spieler, der je ein WM-Tor geschossen hat. Als er im Gruppenspiel gegen Griechenland eingewechselt wurde und zum 2:0-Endstand einnetzte, war er 36 Jahre und 227 Tage alt – ein Jahr und 358 Tage älter als Maradona 16 Jahre davor, der gegen denselben Gegner getroffen hatte.

BRASILIEN

Kein Land verkörpert so sehr die Seele des Fußballs wie Brasilien. Die Spieler in ihren typischen gelben Trikots und blauen Hosen begeisterten schon ganze Generationen von Fußballfans. Auf ihre Kappe gehen einige der schönsten Augenblicke in diesem Sport. Eine FIFA WM™ ohne Brasilien? Unvorstellbar, denn das Land, das Spieler wie Pelé, Garrincha, Zico, Ronaldo, Ronaldinho und Kaká hervorbrachte, war als einziges bei jeder FIFA WM™ dabei. Gewonnen hat Brasilien das Turnier bisher fünfmal – absoluter Rekord.

Über die Grenzen des Kontinents

Bis 2010 war Brasilien das einzige Land, dass eine FIFA WM außerhalb des eigenen Kontinents gewinnen konnte – und das gleich dreimal: 1958 in Schweden, 1994 in den USA und 2002 in Japan und Korea.

Ganz schön knapp

Viele Spiele Brasiliens sind unvergesslich. So ging die 2:3-Niederlage gegen Italien 1982 in die Geschichte der FIFA WM ein. Der Italiener Paolo Rossi schoss damals alle drei Tore, und Brasiliens Trainer Telê Santana erntete viel Kritik, weil er voll auf Angriff setzte, obwohl ein Unentschieden reichte, um die Mannschaft ins Halbfinale zu bringen. Die brasilianische Mannschaft von 1982 mit Spielern wie Sócrates, Zico und Falcão (Trikotnummer 15) gilt als bestes Team, das den Titel nicht gewinnen konnte. Das 3:2 gegen die Niederlande im Viertelfinale 1994 – seit 20 Jahren die erste Begegnung der Länder bei einer WM – war genauso umkämpft, sämtliche Tore fielen erst in der zweiten Halbzeit.

Eröffnungsspiele

Brasilien hat mehr WM-Eröffnungsspiele bestritten als jedes andere Land – bisher waren es neun; dabei sind allerdings auch erste Spiele des Landes bei Weltmeisterschaften bis einschließlich 1962 berücksichtigt, bei denen die Mannschaften ihre ersten Spiele alle gleichzeitig absolvierten. Nach Brasilien folgt Mexiko, das 2010 mit der Partie gegen Südafrika sein siebtes Eröffnungsspiel bestritt. Zuletzt eröffnete Brasilien als Titelverteidiger 1998 eine WM-Endrunde und besiegte im Stade de France im Pariser Vorort Saint-Denis Schottland mit 2:1.

Schlimmste Rivalen

Der älteste Klassiker im brasilianischen Fußball ist das Derby der Klubs Fluminense und Botafogo aus Rio de Janeiro. Zum ersten Mal standen sich die Vereine am 22. Oktober 1905 gegenüber, Fluminense gewann 6:0. Ein Spiel entfachte sogar einen Streit, der 89 Jahre anhielt: Die beiden Mannschaften sahen das Ergebnis der lokalen Meisterschaft von 1907 unterschiedlich und stritten sich bis 1996 um den Titel – dann beschlossen sie, ihn zu teilen.

Brasiliens Bilanz

FIFA WM™	19 Teilnahmen (alle bisherigen Turniere)
Spiele (97)	S 67, U 17, N 15, T 210, GT 88*
Weltmeister (5)	1958, 1962, 1970, 1994, 2002
Vizeweltmeister (2)	1950, 1998
Dritter (2)	1938, 1978
Vierter (1)	1974
Copa América	32 Teilnahmen
Südamerikameister (8)	1919, 1922, 1949, 1989, 1997, 1999, 2004, 2007
Konföderationen-Pokal	Sechs Teilnahmen
Pokalsieger (3)	1997, 2005, 2009
Historisches erstes Länderspiel	Argentinien – Brasilien 3:0 (Buenos Aires, 20. September 1914)
Höchster Sieg	Brasilien – Nigeria 14:0 (Mexiko, 17. Oktober 1975)
Höchste Niederlage	Uruguay – Brasilien 6:0 (Chile, 18. September 1920)

* S = Sieg, U = Unentschieden, N = Niederlage, T = Tore, GT = Gegentore

Das Land des Fußballs

 Kein Land steht mehr für fußballerischen Erfolg als Brasilien. Mit fünf Siegen in der Geschichte der FIFA WM (1958, 1962, 1970, 1994 und 2002) ist das Land Rekordweltmeister. Als einziges Land konnte sich Brasilien jedes Mal für die WM-Endrunde qualifizieren – und galt jedes Mal als Favorit. Nachdem sie 1970 in Mexiko zum dritten Mal gewonnen hatten, durften die Brasilianer den Jules-Rimet-Pokal behalten. Doch leider wurde er 1983 aus der Zentrale des brasilianischen Fußballverbandes gestohlen und nicht wieder aufgefunden. Die Brasilianer bezeichnen ihr Land häufig als »o país do futebol« (»das Land des Fußballs«). Der Sport ist das Lieblingshobby der Kinder und Jugendlichen. Parlamentswahlen werden oft im selben Jahr wie die FIFA WM abgehalten. Kritiker beklagen dabei allerdings, dass die politischen Parteien versuchten, die patriotische Stimmung, die der Fußball im Land erweckt, für ihre Zwecke auszunutzen. Charles William Miller, der Sohn eines schottischen Ingenieurs, brachte das Spiel 1894 nach Brasilien. Doch der Sport wurde erst richtig brasilianisch, als in den 1920-er-Jahren auch farbige Spieler von den Vereinen eingesetzt wurden; wegen seines europäischen Ursprungs galt der Fußball zunächst als Sport der weißen städtischen Oberschicht. Doch schon bald wurde er auch bei den Armen in Brasiliens Großstädten beliebt, denn die Menschen merkten schnell, dass man dazu nur einen Ball brauchte, den man zur Not auch durch ein Bündel Socken, eine Orange oder sogar in Stoff gewickeltes Papier ersetzen konnte.

Vom Spielführer zum Nationaltrainer

 Dunga, 1994 als Mannschaftskapitän mit Brasilien Weltmeister, wurde 2006 brasilianischer Nationaltrainer, obwohl er keine Erfahrung als Trainer hatte. Er gewann zwar mit seiner Mannschaft 2007 die Südamerikameisterschaft und 2009 den Konföderationen-Pokal, aber 2010 flog er aus dem Amt, nachdem Brasilien nach dem 1:2 im Viertelfinale gegen die Niederlande aus dem WM-Turnier in Südafrika ausgeschieden war. Dunga, der mit bürgerlichem Namen Carlos Caetano Bledorn Verri heißt, aber nur mit dem portugiesischen Namen eines der sieben Zwerge (»Dopey«) aus der Disney-Verfilmung des Märchens gerufen wird, musste sich schon vor dem Turnier in der Heimat heftige Kritik gefallen lassen: Vielen gefiel nicht, wie die Mannschaft in der Defensive arbeitete, und Kritiker waren entsetzt darüber, dass er Ronaldinho, Adriano und Alexandre Pato nicht nach Südafrika mitnahm.

Verhängnisvolles 1966

Brasiliens Vorbereitung auf die FIFA WM 1966 in England wurde von vereinspolitischen Streitigkeiten beeinflusst. Alle wichtigen Teams wollten ihre Spieler in der Nationalmannschaft sehen, um sie später besser verkaufen zu können. In den letzten Monaten vor dem Turnier arbeitete der Trainer Vicente Feola mit 46 Spielern, doch nur 22 von ihnen konnten mit nach England fahren. Dies führte zu Spannungen, und die Brasilianer kamen nicht über die Gruppenspiele hinaus – eine ihrer schlechtesten Leistungen überhaupt.

Kälte und Hitze

Die FIFA WM 2010 in Südafrika war eine der bisher wenigen Weltmeisterschaften, die in einem Land abgehalten wurde, in dem es gerade Winter war – und Brasilien machte das von allen Nationen am meisten zu schaffen. Beim Auftaktspiel der »Seleção« hatte es im Ellis-Park-Stadion in Johannesburg nur 3 °C, doch als die Mannschaft später in Durban am Indischen Ozean auf die Portugiesen traf, war es dort 25 °C warm.

Der schwarze Diamant

Leônidas da Silva, gestorben 2004 im Alter von 90 Jahren, gilt als Erfinder des Fallrückziehers. 1938 war er Torschützenkönig der FIFA WM und erzielte vier Tore in einem Spiel gegen Polen. Trotzdem wurde er im Halbfinale nicht aufgestellt. Das sollte sich als Fehler des brasilianischen Trainers Ademar Pimenta erweisen, der seinen Star fürs Endspiel schonen wollte – doch Brasilien wurde von Italien geschlagen. Angeblich trug Leônidas bei seinem letzten Tor gegen Polen keine Schuhe, weshalb der Schiedsrichter den Treffer nicht gelten lassen wollte. Doch Leônidas war nicht dumm: Er stieg mit seinen Füßen in den dunklen Schlamm auf dem Spielfeld – der Schiedsrichter konnte nun nicht mehr erkennen, ob er Schuhe trug oder nicht.

Top Ten Länderspiele

1.	Cafu	142
2.	Roberto Carlos	125
3.	Cláudio Taffarel	101
4.	Djalma Santos	98
5.	Ronaldo	97
6.	Lúcio	96
7.	Gilmar	94
8.	Gilberto Silva	93
9.	Pelé	92
=	Rivelino	92

Die Top Ten Torschützen bei FIFA WM™-Turnieren

1.	Ronaldo (Torschützenkönig 2002)	15
2.	Pelé	12
3.	Ademir (Torschützenkönig 1950)	9
=	Jairzinho (traf bei der FIFA WM 1970 als Einziger bei jedem Spiel)	9
=	Vavá (Co-Torschützenkönig 1962)	9
6.	Leônidas da Silva (Torschützenkönig 1938)	8
=	Rivaldo	8
8.	Careca	7
9.	Bebeto	6
=	Rivelino	6

Top Ten Torschützen

1.	Pelé	77
2.	Ronaldo	62
3.	Romario	55
4.	Zico	52
5.	Bebeto	39
6.	Rivaldo	34
7.	Jairzinho	33
8.	Ademir	32
=	Ronaldinho	32
=	Tostão	32

Der König

Viele halten Pelé für den größten Fußballer aller Zeiten – in Brasilien ist er ein Idol, und das nicht nur wegen seiner Leistungen auf dem Platz. So widmete Pelé zum Beispiel sein 1000. Tor den armen Kindern des Landes. Er debütierte bereits im Alter von 15 Jahren 1956 für den FC Santos und gewann zwei Jahre später seine erste FIFA WM – damit ist er bis heute der jüngste Weltmeister der Fußballgeschichte. Im Endspiel schoss er zwei Tore. Obwohl zahlreiche Angebote von europäischen Vereinen vorlagen, blieb er seinem Verein fast 20 Jahre treu – bis 1974. Niemand schoss mehr Tore für die Seleção und als einziger Fußballer gewann er drei FIFA WM-Titel (1958, 1962, 1970). Beim Turnier 1962 fehlte er verletzungsbedingt bei einigen Spielen und stand auch nicht in der Siegerelf. Seine Medaille wurde ihm von der FIFA im November 2007 rückwirkend überreicht. Als Brasilien 1966 in der WM-Vorrunde nach katastrophalen Leistungen ausschied, verkündete Pelé, er werde nie wieder bei einer WM spielen. Doch er ließ sich überreden und war 1970 Führungsspieler in einer Mannschaft, die als eine der besten aller Zeiten gilt. Von 1974 bis 1977 spielte Pelé in den USA, und lange nach seinem Karriereende wurde er 1995 vom brasilianischen Staatspräsidenten zum außerordentlichen Sportminister ernannt. Die FIFA zeichnete ihn 1999 als »Weltfußballer des Jahrhunderts« aus.

Vertrauen in die Erfahrung

Der brasilianische Spielmacher Kaká wurde bei der FIFA WM 2002 Weltmeister, obwohl er während des Turniers nur ganze 21 Minuten auf dem Rasen war: Beim Gruppenspiel gegen Costa Rica wurde er in der 72. Minute für Rivaldo eingewechselt. Doch Kaká hatte Glück, dass er überhaupt für sein Land auflaufen konnte: Mit 18 drohte er nach einem Badeunfall für immer gelähmt zu bleiben. Seine Genesung bestärkte ihn danach in seinem tiefen christlichen Glauben. 2007 wurde er zum »Weltfußballer des Jahres« gewählt – im gleichen Jahr trug er entscheidend dazu bei, dass der AC Mailand die Champions League gewann. 2009 war er für kurze Zeit der teuerste Spieler der Welt, als Real Madrid 65 Millionen Euro Ablöse für ihn an den AC Mailand überwies. Bei den Weltmeisterschaften 2006 und 2010 war Kaká nicht so erfolgreich, Brasilien schied beide Male im Viertelfinale aus. In Südafrika sah er zudem im Gruppenspiel gegen die Elfenbeinküste Gelb-Rot.

Ronaldo, wo bist du?

Nur ein Mensch weiß genau, was mit Ronaldo in den Stunden vor dem Finale der FIFA WM 1998 los war: er selbst. Es ist eines der größten Rätsel in der Geschichte der FIFA WM, warum sein Name vor dem Spiel zunächst in der Mannschaftsaufstellung fehlte – und dann kurz vor Anstoß doch noch auftauchte. Erst hieß es, Ronaldo leide an einer Knöchelverletzung, später war es eine Magenverstimmung. Schließlich gab der Mannschaftsarzt Lidio Toledo bekannt, der Stürmer sei ins Krankenhaus gebracht worden, nachdem er im Schlaf Krämpfe erlitten hatte. Nach neurologischen und kardiologischen Untersuchungen gaben die Ärzte jedoch grünes Licht. Die dramatischsten Worte zur Vorgeschichte fand Ronaldos Zimmergenosse Roberto Carlos: »Ronaldo hatte Angst vor dem, was da auf ihn zukam. Er wurde mit dem Druck nicht fertig und hörte nicht mehr auf zu weinen«, erzählte der legendäre Verteidiger. »Ungefähr um vier ging es ihm dann richtig schlecht. Da habe ich den Mannschaftsarzt angerufen und ihm gesagt, er solle so schnell wie möglich zu uns kommen.«

Zwei Namen, zwei Länder

Heutzutage dürfen Spieler nicht mehr für zwei Länder antreten, doch José Altafini spielte sowohl für Brasilien als auch für Italien. Der dritterfolgreichste Torschütze in der Geschichte der italienischen Serie A hatte nämlich die doppelte Staatsbürgerschaft. Schon in Brasilien erhielt er den Spitznamen »Mazzola«, da er Valentino Mazzola, einem ehemaligen Stürmer des AC Turin, verblüffend ähnlich sah. Bei der FIFA WM von 1958 spielte er für Brasilien, kam jedoch im Viertelfinale letztmals zum Einsatz. 1962 trat er dann für Italien an, doch das Land schied bereits früh aus.

WM-Torschützen Nummer 70 und 71

Kein Land hat bisher so viele WM-Tore erzielt wie Brasilien und bei keinem verteilen sie sich auf so viele Spieler. Mit den neun Treffern bei der FIFA WM 2010 erhöhte sich die Gesamtzahl auf 210; und der Kreis der WM-Torschützen erweiterte sich nochmals, zuletzt um den Stürmer Luís Fabiano, Neuzugang Nummer 70, und den Innenverteidiger Juan, Neuzugang Nummer 71.

URUGUAY

Uruguay ist das erste – und mit nur knapp vier Millionen Einwohner auch nach wie vor das kleinste – Land, das Weltmeister wurde. Seine Spieler holten den wichtigsten Titel des Fußballs 1930 und 1950, wobei sie beim zweiten Mal den Gastgeber und Favoriten Brasilien in einen Schockzustand versetzten. Außer jüngst dem vierten Platz bei der FIFA WM™ 2010 haben die »Urus« in den letzten Jahren wenige Erfolge aufzuweisen; in der Südamerikameisterschaft kann allerdings nur Argentinien mit den 14 uruguayischen Titelgewinnen mithalten.

Top Ten Torschützen

1.	Héctor Scarone	31
2.	Diego Forlán	29
3.	Ángel Romano	28
4.	Óscar Miguez	27
5.	Sebastián Abreu	26
6.	Pedro Petrone	24
7.	Carlos Aguilera	23
8.	Fernando Morena	22
9.	José Piendibene	20
10.	Severino Varela	19

Eine Mini-WM zum Geburtag

Zum 50-jährigen Jubiläum der FIFA WM wurde im Dezember 1980 und Januar 1981 in Montevideo ein »Mundialito«, also eine »Mini-WM«, veranstaltet – dabei ging, wie schon bei der ersten WM 1930, Uruguay als Sieger hervor. An dem Turnier sollten alle sechs Länder teilnehmen, die bis dahin Weltmeister geworden waren; England, Titelträger 1966, schlug allerdings die Einladung aus und wurde durch die Niederlande, dem Zweiten bei den beiden vorangehenden Endrunden, ersetzt. Uruguay schlug Brasilien im Endspiel mit 2:1, was in Bezug auf Gegner und Ergebnis eine exakte Neuauflage des alles entscheidenden Spieles bei der der FIFA WM 1950 darstellte. Der Mini-WM-Sieger Uruguay wurde von Kapitän Rodolfo Rodríguez angeführt, mit 78 Einsätzen immer noch Rekordnationalspieler seines Landes; trainiert wurde die Mannschaft von Roque Máspoli, der 1950 das Tor gehütet hatte.

Forlán, der Held

Diego Forlán war der überragende Spieler Uruguays bei der FIFA WM 2010. Er schoss fünf Tore – darunter drei von einer Position außerhalb des Strafraums aus, was vor ihm bei WM-Endrunden nur ein einziger Spieler geschafft hat, nämlich Lothar Matthäus 1990. Mit einem weiteren Freistoß aus der Distanz traf er im Spiel um den dritten Platz gegen Deutschland in der letzten Minute die Latte und hätte damit die 2:3-Niederlage seines Teams fast noch abgewendet. Forlán hatte kurz vor der WM den späten 2:1-Siegtreffer für Atlético Madrid im UEFA Europa-League-Endspiel 2009/2010 gegen den FC Fulham erzielt. Der vierte Platz für Uruguay in Südafrika bedeutete auch, dass Diego besser abschnitt als sein Vater Pablo: Der war mit seinem Land bei der FIFA WM 1974 nach der ersten Finalrunde ausgeschieden.

Mein Ball, dein Ball

Uruguay war 1930 der erste WM-Gastgeber und gewann auch den Pokal; schon 1924 in Paris und 1928 hatte das Land Gold bei den Olympischen Fußballturnieren geholt. Zu den Spielern, die an allen drei Triumphen beteiligt waren, gehörte der Stürmer Héctor Scarone, der die uruguayische Rekordtorschützenliste mit 31 Treffern in 52 Länderspielen anführt. Im Endspiel von 1930, bei dem Uruguay seinen Erzrivalen Argentinien mit 4:2 besiegte, kamen zwei verschiedene Bälle zum Einsatz – in der ersten Hälfte, in der die Argentinier mit 2:1 führten, das Leder, das sie mitgebracht hatten, im zweiten Durchgang das Spielgerät der »Urus«, die schließlich die Partie noch drehten.

Top Ten Länderspiele

1.	Rodolfo Rodríguez	78
2.	Fabián Carini	74
3.	Enzo Francescoli	73
4.	Diego Forlán	69
=	Álvaro Recoba	69
6.	Pablo García	68
=	Ángel Romano	68
8.	Carlos Aguilera	65
9.	Jorge Barrios	61
=	Paolo Montero	61

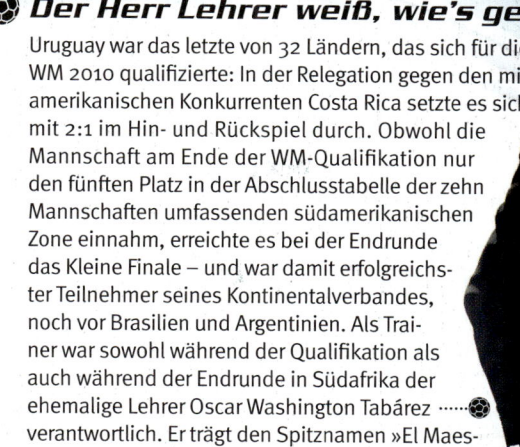

Der Herr Lehrer weiß, wie's geht

Uruguay war das letzte von 32 Ländern, das sich für die FIFA WM 2010 qualifizierte: In der Relegation gegen den mittelamerikanischen Konkurrenten Costa Rica setzte es sich mit 2:1 im Hin- und Rückspiel durch. Obwohl die Mannschaft am Ende der WM-Qualifikation nur den fünften Platz in der Abschlusstabelle der zehn Mannschaften umfassenden südamerikanischen Zone einnahm, erreichte es bei der Endrunde das Kleine Finale – und war damit erfolgreichster Teilnehmer seines Kontinentalverbandes, noch vor Brasilien und Argentinien. Als Trainer war sowohl während der Qualifikation als auch während der Endrunde in Südafrika der ehemalige Lehrer Oscar Washington Tabárez verantwortlich. Er trägt den Spitznamen »El Maestro« und war schon einmal bei einer WM im Amt: 1990, als Uruguay das Achtelfinale erreichte.

Sieg der Unsportlichkeit

Bei der FIFA WM 2010 in Südafrika griff Uruguays Stürmer Luis Suárez in den letzten Sekunden der Verlängerung des Viertelfinalspiels gegen Ghana auf dramatische Weise im eigenen Strafraum ins Geschehen ein. Er wehrte auf der Linie den Ball mit der Hand ab und verhinderte damit ein sicheres Tor für Ghana. Nachdem er dafür eine Rote Karte erhalten hatte, trottete er mit hängendem Kopf durch den Kabinengang des Soccer-City-Stadions in Johannesburg – doch kurz darauf tanzte er vor Freude, denn Asamoah Gyan hatte den fälligen Elfmeter gegen die Latte gezimmert. Das Spiel wurde direkt danach beim Stand von 1:1 abgepfiffen und musste nun durch Elfmeterschießen entschieden werden. Dabei behielt schließlich Uruguay mit 4:2 die Oberhand. Im Halbfinale gegen die Niederlande war Suárez anschließend gesperrt. Diese unsportliche Aktion wurde zu Recht auf breiter Front missbilligt, einzig Maarten Stekelenburg, sein Mannschaftskollege bei Ajax Amsterdam, »gratulierte« dem Stürmer per SMS zu seiner »Parade«.

Seekrank

Obwohl Uruguay 1930 Weltmeister geworden war, verzichtete es vier Jahre später, als das Turnier in Italien abgehalten wurde, auf die Chance, den Titel zu verteidigen. Die Verantwortlichen des uruguayischen Verbandes schmollten, weil 1930 nur vier Länder aus Europa die weite Reise nach Montevideo auf sich genommen hatten, um an der WM teilzunehmen.

Gründervater

Der uruguayische Journalist Héctor Rivadavia Gómez war die treibende Kraft bei der Gründung des südamerikanischen Kontinentalverbandes CONMEBOL, der am 9. Juli 1916 von Uruguay, Brasilien, Chile und Argentinien ins Leben gerufen wurde. Dieses Datum fiel mit dem 100. Jahrestag der argentinischen Unabhängigkeitserklärung zusammen.

Rivalen in Blau

Uruguays 0:6-Heimniederlage gegen Argentinien am 20. Juli 1902 in Montevideo war das erste Fußballländerspiel außerhalb von England und stellt bis heute die höchste Niederlage des Landes überhaupt dar. Die Nachbarn trafen bislang 177-mal in offiziellen Länderspielen aufeinander – das ist Weltrekord. Uruguay hat 53 dieser Vergleiche gewonnen, Argentinien 81; 43-mal trennte man sich mit einem Unentschieden. Bevor man sich 1910 auf einen Tausch der Trikotfarben einigte, trugen die Uruguayer oft längs gestreifte Leibchen in Hellblau und Weiß, während der Erzrivale Argentinien blassblaue Trikots anlegte.

Stammgäste bei der Relegation

Bei den Qualifikationen zu den Weltmeisterschaften von 2002, 2006 und 2010 musste Uruguay jedesmal in die Relegation. 2001 schlugen die Urus Australien mit 3:1 nach Hin- und Rückspiel, vier Jahre später verloren sie gegen denselben Gegner (1:1 nach Hin- und Rückspiel, 2:4 n.E.); 2009 servierten die Uruguayer Costa Rica mit 2:1 nach Hin- und Rückspiel ab und lösten so das Ticket für Südafrika. Darío Silva, der im Relegationsrückspiel gegen Australien am 25. November 2001 das erste Tor zum 3:0 seines Teams erzielte, musste sich fünf Jahre später nach einem Autounfall seinen rechten Unterschenkel amputieren lassen.

ANDERE MANNSCHAFTEN IN SÜDAMERIKA

Ohne Gegenwehr

Chile qualifizierte sich 1974 kampflos für die WM-Endrunde in der Bundesrepublik Deutschland. Die UdSSR weigerte sich, mit ihrem Team im Estadio Nacional von Santiago anzutreten, weil es nach dem von Augusto Pinochet angeführten Militärputsch als Internierungslager für Anhänger des kommunistischen Präsidenten Salvador Allende gedient hatte. Obwohl sie keine Gegner hatten, traten die Chilenen im leeren Stadion an, schossen einmal ins leere Tor und bekamen vom Schiedsrichter den Sieg zugesprochen.

Tims Zeit ist gekommen

Perus Trainer bei der FIFA WM 1982 hieß Tim (eigentlich Elba de Pádua Lima). Der Brasilianer hatte bei der WM 1938 einmal als Stürmer für sein Heimatland gespielt und musste danach 44 lange Jahre warten, bis er wieder zu einer FIFA WM fahren durfte.

Die Nationalstadien der Länder

Bolivien:
Estadio Hernando Siles, La Paz (45 000 Zuschauer)

Chile:
Estadio Nacional de Chile, Santiago (76 500)

Ecuador:
Estadio Olímpico Atahualpa, Quito (55 104)

Kolumbien:
Estadio El Campín, Bogotá (48 300)

Paraguay:
Estadio Defensores del Chaco, Asunción (36 000)

Peru:
Estadio Nacional de Perú, Lima (45 574)

Venezuela:
Estadio Polideportivo de Pueblo Nuevo, San Cristóbal (42 000)

Ein schönes Jubiläum

Chile musste sich exakt 48 Jahre lang gedulden, bis es wieder einen WM-Sieg einfahren konnte. Das lange Warten hatte ein Ende, als Jean Beausejour (mit der Trikotnummer 15) am 16. Juni 2010 das goldene Tor gegen Honduras erzielte. Am 16. Juni 1962 hatte Chile bei der WM im eigenen Land im Spiel um den dritten Platz Jugoslawien ebenfalls mit einem 1:0 bezwungen, Torschütze war damals Eladio Rojas. In der Zeit zwischen diesen beiden Spielen kassierte Chile bei seinen WM-Teilnahmen sieben Niederlagen und spielte sechsmal unentschieden.

Sechs und raus

Bolivien und El Salvador trugen bisher die meisten Spiele bei Weltmeisterschaften aus, ohne auch nur ein einziges zu gewinnen: nämlich jeweils sechs. Bolivien erreichte 1994 immerhin ein torloses Unentschieden gegen Südkorea. 1930 und 1994 war das Land fünf WM-Spiele hintereinander torlos, bis Erwin Sánchez im letzten Gruppenspiel zumindest dieser Durststrecke beim 1:3 gegen Spanien ein Ende setzte. Der unfreiwillige Rekord von sechs WM-Spielen ohne Sieg wurde 2010 sowohl von Honduras als auch von Neuseeland eingestellt. Honduras spielte 1982 zweimal unentschieden und verlor einmal, und 2010 unterlag es zweimal und erreichte ein Unentschieden. Neuseeland verlor 1982 alle drei Spiele, und 2010 trennte es sich von allen seinen Gruppengegnern mit einem Remis.

Heimatschutz

Als einziges Land kassierte Kolumbien bei einer Copa América kein Gegentor – und zwar als es das Turnier 2001 zum bisher einzigen Mal ausrichtete und gewann. Mit sechs Treffern wurde Stürmer Víctor Aristazábal Torschützenkönig des Turniers, doch das einzige Tor im Finale gegen Mexiko schoss der vielseitige Verteidiger Iván Córdoba. Kolumbien hätte das Turnier beinahe nicht austragen dürfen, da ernsthafte Sicherheitsbedenken bestanden und Argentinien deswegen schon seine Teilnahme abgesagt hatte. Kurzfristig wurde überlegt, das Turnier nach Venezuela zu verlegen, doch schließlich hielt die Südamerikanische Fußball-Konföderation (CONMEBOL) an Kolumbien als Austragungsort fest.

Südamerikanische Eroberungszüge

Chile und Paraguay gewannen in der Qualifikation zur WM 2010 in der südamerikanischen Zone beide je zehn Spiele – mehr als irgendeiner ihrer Konkurrenten; selbst Brasilien brachte es nur auf 9 Siege. In der Qualifikationsrunde zur WM 2010 überschritt Paraguay erstmals die 30-Punkte-Schwelle, seitdem 10 Teams in 18 Begegnungen gegeneinander antreten.

Raus mit euch!

Als Uruguay im Juni 1975 gegen Chile spielte, wurden 19 Spieler vom Platz gestellt: zehn Chilenen und neun Uruguayer. Der Schiedsrichter Sergio Vasquez, ein Chilene, wurde später suspendiert und musste eine Strafe zahlen, weil er die Kontrolle verloren hatte.

Etwas Neues für Ecuador

Mit dem Sieg bei der Copa Libertadores (vergleichbar der europäischen Champions League) 2008 errang der Klub LDU Quito aus der ecuadorianischen Hauptstadt den bislang einzigen internationalen Titel für sein Land. Die Mannschaft schlug Fluminense aus Rio im Finale mit 3:1 nach Elfmeterschießen – nach Hin- und Rückspiel lautete das Ergebnis in der Addition 5:5. Noch im selben Jahr verlor LDU im Finale der FIFA Klub-Weltmeisterschaft, dem Nachfolger des Weltpokals, gegen Manchester United.

Höhenluft

Kein Land trägt seine Heimspiele in ähnlichen Höhenlagen aus wie Bolivien und Ecuador. Boliviens Vorzeigestadion, das Estadio Hernando Siles in der Hauptstadt La Paz, liegt 3637 Meter über dem Meeresspiegel, Ecuadors Estadio Olímpico Atahualpa in Quito 2850 Meter. Gegnerische Mannschaften beschwerten sich häufig, dass die dünne Luft den mit diesen Verhältnissen nicht vertrauten Gästen das Atmen und Spielen erheblich erschwere. Daraufhin verfügte die FIFA im Mai 2007, dass Spiele in internationalen Wettbewerben nur in Stadien ausgetragen werden dürften, die unterhalb von 2500 Metern liegen; nur einen Monat später wurde diese Grenze auf 3000 Meter angehoben und eine Ausnahmegenehmigung für das Estadio Hernando Siles erlassen. Nach Protesten von Bolivien, Ecuador, Kolumbien und Peru wurden diese Höhenbegrenzungen im Mai 2008 komplett abgeschafft. Zu den Gegnern des zwischenzeitlichen Erlasses gehörte auch die argentinische Fußballlegende Diego Maradona. Der sollte dies jedoch bald bereuen: Im April 2009 fegte Bolivien in einem FIFA WM-Qualifikationsspiel in La Paz die argentinische Mannschaft mit 6:1 vom Platz. Argentiniens Trainer war kein Geringerer als Maradona.

Paraguay packt das Viertelfinale

Bei seiner achten WM-Teilnahme 2010 in Südafrika war Paraguay zum ersten Mal nach der Gruppenphase Tabellenerster. Doch es kam noch besser: Paraguay zog ins Viertelfinale ein; dort scheiterte man knapp mit 0:1 gegen Spanien. Durch den Achtelfinalsieg gegen Japan im Elfmeterschießen – Óscar Cardozo (Trikotnummer 7) verwandelte den entscheidenden Strafstoß – war es eine von insgesamt vier südamerikanischen Mannschaften, die bis ins Viertelfinale kamen. Damit erreichten zum ersten Mal mehr Mannschaften aus Südamerika die Runde der letzten acht als aus Europa. Allerdings gab es bei den Turnieren 1930, 1950, 1974, 1978 und 1982 kein Viertelfinale.

Glück für Leo

Der Chilene Leonel Sánchez absolvierte die meisten Länderspiele für sein Land. In 84 Spielen schoss er 23 Tore. Bei einem davon war es pures Glück, dass er überhaupt noch auf dem Rasen stand, denn er wäre in der FIFA WM 1962 beinahe vom Platz gestellt worden, weil er den Italiener Mario David im sogenannten »Rasenkrieg von Santiago« ins Gesicht geschlagen und ihm das Nasenbein gebrochen hatte. Am Ende des Turniers erhielt der Linksaußen Sánchez, geboren am 25. April 1936, zusammen mit sechs anderen Spielern den »Goldenen Schuh«. Wie die Brasilianer Garrincha und Vavá, der Russe Walentin Iwanow, der Jugoslawe Dražan Jerković und der Ungar Flórian Albert schoss er vier Tore.

Kein Schuh für Peru

Der peruanische Stürmer Teófilo Cubillas schoss als erster Spieler bei zwei FIFA Weltmeisterschaften jeweils fünf Tore: 1970 und 1978. Beide Male reichte das jedoch nicht, um den Preis für den besten Torschützen zu gewinnen. Der Deutsche Miroslav Klose tat es ihm gleich und erzielte 2002 und 2006 ebenfalls je fünf Treffer; 2006 wurde er mit dem »Goldenen Schuh« ausgezeichnet.

Die meisten Tore bei Länderspielen

Bolivien:	Joaquín Botero	20
Chile:	Marcelo Salas	37
Ecuador:	Agustín Delgado	31
Kolumbien:	Arnoldo Iguarán	25
Paraguay:	José Saturnino Cardozo	25
Peru:	Teófilo Cubillas	26
Venezuela:	Giancarlo Maldonado	19

Die meisten Einsätze

Land	Spieler	Einsätze
Bolivien:	Luis Cristaldo und Marco Sandy	93
Chile:	Leonel Sánchez	84
Ecuador:	Iván Hurtado	167
Kolumbien:	Carlos Valderrama	111
Paraguay:	Carlos Gamarra	110
Peru:	Roberto Palacios	122
Venezuela:	José Manuel Rey	109

Top Ten Torschützen – Paraguay

1.	José Saturnino Cardozo	25
2.	Roque Santa Cruz	21
3.	Julio César Romero	13
=	Saturnino Arrúa	13
5.	Carlos Gamarra	12
=	Gerardo Rivas	12
7.	Miguel Ángel Benítez	11
8.	Salvador Cabañas	10
=	Aurelio González	10
=	Carlos Humberto Paredes	10
=	Juan Bautista Villalba	10

René Higuita

Dem exzentrischen Torhüter René Higuita, genannt »El Loco« (der Verrückte), gelang es, drei Tore für sein Land zu schießen. Berühmt wurde er jedoch für seinen akrobatischen »Skorpion-Kick« in Wembley im September 1995. Damals warf er sich in die Luft und wehrte einen Schuss von Jamie Redknapp mit den Fersen ab. Bei der FIFA WM 1990 spielte Higuita für Kolumbien, doch die Endrunde 1994 verpasste er, weil er nach seiner Beteiligung an einer Entführung eine siebenmonatige Gefängnisstrafe absitzen musste. Im November 2004 wurde er außerdem positiv auf Kokain getestet.

Die glücklichen drei

Der erste Spieler, der dreimal zu Südamerikas »Fußballer des Jahres« gewählt wurde, war der chilenische Innenverteidiger Elías Figueroa. In drei aufeinanderfolgenden Jahren von 1974 bis 1976 holte er sich als Spieler des brasilianischen Vereins SC Internacional aus Porto Alegre die Trophäe. Nur zwei weitere Spieler konnten solch ein Triple wiederholen: der Brasilianer Zico (1977, 1981 und 1982) und der argentinische Stürmer Carlos Tévez (2003, 2004 und 2005). Zwei weitere Chilenen gewannen die Auszeichnung ebenfalls: Marcelo Salas 1997 und Matías Fernández 2006. Sieht man von Brasilien und Argentinien ab, so gingen die meisten Preise nach Chile und Paraguay, nämlich jeweils fünf. Aus Paraguay stammten Romerito (1985), Raúl Vicente Amarilla (1990), José Luis Chilavert (1996), José Cardozo (2002) und Salvador Cabañas (2007).

Iván, der Bewundernswerte

Der ecuadorianische Verteidiger Iván Hurtado hat die meisten Länderspiele für ein südamerikanisches Land absolviert. Seit seinem Debüt 1992 kam er 167-mal zum Einsatz und schoss dabei fünf Tore. Als Ecuador 2002 zum ersten Mal an einer FIFA WM teilnahm, war er einer der wichtigsten Spieler. Vier Jahre später führte er als Kapitän seine Mannschaft ins Achtelfinale.

Mord in Medellín

Der kolumbianische Abwehrspieler Andrés Escobar wurde im Alter von 27 Jahren vor einer Kneipe in Medellín erschossen – nur zehn Tage, nachdem er in einem Gruppenspiel bei der FIFA WM 1994 gegen die USA ein Eigentor geschossen hatte. Die Kolumbianer verloren das Spiel mit 1:2 und schieden damit aus dem Turnier aus, obwohl einige Experten, darunter auch Pelé, sie für die Favoriten gehalten hatten.

Südafrika – Chile und zurück

Der Chilene Mark González, der bei der FIFA WM 2010 in Südafrika den Siegtreffer gegen die Schweiz erzielte, hätte auch für den WM-Gastgeber spielen können. Er wurde am 10. Juli 1984 in der südafrikanischen Stadt Durban geboren, wo sein aus Chile stammender Vater Raúl Gonzáles damals spielte. Doch Mark Gonzáles zog mit 10 Jahren nach Chile und tritt seit 2003 für das Land seiner Familie an. Gonzáles konnte bei keiner der vier Partien der Chilenen seiner Geburtsstadt einen Besuch abstatten, da alle in anderen Städten ausgetragen wurden.

Top Ten Länderspiele – Paraguay

1.	Carlos Gamarra	110
2.	Denis Caniza	99
3.	Roberto Acuña	97
4.	Celso Ayala	85
5.	José Saturnino Cardozo	82
6.	Roberto Fernández	78
=	Justo Villar	78
8.	Juan Bautista Torales	77
9.	Paulo da Silva	76
10.	Roque Santa Cruz	75

Wie verrückt gehalten

Keinen einzigen Ball ließ Oscar Córdoba während der Copa América 2001 in sein Tor und führte Kolumbien damit zum Turniersieg im eigenen Land. Mit 73 Einsätzen zwischen 1993 und 2006 ist er heute der Rekordtorhüter Kolumbiens.

Viermal dabei gewesen

Mit seinem einen Einsatz gegen Neuseeland bei der WM 2010 wurde der Innenverteidiger und Mannschaftskapitän Denis Caniza zum ersten Spieler aus Paraguay, der schon an vier Weltmeisterschaften teilgenommen hat. Er hat jetzt auch mehr WM-Partien bestritten als irgendein anderer paraguayischer Spieler – 12 an der Zahl. Mit insgesamt 99 Einsätzen steht er auf Platz zwei der Rekordnationalspieler des Landes. Nach der WM 2006 hatte er seinen Rücktritt von der Nationalelf erklärt, wurde jedoch vom neuen Trainer Gerardo Martino zum Weitermachen überredet.

Die Ära von Salas

Chiles Rekordtorschütze Marcelo Salas bildete in den Jahren um die Jahrtausendwende mit Iván Zamorano ein gefürchtetes Goalgetter-Duo. Salas schoss vier Tore bei der FIFA WM 1998 in Frankreich, bei der Chile das Achtelfinale erreichte, obwohl es in der Gruppenphase kein einziges Spiel gewann, sondern nur Unentschieden fabrizierte. Von 2005 bis 2007 zog sich der in der südchilenischen Stadt Temuco geborene Stürmer aus der Nationalmannschaft zurück, stieß dann aber für die ersten vier Qualifikationsspiele zur WM 2010 wieder zum Team. Unter anderem sorgte er am 18. November 2007 beim 2:2 gegen Uruguay für die beiden chilenischen Treffer, doch seine Länderspielkarriere endete drei Tage später nach der 0:3-Niederlage gegen Paraguay für immer.

AFRIKA

Afrika hat schon immer hervorragende Spieler hervorgebracht – lange bevor Nationen wie Kamerun, Nigeria und später die Elfenbeinküste und Ghana international auf sich aufmerksam machten. Der Kontinent stand auch im Jahr 2010 im Mittelpunkt des weltweiten Interesses, als Südafrika die FIFA Weltmeisterschaft™ 2010 ausrichtete.

NORDAFRIKA
FIFA WM™-REKORDE

Afrikas erstes WM-Tor

Abdel-Rahman Fawzi war der erste Fußballspieler aus Afrika, der bei einer WM traf: Im Achtelfinale der FIFA WM 1934 erzielte der Ägypter im Spiel gegen Ungarn den 1:2-Anschlusstreffer. Acht Minuten später schoss er auch noch das Ausgleichstor, und mit dem Spielstand von 2:2 ging es in die Pause. Ägypten unterlag Ungarn schließlich mit 2:4 und musste 56 Jahre bis zu seiner nächsten WM-Teilnahme warten.

Ohne uns!

Marokkos Qualifikation für die FIFA WM 1970 beendete eine 36-jährige afrikanische Abstinenz bei WM-Endrunden. Auch an der FIFA WM 1966 in England hatte kein einziges Team aus Afrika teilgenommen: Alle 16 Nationen, die in die Qualifikation gehen sollten, hatten ihre Bewerbungen zurückgezogen, weil die FIFA für Afrika nur einen einzigen WM-Startplatz gemeinsam mit Asien und Ozeanien vorgesehen hatte, der in einer Relegation ausgespielt werden sollte.

Ewig jung

Der tunesische Torwart Ali Boumnijel bestritt alle drei Partien seines Landes bei der FIFA WM 2006. Er war damit der älteste Spieler, der beim Turnier in Deutschland auflief – und gleichzeitig erst der fünfte über Vierzigjährige bei Weltmeisterschaften. Boumnijel kassierte in diesen drei Spielen sechs Gegentore: zwei beim 2:2 gegen Saudi-Arabien, drei beim 1:3 gegen Spanien und eines bei der 0:1-Niederlage gegen die Ukraine.

Reihenweise Rot

Die Gelb-Rote Karte, die der Algerier Anthar Yahia bei der WM 2010 in der Partie gegen die USA für wiederholtes Foulspiel in der 3. Minute der Nachspielzeit bekam (Algerien verlor das Spiel mit 0:1), war nicht nur der späteste Platzverweis, den es je in einem WM-Spiel ohne Verlängerung gegeben hat, sondern stellte auch einen neuen WM-Rekord dar: 2010 wurde an acht aufeinanderfolgenden Tagen immer mindestens ein Spieler vorzeitig zum Duschen geschickt.

Anthar, der Star

Mit dem 1:0-Siegtreffer im Entscheidungsspiel der Qualifikation zur WM 2010 gegen den Erzrivalen Ägypten wurde Anthar Yahia zum Helden Algeriens. Der Abwehrspieler wurde 1982 im elsässischen Mulhouse geboren und spielte in der französischen U-18, ehe er sich 2004 für Algerien entschied. Bei seinem Debüt in der algerischen U-23 war er gleich als Torschütze erfolgreich.

Showdown im Sudan

Als ob die historische Rivalität zwischen Algerien und Ägypten nicht schon heftig genug wäre, mussten die beiden nordafrikanischen Länder bei der Qualifikation zur WM 2010 gleich dreimal gegeneinander antreten. Ein 2:0 für Ägypten im regulären zweiten Qualifikationsspiel der beiden Länder hatte dazu geführt, dass sie am Ende der Runde in ihrer Gruppe punktgleich waren, die gleiche Tordifferenz aufwiesen, gleich viele Tore geschossen hatten und auch die Spiele untereinander mit 3:3 Toren unentschieden standen. Daher wurde ein Entscheidungsspiel im neutralen Sudan anberaumt. Dort schoss dann der Algerier Anthar Yahia (rechts) das einzige Tor des Spiels und brachte sein Land nach 24 Jahren zum ersten Mal wieder in eine WM-Endrunde. In beiden Ländern sahen sich die Regierungen dazu gezwungen, die Bevölkerung zur Ruhe und Besonnenheit aufzurufen, nachdem es vor dem entscheidenden Match Vorwürfe über vermeintliche Angriffe gegen den algerischen Mannschaftsbus und gegen ägyptische Fans gegeben hatte.

Marokko trumpft auf

Marokko ist das einzige nordafrikanische Land, das den Einzug in ein WM-Achtelfinale geschafft hat: 1986 unterlag man dem späteren Vizeweltmeister Deutschland mit 0:1. Bei dieser WM in Mexiko standen die Marokkoner als erstes afrikanisches Land am Ende der Gruppenphase an der Spitze ihrer Gruppe – vor England, Polen und Portugal. Entscheidend war dabei das 3:1 im letzten Gruppenspiel gegen Portugal, nachdem das Team vorher gegen England und Polen jeweils ein torloses Unentschieden erreicht hatten. England büßte in seinem Match gegen die Nordafrikaner zwei Spieler ein: Kapitän Bryan Robson renkte sich in der 4. Minute die Schulter aus und der Ersatzkapitän Ray Wilkins erhielt in der 42. Minute einen Platzverweis. Abderrazak Khairi schoss zwei der drei Tore gegen Portugal; das deutsche Siegtor im Achtelfinale erzielte Lothar Matthäus erst drei Minuten vor Spielende per Freistoß.

Nordafrikanische Länder: Beste Ergebnisse bei Weltmeisterschaften

Ägypten: Erste Runde 1934, 1990
Algerien: Erste Runde 1982, 1986, 2010
Marokko: Achtelfinale 1986
Tunesien: Erste Runde 1978, 1998, 2002, 2006

Nordafrikanische Länder: Erfolgreiche WM-Qualifikationen

Algerien: 3 (1982, 1986, 2010)
Ägypten: 2 (1934, 1990)
Marokko: 4 (1970, 1986, 1994, 1998)
Tunesien: 4 (1978, 1998, 2002, 2006)

Nordafrikanische Länder: Erfolgreichste WM-Torschützen

Salah Assad (Algerien) 2
Salaheddine Bassir (Marokko) 2
Abdel-Rahman Fawzi (Ägypten) 2
Abdeljalil Hadda (Marokko) 2
Abderrazak Khairi (Marokko) 2

Eigengewächs

Von den sechs afrikanischen Mannschaften, die an der FIFA WM 2010 teilnahmen, wurde nur eine von einem afrikanischen Trainer geführt: In seiner fünften Amtszeit seit 1981 hatte Rabah Saâdane bei Algerien die Verantwortung für das Team. Er hatte Algerien schon 1986 zur WM in Mexiko geführt, war aber mit dem Team in der Gruppenphase ausgeschieden. Neben Honduras war Algerien 2010 das einzige Land, das nicht ein einziges Tor zustande brachte; allerdings ließ man in drei Spielen auch nur zwei Gegentreffer zu – je einen bei den 0:1-Niederlagen gegen die Slowakei und die USA. Gegen England erreichte Algerien überraschend ein torloses Unentschieden – es war das erste Mal, dass ein Team aus Nordafrika bei einer WM-Endrunde zu null gespielt hatte.

Mahmoud macht's möglich

Ägypten, das 1934 als erste afrikanische Nation an einer WM teilnahm, musste zwei Spiele absolvieren, um sich für dieses Turnier zu qualifizieren. Gegner war der Vorläufer der israelischen Nationalmannschaft, die den Namen »Palästina/Eretz Israel« trug (Palästina unterstand damals dem britischen Völkerbundsmandat). Die Ägypter gewannen beide Spiele, in Kairo mit 7:1, in Jerusalem mit 4:1. Der ägyptische Kapitän und Stürmer Mahmoud Moktar El-Tetch schoss im ersten Spiel einen Hattrick und ließ im zweiten einen Doppelpack folgen. Die Türkei sollte ebenfalls gegen die beiden Mannschaften antreten, zog dann aber zurück. Damit war für Ägypten der Weg nach Italien geebnet.

Tunesisches Triple

Tunesien war das erste afrikanische Land, das eine WM-Begegnung gewinnen konnte: 1978 schlug es im argentinischen Rosario Mexiko mit 3:1. Die Torschützen waren damals Ali Kaabi, Nejib Ghommidh und Mokhtar Dhouib. Mit Marokko teilt sich Tunesien zwar den nordafrikanischen Rekord von vier WM-Teilnahmen, doch es ist das einzige Land aus dem Norden des Kontinents, das sich dreimal hintereinander für eine Endrunde qualifizieren konnte – 1998, 2002 und 2006. Zu den Spielern, die an allen drei Turnieren teilnahmen, zählten der Kapitän von 2006, Riadh Bouazizi, sowie Hatem Trabelsi und Radhi Jaïdi.

Schluss mit dem Taktieren

Die Begegnung zwischen Marokko und Saudi-Arabien, bei der die Nordafrikaner 1994 mit 1:2 unterlagen, war eines der beiden letzten normalen Gruppenspiele, die gleichzeitig ausgetragen wurden; im anderen Match besiegte Belgien die Niederlande zeitgleich mit 1:0. Alle vier Mannschaften waren in Gruppe F und hatten danach jeweils noch ein Spiel zu bestreiten. Von da an wurden die Gruppenspiele so angesetzt, dass nur die beiden Abschlussspiele jeder Gruppe gleichzeitig stattfinden.

NORDAFRIKA NATIONALE REKORDE

Raub der Flammen

Wichtige Dokumente des afrikanischen Fußballverbandes CAF wurden ursprünglich in der Hauptstelle des Sudanesischen Fußballverbandes in Khartoum gelagert, doch nur ein paar Monate nach der Gründung des Kontinentalverbandes wütete dort eine Feuersbrunst und vernichtete sie; das veranlasste die CAF, ihren offiziellen Hauptsitz nach Kairo zu verlegen.

Gründerväter

Der afrikanische Fußballverband CAF (»Confederation of African Football« bzw. »Confédération Africaine de Football«) wurde offiziell am 7. Februar 1957 in der sudanesischen Hauptstadt Khartoum bei einem Treffen im Grand Hotel gegründet – drei Tage vor Beginn der ersten Afrikameisterschaft, die ebenfalls in Khartoum stattfand. Bei der ersten Versammlung waren Vertreter des Sudan, Südafrikas, Äthiopiens und Ägyptens vor Ort, der Ägypter Abdel Aziz Abdallah Salem wurde zum ersten Präsidenten des Verbandes gewählt.

Aufstieg in die Top Ten

Im Februar 2010 stellte Ägypten einen neuen Rekord auf, als das Land zum dritten Mal hintereinander die Afrikameisterschaft gewann. Dadurch kletterte es auch in der offiziellen FIFA-Weltrangliste bis auf Platz zehn. Nigeria ist der einzige Vertreter Afrikas, der bislang besser platziert war – im April 1994 lag das Land auf Platz fünf.

Erlaubte Einmischung

Der erste afrikanische Schiedsrichter, der ein WM-Endspiel leitete, war der Marokkaner Said Belqola – 1998, als der Gastgeber Frankreich mit 3:0 über Brasilien triumphierte. Besonders ins Blickfeld geriet Belqola in der 68. Minute, als er den Franzosen Marcel Desailly vorzeitig zum Duschen schickte – es war erst die dritte Rote Karte, die in einem WM-Finale gegeben wurde. Belqola war damals 41 Jahre alt. Nicht einmal vier Jahre später starb er an Lungenkrebs.

Aller guten Dinge sind 15

Bei der 0:21-Klatsche 1966 durch Libyen hatte sich der Oman noch vorzeitig davonstehlen können (siehe »Schlechte Verlierer« auf der rechten Seite), doch bei der zweithöchsten Niederlage einer afrikanischen Mannschaft musste er die vollen 90 Minuten ertragen. Abermals war es eine Mannschaft aus Nordafrika, die dem Land eine bittere Lektion erteilte: Im September 1965 schickte der Sudan den Oman mit einer 15:0-Packung nach Hause. Der Sudan zog in diesem Spiel mit Ägypten gleich, das Laos im November 1963 mit dem gleichen Ergebnis abgefertigt hatte.

Nordafrika – Rekordtorschützen (Auswahl)

Ägypten: Hossam Hassan	69
Algerien: Abdelhafid Tasfaout	35
Libyen: Tariq at-Ta'ib	14
Marokko: Salaheddine Bassir	25
Sudan: Haytham Tambal	26
Tunesien: Francileudo Santos	22

Schlechte Verlierer

Libyen könnte eigentlich den Rekord für den höchsten Sieg einer afrikanischen Mannschaft für sich beanspruchen: Im April 1966 hatte es sich beim Arab Nations Cup gegen den Oman eine 21:0-Führung zusammengeballert. Doch zehn Minuten vor Spielende verließen die omanischen Kicker aus Protest gegen einen aus ihrer Sicht ungerechtfertigten Strafstoß für Libyen den Platz und schieden danach aus dem Turnier aus. Von den 21 Treffern erzielte Ahmed Ben Suwed neun, Ali Al-Baski sieben und Mahmoud Al-Jahani vier; außerdem war Mahmoud Zand noch erfolgreich. Ahmed Ben Suwed und Ali Al-Baski gelangen später im Turnier jeweils ein Fünferpack, als Libyen den Nordjemen mit 13:0 zerlegte. Trotzdem wurde Libyen am Ende nur Dritter, nachdem es sein Halbfinalspiel gegen den Irak verloren hatte.

Ein halbes Jahrhundert

Bei dem Freundschaftsspiel zwischen Ägypten und Schweden, mit dem der afrikanische Fußballverband im Februar 2007 seinen 50. Geburtstag feierte, sorgten Amr Zaki und Ahmed Fathy mit je einem Treffer für einen 2:0-Sieg für den amtierenden Afrikameister.

Kopf-Crash

Die internationale Laufbahn von Abdelhafid Tasfaout, der immer noch Torschützenkönig von Algerien ist, fand bei der Afrikameisterschaft 2002 ein jähes Ende – und das Ganze hätte noch viel schlimmer kommen können. Nach einem Zusammenprall mit dem malischen Verteidiger Boubacar Diarra knallte Tasfaout ungebremst auf den Rasen, verlor das Bewusstsein und verschluckte seine Zunge; zum Glück überlebte er diesen schweren Zwischenfall. Tasfaout, der sechs Jahre in der ersten und zweiten französischen Liga gespielt hatte, schoss von 1990 bis 2002 in 62 Spielen 35 Tore für Algerien.

Nordafrika – Rekordnationalspieler (Auswahl)

Ägypten: Ahmed Hassan	173
Algerien: Mahieddine Meftah	107
Libyen: Tariq at-Ta'ib	77
Marokko: Abdelmajid Dolmi	124
Sudan: Haitham Mustafa	102
Tunesien: Sadok Sassi	110

Frischgebackener Tunesier

Francileudo Santos, der amtierende tunesische Rekordtorschütze, kam nicht in Tunesien auf die Welt. Tatsächlich besuchte der gebürtige Brasilianer erst mit 16 Jahren zum ersten Mal das nordafrikanische Land und nahm 2003 im Alter von 24 Jahren dessen Staatsbürgerschaft an; von 1998 bis 2000 hatte er für Étoile Sportive du Sahel, den führenden Verein Tunesiens, gespielt. Als frischgebackener Staatsbürger unterstützte er sein Land, Ausrichter der Afrikameisterschaft 2004, das Turnier auch zu gewinnen: Er schoss vier Tore, darunter auch den Führungstreffer im Endspiel gegen Marokko. Aufgrund einer Knieverletzung konnte er bei der WM zwei Jahre später nur 11 Minuten spielen, danach wurde er aber wieder fit und beanspruchte einen Stammplatz in der tunesischen Auswahl. Mittlerweile hat er es in 40 Länderspielen auf 22 Tore gebracht.

SCHWARZAFRIKA FIFA WM™-REKORDE

Alle mögen Madiba

Neben dem eigentlichen Endspiel der FIFA WM 2010 war am 11. Juli 2010 im Soccer-City-Stadion in Johannesburg der legendäre südafrikanische Ex-Präsident Nelson Mandela eine der Hauptattraktionen. Der gebrechliche, fast 92 Jahre alte Mann, den die meisten Südafrikaner liebevoll mit seinem Clannamen »Madiba« nennen, wurde vor dem Spiel mit einem Golfwagen auf den Platz gefahren und von der Menge frenetisch bejubelt. Es war sein einziger Auftritt beim Turnier: Mandela wollte ursprünglich am 11. Juni der Eröffnungsfeier und dem Eröffnungsspiel beiwohnen, doch wegen des Todes seiner 13-jährigen Urenkelin, die am Abend zuvor bei einem Autounfall ums Leben gekommen war, sagte er seine Teilnahme kurzfristig ab. Bei der Wahl um die Vergabe der WM 2010, die von der FIFA 2004 in Zürich durchgeführt wurde und bei der schließlich Südafrika als Gewinner hervorging, war Mandela einer der prominentesten Gäste.

Rot-König Rigobert

Erst zwei Spieler wurden bei zwei verschiedenen FIFA WM-Turnieren vom Platz gestellt: Rigobert Song (Kamerun) sah 1994 gegen Brasilien und 1998 gegen Chile Rot, Zinedine Zidane 1998 gegen Saudi-Arabien und im Endspiel der FIFA WM 2006 gegen Italien. Song ist der jüngste Spieler, der jemals bei einer WM vom Feld gestellt wurde, er war 1994 gerade 17 Jahre und 358 Tage alt. Der am 1. Juli 1976 in Nkanglikock geborene Song ist der Spieler mit den meisten Einsätzen in der Nationalmannschaft von Kamerun: 137-mal spielte er für sein Land, auch beim Gewinn der Afrikameisterschaft 2000 und 2002. 2008 gesellte sich sein Neffe, der Arsenal-Allrounder Alexandre Song-Billong, in der Nationalmannschaft zu ihm. Rigobert Song hat seine Länderspielkarriere am 1. August 2010 beendet.

Schwarzafrikanische Länder: Beste Ergebnisse bei Weltmeisterschaften

Angola: Erste Runde 2006
Elfenbeinküste: Erste Runde 2006, 2010
Ghana: Viertelfinale 2010
Kamerun: Viertelfinale 1990
Nigeria: Achtelfinale 1994, 1998
Senegal: Viertelfinale 2002
Südafrika: Erste Runde 1998, 2002, 2010
Togo: Erste Runde 2006
Zaire/Demokratische Republik Kongo:
  Erste Runde 1974

Schwarzafrikanische Länder: Erfolgreiche WM-Qualifikationen

Kamerun: 6 (1982, 1990, 1994, 1998, 2002, 2010)
Nigeria: 4 (1994, 1998, 2002, 2010)
Südafrika: 3 (1998, 2002, 2010)
Elfenbeinküste: 2 (2006, 2010)
Ghana: 2 (2006, 2010)
Angola: 1 (2006)
Senegal: 1 (2002)
Togo: 1 (2006)
Zaire/Demokratische Republik Kongo: 1 (1974)

Gezähmte Löwen

Das dritte und letzte Spiel von Kamerun bei der WM 2010, das mit 1:2 gegen die Niederlande verloren ging, machte das westafrikanische Land zur ersten Nation aus Afrika, die bereits 20 WM-Spiele bestritten hat. Doch kein Kameruner hatte Lust, diesen Rekord groß zu feiern, denn die von dem Franzosen Paul Le Guen gecoachten »unzähmbaren Löwen« waren zuvor schon aus dem Turnier ausgeschieden.

Roger, Roger!

Kameruns Stürmerstar Roger Milla war berühmt für seinen Torjubel an der Eckfahne. Er ist der älteste Torschütze einer FIFA WM-Endrunde – als er 1994 gegen Russland traf, war er 42 Jahre und 39 Tage alt. Milla kam während dieses Turniers mehrfach als Einwechselspieler zum Zug, wobei sein Nachname auf die Rückseite seines Trikot nur mit der Hand daraufgeschrieben worden war. Der am 20. Mai 1952 in Yaoundé geborene Milla hatte 1987 seine Nationalmannschaftskarriere schon beendet und sich auf der Insel La Réunion zur Ruhe gesetzt, aber Staatspräsident Paul Biya überredete ihn ein Jahr vor der FIFA WM 1990, Kameruns Auswahl bei der anstehenden Endrunde zu verstärken. Dank seiner Tore im WM-Turnier 1990 wurde er in diesem Jahr ein zweites Mal zu »Afrikas Fußballer des Jahres« gewählt – diese Auszeichnung hatte er bereits 1976 erhalten. Milla beendete seine Karriere nach der FIFA WM 1994 in den USA endgültig, mit 102 Einsätzen und 28 Toren.

Henri und die Ivorer

2006 bedauerten es viele, dass die Elfenbeinküste trotz ihrer starken Leistungen schon nach der Gruppenphase nach Hause fahren musste, aber leider sah es für sie von Anfang an nicht gut aus, denn das Team war bei der Endrundenauslosung in die »Todesgruppe« C befördert worden, mit Titelfavoriten wie Argentinien und den Niederlanden. Die Ivorer glänzten mit Stars wie Didier Drogba, Didier Zokora und den Brüdern Kolo und Yaya Touré und wurden von dem Franzosen Henri Michel trainiert, der damit zum vierten Mal als Trainer bei einer WM dabei war und zum vierten Mal ein anderes Land betreute: 1986 hatte er Frankreich zur WM geführt, 1994 Kamerun und 1998 Marokko. Nur Bora Milutinović und Carlos Alberto Parreira coachten schon mehr verschiedene Teams bei WM-Turnieren. Auch 2010 wurde die Gruppe der Ivorer wieder als »Todesgruppe« bezeichnet – diesmal bekam es die Elfenbeinküste mit Brasilien, Portugal und Nordkorea zu tun, und wie schon 2006 wurde sie wieder nur Gruppendritter.

Serben-Power

Ghana wurde während der Qualifikation zur FIFA WM 2006 von vier verschiedenen Trainern betreut. Der letzte in der Reihe, der Serbe Ratomir Dujković, brachte schließlich den allerersten Einzug des Landes in eine Endrunde unter Dach und Fach. 2005 blieb er mit Ghana ungeschlagen – was der Mannschaft für dieses Jahr die FIFA-Auszeichnung »Aufsteiger des Jahres« einbrachte. Ghana war das einzige Land, das sowohl bei der FIFA WM 2006 als auch bei FIFA WM 2010 über die Gruppenphase hinauskam, obwohl sein Kader den geringsten Altersdurchschnitt aller Zeiten aufwies. Auch 2010 wurde Ghana von einem Serben geführt: Diesmal hatte Milovan Rajevac als Trainer die Verantwortung.

Bruderduell

Die Brüder Jérôme und Kevin-Prince Boateng standen 2010 bei der Begegnung zwischen Deutschland und Ghana gleichzeitig auf dem Platz – jedoch als Gegner, was ein WM-Novum darstellt. Jérôme spielte als linker Außenverteidiger für Deutschland, sein älterer Halbbruder Kevin-Prince im ghanaischen Mittelfeld. Kevin-Prince hatte sich erst einen Monat vor Beginn der WM offiziell für das Heimatland seines Vaters entschieden. Beide Boatengs sind in Berlin geboren und haben denselben ghanaischen Vater, aber unterschiedliche deutsche Mütter. Der Einsatz von Kevin-Prince bei der FIFA WM 2010 in Südafrika war von besonderer Brisanz: Im englischen Pokalfinale am 15. Mai 2010 hatte er Michael Ballack so schwer gefoult, dass dieser ausgewechselt werden musste und wegen einer Knöchelverletzung für die WM-Endrunde ausfiel.

Schwarzafrikanische Länder: Beste WM-Torschützen

Roger Milla (Kamerun)	5
Asamoah Gyan (Ghana)	4
Papa Bouba Diop (Senegal)	3
Samuel Eto'o (Kamerun)	3
Daniel Amokachi (Nigeria)	2
Emmanuel Amuneke (Nigeria)	2
Shaun Bartlett (Südafrika)	2
Henri Camara (Senegal)	2
Aruna Dindane (Elfenbeinküste)	2
Didier Drogba (Elfenbeinküste)	2
Patrick M'Boma (Kamerun)	2
Benni McCarthy (Südafrika)	2
Sulley Muntari (Ghana)	2
Francois Omam-Biyik (Kamerun)	2

Kult-Tröte oder Nervtöter?

Der kolumbianische Popstar Shakira sang den offiziellen Song der FIFA WM 2010. Sie trug das Lied sowohl bei der Eröffnungs- als auch bei der Abschlussfeier vor. Doch mehr noch als ihr »Waka Waka« (»This Time For Africa«) dürfte ein anderer Sound den WM-Sommer geprägt haben – das Getröte der Vuvuzelas. Dieses einfache Blasinstrument aus Plastik ist seit den 1980er-Jahren fester Bestandteil der südafrikanischen Fußballkultur und war ein Muss für viele Fans, die 2010 die Spiele live in den Stadien verfolgten. Einige Spieler, darunter auch Lionel Messi aus Argentinien und Cristiano Ronaldo aus Portugal, beschwerten sich, dass sie das Dauersummen in ihrer Konzentration stören würde, andere dagegen sprachen sich für die Plastiktröten aus, z. B. Jamie Carragher aus England und Wesley Sneijder aus den Niederlanden. Die FIFA und die südafrikanischen WM-Organisatoren verwahrten sich gegen Forderungen, die Tröten zu verbieten, etliche Fernsehsender sorgten aber mit technischen Mitteln dafür, dass man die Vuvuzelas nicht ganz so extrem wahrnahm.

Die »Bafana Bafana« unterstützt die »Baghana Baghana«

Obwohl Ghana ohne den verletzten Michael Essien auskommen musste, überstand es als einzige afrikanische Mannschaft bei der FIFA WM 2010 die Gruppenphase. Die Ghanaer wurden zuletzt kräftig von südafrikanischen Fans unterstützt, deren Mannschaft, die »Bafana Bafana«, ausgeschieden war. Die ghanaischen Spieler wurden von vielen südafrikanischen Fans als »Baghana Baghana« bezeichnet – ein Wortspiel mit »Bafana Bafana«, was so viel wie »die Jungs, die Jungs« bedeutet.

SCHWARZAFRIKA NATIONALE REKORDE

Nachwuchs

Als jüngster Fußballer aller Zeiten gewann Samuel Kuffour eine Medaille bei Olympischen Spielen: Als Ghana 1992 in Barcelona Dritter wurde, war der spätere Bayern-Star 15 Jahre alt – seinen 16. Geburtstag feierte er 27 Tage später.

Die jungen Adler kommen

Den ersten Turniersieg bei einem FIFA Turnier errang Nigeria 1985, als seine Mannschaft, die »Goldenen Jungadler«, die Bundesrepublik Deutschland im Finale der U-17-WM mit 2:0 bezwang.

Rückfall in die Kolonialzeit

Angola verlor das erste Länderspiel gegen seine frühere Kolonialmacht Portugal 1989 mit 0:6. Das zweite Treffen zwölf Jahre später wurde beim Stand von 5:1 für Portugal abgebrochen, als vier Angolaner einen Platzverweis erhalten hatten und ein fünfter verletzt vom Platz getragen worden war.

Schwarzafrika – Rekordtorschützen (Auswahl)

Angola: Akwá	36
Botswana: Dipsy Selolwane	11
Elfenbeinküste: Didier Drogba	45
Ghana: Abédi »Pelé« Ayew	33
Kamerun: Samuel Eto'o	45
Mosambik: Tico-Tico	27
Namibia: Gervatius Uri Khob	12
Nigeria: Rashidi Yekini	37
Senegal: Henri Camara	31
Simbabwe: Peter Ndlovu	38
Südafrika: Benni McCarthy	32
Swasiland: Sibusiso Dlamini	26

Strafstoß

Botswanas Torwart und Mannschaftskapitän Modiri Marumo wurde im Mai 2003 während des Elfmeterschießens vom Platz gestellt, nachdem er den gegnerischen Torwart Philip Nyasulu ins Gesicht geschlagen hatte. Botswanas Abwehrspieler Michael Mogaladi musste den Torwart ersetzen. Malawi gewann mit 4:1.

Schwarzafrika – Rekordnationalspieler (Auswahl)

Angola: Akwá	80
Botswana: Dipsy Selolwane	34
Elfenbeinküste: Didier Zokora	78
Ghana: Abédi »Pelé« Ayew	73
Kamerun: Rigobert Song	137
Mosambik: Dário Monteiro	88
Namibia: Johannes Hindjou	69
Nigeria: Mudashiru Lawal	86
Senegal: Henri Camara	99
Simbabwe: Peter Ndlovu	100
Südafrika: Aaron Mokoena	103
Swasiland: Mlungisi Ngubane	91

Großzügig, George

George Weah aus Liberia wurde 1995 als erster Afrikaner »Weltfußballer des Jahres«; im selben Jahr gewann er auch die Titel als »Europas« und »Afrikas Fußballer des Jahres«. Damit wurde vor allem die Torgefährlichkeit des Stürmers gewürdigt, der u. a. bei Paris Saint-Germain, AS Monaco und dem AC Mailand sehr erfolgreich war. Weah, der einzige »Weltfußballer des Jahres«, dessen Land noch nie an einer WM-Endrunde teilgenommen hat, engagiert sich seit Langem für humanitäre Projekte in Liberia. Nachdem er seine Karriere nach 60 Länderspielen mit 22 Toren 2003 beendete, wurde er Politiker und kandidierte 2005 vergeblich bei den Präsidentschaftswahlen Liberias.

Dramatische Wende

Ghana brachte 1993 das Kunststück fertig, in einem Freundschaftsspiel gegen Weltmeister Deutschland drei Tore in einer Minute einzustecken. Ghana lag 20 Minuten vor Schluss 1:0 in Führung, verlor das Spiel aber mit 1:6. Bei der U-20-Weltmeisterschaft 1989 lag Nigeria gegen die Sowjetunion 25 Minuten vor Schluss 0:4 zurück, glich noch zum 4:4 aus und gewann das anschließende Elfmeterschießen mit 5:3.

Unerfülltes Versprechen

Sambia hat sich noch nie für eine FIFA WM-Endrunde qualifiziert. Die Mannschaft errang einen sensationellen 4:0-Erfolg gegen Italien während der Olympischen Spiele 1988. Kalusha Bwalya erzielte einen Hattrick und berichtete später, dass die Italiener die sambischen Spieler vor dem Match von oben herab angeschaut hatten, aber nachher um Autogramme baten. Im April 1993 kamen bei einem Flugzeugabsturz vor Gabun der Trainer und 18 Spieler Sambias ums Leben. Bwalya war nicht an Bord, weil er zur selben Zeit für seinen niederländischen Verein PSV Eindhoven spielte. Die bis dahin in der WM-Qualifikation für das Turnier 1994 aussichtsreich platzierte sambische Nationalmannschaft scheiterte schließlich knapp an Marokko.

Kopfüber

Augustine »Jay Jay« Okocha war nicht nur für seine Freistöße berühmt, sondern auch für die akrobatischen Saltos, mit denen er Tore feierte. Dasselbe taten auch seine nigerianischen Mannschaftskameraden Julius Aghahowa und Obafemi Martins. Okocha spielte unter anderem bei Fenerbahce Istanbul, Paris Saint-Germain, Eintracht Frankfurt und den Bolton Wanderers und gewann mit Nigeria 1996 die olympische Goldmedaille.

Südafrikaner aus Südlondon

Vier in Südafrika geborene Fußballer spielten in den 1950er-Jahren für den Londoner Klub Charlton Athletic. Zwei von ihnen wurden auch Nationalspieler – allerdings lief Eddie Firmani dreimal für Italien auf und John Hewie 19-mal für Schottland. Firmani spielte später für Sampdoria Genua, Inter Mailand und FC Genua 93. Er war der erste Spieler, der sowohl in England als auch in Italien mehr als 100 Ligatore erzielte.

ASIEN & OZEANIEN

Südkorea schrieb 2002 Geschichte, als das Land gemeinsam mit Japan erstmals eine FIFA Weltmeisterschaft™ in Asien ausrichtete – und dabei als erste asiatische Mannschaft überhaupt in ein WM-Halbfinale einzog. Dort scheiterte das Team an Deutschland und unterlag im Spiel um Platz drei der Türkei knapp. Dennoch hat Südkorea Asien mit diesem Erfolg einen Platz in den Annalen des Weltfußballs gesichert.

AUSTRALIEN

Australien brauchte lange, bis es im Weltfußball Aufsehen erregen konnte. Ein kompliziertes Qualifikationssystem schränkte die Möglichkeiten des Landes, an Weltmeisterschaften teilzunehmen, erheblich ein. Dazu kam noch die geografische Isolation, was dazu führte, dass in Australien zunächst andere Sportarten populärer waren. Doch eine neue Spielergeneration – viele Australier spielen seit Jahren bei starken europäischen Vereinen – sorgte dafür, dass die Socceroos bei der FIFA WM 2006 zum ersten Mal beeindrucken konnten. Bei der WM-Endrunde 2010 schied das Team jedoch in der Gruppenphase aus.

Australiens Elfmeter-Rekord

Als einziges Land sicherte sich Australien durch Elfmeterschießen seinen Platz in der WM-Endrunde 2006 – beim Relegationsspiel gegen Uruguay, den 5. der Südamerikagruppe. Das Hinspiel hatten die Australier in Montevideo 0:1 verloren, Marco Bresciano glich zum addierten Gesamtstand von 1:1 aus. Nach torloser Verlängerung hielt Torhüter Mark Schwarzer im Elfmeterschießen zwei Bälle und Australien gewann 4:2. Den Siegtreffer erzielte John Aloisi.

Die meisten Top Ten Länderspiele

1.	Alex Tobin	87
2.	Paul Wade	84
3.	Mark Schwarzer	78
4.	Tony Vidmar	76
5.	Brett Emerton	75
6.	Scott Chipperfield	68
7.	Peter Wilson	64
8.	Attila Abonyi	61
9.	John Kosmina	60
=	Stan Lazaridis	60

Top Ten Torschützen

1.	Damian Mori	29
2.	John Aloisi	27
3.	Attila Abonyi	25
=	John Kosmina	25
5.	Tim Cahill	21
=	Archie Thompson	21
7.	David Zdrilic	20
8.	Graham Arnold	19
9.	Ray Baartz	18
10.	Gary Cole	17
=	Brett Emerton	17
=	Aurelio Vidmar	17

Endlich geschafft!

Die australische Nationalmannschaft, genannt »Socceroos« (von »soccer« = Fußball und »kangaroo« = Känguru), erfuhr in den letzten zehn Jahren viel Unterstützung. Durch den Erfolg bei der FIFA WM 2006, der Australien bis ins Achtelfinale brachte, wurde Fußball zu einer der beliebtesten Sportarten des Landes; jahrelang hatte der Sport hinter Cricket, den beiden Rugby-Varianten und dem »Australischen Rules Football« ein Schattendasein gefristet. Doch Einwanderer – zunächst aus Großbritannien, später auch aus Italien, Griechenland und dem ehemaligen Jugoslawien – sorgten dafür, dass »Soccer« nicht vergessen wurde. Die Stimmung begann umzuschwenken, als die Socceroos bei der Qualifikation zur FIFA WM 1998 erst im letzten Ausscheidungsspiel gegen Iran verloren. Vier Jahre später scheiterte Australien noch einmal – gegen Uruguay. Doch 2006 und 2010 waren die »Aussies« dabei.

Glückszahl

Das Trikot mit der Rückennummer 2 war in sämtlichen 900 Minuten in Einsatz, die Australien bei seinen bisherigen drei WM-Teilnahmen absolviert hat. 1974 war Doug Utjesenović der Zweier, 2006 und 2010 Lucas Neill.

Hiddinks Doppelrolle

Guus Hiddink ist Australiens erfolgreichster Trainer, obwohl er die Mannschaft nur zwölf Spiele lang betreute. Er coachte sie bei den Relegationsspielen im Rahmen der Qualifikation zur FIFA WM 2006 und führte sie in der eigentlichen Endrunde ins Achtelfinale. Der niederländische Trainer, der schon Südkorea 2002 ins Halbfinale einer WM geführt hatte, übernahm in der Spielzeit 2005/06 eine Doppelrolle: Er trainierte sowohl den niederländischen Meister PSV Eindhoven als auch die Socceroos. Nach Australiens unglücklicher Niederlage gegen Italien im Achtelfinale trat er zurück. Danach trainierte er in der Qualifikation zur WM 2010 die Russen und übernahm anschließend das Amt des türkischen Nationaltrainers.

Quali mal ganz easy

Nachdem Australien in den Qualifikationsrunden zu den Weltmeisterschaften von 1974 und 2006 jeweils in die Relegation gemusst hatte, erwies sich der Weg zum Turnier in Südafrika als weit weniger anstrengend: Die Australier blieben in allen Spielen der vierten und letzten Runde der Qualifikation in der Asiatischen Zone ungeschlagen, ließen nur einen einzigen Gegentreffer zu und führten am Ende die Tabelle deutlich an. Schon als dritte Mannschaft hatten sie ihren WM-Startplatz sicher: Nach Gastgeber Südafrika waren nur noch die Japaner, ihre Rivalen in der Asiatischen Zone, schneller gewesen.

Mal nicht in, sondern gegen Deutschland

Die ersten beiden WM-Teilnahmen der Australier – 1974 und 2006 – spielten sich in Deutschland ab. Und bei seinem ersten WM-Spiel, das nicht auf deutschem Boden stattfand, nahmen die Deutschen Australien als Gegener mit einem 4:0 in Empfang.

Alte Verbindungen zählen noch immer

Einige gebürtige Australier spielten lieber für ihre Herkunftsländer, darunter Joey Didulica, Anthony Šerić und Josip Šimunić (Kroatien) sowie Saša Ognenovski (Mazedonien). Šimunić spielte 2006 für Kroatien gegen Australien. Hier erhielt er einen legendären Platzverweis, nachdem ihm der Schiedsrichter Graham Poll versehentlich dreimal Gelb gezeigt hatte. Der in Bologna geborene italienische Nationalstürmer Christian Vieri wuchs in Australien auf, sein in Australien geborener Bruder Massimiliano »Max« kickte dagegen für die Socceroos.

Cahill schreibt Geschichte

Tim Cahill schoss Australiens erstes WM-Tor überhaupt, als er am 12. Juni 2006 in Kaiserslautern in der 84. Minute den Ausgleichstreffer gegen Japan erzielte. Fünf Minuten später traf er erneut und in der Nachspielzeit sorgte John Aloisi für den 3:1-Endstand. Später verloren die Australier 0:2 gegen Brasilien und spielten 2:2 gegen Kroatien. Damit qualifizierten sie sich für das Achtelfinale.

Australische Rekorde

Siege im OFC-Nationen-Pokal: 1980, 1996, 2000, 2004
Erstes Länderspiel: 1:3 gegen Neuseeland, Auckland, 17. Juni 1922
Höchster Sieg: 31:0 gegen Amerikanisch-Samoa, Sydney, 11. April 2001
Höchste Niederlage: 0:7 gegen Kroatien, Zagreb, 6. Juni 1998

Wetter Bretter!

Bei der FIFA WM 2010 wurde Brett Holman mit seinem Führungstreffer beim 1:1 gegen Ghana zum jüngsten australischen WM-Torschützen aller Zeiten. Zu dem Zeitpunkt war er 26 Jahre und 84 Tage alt und damit um 105 Tage jünger als Tim Cahill 2006 bei seinem Treffer gegen Japan. Holman schoss fünf Tage später beim 2:1 der Australier über Serbien sein zweites WM-Tor; Cahill selbst steuerte ebenfalls einen Treffer bei. Doch der Sieg nutzte nichts, Australien schied nach der Gruppenphase aufgrund seiner schlechteren Tordifferenz aus dem Turnier aus.

Cool wie Kewell

Harry Kewell, geboren am 22. September 1978, gilt vielen als bester australischer Spieler aller Zeiten. Der Linksaußen schoss 13 Tore in 39 Länderspielen, darunter das Ausgleichstor gegen Kroatien, das Australien 2006 ins Achtelfinale der FIFA WM brachte. Auch in seiner Vereinskarriere ist Kewell erfolgreich, er spielte in Europa bei Leeds United sowie dem FC Liverpool und ist seit 2008 bei Galatasaray Istanbul aktiv. Als einziger gebürtiger Australier bislang gewann er die Champions League, 2005 mit Liverpool. Bei der FIFA WM 2010 hatte er nicht so viel zu lachen – in der Partie gegen Ghana sah er nach nur 22 Minuten für ein Handspiel die Rote Karte; das war gleichzeitig der 150. Platzverweis der WM-Geschichte.

ANDERE ASIATISCHE UND OZEANISCHE LÄNDER

Die weniger bekannten asiatischen und ozeanischen Fußballnationen sind noch weiße Flecken auf der Fußballweltkarte. Auch wenn sich in diesen Ländern die wahre Fußballbegeisterung erst noch durchsetzen muss, wetteifern die Mannschaften doch gerne miteinander und erzielen dabei auch Erfolge. In dieser Region der Welt wurden etliche Fußballrekorde aufgestellt, die vielleicht nie gebrochen werden können. Zum Beispiel fielen hier die meisten Tore in einem einzigen Länderspiel, und auch der Weltrekordhalter für Länderspiele stammt aus Asien.

Top Ten Torschützen – Japan

1.	Kunishige Kamamoto	75
2.	Kazuyoshi Miura	55
3.	Hiromi Hara	37
4.	Takuya Takagi	27
5.	Kazushi Kimura	26
6.	Shunsuke Nakamura	24
7.	Naohiro Takahara	23
8.	Masashi Nakayama	21
9.	Teruki Miyamoto	18
10.	Atsushi Yanagisawa	17
=	Yūji Nakazawa	17
=	Shinji Okazaki	17

Die Saudis starten durch

Bei seiner ersten FIFA WM 1994 erreichte Saudi-Arabien das Achtelfinale. Said al-Uwairans Siegtor gegen Belgien brachte das Land punkt- und torgleich mit den Niederlanden an die Spitze der Gruppe F. Sami al-Dschabir und Fuad Amin hatten beim 2:1 gegen Marokko getroffen, das erste Spiel gegen die Niederlande war mit 1:2 verloren gegangen. Im Achtelfinale unterlagen die Saudis mit 1:3 gegen Schweden. Der eingewechselte Fahad al-Ghesheyan verkürzte zwar in der 85. Minute auf 1:2, doch Kennet Andersson erzielte drei Minuten später das entscheidende Tor für Schweden. Bei ihren nächsten drei FIFA Weltmeisterschaften kamen die Saudis nicht über die Gruppenspiele hinaus.

Direkt rein ins Glück

Mit dem 3:1 gegen Dänemark in Gruppe E bei der FIFA WM 2010 in Rustenburg war Japan das erste asiatische Land, das seit Nordkoreas 3:5-Viertelfinalniederlage 1966 gegen Portugal in einer WM-Partie drei Treffer erzielte. Die Tore für Japan erzielten Keisuke Honda (Trikotnummer 18), Yasuhito Endō und Shinji Okazaki. Honda und Endō verwandelten beide direkte Freistöße – Vergleichbares war zuletzt Jugoslawien beim 9:0 gegen Zaire 1974 in Deutschland gelungen, als sogar drei Treffer durch direkte Freistöße erzielt wurden.

Krasse Außenseiter

Nordkorea verlor sein Auftaktspiel 2010 gegen Brasilien mit 1:2, wobei Ji Yun-nam eine Minute vor Spielende traf. Bei dieser Partie begegneten sich die Teams mit dem höchsten bzw. niedrigsten Rang in der FIFA-Weltrangliste: Brasilien lag zu diesem Zeitpunkt auf Platz 1, Nordkorea hatte den 105. Platz inne.

Erfolgreiche Auslandsreisen

Bei der WM in Südafrika gewannen Südkorea und Japan ihre allerersten WM-Spiele außerhalb des eigenen Landes – und beide rückten erstmals auf fremdem Terrain in die K.-o.-Phase vor. Südkorea schlug Griechenland mit 2:0, bevor es im Achtelfinale Uruguay mit 1:2 unterlag; Japan verlor gegen Paraguay im Achtelfinale 3:5 im Elfmeterschießen, nachdem es die Gruppenspiele gegen Kamerun und Dänemark gewonnen hatte.

Top Ten Länderspiele – Japan

1.	Masami Ihara	122
2.	Yoshikatsu Kawaguchi	116
3.	Yūji Nakazawa	109
4.	Yasuhito Endō	98
=	Shunsuke Nakamura	98
6.	Kazuyoshi Miura	89
7.	Alessandro dos Santos	82
=	Junichi Inamoto	82
9.	Satoshi Tsunami	78
10.	Hidetoshi Nakata	77

Die meisten Teilnahmen an der FIFA WM™

Südkorea	8	(1954, 1986, 1990, 1994, 1998, 2002, 2006, 2010)
Saudi-Arabien	4	(1994, 1998, 2002, 2006)
Japan	4	(1998, 2002, 2006, 2010)
Australien	3	(1974, 2006, 2010)
Iran	3	(1978, 1998, 2006)
Neuseeland	2	(1982, 2010)
Nordkorea	2	(1966, 2010)
China	1	(2002)
Indonesien*	1	(1938)
Irak	1	(1986)
Israel	1	(1970)
Kuwait	1	(1982)
Vereinigte Arabische Emirate	1	(1990)

* unter dem Namen »Niederländisch Ostindien«

Ein ungeliebter Rekord

Südkorea hält einen Rekord, den wohl niemand möchte: Das Land kassierte die meisten Tore in einer einzigen WM-Endrunde. 1954 ließen die Südkoreaner 16 Bälle ins Netz – in nur zwei Spielen. Von Ungarn wurden sie mit 9:0 überwältigt, dann walzte sie die Türkei mit 7:0 nieder. Kein Wunder, dass der heldenhafte Torhüter Hong Duk-Yung den Tränen nahe war.

Bei 19 ist Schluss für Iran

Iran hält den Torrekord für WM-Qualifikationsspiele der Asiatischen Zone: Am 24. November 2000 schlug man in Täbris Guam vernichtend mit 19:0. Karim Bagheri schoss dabei sechs Tore, Ali Karimi vier. Der spätere Nationaltrainer Ali Daei und Farhad Majidi waren je dreimal erfolgreich. Damit hatten die Iraner ihren bis dahin höchsten Sieg in einem Qualifikationsspiel sogar noch übertrumpft: Am 2. Juni 1997 hatte das Team 17:0 gegen die Malediven gewonnen – mit sieben Toren von Bagheri. Nur zwei Tage, nachdem Guam die 19 Tore kassiert hatte, wurde das Land von Tadschikistan mit 16:0 geschlagen.

Palästinensische Pioniere

Als erste asiatische Mannschaft nahm Palästina – damals noch unter britischem Mandat – an der Qualifikationsrunde zur FIFA WM 1934 teil. In Ägypten verlor das Land am 16. März 1934 mit 1:7 – das Rückspiel am 6. April in Jerusalem endete mit einer 1:4-Niederlage. Vier Jahre später warfen die Griechen Palästina aus dem Rennen. Sie gewannen mit 3:1 in Tel Aviv und 1:0 in Athen.

China hat sein Potenzial noch nicht erreicht

China konnte sich bisher erst einmal für die FIFA WM qualifizieren, im Jahr 2002. In seiner Qualifikationsgruppe lag China am Ende zwar mit acht Punkten Vorsprung vor den Vereinigten Arabischen Emiraten an der Spitze, doch im Turnier verlor die Mannschaft von Trainer Bora Milutinović 0:2 gegen Costa Rica, 0:4 gegen Brasilien und 0:3 gegen die Türkei und schied aus.

Es geht aufwärts

Die besten asiatischen Mannschaften gehörten bei den letzten FIFA WM-Endrunden fest zum Programm, Südkorea erreichte sogar als bislang einzige Mannschaft Asiens ein WM-Halbfinale (das es dann verlor). Mit Saudi-Arabien und Iran muss weiter gerechnet werden, und Australien verstärkt die Asiatische Fußball-Konföderation seit 2006 als ihr neuestes Mitglied. Bereits 1966 setzte Nordkorea ein erstes Ausrufezeichen, als das Land bei seiner ersten FIFA WM das Viertelfinale erreichte. Die Nordkoreaner mussten in der Qualifikationsrunde gegen Mannschaften aus Asien, Afrika und Ozeanien antreten und überwanden in den entscheidenden Spielen auf neutralem Boden Australien mit 6:1 und 3:1. 2010 in Südafrika erhielt Asien vier feste Startplätze, und eine weitere Mannschaft aus der Asiatischen Zone hätte noch dabei sein können, doch Bahrain, das nach der Qualifikation auf dem fünften Platz lag, verlor die Relegation gegen Neuseeland, den Sieger der Ozeanischen Zone.

Nakata bereitet den Weg

Der Mittelfeldspieler Hidetoshi Nakata gehört zu den besten japanischen Spielern aller Zeiten. Er machte auf sich aufmerksam, als er am 16. November 1997 alle drei Tore bei Japans 3:2-Sieg über den Iran in einem Relegationsspiel erzielte, durch das sich sein Land für die WM 1998 qualifizierte. Nach der WM wechselte er zum italienischen Verein AC Perugia. 2001 wurde er mit dem AS Rom Italienischer Meister und ein Jahr später Pokalsieger. Weitere Stationen waren der AC Parma, der FC Bologna und der AC Florenz. Nakata kam bei drei FIFA Weltmeisterschaften zum Einsatz und erzielte in 77 Länderspielen elf Tore.

Hong stellt einen FIFA WM™-Rekord auf

Als erster asiatischer Spieler trat Südkoreas Verteidiger Hong Myung-bo in vier aufeinanderfolgenden FIFA Weltmeisterschaften an. Als Südkorea 1990 gegen Belgien, Spanien und Uruguay verlor, war er bei allen Spielen dabei. 1994 schoss er bei drei Einsätzen zwei Tore – sein Treffer gegen Spanien führte dazu, dass Korea nach einem 0:2-Rückstand noch ein 2:2 erzielen konnte. 1998 stand er abermals bei drei Gruppenspielen auf dem Platz, doch Südkorea schied in der Vorrunde aus. Vier Jahre später war er im Heimatland Mannschaftskapitän und führte sein Land auf den vierten Platz – das beste Ergebnis, das eine asiatische Mannschaft je bei einer WM erzielte. Hongs 16 Einsätze bei den vier Turnieren sind ein weiterer asiatischer Rekord. Später wurde er Trainer von Koreas U-20-Mannschaft.

Al-Deayea steckt alle in die Tasche

Der saudi-arabische Torwart Mohammad al-Deayea musste sich als Jugendlicher zwischen Fußball und Handball entscheiden. Sein Bruder Abdullah überredete ihn zum Fußball. Er stand 181-mal für sein Land im Tor, zum ersten Mal gegen Bangladesch 1990, zum letzten Mal gegen Belgien im Mai 2006. Auch an den FIFA Weltmeisterschaften von 1994, 1998 und 2002 nahm er teil. Sein letztes FIFA WM-Spiel war ein 0:3 gegen Irland am 11. Juni 2002. Für das Turnier 2006 wurde er zurückberufen, spielte jedoch nicht.

Asiens Fußballer des Jahres

Jahr	Spieler	Land
1988	Ahmed Radhi	Irak
1989	Kim Joo-sung	Südkorea
1990	Kim Joo-sung	Südkorea
1991	Kim Joo-sung	Südkorea
1992	nicht verliehen	
1993	Kazuyoshi Miura	Japan
1994	Said al-Uwairan	Saudi-Arabien
1995	Masami Ihara	Japan
1996	Chodadad Azizi	Iran
1997	Hidetoshi Nakata	Japan
1998	Hidetoshi Nakata	Japan
1999	Ali Daei	Iran
2000	Nawaf at-Tamyat	Saudi-Arabien
2001	Fan Zhiyi	China
2002	Shinji Ono	Japan
2003	Mehdi Mahdavikia	Iran
2004	Ali Karimi	Iran
2005	Hamad al-Muntaschari	Saudi-Arabien
2006	Khalfan Ibrahim	Katar
2007	Yassir al-Qahtani	Saudi-Arabien
2008	Server Djeparov	Usbekistan
2009	Yasuhito Endō	Japan

Dreier-Park

Mit dem Treffer, den er am 12. Juni 2010 in der 52. Minute gegen Griechenland erzielte, wurde Park Ji-sung zum ersten Südkoreaner, der schon bei drei verschiedenen Weltmeisterschaften Tore erzielte. Damit zog er mit seinem Landsmann Ahn Jung-hwan und Sami al-Dschabir aus Saudi-Arabien gleich: Zusammen führen diese Spieler mit je drei Erfolgen die Rangliste der besten WM-Torschützen aus Asien an.

Top Ten Länderspiele – Südkorea

1.	Hong Myung-bo	136
2.	Lee Woon-jae	131
3.	Yoo Sang-chul	123
4.	Cha Bum-kun	121
5.	Lee Young-pyo	122
6.	Kim Tae-young	104
7.	Hwang Sun-hong	103
8.	Kim Nam-il	100
9.	Park Ji-sung	96
10.	Choi Sun-ho	95
=	Ha Seok-ju	95

Überläufer

Jong Tae-se, der nordkoreanische Stürmerstar der FIFA WM 2010, musste schluchzen, als vor dem Auftaktspiel seiner Mannschaft gegen Brasilien die Nationalhymne gespielt wurde. Doch tatsächlich war er noch nie in dem Land gewesen, für das er antrat: Jong wurde in Japan geboren, spielte bis zu seinem Wechsel zum VfL Bochum im August 2010 für den japanischen Verein Kawasaki Frontale, und seine Eltern sind südkoreanische Staatsbürger; doch er entschied sich, sein Anrecht auf einen nordkoreanischen Pass wahrzunehmen.

Top Ten Torschützen – Südkorea

1.	Cha Bum-kun	55
2.	Hwang Sun-hong	50
3.	Choi Sun-ho	30
4.	Huh Jung-moo	29
=	Kim Do-heon	29
6.	Choi Yong-soo	27
=	Lee Tae-ho	27
8.	Lee Dong-gook	25
9.	Lee Young-moo	24
=	Park Sung-hwa	24

Paks Schuss schreibt Geschichte

Der Nordkoreaner Pak Doo-ik wurde durch sein Tor, das zu Italiens Ausscheiden bei der WM 1966 führte, zur Legende. Eine vergleichbare Sensation hatte es bis dahin nur beim Turnier 1950 gegeben, als die USA 1:0 gegen England gewannen. Mit diesem legendären Treffer, erzielt am 19. Juli 1966 in der 42. Minute des Spiels, brachte Pak Nordkorea als erstes asiatisches Land in ein WM-Viertelfinale. Der Unteroffizier der nordkoreanischen Armee, eigentlich ein Arzt, wurde nach dem Turnier befördert.

Kims Dreifacherfolg

Der südkoreanische Mittelfeldspieler Kim Joo-sung bekam als Einziger dreimal den Titel »Asiens Fußballer des Jahres« verliehen, und zwar dreimal hintereinander von 1989 bis 1991. Er nahm an drei FIFA Weltmeisterschaften teil, doch kam seine Mannschaft nie über die Vorrunde hinaus. Insgesamt 77-mal trat er für sein Land an, schoss dabei 14 Tore und ging als einer der ersten Südkoreaner ins Ausland: 1992 wechselte er für zwei Jahre zum VfL Bochum.

Asien stürmt vorwärts

Die besten asiatischen Spieler wurden in den letzten zehn Jahren auf der ganzen Welt bekannt. Die Entscheidung der FIFA, mehr Mannschaften zu den WM-Endrunden zuzulassen, gab diesen Spielern die Möglichkeit, auch international zu glänzen. Hidetoshi Nakata, Japans Star im Turnier von 1998, war nach Kazuyoshi Miura der zweite Spieler aus Japan, der in Europa Erfolge feierte. Bald folgten ihm Shinji Ono (Feyenoord Rotterdam, VfL Bochum) und der Mittelfeldspieler Shunsuke Nakamura (Reggina Calcio, Celtic Glasgow, Espanyol Barcelona). Irans Torschützenkönig Ali Daei spielte in Deutschland bei Hertha BSC Berlin und Bayern München, sein Landsmann, der Flügelstürmer Mehdi Mahdavikia, wurde von den HSV-Fans zum »Spieler des Jahres« gewählt. Der südkoreanische Mittelfeldspieler Park Ji-sung gewann mit Manchester United die Champions League und erreichte – gemeinsam mit seinem Landsmann Lee Young-pyo – mit dem PSV Eindhoven das Halbfinale dieses Wettbewerbs.

Ihr könnt nach Hause fahrn …

Das erste asiatische Land, das an einer FIFA WM teilnahm, war Indonesien, das unter dem Namen Niederländisch Ostindien 1938 in Frankreich an den Start ging. Diese WM war ein reines K.-o.-Turnier, Niederländisch Ostindien holte sich in seinem ersten Spiel gegen Ungarn am 5. Juni 1938 eine 0:6-Klatsche ab und konnte sofort wieder nach Hause fahren. Die Tore für Ungarn erzielten György Sárosi und Gyula Zsengellér (je zwei) sowie Vilmos Kohut und Géza Toldi.

Al-Uwairans magisches Tor

Der saudi-arabische Stürmer Said al-Uwairan landete das schönste Tor der FIFA WM 1994. Am 29. Juni umspielte er bei seinem Sololauf über mehr als 50 Meter fünf Gegner und schoss den Ball zum Siegtor gegen Belgien ins Netz, womit er sein Land zum ersten Mal ins Achtelfinale einer WM brachte.

Al-Dschabir, bitte vor!

Als Sami al-Dschabir (geboren am 11. Dezember 1972 in Riad) am 14. Juni 2006 in München gegen Tunesien auflief, war er erst der zweite Spieler aus Asien, der viermal an FIFA Weltmeisterschaften teilnahm. Das Spiel endete 2:2, und al-Dschabir schoss ein Tor, sein drittes bei insgesamt neun WM-Einsätzen. 1998 kam er nur einmal zum Einsatz, weil er während des Turniers mit einem Blinddarmdurchbruch ins Krankenhaus gebracht werden musste. Mit 44 Toren in 163 Länderspielen ist er Saudi-Arabiens Torschützenkönig.

Lattenknaller

Das Elfmeterschießen zwischen Japan und Paraguay im Achtelfinale von 2010 war das erste in der Geschichte der FIFA WM, an dem keine Mannschaft aus Europa beteiligt war. Es war zudem das erste bei der Endrunde 2010 und das insgesamt 21. WM-Strafstoßduell überhaupt. Paraguay entschied das Achtelfinale schließlich mit 5:3 im Elfmeterschießen für sich. Die Partie war auch nach der Verlängerung torlos geblieben. Der japanische Außenverteidiger Yūicho Komano war der einzige Schütze, der seinen Versuch vergab – er donnerte das Spielgerät gegen die Querlatte.

Fußball begeistert die chinesischen Massen

Chinas Nationalelf verfügt über eine riesige Anhängerschaft – wie 2002 deutlich wurde, als sie zum einzigen Mal eine FIFA WM-Endrunde erreichte. Zwischen ihrer Qualifikation am 19. Oktober 2001 und ihrem WM-Auftaktspiel gegen Costa Rica am 4. Juni 2002 wurden in China rund 170 Millionen neue Fernseher verkauft! Bei jedem der drei Spiele der chinesischen Auswahl saßen über 300 Millionen vor dem Bildschirm, obwohl China jedesmal verlor und kein Tor erzielte.

Einheimische Trainer setzen Zeichen

Drei gebürtige Asiaten wurden in jüngster Zeit zu »Asiens Trainer des Jahres« gewählt. Den Anfang machte 2001 Nasser Al-Johar, der mit Saudi-Arabien die FIFA WM-Endrunde 2002 erreicht hatte. Adnan Hamad folgte ihm drei Jahre später, nachdem er – nur gut ein Jahr nach der US-Invasion – den Irak ins Viertelfinale der Asienmeisterschaft geführt hatte. Und 2007 wurde die Ehre dem Usbeken Rauf Ileneyev zuteil, der mit seinem Team ebenfalls im Viertelfinale der Meisterschaften stand und in den Gruppenspielen China mit 3:0 geschlagen hatte.

Takeshis zweiter Anlauf

Japan hat drei seiner vier WM-Auftaktspiele an einem 14. Juni absolviert: 1998 verlor es an diesem Tag mit 0:1 gegen Argentinien, 2002 schlugen die Japaner Tunesien mit 2:0, und am 14. Juni 2010 besiegte man Kamerun mit 1:0. Der ehemalige Nationalverteidiger Takeshi Okada trainierte die Japaner bei den Turnieren von 1998 und 2010. In der Spanne dazwischen trugen drei Trainer aus dem Ausland die Verantwortung für das Team: der Franzose Philippe Troussier, der Brasilianer Zico und der Bosnier Ivica Osim.

Am meisten und am wenigsten ...

Die höchste Zuschauerzahl bei einem FIFA WM-Qualifikationsspiel in Asien verbuchte das 1:1-Unentschieden zwischen Iran und Australien, das am 22. November 1997 130 000 Zuschauer ins Azadi-Stadion in Teheran lockte. Es war das Hinspiel der Play-offs zwischen dem 4. der Qualifikationsrunden in Asien und dem Sieger der Ozeanien-Zone bei der FIFA WM 1998. Nach einem 2:2 im Rückspiel in Melbourne kam Iran aufgrund der mehr erzielten Auswärtstore weiter. Mit nur 20 Zuschauern war das am 7. Mai 2001 im jordanischen Amman ausgetragene Spiel Turkmenistans gegen Taiwan, das 1:1 endete, das Match mit den wenigsten Zuschauern.

Pak trägt die Fackel

Nordkoreas Held der FIFA WM 1966 Pak Doo-ik wird bis heute in seiner Heimat bewundert. 2008 durfte er als einer von 56 Fackelträgern das olympische Feuer auf seinem Weg nach Peking durch Nordkorea tragen. Als rüstiger 60er war er obendrein der älteste Teilnehmer.

Troussier führt Japan zum Sieg

Der in Paris geborene Philippe Troussier wurde zu »Asiens Trainer des Jahres 2000« gewählt, nachdem er mit Japan das Endspiel der Asienmeisterschaft im Libanon mit einem 1:0 gegen Saudi-Arabien gewonnen hatte. Unter seiner Regie erreichte Japan auch sein bisher bestes FIFA WM-Ergebnis, als es auf eigenem Boden erst im Achtelfinale 2002 mit 0:1 gegen die Türkei ausschied. Diese Leistung wurde jedoch vom Erfolg der Südkoreaner unter Guus Hiddink überschattet.

Asienmeister seit 1956

Jahr	Gewinner
1956	Südkorea
1960	Südkorea
1964	Israel
1968	Iran
1972	Iran
1976	Iran
1980	Kuwait
1984	Saudi-Arabien
1988	Saudi-Arabien
1992	Japan
1996	Saudi-Arabien
2000	Japan
2004	Japan
2007	Irak

Allrounder

Obwohl der Nordkoreaner Kim Myong-won eigentlich Stürmer ist, wurde er als einer der drei Torhüter des nordkoreanischen Aufgebotes für die WM 2010 nominiert. Die FIFA legte jedoch fest, dass er nicht als Feldspieler, sondern nur als Torwart eingesetzt werden durfte. Kim Myong-won kam in den drei Spielen seiner Mannschaft in Gruppe G so auf keinen einzigen Einsatz.

Ein Volk, vier Mannschaften

Vier chinesische Teams sind international vertreten, wobei die Nationalmannschaft der Volksrepublik China sicher die größte Aufmerksamkeit auf sich zieht. Daneben stellen auch Hongkong (als ehemalige britische Kolonie) und Macao (als ehemalige portugiesische Kolonie) unabhängige Fußballnationalmannschaften. Darüber hinaus tritt der unabhängige Inselstaat Taiwan bei Weltmeisterschaften und anderen Wettbewerben als »Chinese Taipei« auf.

Guus Hiddink – Südkoreas Held

Der Niederländer Guus Hiddink ist der erfolgreichste Trainer in der Geschichte des internationalen Fußballs in Asien. Er hatte bereits mit dem PSV Eindhoven den Europapokal der Landesmeister (1988) gewonnen und war mit den Niederlanden Vierter bei der FIFA WM 1998 geworden, bevor er am 20. Dezember 2000 Südkorea übernahm. Als er begann, so Hiddink, »spielte das Team sehr konservativ«. Er entschied sich für einen schnelleren Angriffsfußball und nutzte, da Südkorea als Co-Gastgeber automatisch qualifiziert war, Freundschaftsspiele zum Experimentieren. Fans und Presse in Südkorea waren nicht überzeugt, hofften jedoch wenigstens auf das Erreichen des Achtelfinales. Aber die Mannschaft übertraf die Erwartungen. Als Gruppenerster nach Siegen über Polen und Portugal kickte sie Italien mit einem Tor in der letzten Minute der Verlängerung aus dem Turnier und zog durch einen Sieg im Elfmeterschießen über Spanien ins Halbfinale ein. Hier scheiterte das Team mit 0:1 an Deutschland, dann im Spiel um Platz drei mit 2:3 an der Türkei. Der vierte Rang war aber das beste Ergebnis, das ein asiatisches Team je bei einer WM erreichte. Als erstem Ausländer wurde Hiddink die südkoreanische Ehrenstaatsbürgerschaft verliehen, und das Stadion in Gwangju wurde nach ihm umbenannt.

Das politische Problem

Geografisch gehört Israel zu Asien. Das Land war 1964 Ausrichter – und Gewinner – der Asienmeisterschaft. Jedoch weigerten sich viele der Länder, die sich später dem AFC anschlossen, aus politischen Gründen, gegen Israel anzutreten. In der Folge absolvierte Israel seine Qualifikationsspiele in der Ozeanien-Gruppe – und zog nach einem Erfolg über Australien in die WM-Endrunde 1970 ein. 1989 gewann Israel die Ozeanien-Gruppe, konnte sich jedoch in den interkontinentalen Play-offs für die FIFA WM 1990 nicht gegen Kolumbien durchsetzen. Seit 1992 bestreitet Israel die WM-Qualifikationen in den Europa-Gruppen und ist seit 1994 vollwertiges Mitglied der UEFA.

Ein neues Zuhause für die Sowjetrepubliken

Der Zusammenbruch der Sowjetunion ließ die Mitgliederzahl des AFC in den frühen 1990-er Jahren anwachsen. Die früheren Sowjetrepubliken Kasachstan, Kirgisistan, Tadschikistan, Turkmenistan und Usbekistan traten dem Verband 1994 bei, wobei die Kasachen allerdings 2002 in die UEFA wechselten. Mit dem Erreichen des Viertelfinales bei der Asienmeisterschaft 2007 war Usbekistan der bislang größte Erfolg dieser Neulinge beschieden. Das 46. und jüngste AFC-Mitglied ist Australien, das sich dem Verband am 1. Januar 2006, wenige Monate nach der Aufnahme von Osttimor, anschloss.

OZEANIEN

Der Fußball in Ozeanien bereichert die Statistiken des internationalen Fußballs auf interessante Weise – wobei es den Protagonisten nicht immer gefallen dürfte, in welchen Rekordlisten sie auftauchen. Man denke nur an die armen Torhüter, die auf winzigen Inseln an Spielergebnissen beteiligt sind, die eher an Kricket erinnern. Der Wechsel von Australien zum Asiatischen Fußballverband war ein moralischer Tiefschlag für den Ozeanischen Fußballverband – doch für Neuseeland gereichte dies zum Vorteil: Die FIFA WM 2010 war die erste Endrunde, an der sowohl Australien als auch Neuseeland teilnahmen.

Karembeu – der FIFA WM™-Gewinner

Christian Karembeu wurde in Neukaledonien geboren und ist damit der einzige Fußballweltmeister, der aus Ozeanien stammt. Beim 3:0 seines Heimatlandes Frankreich, zu dem Neukaledonien gehört, gegen Brasilien feierte er 1998 seinen größten Erfolg. Der defensive Mittelfeldspieler stand zuvor auch schon gegen Dänemark (Gruppenspiele), Italien (Viertelfinale) und Kroatien (Halbfinale) in der Mannschaft. Insgesamt trat er 53-mal für Frankreich an. Mit Real Madrid gewann er 1998 und 2000 die Champions League.

Das Aus nach drei Remis

Obwohl Neuseeland in Südafrika nach 1982 erst zum zweiten Mal bei einer Weltmeisterschaft dabei war, verlor es bei der FIFA WM 2010 kein einziges Spiel: Es trennte sich von allen seinen Gruppengegnern (Slowakei, Italien, Griechenland) mit einem Unentschieden. Die drei Punkte reichten zwar nicht für den zweiten Platz in der Gruppe F, mit dem man weitergekommen wäre, doch Neuseeland landete damit immerhin noch vor Titelverteidiger Italien auf dem dritten Rang. Bis dahin gab es nur drei Mannschaften, die bei einer Endrunde ausschieden, obwohl sie in den Gruppenspielen unbesiegt geblieben waren: Schottland 1974, Kamerun 1982 und Belgien 1998.

Perfekter Start für Pierre

Das allererste Tor in der Qualifikation zur FIFA WM 2010 erzielte der Neukaledonier Pierre Wajoka am 25. August 2007 beim 1:0 gegen sein Geburtsland Tahiti.

Top Ten Länderspiele – Neuseeland

1.	Ivan Vicelich	69
2.	Simon Elliott	66
3.	Vaughan Coveny	64
4.	Ricki Herbert	61
5.	Chris Jackson	60
6.	Brian Turner	59
7.	Duncan Cole	58
=	Steve Sumner	58
9.	Chris Zoricich	57
10.	Ceri Evans	56

Kiwi aus Dänemark

Nachdem Neuseeland alle seine drei Spiele bei der WM von 1982 verloren hatte, sorgte 2010 der Kopfballtreffer von Innenverteidiger Winston Reid in der Nachspielzeit der Auftaktpartie des Landes gegen die Slowakei für ein 1:1 – und damit für den allerersten Punkt bei einer WM-Endrunde. Reid hatte sein Debüt für Neuseeland erst knapp einen Monat zuvor gegeben. Seit seinem zehnten Lebensjahr hatte er in Dänemark gelebt und 2006 auch die dänische Staatsbürgerschaft erhalten.

Top Ten Torschützen – Neuseeland

1.	Vaughan Coveny	28
2.	Steve Sumner	22
3.	Brian Turner	21
4.	Jock Newall	17
=	Shane Smeltz	17
6.	Keith Nelson	16
7.	Grant Turner	15
8.	Darren McClennan	12
=	Michael McGarry	12
=	Wynton Rufer	12

Rickis Comeback

Ricki Herbert ist der einzige Neuseeländer, der an zwei Weltmeisterschaften teilnahm: 1982 in Spanien spielte er als linker Außenverteidiger für sein Land, seit 2007 ist er Nationaltrainer der Kiwis, führte sie erfolgreich durch die Qualifikation zur WM 2010 und coachte sie auch in Südafrika. Die endgültige Qualifikation verdankte man der erfolgreichen Relegation gegen Bahrain, einem Vertreter des Asiatischen Fußballverbandes – obwohl sich die neuseeländischen Fußball-Oberen auch schon Gedanken darüber gemacht hatten, dem australischen Beispiel zu folgen und zum Asiatischen Fußballverband zu wechseln. Herbert, der 1961 in Auckland geboren wurde, betreute während der WM-Qualifikationsrunde zusätzlich den neuseeländischen Verein Wellington Phoenix, der in der ersten australischen Liga spielt.

Chance für Israel

Die größten Hoffnungen Ozeaniens, bei der FIFA WM 1990 vertreten zu sein, ruhten damals seltsamerweise auf Israel: Nachdem es von anderen Verbänden geschnitten worden war, wurde das Land aus Nahost »vorläufiges« Mitglied des Ozeanischen Fußballverbandes und bestritt, nachdem es sich in der zweiten Gruppenphase gegen Australien und Neuseeland durchgesetzt hatte, zwei Relegationsspiele gegen Kolumbien, die jedoch mit 0:1 im Hin- und Rückspiel verloren gingen. Zwei Jahre später wurde Israel in die UEFA aufgenommen.

Lokalrivalen

Bis jetzt gab es zwei Vergleiche »Asiatischer Fußballverband gegen Ozeanischer Fußballverband«, bei denen beide Male Asien die Nase vorn hatte: 2001 ging der damalige Asienmeister Japan beim Spiel gegen den Ozeanienmeister Australien mit 3:0 als Sieger hervor; zwei Jahre später gewann der Irak mit dem gleichen Ergebnis gegen Neuseeland. Solche Spiele wurden seither nicht mehr durchgeführt.

Neuseeländische Aussies und australische Kiwis

Zu den Fußballern, die in Neuseeland geboren wurden und sich entschieden haben, für Australien zu spielen, gehört auch Archie Thompson. Mit seiner Fußball-Wahlheimat stellte er im April 2001 einen Weltrekord auf: In einem Spiel, bei dem die Neuseeländer Amerikanisch-Samoa mit 31:0 Toren zerlegten, trug er sich 13-mal in die Torschützenliste ein. Doch es geht auch andersherum: Der in Deutschland geborene und in Australien aufgewachsene Shane Smeltz entschied sich, für Neuseeland aufzulaufen, wo er große Teile seiner Kindheit verbracht hat. Smeltz erzielte 2010 in Südafrika beim 1:1 gegen Italien in Nelspruit den Treffer für Neuseeland.

Von der Bank auf die Auswechselbank

Unter den 23 Spielern des neuseeländischen WM-Kaders von 2010 befanden sich auch vier Amateure. Der Mittelfeldspieler Andy Barron, der bei einer Bank in Wellington als Anlageberater arbeitet, schaffte es sogar bis auf den Rasen: In der Partie gegen den noch amtierenden Weltmeister Italien wurde er in der Nachspielzeit eingewechselt.

Viel Arbeit für Nicky

Nicky Salapu hieß der bedauernswerte Torwart, der in der Qualifikation zur WM 2002 einen Weltrekord aufstellte, als er am 11. April 2001 bei der Auswärtsbegegnung zwischen Amerikanisch-Samoa und Australien 31-mal hinter sich greifen musste. Nur zwei Tage zuvor hatte Australien Tonga mit 22:0 demontiert. Probleme mit den Reisepässen hatten dazu geführt, dass Amerikanisch-Samoa in Australien auf einige seiner besten Spieler verzichten musste und mit drei 15-Jährigen anreiste, die den Altersdurchschnitt der Truppe auf knapp über 18 Jahre drückten. Trotzdem schafften es die Jungs, kein Gegentor zu bekommen ... bis zur 10. Minute. In seinen acht Länderspielen hat Salapu 91 Tore kassiert. In den Qualifikationsspielen des Teams zur WM 2006 landete der Ball nur einmal im gegnerischen Netz: Am 12. Mai 2004 erzielte Natia Natia beim 1:9 gegen Vanuatu den Ehrentreffer. Dies war gleichzeitig das allererste Tor für Amerikanisch-Samoa bei einer WM-Qualifikation überhaupt. Den bisher einzigen Sieg für das Land gab es 1983 gegen Wallis und Futuna, 15 Jahre vor seiner offiziellen Aufnahme in die FIFA, die 1998 erfolgte. Wallis und Futuna, eine kleine Inselgruppe in der Südsee, die zu Frankreich gehört, blieb die Mitgliedschaft im Weltfußballverband bis heute versagt.

Ganz in Weiß

Die neuseeländische Nationalmannschaft ist auch unter dem Namen »All Whites« bekannt. Er bezieht sich nicht nur auf ihren Dress, sondern ist auch als Antwort auf den Spitznamen der berühmteren und erfolgreicheren neuseeländischen Rugby-Nationalmannschaft, die »All Blacks«, zu verstehen.

CONCACAF

In vielen Teilen der Karibik und Zentral- sowie Nordamerikas stößt Fußball auf große Begeisterung. Mexikanische Fans gehören schon seit der ersten Endrunde im Jahr 1930 zu den schillerndsten Fans bei FIFA Fußball-Weltmeisterschaften™. Mexiko war überdies bis 2006 das einzige Land, das bereits zweimal Gastgeber einer WM-Endrunde war (1970 und 1986).

MEXIKO

Mexiko ist die Fußball-Hochburg unter den Mitgliedern der CONCACAF (Confederation of North and Central American and Caribbean Association Football) und regelmäßig bei FIFA Weltmeisterschaften™ dabei. Obwohl sich die Mexikaner nur dreimal nicht für Endrunden qualifizieren konnten (1934, 1974, 1982) und zweimal (1938, 1990) nicht teilnahmen, sind die ganz großen Erfolge bislang ausgeblieben. Zwei Auftritte im Viertelfinale (beide Male als Gastgeber, 1970 und 1986) waren die bisher besten Ergebnisse. Doch ein fußballverrücktes Land erwartet eigentlich mehr.

Top Ten Einsätze

1.	Claudio Suárez	178
2.	Pável Pardo	148
3.	Jorge Campos	131
4.	Alberto García Aspe	127
5.	Cuauhtémoc Blanco	121
=	Ramón Ramírez	121
7.	Gerardo Torrado	118
8.	Oswaldo Sánchez	99
9.	Rafael Márquez	94
10.	Carlos Hermilloso	90

Top Ten Torschützen

1.	Jared Borgetti	46
2.	Cuauhtémoc Blanco	39
3.	Carlos Hermilloso	35
=	Luis Hernández	35
5.	Enrique Borja	31
6.	Zague	30
7.	Luis Flores	29
=	Luis García	29
=	Hugo Sánchez	29
10.	Benjamín Galindo	28

Márquez' Rekordmarke

Mit seinem Einsatz im Achtelfinale von 2010, das Mexiko mit 1:2 gegen Argentinien verlor, stellte Rafael Márquez einen neuen mexikanischen Rekord auf: Mit 12 WM-Partien hat er jetzt ein Spiel mehr absolviert als der ehemalige Torhüter Antonio Carbajal und zwei Spiele mehr als Cuauhtémoc Blanco und Gerardo Torrado, die beide 2010 ebenfalls zum mexikanischen Kader gehörten.

Mexikanische Rekorde

Erstes Länderspiel: 3:2 gegen Guatemala, Guatemala-Stadt, 1. Januar 1923
Höchster Sieg: 13:0 gegen die Bahamas, Toluca, 28. April 1987
Höchste Niederlage: 0:8 gegen England, London, 10. Mai 1961
CONCACAF Nations Cup/Gold Cup: 1965, 1971, 1977, 1993, 1996, 1998, 2003, 2009
Sieger im Konföderationen-Pokal: 1999

Hernández führt die Liste an

Seine vier Tore im Jahr 1998 machten Luis Hernández zu Mexikos Torschützenkönig in einem WM-Turnier. Beim 3:1 im Gruppenspiel gegen Südkorea traf Hernández zweimal ins Netz. Sein Ausgleichstor gegen die Niederlande in der letzten Minute rettete seinem Land ein 2:2. Im Achtelfinale brachte Hernández – Spitzname »El Matador« – Mexiko gegen Deutschland in Führung, doch nach Toren von Jürgen Klinsmann und Oliver Bierhoff ging das Spiel doch noch verloren.

Ihre Zeit muss erst noch kommen

Die Mexikaner haben zwar an bisher 14 FIFA Weltmeisterschaften teilgenommen, doch blieben sie dabei stets hinter den Erwartungen zurück. Nur zweimal schafften sie es bis ins Viertelfinale – beide Male (1970 und 1986) als Gastgeber des Turniers. 1970 unterlagen sie dem Vizeweltmeister Italien in Toluca mit 1:4. 16 Jahre später – nachdem die Teilnehmerzahl erweitert worden war – schlugen sie Bulgarien 2:0 im Achtelfinale, verloren dann jedoch in Monterrey gegen die Bundesrepublik Deutschland im Elfmeterschießen nach einem 0:0 nach Verlängerung. Bei den letzten fünf FIFA Weltmeisterschaften schied Mexiko jedes Mal im Achtelfinale aus: 1994 gegen Bulgarien nach einem erneuten 0:0 wiederum im Elfmeterschießen, 1998 mit 1:2 gegen Deutschland, 2002 mit 0:2 gegen die USA, 2006 mit 1:2 nach Verlängerung gegen Argentinien und 2010 mit 1:3 ebenfalls gegen Argentinien. Mexiko gehörte auch zu den 13 Teilnehmern der ersten FIFA WM 1930. Seitdem sind die Mexikaner eine der stärksten Mannschaften aus Mittel- und Zentralamerika und konnten sich bis auf drei Ausnahmen regelmäßig für die FIFA WM qualifizieren. Doch 1930, 1950, 1954, 1958, 1962 und 1966 kamen sie nicht über die Gruppenspiele hinaus. Anfangs blieben sie sogar 13 Spiele lang ohne Sieg, bis sie 1962 3:1 gegen die Tschechoslowakei gewannen.

Ein Riss durch die Familie

Der Außenstürmer Giovani dos Santos war entsetzt, als der vorläufige mexikanische 30-Mann-Kader für die WM 2010 auf die vorgeschriebenen 23 Spieler reduziert wurde: Er selbst kam zwar in die Auswahl und war bei allen vier Spielen dabei, die Mexiko in Südafrika absolvierte – aber sein Bruder Jonathan wurde von Nationaltrainer Javier Aguirre nicht berücksichtigt.

Rosas' historischer Elfmeter

Als der Mexikaner Manuel Rosas 1930 beim Spiel gegen Argentinien in der 42. Minute einen Strafstoß verwandelte, erzielte er damit das erste Elfmeter-Tor bei einer FIFA WM. In der 65. Minute traf Rosas ein zweites Mal, doch Mexiko unterlag trotzdem mit 3:6.

Erbschen und Erbse

Mit Javier Hernández, der am 17. Juni 2010 in Polokwane im Gruppenspiel gegen Frankreich das Führungstor für Mexiko erzielte, war seine Familie bereits in dritter Generation bei einer Weltmeisterschaft vertreten. Hernández, der den Spitznamen »Chicharito« trägt (deutsch »Erbschen«), ist der Sohn des gleichnamigen Javier Hernández (Spitzname »Chicharo«, deutsch »Erbse«), der 1986 mit Mexiko das Viertelfinale erreichte, und das Enkelkind von Tomás Balcázar, der zur mexikanischen Auswahl von 1954 gehörte. Balcázar war bei seiner Weltmeisterschaft ebenfalls gegen Frankreich als Torschütze erfolgreich – und wie sein Enkelkind war er zu dem Zeitpunkt 22 Jahre alt.

Mexiko schlägt ein Erdbeben

Mexiko wurde Austragungsort der FIFA WM 1986, nachdem der ursprünglich vorgesehene Gastgeber Kolumbien 1982 abgesagt hatte – u. a. wegen der Erhöhung der Teilnehmerzahl. Die FIFA gab Mexiko vor Kanada und den USA den Vorzug, da es seit dem Turnier von 1970 über die Stadien und eine gute Infrastruktur verfügte. Nach dem Erdbeben vom 19. September 1985, bei dem in Zentralmexiko rund 10 000 Menschen ums Leben kamen und viele Gebäude in Mexiko-Stadt zerstört wurden, musste das Land wie verrückt arbeiten, um rechtzeitig zum Turnier startklar zu sein.

Zum dritten Mal Pech

Die Mexikaner haben bei WM-Endrunden schon dreimal gegen Argentinien gespielt und jedesmal den Kürzeren gezogen. In der Gruppenphase der allerersten Weltmeisterschaft ging Mexiko 1930 mit 3:6 unter und in den Achtelfinalen von 2006 und 2010 verlor es mit 1:2 n. V. bzw. 1:3.

Aguirre hat wieder das Sagen

Mexikos Trainer Javier Aguirre, der wegen seiner Herkunft »der Baske« genannt wird, brachte Mexiko schon 2002 ins Achtelfinale. Am 3. April 2009 nahm er den Platz von Sven-Göran Eriksson ein. Der Schwede war gefeuert worden, nachdem Mexiko in einem Qualifikationsspiel für die FIFA WM 2010 1:3 gegen Honduras verloren hatte. Aguirre erklärte 2010 seinen Rücktritt, nachdem Mexiko von Argentinien aus dem WM-Turnier gekegelt worden war.

Suárez toppt (fast) alle

Mit 178 Einsätzen ist der mexikanische Abwehrspieler Claudio Suárez der Feldspieler mit den weltweit meisten Länderspielen, übertroffen nur noch vom saudi-arabischen Torhüter Mohammad al-Deayea mit 181 Einsätzen. Suárez, der in seiner Heimat »Kaiser« genannt wird, stand 1994 und 1998 bei allen acht Spielen seines Landes auf dem Platz. 2002 konnte er wegen eines gebrochenen Beines nicht an der WM teilnehmen. 2006 gehörte er im Alter von 37 Jahren zwar nochmals zum Kader, kam jedoch nicht zum Einsatz.

VEREINIGTE STAATEN VON AMERIKA (USA)

Zwar spielten einige der bekanntesten Fußballer – Pelé, Franz Beckenbauer und David Beckham – in US-Ligen und die USA durften als eines von nur 15 Ländern selbst eine FIFA WM™ ausrichten, trotzdem interessiert sich im mächtigsten Land der Welt nur eine Minderheit für Fußball. Allerdings besteht nach einer Reihe von beeindruckenden Auftritten auf der internationalen Bühne durchaus Anlass zur Hoffnung, dass sich dies bald ändern wird.

Top Ten Torschützen

1.	Landon Donovan	45
2.	Eric Wynalda	34
3.	Brian McBride	30
4.	Joe-Max Moore	24
5.	Bruce Murray	21
6.	Clint Dempsey	19
7.	DaMarcus Beasley	17
=	Earnie Stewart	17
9.	Cobi Jones	15
10.	Marcelo Balboa	13
=	Hugo Pérez	13

Arenas Mannen im Viertelfinale

Der größte Erfolg der USA in der FIFA WM-Geschichte nach dem Turnier 1930 kam 2002, als sie ins Viertelfinale einzogen. Die Mannschaft von Trainer Bruce Arena schlug Portugal mit 3:2, spielte 1:1 gegen Südkorea und verlor 1:3 gegen Polen, doch reichte dies, um als Zweiter der Gruppe D das Achtelfinale zu erreichen. Brian McBride und Landon Donovan schossen ihr Land mit einem 2:0 gegen Mexiko ins Viertelfinale. Dort verloren die USA jedoch 0:1 gegen Deutschland. Viele amerikanische Spieler – Brad Friedel (unten), Kasey Keller, Claudio Reyna, McBride, Donovan, DaMarcus Beasley und Cobi Jones – hatten in Europa Erfahrungen gesammelt. Nachdem die USA 2006 in Deutschland in den Gruppenspielen ausgeschieden waren, wurde Arena von Bob Bradley abgelöst.

Der Star der US-Boys

Der aktuelle US-Rekordtorschütze Landon Donovan war ohne Zweifel der Star der Amerikaner bei der FIFA WM 2010. Er schoss drei Tore in vier Spielen. Dazu zählt auch das Siegtor gegen Algerien in der Nachspielzeit der Partie, wodurch die USA die erste Runde als Tabellenführer der Gruppe C abschlossen. Mit seinen vier Auftritten in Südafrika hat Donovan jetzt insgesamt 13 WM-Partien für sein Land bestritten und liegt damit zwei Spiele vor Earnie Stewart und Cobi Jones. Durch seinen verwandelten Elfmeter bei der Achtelfinalniederlage gegen Ghana wurde er auch zum bisher erfolgreichsten amerikanischen WM-Torschützen: Fünf WM-Treffer stehen jetzt für ihn zu Buche, einer mehr als für Bert Patenaude, den Hattrick-Helden von 1930.

Caligiuris Schuss geht in die Geschichte ein

Amerikas Sieg im entscheidenden Spiel der Qualifikationsrunde zur WM 1990 in Trinidad & Tobago am 19. November 1989 gilt als Wendepunkt in der Fußballgeschichte des Landes. Zur Mannschaft gehörte nur ein Profi: Paul Caligiuri, der beim (west-)deutschen Zweitliga-Verein SV Meppen spielte. Nach 31 Minuten schoss er das einzige Tor des Spiels und brachte so die USA zu ihrer ersten WM-Teilnahme seit 40 Jahren. Trinidads Torhüter Michael Maurice behauptete später, die Sonne habe ihn geblendet. Dieser Sieg steigerte das Ansehen der Mannschaft erheblich, obwohl sie bei der WM 1990 in den Gruppenspielen scheiterte. Auch führte er dazu, dass die Nationalmannschaft professionell organisiert wurde. Caligiuri meinte dazu: »Es war unser wichtigster Sieg aller Zeiten.«

Mein Vater, unser Trainer

Die von Bob Bradley gecoachten US-Amerikaner wurden bei der FIFA WM 2010 vor dem Favoriten England überraschend Sieger der Gruppe C. Es war das erste Mal seit 1930, dass die US-Boys wieder eine erste Turnierrunde als Tabellenführer beenden konnten. Bradley stellte seinen Sohn Michael bei allen vier Spielen der USA auf, und der Mittelfeldspieler rechtfertigte das Vertrauen seines Vaters mit dem späten Ausgleichstor beim 2:2 im zweiten Gruppenspiel gegen Slowenien.

Dempseys Double

Mit seinem Tor beim 1:1 gegen England wurde Clint Dempsey bei der FIFA WM 2010 zum ersten amerikanischen Nationalspieler, der bei zwei verschiedenen Turnieren getroffen hat: Im Stadion von Rustenburg zog er gut 20 Meter vor dem Tor ab, doch der englische Torhüter Robert Green schob sich das Leder selbst in den Kasten. 2006 bei der WM in Deutschland hatte Dempsey bei der Gruppenspielniederlage gegen Ghana getroffen. Der erste Amerikaner, der bei zwei Endrunden traf, war Brian McBride – 1998 gegen den Iran sowie 2002 gegen Portugal und Mexiko. Landon Donovan tat es Dempsey kurze Zeit später gleich: Er hatte 2002 in den Partien gegen Polen und Mexiko eingenetzt und traf 2010 gegen Slowenien, Algerien und Ghana.

Rekordbrecher

Die Entscheidung der FIFA, die Endrunde 1994 in den USA austragen zu lassen, war umstritten. Kritiker verwiesen auf die geringen internationalen Erfolge der US-Mannschaft. Dank eines 2:1-Sieges gegen Kolumbien und eines Unentschiedens gegen die Schweiz erreichten die USA das Achtelfinale, in dem sie jedoch gegen den späteren Weltmeister Brasilien unterlagen. Zudem verfolgten 3 587 538 Zuschauer die Spiele live im Stadion – ein neuer Rekord für WM-Endrunden.

Gaetjens schockt England

Das 1:0 der US-Boys gegen England am 29. Juni 1950 gehört zu den größten Überraschungen in der Geschichte der FIFA WM. Zusammen mit Brasilien galt England als Favorit des Turniers. Die USA hatten dagegen die letzten sieben Spiele verloren und nur zwei Tore geschossen. Joseph »Joe« Gaetjens köpfte in der 37. Minute des Spiels Walter Bahrs Flanke an Torhüter Bert Williams vorbei ins Netz. England gab in diesem Spiel zwar den Ton an, doch US-Torhüter Frank Borghi hielt einen Ball nach dem anderen. Niederlagen gegen Chile und Spanien in den weiteren Gruppenspielen führten danach zum Ausscheiden der USA, doch ihr Sieg gegen England ist noch heute der Höhepunkt der amerikanischen Fußballgeschichte.

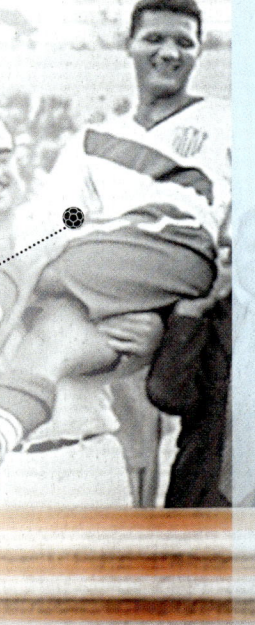

Das kurze Gastspiel des »Team America«

1983 ließ der Fußballverband US Soccer die Nationalmannschaft als »Team America« an der nationalen Liga NASL teilnehmen – allerdings nur eine Spielzeit lang, denn das Experiment fand ein schnelles Ende, als die Mannschaft ans Tabellenende rutschte. Das »Team America« hatte von Anfang an damit zu kämpfen, dass viele seiner besten Spieler lieber für ihre Vereine antraten. Nur selten konnte man eine eingespielte Mannschaft aufs Feld schicken.

Top Ten Länderspiele

1.	Cobi Jones	164
2.	Jeff Agoos	134
3.	Marcelo Balboa	128
4.	Landon Donovan	127
5.	Claudio Reyna	112
6.	Paul Caligiuri	110
7.	Eric Wynalda	106
8.	Kasey Keller	102
9.	Earnie Stewart	101
10.	Tony Meola	100
=	Joe-Max Moore	100

Eine Supermacht in Wartehaltung

Als Mannschaft zeigen die USA beständige Leistungen. Die US-Boys nahmen an den letzten fünf FIFA Weltmeisterschaften teil, kamen insgesamt viermal über die Vorrunde hinaus – und das Land richtete das Turnier von 1994 aus. In Südkorea und Japan erreichten sie 2002 das Viertelfinale und verloren dort 0:1 gegen Deutschland. Die USA blicken auf eine traditionsreiche FIFA WM-Geschichte zurück: Beim ersten Turnier 1930 wurden sie Dritter; zwanzig Jahre später gelang ihnen eine der größten Sensationen in der Turniergeschichte, als sie den Favoriten England in Belo Horizonte mit 1:0 schlugen. Doch in den USA stand Fußball immer im Schatten von American Football, Baseball oder Basketball. Nach dem Ende der North American Soccer League (NASL) 1984 gab es nicht einmal mehr eine Profiliga. Die Wende kam, als die USA 1:0 in Trinidad gewannen und sich so nach 40 Jahren zum ersten Mal wieder für eine FIFA WM, das Turnier von 1990, qualifizieren konnten. Die WM 1994 brachte diese Entwicklung weiter voran, und 1996 wurde die Major League Soccer ins Leben gerufen, die der Nationalmannschaft immer wieder gute Spieler bringt. Viele von ihnen, darunter Landon Donovan, Clint Dempsey, Brad Friedel, Claudio Reyna und DaMarcus Beasley, spielten auch für europäische Vereine.

CONCACAF ANDERE MANNSCHAFTEN

Mit insgesamt 23 FIFA WM™-Teilnahmen sind Mexiko und die Vereinigten Staaten zweifellos die Fußballgroßmächte der CONCACAF-Region. Von den anderen nord- und zentralamerikanischen Ländern und den Karibikstaaten ist es bislang nur Costa Rica (1990, 2002 und 2006), El Salvador (1970 und 1982) und Honduras (1982 und 2010) gelungen, sich mehr als einmal für eine Endrunde zu qualifizieren.

Pavón denkt nicht ans Aufhören

Carlos Pavón – der einzige Nationalspieler von Honduras mit mehr als 100 Länderspielen – erzielte in der Qualifikation zur FIFA WM 2010 sieben Treffer und trug damit entscheidend zum zweiten Einzug seines Landes nach 1982 in eine WM-Endrunde bei. Der Fußballveteran, zu dem Zeitpunkt bereits 36 Jahre alt, stand in Südafrika aber nur 60 Minuten auf dem Platz. Pavón hat bei Vereinen in sieben verschiedenen Ländern gespielt: Honduras, Mexiko, Spanien, Italien, Kolumbien, Guatemala und den USA; bei Los Angeles Galaxy war er neben David Beckham der große Star.

Kanadas einzige WM-Teilnahme

Durch Siege über Honduras und Costa Rica in der Endrunde der CONCACAF-Qualifikationszone sicherte sich Kanada 1986 seine einzige FIFA WM-Teilnahme, verlor jedoch alle drei Spiele und erzielte kein einziges Tor. Es unterlag Frankreich (0:1), Ungarn (0:1) und der Sowjetunion (0:2).

Höchste Zuschauerzahl

Die höchste Zuschauerzahl bei einem Heimspiel eines CONCACAF-Teams wurde am 7. Juli 1968 erreicht. Damals sahen 119 853 Menschen im Aztekenstadion in Mexiko-Stadt das 0:2 Mexikos gegen Brasilien.

Costa Rica kämpft sich durch

Costa Rica ist die nach Mexiko erfolgreichste zentralamerikanische Mannschaft bei WM-Endrunden. Unter der Führung von Stürmerlegende Paulo Wanchope qualifizierte man sich 1990, 2002 und 2006. Beim ersten Anlauf bezwang das Team in der Gruppenphase Schottland und Schweden mit 1:0 bzw. 2:1, bevor man im Achtelfinale mit 1:4 an der Tschechoslowakei scheiterte. 2002 schied Costa Rica nach einem 2:0 gegen China, einem 1:1 gegen die Türkei und einem 2:5 gegen Brasilien als Gruppendritter nach der ersten Runde aus. 2006 war ebenfalls nach der Gruppenphase Schluss. El Salvador war 1970 und 1982 dabei, verlor aber alle sechs Spiele und musste u. a. ein 1:10 gegen Ungarn 1982 hinnehmen. Honduras schied bei zwei Endrunden in der Gruppenphase aus. 1982 erreichte das Team jeweils ein 1:1 gegen Spanien und Nordirland, verlor aber mit 0:1 gegen Jugoslawien. 2010 erzielte es keinen einzigen Treffer; zuerst verlor man gegen Chile und Spanien, dann trennte man sich mit einem torlosen Unentschieden von der Schweiz.

Costa Rica gewinnt vor leeren Rängen

Die wenigsten Zuschauer eines CONCACAF-Qualifikationsspiels hatte die Partie Costa Rica gegen Panama am 26. März 2005. Das Spiel im Saprissa-Stadion in San José musste gemäß einer FIFA-Anordnung unter Ausschluss der Öffentlichkeit ausgetragen werden, da bei einem 1:2 gegen Mexiko im Februar desselben Jahres Feuerwerkskörper abgebrannt worden waren. In diesem »Geisterspiel« setzte sich Costa Rica dank eines Treffers von Roy Myrie in der ersten Minute der Nachspielzeit mit 2:1 gegen Panama durch.

CONCACAF-Teams in FIFA WM™-Endrunden

Endrundenteilnahmen von Mannschaften der CONCACAF-Region

1.	Mexiko	14
2.	USA	9
3.	Costa Rica	3
4.	El Salvador	2
=	Honduras	2
6.	Haiti	1
=	Jamaika	1
=	Kanada	1
=	Kuba	1
=	Trinidad & Tobago	1

Stolzer Rekord

Der CONCACAF-Verband kann stolz darauf sein, bei allen FIFA WM-Endrunden mindestens mit einer Mannschaft vertreten gewesen zu sein. 1930 waren Mexiko und die USA dabei, die USA kamen sogar bis ins Halbfinale, bevor sie gegen Argentinien ausschieden. Seitdem haben diese zwei Länder die Qualifikationen dominiert. Mexiko nahm an insgesamt 14 Endrunden teil, die USA an neun (darunter an den sechs letzten). In letzter Zeit machen ihnen jedoch andere Länder den Spitzenrang streitig. So nahm Costa Rica 2006 bereits zum dritten Mal an einer Endrunde teil, während Trinidad und Tobago sein Debüt gab. Bei der FIFA WM 2006 war die CONCACAF mit der Rekordzahl von vier Teams vertreten. 2010 nahm außerdem Honduras zum zweiten Mal an einer WM-Endrunde teil.

Die Reggae Boyz kommen

1998 erreichte mit Jamaika erstmals ein Team aus der englischsprachigen Karibik eine FIFA WM-Endrunde. Bei den »Reggae Boyz« wurden mehrere Spieler eingesetzt, die in England unter Vertrag standen. Trotz eines 2:1 gegen Japan mit zwei Toren von Theodore Whitmore kamen sie über die Vorrunde nicht hinaus, da sie zuvor mit 1:3 gegen Kroatien und 0:5 gegen Argentinien verloren hatten.

Unter Brüdern

Honduras war die erste WM-Mannschaft, bei der sage und schreibe drei Brüder gemeinsam antraten: 2010 in Südafrika waren der Verteidiger Johnny Palacios (links), der Mittelfeldspieler Wilson Palacios (rechts) und der Stürmer Jerry Palacios (Mitte) Teil der honduranischen Auswahl. Jerry wurde in letzter Minute nominiert, da Julio César de León verletzungsbedingt ausfiel. Wilson Palacios, der bei Tottenham Hotspur im defensiven Mittelfeld agiert, war wohl der bekannteste und meistgefeierte Spieler der nach 28 Jahren ersten honduranischen WM-Mannschaft. Wie das Team von 1982 kamen aber Reinaldo Ruedas Jungs in ihren drei Spielen weder zu einem Sieg noch überhaupt zu einem Torerfolg. Milton Palacios, ein älterer Bruder der drei WM-Stars, spielte zwar zwischen 2003 und 2006 14-mal als Verteidiger für sein Land, wurde aber nicht für die Endrunde 2010 nominiert.

Kuba zeigt, wie's geht

1938 erreichte mit Kuba erstmals ein Team aus der Karibik ein FIFA WM-Viertelfinale. Das Erstrundenmatch der Kubaner gegen Rumänien endete 3:3 nach Verlängerung. Im Wiederholungsspiel setzten sie sich nach 0:1 Pausenrückstand dank Toren von Hector Socorro und Carlos Oliveira mit 2:1 durch. Im Viertelfinale erlebten sie ein 0:8-Debakel gegen Schweden. Als nächstes Team aus der Karibik kam 1974 Haiti in die Endrunde. Dort gab's jedoch drei Niederlagen: 1:3 gegen Italien, 0:7 gegen Polen und 1:4 gegen Argentinien.

Ein trauriger Tag

2009 trauerten die drei Palacios-Brüder, die 2010 zur WM nach Südafrika fuhren, um ihren jüngsten Bruder Edwin. Er war 2007 entführt worden, eineinhalb Jahre später hatte man seine sterblichen Überreste gefunden. Nachdem Wilson Palacios die traurige Nachricht erhalten hatte, verbrachte er, weil er seine Mannschaftskollegen nicht stören wollte, die ganze Nacht in der Lobby des Hotels, in dem seine Mannschaft Tottenham Hotspur vor einem Samstagsspiel Quartier bezogen hatte. Der Spurs-Trainer Harry Redknapp war sehr überrascht, als er ihn am nächsten Morgen dort vorfand, und sprach ihm seine Anteilnahme aus.

Trinidads erstes Mal

Trinidad und Tobago schaffte es – nach einer Marathon-Qualifikation, bei der es sich schließlich in internationalen Play-offs mit 1:0 und 1:1 gegen Bahrain durchsetzte – 2006 erstmals in eine FIFA WM-Endrunde. Dort spielten die »Socca Warriors« zunächst 0:0 gegen Schweden, unterlagen dann aber England und Paraguay jeweils 0:2.

Honduras feiert

Reinaldo Rueda, dem in Kolumbien geborenen Trainer der Honduraner, wurde die Staatsbürgerschaft seiner sportlichen Wahlheimat angeboten, als er mit der Mannschaft das WM-Ticket gelöst hatte. Für die erfolgreiche Qualifikation durften sich die honduranischen Spieler außerdem in einem offenen Bus feiern lassen, der sie durch die Hauptstadt Tegucigalpa fuhr.

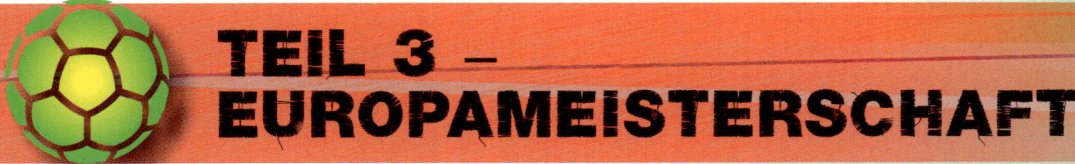

TEIL 3 –
EUROPAMEISTERSCHAFT

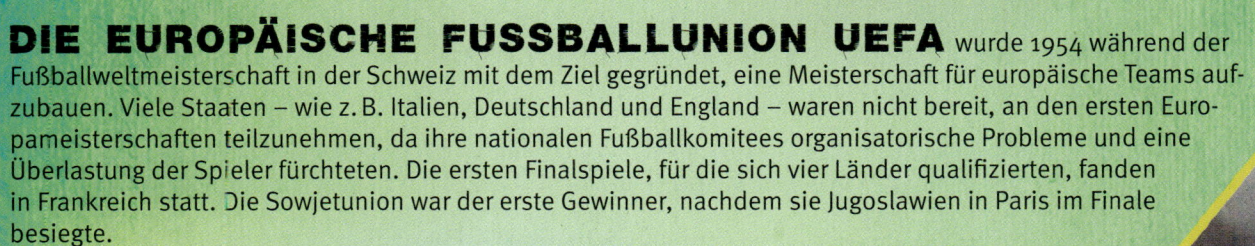

DIE EUROPÄISCHE FUSSBALLUNION UEFA wurde 1954 während der Fußballweltmeisterschaft in der Schweiz mit dem Ziel gegründet, eine Meisterschaft für europäische Teams aufzubauen. Viele Staaten – wie z. B. Italien, Deutschland und England – waren nicht bereit, an den ersten Europameisterschaften teilzunehmen, da ihre nationalen Fußballkomitees organisatorische Probleme und eine Überlastung der Spieler fürchteten. Die ersten Finalspiele, für die sich vier Länder qualifizierten, fanden in Frankreich statt. Die Sowjetunion war der erste Gewinner, nachdem sie Jugoslawien in Paris im Finale besiegte.

Europa hat sich seitdem stark verändert. Während die Mitgliederzahl der UEFA sich weit mehr als verdoppelt hat, existieren die Sowjetunion und Jugoslawien gar nicht mehr. Die Sowjetunion erreichte auch beim zweiten Mal im Jahr 1964 das Endspiel, verlor aber ihre Krone im Finale im Estadio Bernabéu in Madrid an die spanischen Gastgeber.

Luis Suárez, damals bei Inter Mailand unter Vertrag, machte das Spiel und war außerdem der erste Fußballer, der sowohl die Europameisterschaft als auch den Europacup der Landesmeister im selben Jahr gewann.

In den ersten Jahren der Wettkämpfe basierte die Qualifikation auf einem einfachen K.-o.-Prinzip, später wurden die Endrundenteilnehmer in Gruppen ermittelt. 1980 spielten erstmals acht Nationen in der Endrunde, die Bundesrepublik konnte den Pokal zum zweiten Mal nach 1972 holen. 1996 baute Deutschland seinen Titelrekord auf drei Siege aus, als es die Tschechische Republik im Wembley-Stadion in London in der Nachspielzeit mit einem Golden Goal schlug.

Zu dieser Zeit waren die Finalrunden bereits auf 16 Mannschaften erweitert worden. Es bedeutete ein Novum im Fußball, als Belgien und die Niederlande zum ersten Mal eine Euro gemeinsam ausrichteten.

Dies wiederholte sich 2008 mit Österreich und der Schweiz als gemeinsamen Ausrichtern. In diesem Jahr gewann Spanien seinen ersten bedeutenden internationalen Pokal seit dem Sieg bei der Europameisterschaft 1964.

Fernando Torres feiert Spaniens Triumph bei der Europameisterschaft 2008 in Wien – nachdem er das entscheidende Tor im Finale gegen Deutschland geschossen hat.

EM-QUALIFIKATION

Die Qualifikation für die Europameisterschaft hat sich in den letzten Jahren zu einem Wettbewerb riesigen Ausmaßes entwickelt. Neben Gastgeber Österreich und Schweiz wollten 50 weitere Länder zur EM 2008. Wie sich die Zeiten doch geändert haben: 1960 der 16. Achtelfinalist unter 17 Bewerbern durch ein in Hin- und Rückspiel ausgetragenes Qualifikationsmatch ermittelt. Für die EM 1964, bei der die Teilnehmer in der Vorrunde jeweils in einem Heim- und einem Auswärtsspiel gegeneinander antraten, gab es keine Qualifikation. Die erste »richtige« Qualifikation (mit acht Gruppen zu vier und einer Gruppe zu drei Teams) wurde vor der EM 1968 ausgetragen. In den 1990er-Jahren, als nach dem Zusammenbruch der UdSSR und Jugoslawiens zahlreiche neue Verbände der UEFA beitraten, erhöhte sich die Zahl der an der Qualifikation teilnehmenden Länder erneut.

Erstes EM-Qualifikationsspiel in Irland

Beim ersten Qualifikationsspiel der EM-Geschichte am 5. April 1959 in Dublin setzte sich Irland mit 2:0 gegen die Tschechoslowakei durch. Damals mussten aus insgesamt 17 Bewerbern die 16 Teilnehmer der Achtelfinalspiele ermittelt werden. Nachdem die Tschechen das Rückspiel am 10. Mai in Bratislava mit 4:0 für sich entschieden, zogen sie mit einem Gesamtergebnis von 4:2 in die Endrunde ein.

Deutsche mit 13 Treffern vorn

Deutschlands 13:0-Sieg am 6. September 2006 in San Marino – mit Toren von Lukas Podolski (4), Miroslav Klose (2), Bastian Schweinsteiger (2), Thomas Hitzlsperger (2), Michael Ballack, Manuel Friedrich und Bernd Schneider – markierte den höchsten Sieg der EM-Qualifikationsgeschichte. Bis dahin hatte Spanien mit einem 12:1-Erfolg über Malta (1983) die Rangliste angeführt.

Healy mit Quali-Torrekord

Mit 13 Treffern in der Qualifikation für die EM 2008 setzte der nordirische Stürmer David Healy eine neue Bestmarke. Unter anderem hatte er jeweils einen Hattrick gegen Spanien und Liechtenstein erzielt. Damit setzte sich Healy vor Kroatiens Davor Šuker, der in der EM-96-Quali 12 Treffer markiert hatte. Mit 11 im Vorfeld der Endrunde 1964 erzielten Treffern folgt der Däne Ole Madsen, auch wenn Qualifikationsgruppen erst zwei Jahre später eingeführt wurden.

EM-Ticket dank besserer Tordifferenz

Obwohl Deutschland mit einem 0:1 gegen Nordirland am 11. November 1983 in Hamburg seine erste Heimniederlage in der EM-Qualifikation kassierte, reichte ein 2:1 gegen Albanien vier Tage später in Saarbrücken, um sich im Kampf um die Endrundenteilnahme dank besserer Tordifferenz gegen Nordirland durchzusetzen.

Briten machen Qualifikation unter sich aus

Die vier britischen Teams nutzten die British Home Championships 1966/67 und 1967/68 als Qualifikationsgruppe für die Endrunde 1968. Weltmeister England setzte sich durch. Auf eigenen Wunsch werden die britischen Teams seitdem einzeln in die Qualifikationsgruppen gelost.

Ost und West wachsen zusammen

Ursprünglich hätten die DDR und die Bundesrepublik in der Gruppe 5 der Qualifikation für die EM 92 gegeneinander antreten sollen. Nach der Wiedervereinigung im Oktober 1990 trat dann jedoch erstmals seit der FIFA WM-Endrunde 1938 ein gesamtdeutsches Team als »Deutschland« an.

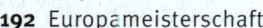

Deutschlands legendäre »Wembley-Elf«

Die wohl beste Mannschaft, die je für Deutschland auflief, machte am 29. April 1972 im Wembley-Stadion mit einem 3:1-Erfolg über England im Hinspiel des Viertelfinales auf sich aufmerksam. Die Tore für die »Wembley-Elf« erzielten Uli Hoeneß, Günter Netzer und Gerd Müller. Später setzten sich Sepp Maier, Horst-Dieter Höttges, Georg Schwarzenbeck, Franz Beckenbauer, Paul Breitner, Jürgen Grabowski, Herbert Wimmer, Günter Netzer, Uli Hoeneß, Siggi Held und Gerd Müller mit 3:0 gegen die Sowjetunion im Finale durch und holten den EM-Titel nach Deutschland. Acht dieser Spieler standen auch beim Gewinn der FIFA WM 1974 gegen die Niederlande auf dem Platz.

Flowers mit erstem Tor für England

England, Italien und die Bundesrepublik Deutschland haben an der ersten EM 1960 nicht teilgenommen. England und Italien nahmen erstmals an der Qualifikation für die EM 1964 teil, die Deutschen stiegen sogar erst vier Jahre später ein. England gab sein Debüt am 3. Oktober 1962 in der Vorrunde bei einem 1:1-Unentschieden gegen Frankreich auf heimischem Boden. Das Tor für die Engländer erzielte Ron Flowers vom Elfmeterpunkt. Da das Rückspiel in Paris mit 5:2 an Frankreich ging, rückte der Gegner ins Achtelfinale vor. Demgegenüber setzte sich Italien mit 6:0 und 1:0 gegen die Türkei durch.

EM-Endrunden-Teilnahmen

10	BRD/Deutschland
9	Sowjetunion/GUS/Russland
8	Niederlande
	Spanien
7	Tschechien/CSSR
	Dänemark
	England
	Frankreich
	Italien
5	Portugal
	Jugoslawien
4	Belgien
	Rumänien
	Schweden
3	Kroatien
	Griechenland
	Schweiz
	Türkei
2	Bulgarien
	Ungarn
	Schottland
1	Österreich
	Lettland
	Norwegen
	Polen
	Irland
	Slowenien

Pančev muss zu Hause bleiben

Der Jugoslawe Darko Pančev war mit insgesamt 10 Treffern Torschützenkönig der Qualifikation für die EM 1992. Jugoslawien führte die Qualifikationsgruppe 4 an, wurde jedoch aufgrund des Bosnienkriegs nicht für die Endrunde zugelassen, und Pančev durfte sein Können nicht zeigen. Nach dem Zerfall Jugoslawiens wurde er zum Top-Spieler der neuen Nationalelf Mazedoniens.

Der Kampf der Fußballzwerge

Die beiden Zwergstaaten Andorra und San Marino warten bis heute auf ihren ersten Sieg in einem EM-Qualifikationsspiel. Andorra hat – mit einer Tordifferenz von 6:88 – alle seiner 30 Spiele verloren. Auch San Marino konnte – bei einer Tordifferenz von 6:200 – bislang keines seiner 46 Spiele gewinnen.

Färöer starten mit Paukenschlag

Die Färöer absolvierten ihr erstes EM-Qualifikationsspiel am 12. September 1990 – und fuhren gleich einen Sensationssieg über Österreich ein. Den Siegtreffer zum 1:0 im schwedischen Landskrona erzielte Torkil Nielsen. Österreichs Coach Josef Hickersberger musste nach dieser Blamage seinen Hut nehmen. Dies war jedoch der einzige Sieg der Färöer: Sie wurden Letzter in ihrer Gruppe, in der u. a. Jugoslawien, Dänemark und Nordirland spielten.

Holländer meistern erste Relegation

Das allererste Relegationsspiel im Rahmen einer EM-Qualifikation wurde am 13. Dezember 1995 in Liverpool ausgetragen. Holland setzte sich dank zweier Tore von Patrick Kluivert mit 2:0 gegen Irland durch und löste sein EM-Ticket.

EM-MANNSCHAFTSREKORDE

Drei Rote Karten bei Tschechen-Sieg

Mit drei Platzverweisen ging der 3:1-Halbfinalsieg der Tschechoslowakei über die Niederlande am 16. Juni 1976 in Zagreb in die Annalen ein. Als Erster musste der Tscheche Jaroslav Pollák nach seiner zweiten Gelben Karte für ein Foul an Johan Neeskens vom Platz. Der sah in der 76. Minute wegen Nachtretens gegen Zdeněk Nehoda selbst Rot. Sechs Minuten vor Ende der Verlängerung, als Nehoda gerade den tschechischen Führungstreffer erzielt hatte, flog mit Wim van Hanegem wegen Meckerns auch noch der zweite Niederländer vom Platz.

Dänischer Sensationserfolg

Die Dänen hatte bei der EM 1992 wirklich niemand auf der Rechnung. Als Zweite ihrer Qualifikationsgruppe hinter Jugoslawien wären sie eigentlich nicht einmal qualifiziert gewesen. Nachdem Jugoslawien jedoch wegen des Balkankriegs ausgeschlossen wurde, fand man sich unverhofft im Feld der letzten acht wieder. Torhüter Peter Schmeichel wurde zum Helden – erst beim Elfmeterschießen im Halbfinale gegen die Oranje-Elf und erneut im Endspiel gegen Deutschland, das Dänemark durch Tore von John Jensen und Kim Vilfort mit 2:0 für sich entschied.

Spanien weigert sich, gegen die Sowjets anzutreten

Politische Rivalitäten verhinderten 1960 die geplante Viertelfinalpartie zwischen Spanien und der Sowjetunion. Der Diktator General Franco untersagte der spanischen Elf, in die kommunistische Sowjetunion zu reisen, ließ aber auch die Sowjetkicker nicht nach Spanien einreisen. Das Spiel wurde wegen Nichtantretens der Spanier als kampflos gewonnen für die Sowjetunion gewertet. Vier Jahre später machte Franco einen Rückzieher und erlaubte den Sowjets die Einreise für die Endrunde. Es blieb ihm jedoch erspart, ihnen den Pokal überreichen zu müssen, da sich Spanien im Finale mit 2:1 gegen die Sowjetunion durchsetzte.

Domenghini rettet Italien

Das wohl umstrittenste Tor in einem EM-Finale fiel am 8. Juni 1968. Gastgeber Italien lag zehn Minuten vor Spielende mit 0:1 gegen Jugoslawien zurück. Während die Jugoslawen noch mit der Errichtung ihrer Mauer beschäftigt waren, schlenzte Angelo Domenghini einen Freistoß an Torhüter Ilja Pantelic vorbei ins Netz. Ausgleich. Jugoslawien protestierte, aber das Tor wurde gegeben. Zwei Tage später gewann Italien durch Tore von Gigi Riva und Pietro Anastasi das einzige Wiederholungsspiel einer EM-Endrunde mit 2:0.

Frankreichs Durchmarsch

Frankreich ist seit Erweiterung der Endrunde auf mehr als vier Mannschaften das einzige Team, das – 1984 im eigenen Land – alle Endrundenspiele gewinnen konnte. Dabei ging keines ihrer Spiele ins Elfmeterschießen. Die Franzosen bezwangen Dänemark 1:0, Belgien 5:0 und Jugoslawien 3:2 in der Vorrunde, Portugal 3:2 nach Verlängerung im Halbfinale und Spanien 2:0 im Finale.

Längstes Elfmeterschießen

Zum längsten Elfmeterschießen in einer EM-Endrunde kam es am 21. Juni 1980 in Neapel im Spiel um Platz drei beim Stand von 1:1 nach Verlängerung zwischen Gastgeber Italien und der Tschechoslowakei. Nach jeweils acht verwandelten Elfmetern hielt der tschechische Torhüter Jaroslav Netolička den Schuss von Fulvio Collovati, der nächste Treffer der Osteuropäer sorgte für den 9:8-Endstand.

Deutschland top

Seit der ersten Europameisterschaft vor 50 Jahren ist die EM nach der Weltmeisterschaft zum wichtigsten internationalen Fußballturnier geworden. Nur 17 Teams nahmen an der EM 1960 teil, als die Sowjetunion Europameister wurde. Bei der EM 2008 kämpften 50 Teams um einen Startplatz neben den Gastgebern Österreich und Schweiz. Deutschland (bzw. die frühere Bundesrepublik) ist der erfolgreichste EM-Teilnehmer aller Zeiten, obwohl man die ersten beiden Turniere ausließ und 1968 die Qualifikation fürs Viertelfinale verpasste. Dreimal holten die Deutschen den Titel und drei weitere Male wurden sie Vize-Europameister. Frankreich und Spanien holten jeweils zwei Titel. Dänemark (1992) und Griechenland (2004) waren die großen Überraschungssieger der Turniere. Demgegenüber konnten andere große Fußballnationen den Erwartungen nicht gerecht werden. Italien errang nur bei der EM im eigenen Land den Titel – während England nie das Finale erreichte. Der größte Erfolg der Three Lions war ein dritter Rang bei der EM 1968.

Frankreich stürmt ohne Stürmer

Mit 14 Toren bei der EM 1984 hält Frankreich bis heute den Rekord für die meisten erzielten Treffer in einer Endrunde. Doch nur ein einziges davon ging auf das Konto eines ausgewiesenen Stürmers – Bruno Bellone, der beim 2:0-Finalsieg über Spanien den Endstand markierte. Frankreichs Regisseur und Kapitän, Michel Platini, war dabei am torgefährlichsten und schoss unglaubliche neun Tore in fünf Spielen. Unter anderem erzielte er Hattricks gegen Belgien und Dänemark und den Last-Minute-Siegtreffer in der Verlängerung des Halbfinales gegen Portugal. Die Mittelfeldspieler Alain Giresse und Luis Fernández sprangen beim 5:0-Sieg über Belgien ein. Abwehrspieler Jean-François Domergue brachte Frankreich im Halbfinale gegen Portugal in Führung und traf erneut in der Verlängerung, als Portugal nach einem Treffer von Jordão 2:1 vorn lag.

Deutschland mit dem höchsten Finalsieg

Der deutlichste Finalsieg gelang der BRD bei ihrem 3:0 im Finale gegen die Sowjetunion 1972. Gerd Müller traf zum 1:0 in der 27. Minute. Mittelfeldspieler Herbert Wimmer erzielte in der 52. Minute den zweiten Treffer für die Deutschen, bevor Müller sechs Minuten später die russische Schlappe perfekt machte. Die letzten vier Finalbegegnungen (1996, 2000, 2004 und 2008) wurden jeweils mit nur einem Tor Unterschied entschieden.

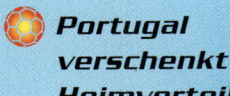

Portugal verschenkt Heimvorteil

2004 schaffte es mit Portugal erstmals seit 20 Jahren wieder ein Gastgeber, ins Finale einzuziehen. Gleichzeitig war Portugal das erste Gastgeberland, das ein Finale nicht gewinnen konnte. Das Spiel am 4. Juli 2004 in Lissabon endete 1:0 für Griechenland. Zuvor waren Frankreich (1984) und Spanien (1964) Europameister im eigenen Land geworden.

Teams mit den meisten Toren bei einer EM

1960: Jugoslawien 6
1964: Spanien, Sowjetunion, Ungarn 4
1968: Italien 4
1972: BRD 5
1976: BRD 6
1980: BRD 6
1984: Frankreich 14
1988: Niederlande 8
1992: Deutschland 7
1996: Deutschland 10
2000: Frankreich, Niederlande 13
2004: Tschechien 9
2008: Spanien 12

Höchste Endrunden-Siege

Niederlande – Jugoslawien 6:1, 2000
Frankreich – Belgien 5:0, 1984
Dänemark – Jugoslawien 5:0, 1984
Schweden – Bulgarien 5:0, 2004

EM-Titel

3   BRD/Deutschland (1972, 1980, 1996)

2   Frankreich (1984, 2000)
Spanien (1964, 2008)

1   Sowjetunion (1960)
Tschechoslowakei (1976)
Italien (1968)
Niederlande (1988)
Dänemark (1992)
Griechenland (2004)

Griechenland mit dem richtigen Timing

Im Halbfinale der EM 2004 am 1. Juli in Porto erzielte Griechenland das einzige Silver Goal der EM-Geschichte. Nach der Silver-Goal-Regel hatte die Mannschaft, die nach der ersten Hälfte der Verlängerung in Führung lag, das Spiel gewonnen. Mit perfektem Timing köpfte Traianos Dellas Griechenland zwei Sekunden vor Ende der ersten Hälfte der Verlängerung zum Sieg über Tschechien. Sowohl die Golden- als auch die Silver-Goal-Regelung wurden vor der EM 2008 wieder abgeschafft. Seitdem werden die Spiele in den K.-o.-Runden wieder mithilfe regulärer Verlängerung (zwei Halbzeiten zu je 15 Minuten) und (falls nach der Verlängerung immer noch Gleichstand herrscht) Elfmeterschießen entschieden.

Per Münzentscheid zum Titel

Bei der EM 1968 im eigenen Land erreichte der spätere Europameister Italien das Finale nur dank eines Münzentscheids. Die Halbfinalpartie am 5. Juni 1968 in Neapel gegen die Sowjetunion war das einzige Spiel einer EM-Endrunde, das auf diese Weise entschieden wurde. Beim Stand von 0:0 nach Verlängerung traf der sowjetische Kapitän Albert Schesternjow die falsche Wahl, sodass Italien ins Finale einzog und dort Jugoslawien bezwang.

EM-SPIELER-REKORDE

Vater und Sohn

Die tschechischen Abwehrspieler Miroslav und Michal Kadlec sind das einzige Vater-Sohn-Paar, das bei Endrunden spielte. Miroslav (geb. am 22. Juni 1964 in Uherské Hradiště) führte Tschechien bei der EM 1996 in England als Kapitän ins Finale (1:2 gegen Deutschland). Er verwandelte auch den entscheidenden Strafstoß des Elfmeterschießens im Halbfinale gegen Frankreich. Michal (geb. am 13. Dezember 1984 in Vyškov) gab sein EM-Debüt, als er am 15. Juni 2008 beim Spiel der Gruppe A gegen die Türkei in der 80. Minute für Jaroslav Plašil eingewechselt wurde.

Es bleibt in der Familie

Vier Brüderpaare waren bei der EM 2000 dabei: Gary und Phil Neville (England), Frank und Ronald de Boer (Niederlande), Daniel und Patrik Andersson (Schweden), Emile und Mbo Mpenza, die zwei Belgier kongolesischer Abstammung.

Suárez mit erstem Double

Dem Spanier Luis Suárez ist es als erstem Spieler gelungen, in einer Saison sowohl Europameister zu werden als auch den Europapokal der Landesmeister zu erringen. Am 21. Juni 1964 gewann er mit Spanien das EM-Finale gegen die Sowjetunion (2:1). Nur knapp vier Wochen vorher, am 27. Mai, hatte er mit Inter Mailand im Endspiel des Europapokals Real Madrid mit 3:1 bezwungen. 1988 gab es vier niederländische Spieler, die sowohl im Europapokal-Finale als auch im Endspiel der Europameisterschaft in München erfolgreich waren: Hans van Breukelen, Ronald Koeman, Berry van Aerle und Gerald Vanenburg besiegten mit dem PSV Eindhoven im Stuttgarter Neckarstadion Benfica Lissabon und mit der Nationalmannschaft die UdSSR.

Bierhoff erzielt erstes Golden Goal

Mit seinem Siegtreffer im Finale der EM 96 gegen Tschechien am 30. Juni 1996 im Wembley-Stadion erzielte Oliver Bierhoff das erste Golden Goal der EM-Geschichte. Nach der Golden-Goal-Regel hatte die Mannschaft, die in der Verlängerung das erste Tor erzielte, das Spiel gewonnen. Bierhoff traf in der 95. Spielminute mit einem vom tschechischen Verteidiger Michal Hornák abgefälschten Fernschuss, der Torhüter Petr Kouba durch die Finger glitt.

Kiritschenko erzielt schnellstes EM-Tor

Das schnellste Tor der EM-Geschichte erzielte der russische Stürmer Dimitri Kiritschenko am 20. Juni 2004. Mit seinem Treffer nur 68 Sekunden nach Anpfiff brachte er sein Team gegen Griechenland in Führung. Russland gewann 2:1, aber der Gegner zog ins Viertelfinale ein und wurde am Ende sensationell Europameister. Das schnellste Tor in einem Finale schoss der Spanier Jesús Pereda, als er seiner Mannschaft im Endspiel der EM 1964 in der 6. Minute den Weg zum 2:1-Erfolg über die Sowjetunion ebnete.

Scifo, das Küken unter den Kickern

Der jüngste Spieler, der je ein EM-Endrundenspiel bestritt, war der belgische Mittelfeldspieler Enzo Scifo. Bei seinem ersten Einsatz, dem 2:0-Sieg Belgiens über Jugoslawien am 13. Juni 1984, war er 18 Jahre und 115 Tage alt. Er stand in allen drei Gruppenspielen auf dem Platz.

Rekordtorschützen aller EM-Endrunden

1.	Michel Platini (Frankreich)	9
2.	Alan Shearer (England)	7
3.	Nuno Gomes (Portugal)	
	Thierry Henry (Frankreich)	
	Patrick Kluivert (Niederlande)	
	Ruud van Nistelrooy (Niederlande)	6
4.	Milan Baroš (Tschechien)	
	Jürgen Klinsmann (Bundesrepublik Deutschland)	
	Marco van Basten (Niederlande)	
	Zinedine Zidane (Frankreich)	5

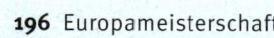

Spieler mit den meisten Einsätzen bei EM-Endrunden

16	Edwin van der Sar	(Niederlande)
	Lilian Thuram	(Frankreich)
14	Luis Figo	(Portugal)
	Nuno Gomes	(Portugal)
	Karel Poborský	(Tschechien)
	Zinedine Zidane	(Frankreich)

Matthäus' lange Karriere

Die Karriere von Lothar Matthäus überspannt die Phase des Wachstums der Europameisterschaft. Zwischen 1980 und 2000 nahm er an vier Endrunden teil. Er verpasste die EM 92 verletzungsbedingt und die EM 96, nachdem er sich mit Trainer Berti Vogts und Kapitän Jürgen Klinsmann überworfen hatte. Sein Debüt in der Nationalelf gab er bei der EM 1980 am 14. Juni in Neapel als 19-jähriger Einwechselspieler für Bernard Dietz beim 3:2 der DFB-Auswahl gegen die Niederlande. Bei diesem Turnier wurde erstmals eine Endrunde mit zwei Gruppen à vier Teams ausgetragen, statt wie früher nur die Halbfinalpartien; die Gruppenzweiten spielten dann um den dritten Platz, die Sieger bestritten das Finale. Sein letztes EM-Spiel bestritt Matthäus für das wiedervereinte Deutschland bei der 0:3-Niederlage gegen Portugal in der Vorrunde der EM 2000. Zu diesem Zeitpunkt war Matthäus bereits 39 Jahre alt und die EM-Endrunde startete mit inzwischen 16 Teams in vier Gruppen. Obwohl bei vier Endrunden im Aufgebot, machte er insgesamt nur 11 Spiele. Jedoch entwickelte sich während seiner langen Karriere das EM-Turnier – nach der Fußball-Weltmeisterschaft – zum zweitgrößten internationalen Wettbewerb.

Portugal-Trio mit längster Sperre

Die längsten Sperren der EM-Geschichte wurden gegen drei portugiesische Spieler nach deren Halbfinal-Aus gegen Frankreich bei der EM 2000 verhängt. Die Portugiesen waren über den Strafstoß, den Zinedine Zidane zum Golden Goal verwandelte, dermaßen empört, dass sie Schiedsrichter Günter Benkö und seinen Assistenten Igor Sramka bedrängten und beschimpften. In der Folge wurden drei der Portugiesen (Abel Xavier, Nuno Gomes und Paulo Bento) wegen »körperlicher und verbaler Bedrohung« der Spielleiter hart bestraft: Abel Xavier wurde für neun Monate gesperrt, Nuno Gomes, der noch Rot gesehen hatte, für acht und Paulo Bento für sechs.

Der Treffer von Anatoli Iljin

Mit seinem Treffer in der 4. Minute des Spiels UdSSR – Ungarn am 29. September 1958 erzielte Anatoli Iljin das erste Tor der EM-Geschichte im eigentlichen Sinn – im Achtelfinale der Qualifikationsrunde. 100 572 Zuschauer sahen im Moskauer Lenin-Stadion den 3:1-Sieg ihrer Mannschaft. Anschließend gewann die Sowjetunion die erste EM im Jahr 1960.

Aragones – der »Älteste« Meister-Trainer

Der Trainer der spanischen Elf von 2008, Luis Aragones, ist der älteste Coach, der je ein Europameister-Team betreute. Als sich Spanien im Finale am 29. Juni 2008 mit 1:0 gegen Deutschland durchsetzte, stand Aragones 29 Tage vor seinem 70. Geburtstag. Das war sein letztes Spiel als Trainer der spanischen Nationalmannschaft, die er nach der EM 2004 übernommen hatte.

Der jüngste Torschütze der EM-Geschichte

Der jüngste Torschütze, der in einer EM-Endrunde traf, war der Schweizer Mittelfeldspieler Johan Vonlanthen. Bei seinem Treffer bei der 1:3-Niederlage der Schweiz gegen Frankreich am 21. Juni 2004 war er 18 Jahre und 141 Tage alt. Damit brach er den erst vier Tage früher aufgestellten Rekord des englischen Stürmers Wayne Rooney. Der war bei seinem Führungstreffer gegen die Schweiz 18 Jahre und 229 Tage alt.

EM-Torschützenkönige

1960:	2	François Heutte (Frankreich)
		Milan Galić (Jugoslawien)
		Valentin Iwanow (Sowjetunion)
		Dražan Jerković (Jugoslawien)
		Slawa Metreweli (Sowjetunion)
		Wiktor Ponedelnik (Sowjetunion)
1964:	2	Ferenc Bene (Ungarn)
		Dezsõ Novák (Ungarn)
		Jesús María Pereda (Spanien)
1968:	2	Dragan Džajić (Jugoslawien)
1972:	4	Gerd Müller (BRD)
1976:	4	Dieter Müller (BRD)
1980:	3	Klaus Allofs (BRD)
1984:	9	Michel Platini (Frankreich)
1988:	5	Marco van Basten (Niederlande)
1992:	3	Dennis Bergkamp (Niederlande)
		Tomas Brolin (Schweden)
		Henrik Larsen (Dänemark)
		Karlheinz Riedle (Deutschland)
1996:	5	Alan Shearer (England)
2000:	5	Patrick Kluivert (Niederlande)
		Savo Milošević (Jugoslawien)
2004:	5	Milan Baroš (Tschechien)
2008:	4	David Villa (Spanien)

EM – NOCH MEHR REKORDE

EM 2012 auf dem Weg

Die EM 2012 wird – erstmals mit 24 Teams – in Polen und der Ukraine ausgetragen. Das Eröffnungsspiel findet im polnischen Nationalstadion in Warschau, das Endspiel in der Ukraine im Olympiastadion von Kiew statt. Weitere polnische Austragungsorte sind Danzig (Gdańsk), Posen (Poznań) und Breslau (Wrocław). Die Spiele in der Ukraine finden außerdem in Lemberg (Lwiw), Charkiw (bekannter unter dem russischen Namen Charkow) und Donezk statt.

Rekord-Kulisse im Bernabéu-Stadion

Die meisten Zuschauer in einem EM-Finale verzeichnete die Partie Spanien – Sowjetunion im Bernabéu-Stadion in Madrid am 21. Juni 1964. 120 000 sahen den 2:1-Erfolg Spaniens.

Die Niederländer zieht's ins Wasser

Die Elftal beging seinen Triumph bei der EM 1988 auf eher ungewöhnliche Weise. Das Team fuhr auf einem Kahn durch die Kanäle von Amsterdam. Mehr als eine Million Menschen winkten ihnen begeistert zu – und viele der in den Kanälen vor Anker liegenden Hausboote wurden durch tanzende Fans beschädigt.

Griechen schenken Albanien Sieg

Als die Griechen in der ersten Runde der EM 1964 gegen Albanien antreten sollten, zogen sie ihre Teilnahme umgehend zurück und schenkten Albanien einen mit 3:0 Toren gewerteten Sieg. Die beiden Länder befanden sich formal seit 1940 im Kriegszustand, den die griechische Regierung – trotz der Wiederaufnahme von diplomatischen Beziehungen im Jahre 1971 – erst 1987 offiziell aufhob.

Englischer Schiedsrichter pfeift Premiere

Der englische Referee Arthur Ellis leitete das allererste EM-Finale zwischen der Sowjetunion und Jugoslawien 1960. Vier Jahre zuvor hatte Ellis bereits das allererste Finale des Europapokals der Landesmeister zwischen Real Madrid und Stade Reims gepfiffen. Nach dem Ende seiner Fußballkarriere war er für England als Schiedsrichter in der europaweit ausgestrahlten Spielshow »Spiel ohne Grenzen« tätig.

Der Goldraub

In dem englischen Kultfilm mit Michael Caine (Originaltitel »The Italian Job«) nutzt eine britische Gangsterbande das Finale der EM 1968 in Rom, um in Turin einen spektakulären Goldraub auszuführen. Der Film kam am 2. Juni 1969 in die englischen Kinos.

Trikots mit Namen

Bei der EM 1992 trugen die Spieler erstmals Trikots, auf deren Rückseite auch ihr Name aufgedruckt war. Bis dahin konnten die Spieler lediglich anhand ihrer Nummer identifiziert werden.

Italien zweimaliger Gastgeber

Italien war das erste Land, das zweimal Gastgeber einer EM-Endrunde war (1968 und 1980). Die Ausrichtung der EM 1968 wurde zu Ehren des 60-jährigen Bestehens des italienischen Fußballverbands nach Italien vergeben. Auch Belgien war bereits zweimal Gastgeber: 1972 allein und im Jahre 2000 gemeinsam mit den Niederlanden.

EM-Gastgeberländer

1960	Frankreich
1964	Spanien
1968	Italien
1972	Belgien
1976	Jugoslawien
1980	Italien
1984	Frankreich
1988	BRD
1992	Schweden
1996	England
2000	Niederlande und Belgien
2004	Portugal
2008	Österreich und Schweiz

Eine Meisterschaft, eine Endrunde

Die EM-Endrunde 2000 wurde erstmals in zwei Ländern ausgetragen – in Belgien und den Niederlanden. Das Eröffnungsspiel am 10. Juni zwischen Belgien und Schweden (2:1) fand in Brüssel statt, das Endspiel am 2. Juli in Rotterdam. Eine Fortsetzung fand der Trend zur »dualen« Ausrichtung bei der EM 2008 in Österreich und der Schweiz. Die erste EM-Partie am 7. Juni zwischen Co-Gastgeber Schweiz und Tschechien (0:1) fand in Basel statt, während das Endspiel am 29. Juni in Wien ausgetragen wurde.

Halbfinal-Übertragung fällt Gewitter zum Opfer

Beim dramatischen 3:2-Halbfinalsieg Deutschlands über die Türkei sahen viele Fernsehzuschauer plötzlich in die Röhre. Durch ein Gewitter mit Sturmböen über der Sendezentrale in Wien kam es zu einem minutenlangen Bild- und Tonausfall. Die Fernsehzuschauer sahen weder Miroslav Kloses Führungstreffer zum 2:1 noch den Ausgleich durch Semih Sentürk. Die Störung wurde jedoch gerade rechtzeitig zu Philipp Lahms Siegtreffer in der Nachspielzeit behoben.

Die EM 2008 im Zeitalter des Internets

Das Internet wurde während der Euro 2008 zu einem der meistgenutzten Informationskanäle. Mehr als 105 Millionen Besucher aus über 200 Ländern informierten sich auf der Website zur EM www.euro2008.com. Die meisten Seitenaufrufe – rund 15 Prozent – erfolgten aus Großbritannien. Die höchste Zahl von Seitenaufrufen an einem einzigen Tag lag bei 4,9 Millionen.

Top Ten der EM-Endrunden-Teilnehmer

Mannschaft	Spiele	S	U	N	Tore
1. BRD/Deutschland	38	19	10	9	55:39
2. Niederlande	32	17	8	7	55:32
3. Frankreich	28	14	7	7	46:34
4. Spanien	30	13	9	8	38:31
5. Portugal	23	12	4	7	34:22
6. Italien	27	11	12	4	27:18
7. Tschechoslowakei/Tschechien	25	11	5	9	36:32
8. Sowjetunion/GUS/Russland	27	11	5	11	31:36
9. England	23	7	7	9	31:28
10. Dänemark	24	6	6	12	26:38

EM wird zum Großereignis

Die Europameisterschaft findet eine größere Resonanz in den Medien als jedes andere Fußballturnier, abgesehen von der WM. Kaum vorstellbar also, wie groß der Schock gewesen sein muss, als die Fernsehübertragung des Halbfinalspiels zwischen Deutschland und der Türkei bei der EM 2008 wetterbedingt plötzlich unterbrochen wurde. Früher wurde die Endrunde mit vier Teams innerhalb weniger Tage ausgespielt. Heute treten 16 Mannschaften an, und die EM ist zu einem dreiwöchigen Großereignis geworden. 2012 dauert die Party sogar noch länger, denn das Turnier wird erstmals mit 24 Teams durchgeführt. Ohne Zweifel werden die TV-Zuschauerzahlen alle Rekorde brechen. Gleichzeitig werden aber neue Medien wie das Internet eine immer wichtigere Rolle in der Berichterstattung spielen.

Spanien mit neuem TV-Rekord

Beim spanischen Sieg über Deutschland im Finale der EM 2008 erzielte das spanische Fernsehen eine Rekord-Einschaltquote. Das Spiel wurde in mehr als 14 Millionen Haushalten gesehen, und Hunderttausende weitere Zuschauer verfolgten den Triumph auf riesigen Leinwänden auf öffentlichen Plätzen und in Parks. Das Finale wurde live in 231 Länder übertragen.

TEIL 4 – COPA AMÉRICA

DAS FLIEGEN als Reisemöglichkeit hatte in den letzten 50 Jahren einen revolutionären Effekt auf alle internationalen Sportwettkämpfe. Dabei hatten die Probleme, mit denen man organisatorisch in der ersten Hälfte des 20. Jahrhunderts zu kämpfen hatte, durchaus auch positive Auswirkungen.

Die Gründungsmitglieder der FIFA 1904 waren ausschließlich Europäer. Auch wenn die südamerikanischen Staaten, wie Brasilien, Argentinien und Uruguay, nicht zögerten, sich für die Mitgliedschaft anzumelden, waren die Gelegenheiten, gegen ihre europäischen »Cousins« zu spielen, selten.

Europäische »Gelegenheitsteams«, in der Regel Vereine, unternahmen hin und wieder Reisen nach Südamerika, doch die langen, zeitraubenden Schiffspassagen unterbrachen den Fluss der Turniere und Trainingsvorbereitungen. Aus diesem Grund konnten an der ersten FIFA Weltmeisterschaft 1930 in Uruguay nur vier europäische Nationalmannschaften teilnehmen.

Die Südamerikaner mussten daher ihre eigenen internationalen Meisterschaften ausrichten. Sie riefen 1916 die Campeonato Sudamericano ins Leben, die sich heute Copa América nennt.

Die damaligen Kommunikationskanäle waren mit den heutigen nicht vergleichbar, die gesamte Organisation der Spiele war höchst kompliziert, sodass rückwirkend viele der ersten Meisterschaften als inoffiziell eingestuft wurden.

Weitere Probleme entstanden bei der Ausarbeitung der Spielpläne. Häufig konnten die Länder die Verfügbarkeit ihrer besten Spieler nicht sicherstellen, die bei Vereinen in Europa unter Vertrag standen.

Das Thema der »Spielerflucht« stellte in den späten 50er-Jahren besonders für Argentinien ein großes Problem dar. Die Argentinier holten sich 1957 den südamerikanischen Titel und wurden als die Favoriten für den Sieg bei der FIFA WM im folgenden Jahr gehandelt.

Als es aber so weit war, hatten sie ihr komplettes mitreißendes Stürmer-Trio Humberto Maschio, Antonio Valentín Angelillo und Enrique Omar Sívori an italienische Vereine verloren. Um das Problem »Club gegen Land« zu lösen, beschloss die FIFA die Einführung eines einheitlichen internationalen Spielplans, der die besondere Bedeutung der Copa América mitberücksichtigte.

Die Brasilianer feiern ihren Sieg bei der Copa América 2007 – gedanklich bereits mit ihrer Rolle bei der FIFA WM beschäftigt, deren Gastgeber Brasilien 2014 sein wird.

COPA AMÉRICA
MANNSCHAFTSREKORDE

Kleiner Napoleon

Mit 31 Gegentoren bei sechs Niederlagen in sechs Spielen kassierte Torhüter Napoleon Medina mit Ecuador 1942 mehr Treffer während eines einzigen Turniers als jedes andere Team. Beim Turnier drei Jahre später gelang es Ecuador bei einem torlosen Unentschieden gegen Bolivien wenigstens einmal, den Kasten sauber zu halten. Ecuador kassierte in seinen fünf weiteren Partien aber immer noch 27 Tore.

Kollektiver Torrausch

Bei seinem Gewinn der Copa América 1997 konnte Brasilien auf die Rekordzahl von zehn Torschützen bauen: Ronaldo (5 Tore), Leonardo und Romário (jeweils 3), Denilson, Djalminha und Edmundo (jeweils 2) und Aldair, Dunga, Flávio Conceição und Zé Roberto mit jeweils einem Treffer.

Gewinner der Copa América

1910	(inoffiziell) Argentinien (Ligamodus)
1916	Uruguay (Ligamodus)
1917	Uruguay (Ligamodus)
1919	Brasilien – Uruguay 1:0
1920	Uruguay (Ligamodus)
1921	Argentinien (Ligamodus)
1922	Brasilien – Paraguay 3:1
1923	Uruguay (Ligamodus)
1924	Uruguay (Ligamodus)
1925	Argentinien (Ligamodus)
1926	Uruguay (Ligamodus)
1927	Argentinien (Ligamodus)
1929	Argentinien (Ligamodus)
1935	Uruguay (Ligamodus)
1937	Argentinien – Brasilien 2:0
1939	Peru (Ligamodus)
1941	Argentinien (Ligamodus)
1942	Uruguay (Ligamodus)
1945	Argentinien (Ligamodus)
1946	Argentinien (Ligamodus)
1947	Argentinien (Ligamodus)
1949	Brasilien – Paraguay 7:0
1953	Paraguay – Brasilien 3:2
1955	Argentinien (Ligamodus)
1956	Uruguay (Ligamodus)
1957	Argentinien (Ligamodus)
1959	Uruguay (Ligamodus)
1963	Bolivien (Ligamodus)
1967	Uruguay (Ligamodus)
1975	Peru – Kolumbien 4:1 (nach Hin- und Rückspiel + Entscheidungsspiel)
1979	Paraguay – Chile 3:1 (nach Hin- und Rückspiel + Entscheidungsspiel)
1983	Uruguay – Brasilien 3:1 (nach Hin- und Rückspiel)
1987	Uruguay – Chile 1:0
1989	Brasilien (Ligamodus)
1991	Argentinien (Ligamodus)
1993	Argentinien – Mexiko 2:1
1995	Uruguay – Brasilien 5:3 n.E. (1:1 n.V.)
1997	Brasilien – Bolivien 3:1
1999	Brasilien – Uruguay 3:0
2001	Kolumbien – Mexiko 1:0
2004	Brasilien – Argentinien 4:2 n.E. (2:2 n.V.)
2007	Brasilien – Argentinien 3:0

Austragungsrechte nach Ländern

Argentinien	8	(1916, 1921, 1925 ,1929, 1937, 1946, 1959, 1987)
Uruguay	7	(1917, 1923, 1924, 1942, 1956, 1967, 1995)
Chile	6	(1920, 1926, 1941, 1945, 1955, 1991)
Peru	6	(1927, 1935, 1939, 1953, 1957, 2004)
Brasilien	4	(1919, 1922, 1949, 1989)
Ecuador	3	(1947, 1959, 1993)
Bolivien	2	(1963, 1997)
Kolumbien	1	(2001)
Paraguay	1	(1999)
Venezuela	1	(2007)

Hängepartie

Das längste Spiel in der Geschichte der Copa América war das Entscheidungsspiel 1919 zwischen den punktgleichen Mannschaften Brasiliens und Uruguays. Es dauerte 150 Minuten – reguläre 90 Minuten plus vier Verlängerungen von je 15 Minuten.

Wie alles begann

Die erste Campeonato Sudamericano (Südamerika-Meisterschaft für Nationalmannschaften), wie sie damals noch hieß, fand im Rahmen der Feierlichkeiten zum 100-jährigen Bestehen des Landes vom 2.–17. Juli 1916 in Argentinien statt. Sieger des Turniers war Uruguay, dem im letzten Spiel ein Unentschieden gegen Argentinien reichte. Der Anfang war alles andere als vielversprechend. Die Begegnung vom 16. Juli musste beim Stand vom 0:0 abgebrochen werden, weil Fans das Spielfeld stürmten und die Holztribünen in Brand setzten. Das Spiel wurde am nächsten Tag in einem anderen Stadion fortgesetzt, blieb jedoch erneut torlos. Aber am Ende wurde Uruguay als Gruppensieger zum ersten Meister gekürt. Isabelino Gradín wurde zum Torschützenkönig. Eine Woche nach Turnierbeginn, am 9. Juli 1916, wurde im Rahmen der Veranstaltung der südamerikanische Fußballverband CONMEBOL gegründet.

Auswechseln will gelernt sein

Bei der Copa América 1953 wurde die Partie Peru – Paraguay zugunsten von Peru gewertet, weil der Gegner eine Auswechslung mehr als erlaubt vornehmen wollte. Der Möchtegern-Einwechselspieler Milner Ayala trat in seiner Empörung nach dem englischen Schiedsrichter Richard Maddison und wurde für drei Jahre gesperrt. Paraguay verblieb indessen im Turnier und setzte sich im Entscheidungsspiel gegen Brasilien durch – ohne den Sünder Ayala natürlich.

Rotationsprinzip

1975 wurde die Campeonato Sudamericano de Selecciones in Copa América umbenannt. Bis einschließlich 1983 wurde die Meisterschaft nun zunächst ohne festen Austragungsort und somit ohne Gastgeberland ausgetragen. Dann entschied man sich in der CONMEBOL, die Ausrichtung nach dem Rotationsprinzip an die zehn Mitgliedsverbände zu vergeben. Der erste Rotationszyklus endete 2007 mit Austragung des Pokals in Venezuela, sodass Argentinien im Jahre 2011 zum neunten Mal Gastgeber sein wird.

Altehrwürdige Veranstaltung

Die Copa América – das älteste heute noch ausgetragene internationale Fußballturnier – wurde 1916 von den Mitgliedsländern Argentinien, Bolivien, Brasilien, Chile, Kolumbien, Ecuador, Paraguay, Peru, Uruguay und Venezuela ins Leben gerufen. 1910 wurde eine inoffizielle Südamerika-Meisterschaft durchgeführt, die Argentinien durch einen 4:1-Sieg im Entscheidungsspiel gegen Uruguay gewann.

Gefallene Engel

Das Sturmtrio Humberto Maschio, Omar Sívori und Antonio Valentín Angelillo, das 1957 mit Argentinien die Copa América gewann, wurde unter dem Namen »die Engel mit den schmutzigen Gesichtern« bekannt. In jedem der sechs Spiele, die Argentinien bestritt, traf mindestens einer von ihnen. Maschio wurde Torschützenkönig des Turniers. Die überzeugendste Leistung des Turniers bot Argentinien bei seinem 8:2-Auftaktsieg über Kolumbien, bei dem man innerhalb der ersten 25 Minuten bereits vier Tore und einen vergebenen Elfmeter verbuchte. Darbietungen wie diese machten Argentinien, und nicht den späteren Gewinner Brasilien, zum heißesten Anwärter auf den WM-Titel im folgenden Jahr. Bis dahin waren jedoch Maschio, Sívori und Angelillo von italienischen Klubs nach Europa gelockt worden – woraufhin sich der argentinische Verband weigerte, sie zur FIFA WM nach Schweden mitzunehmen. Sívori und Maschio schafften es schließlich wenigstens zur Weltmeisterschaft 1962. Dort liefen sie allerdings – zum großen Ärger in der alten Heimat – nicht im hellblau-weiß gestreiften Dress Argentiniens, sondern im tiefblauen Trikot ihrer neuen Heimat Italien auf.

Kolumbianer räumen ab

2001 konnte Kolumbien zum ersten und bislang einzigen Mal den Pokal gewinnen – und kassierte dabei als einziges Team in der Copa-América-Geschichte in einem Turnier kein einziges Gegentor. Selbst erzielte man elf Tore, allein sechs davon durch den Torschützenkönig des Turniers, Victor Aristazábal. Für die Null sorgte Torhüter Óscar Córdoba, der zuvor lange Zeit Ersatztorhüter hinter der exzentrischen Nr. 1 der Kolumbianer, René Higuita, gewesen war. Nur einen Monat zuvor hatte Córdoba mit seinem argentinischen Verein Boca Juniors auch die südamerikanische Klubmeisterschaft, die Copa Libertadores, gewonnen.

Siege nach Ländern

Uruguay 14 (1916, 1917, 1920, 1923, 1924, 1926, 1935, 1942, 1956, 1959, 1967, 1983, 1987, 1995)
Argentinien 14 (1921, 1925, 1927, 1929, 1937, 1941, 1945, 1946, 1947, 1955, 1957, 1959, 1991, 1993)
Brasilien 8 (1919, 1922, 1949, 1989, 1997, 1999, 2004, 2007)
Peru 2 (1939, 1975)
Paraguay 2 (1953, 1979)
Bolivien 1 (1963)
Kolumbien 1 (2001)

Moreno vor, noch ein Tor!

Auf das Konto Argentiniens geht nicht nur der höchste Sieg der Copa-América-Geschichte, sondern auch das torreichste Spiel des Pokals: In der Partie gegen Ecuador im Jahre 1942 stand es am Ende 12:0. José Manuel Moreno erzielte fünf Treffer in diesem Spiel, und darunter auch das 500. Tor der Südamerika-Meisterschaft. Gemeinsam mit seinem Teamkollegen Herminio Masantonio wurde der am 3. August 1916 in Buenos Aires geborene Moreno mit insgesamt sieben Treffern zum Torschützenkönig des Turniers. Beide hatten am Ende ihrer internationalen Karriere jeweils 19 Tore für ihr Land erzielt. Während Moreno dazu 34 Länderspiele benötigte, reichten Masantonio ganze 21. Beim Kantersieg gegen Ecuador hatte Masantonio viermal getroffen.

Bekannte Gesichter

Uruguay war der häufigste Teilnehmer (40), gefolgt von Argentinien (38), Chile (35), Paraguay (33), Brasilien (32) und Peru (28). Am häufigsten ausgerichtet hat die Copa América Argentinien – neunmal, gefolgt von Uruguay (siebenmal) und Chile (sechsmal).

Froschkönig

Mit insgesamt 34 Spielen bei Teilnahmen in den Jahren 1941, 1942, 1945, 1947, 1949 und 1953 hält der chilenische Torhüter Sergio Livingstone den Rekord für die meisten Einsätze im Rahmen der Copa América. Der »Frosch«, wie man ihn auch nannte, wurde 1941 – als erster Torhüter überhaupt – zum besten Spieler des Turniers gewählt. Der am 26. März 1920 in Santiago geborene Livingstone verbrachte fast sein gesamtes Fußballerleben – bis auf eine Saison beim argentinischen Racing Club Avellaneda (1943/44) – in seiner Heimat Chile. Er brachte es zwischen 1941 und 1954 auf insgesamt 52 Länderspiele und wurde nach seiner aktiven Karriere ein beliebter Fernsehjournalist und Kommentator.

Chile im Pech

Das erste Eigentor in der Geschichte der Copa América unterlief dem Chilenen Luis García, der damit den 1:0-Sieg Argentiniens in der zweiten Ausgabe des Turniers 1917 besiegelte. Damit nicht genug, blieb Garcías Eigentor der einzige chilenische Treffer im gesamten Turnier – ein erster Negativrekord in der Meisterschaftsgeschichte.

Verhaltene Freude

Das allererste Tor der Copa América erzielte der Uruguayer José Piendibene im Jahre 1916 beim 4:0-Erfolg seiner Mannschaft über Chile. In Jubelstürme ist er darüber jedoch nicht ausgebrochen. Bekannt für sein Fairplay, versagte sich Piendibene jegliche Geste der Freude, um seine Gegner nicht zu verletzen.

Die meisten Einsätze

Sergio Livingstone (Chile)	34
Zizinho (Brasilien)	33
Leonel Álvarez (Kolumbien)	27
Carlos Valderrama (Kolumbien)	27
Álex Aguinaga (Ecuador)	25
Cláudio Taffarel (Brasilien)	25
Teodoro Fernández (Peru)	24
Angel Romano (Uruguay)	23
Djalma Santos (Brasilien)	22
Claudio Suárez (Mexiko)	22

Rekordtorschützen der Copa América

1.	Norberto Méndez (Argentinien)	17
=	Zizinho (Brasilien)	17
3.	Teodoro Fernández (Peru)	15
=	Severino Varela (Uruguay)	15
5.	Ademir (Brasilien)	13
=	Jair da Rosa Pinto (Brasilien)	13
=	Gabriel Batistuta (Argentinien)	13
=	José Manuel Moreno (Argentinien)	13
=	Héctor Scarone (Uruguay)	13

Nichts leichter als das

Uruguays Pedro Petrone (1923 und 1924) und Argentiniens Gabriel Batistuta (1991 und 1995) sind die einzigen beiden Torjäger, denen es gelang, gleich zweimal Torschützenkönig der Copa América zu werden. Batistuta von den Boca Juniors machte sein erstes Spiel für Argentinien nur wenige Tage vor Beginn der Copa América 1991. Durch seine überzeugenden Leistungen im Turnier machte Argentiniens Rekordtorschütze europäische Vereine auf sich aufmerksam.

Aguinaga im Langzeiteinsatz

Als Ecuadors Álex Aguinaga im ersten Spiel seines Teams bei der Copa América 2004 gegen Uruguay auflief, war er der zweite Spieler, der an acht Copa-América-Meisterschaften teilgenommen hatte. Vor ihm hatte das nur die uruguayische Stürmerlegende Ángel Romano geschafft. Der am 7. Juni 1969 in Ibarra geborene Mittelfeldspieler brachte es zu insgesamt 109 Länderspieleinsätzen, bei denen er 23 Tore erzielte – vier davon in seinen 23 Spielen bei der Copa América. Zu Beginn lief alles prächtig für ihn bei der Copa América: Bei seinen ersten Turnieren 1987 und 1989 blieb Ecuador immerhin in vier von sechs Spielen ungeschlagen, schied aber trotzdem in den Vorrunden aus. Seine letzten sieben Spiele bei der Copa América waren jedoch allesamt Niederlagen.

Anfang wie Ende

Kolumbiens Spielmacher Carlos Valderrama und der defensive Mittelfeldspieler Leonel Álvarez standen in allen 27 Spielen ihres Teams während der Copa-América-Turniere von 1987 bis 1995 – darunter zehn Siege, zehn Unentschieden, sieben Niederlagen – auf dem Platz und wurden 1987, 1993 und 1995 jeweils Dritter. Dabei erzielte Valderrama genau zwei Tore – eins bei seinem ersten Auftritt, einem 2:0-Erfolg über Bolivien 1987, und eins bei seinem letzten Spiel, als man acht Jahre später die USA mit 4:1 abfertigte.

Stammgast

Mit 22 Einsätzen in fünf Turnieren (1993 – 2004) ist der Mexikaner Claudio Suárez der nicht-südamerikanische Spieler mit den meisten Spielen bei der Copa América. Suárez, der Feldspieler mit den meisten Länderspieleinsätzen weltweit, war Stammspieler während der Copa América 1993, als Mexiko ins Finale einzog. Bei der zweiten Vizemeisterschaft Mexikos 2001 pausierte er jedoch, um sich für die entscheidenden FIFA WM-Qualifikationsspiele zu schonen, und brach sich dann unmittelbar vor der FIFA WM 2002 das Bein.

Die fantastischen fünf

Vier Spieler erzielten jeweils fünf Tore in einem Spiel der Copa América: Héctor Scarone bei Uruguays 6:0-Sieg über Bolivien 1926, Juan Marvezzi bei Argentiniens 6:1-Sieg über Ecuador 1941, José Manuel Moreno bei Argentiniens 12:0 gegen Ecuador 1942 und Evaristo de Macedo beim brasilianischen 9:0-Erfolg über Kolumbien 1957.

Zizinhos Trauma

Brasiliens Stürmer Zizinho führt gemeinsam mit dem Argentinier Norberto Méndez die ewige Torschützenliste der Copa América an. Beide trafen insgesamt 17-mal, Zizinho in sechs Turnieren und Méndez in dreien, darunter auch in den Jahren 1945 und 1946, in denen beide Torjäger an der Copa teilnahmen. Méndez wurde einmal Torschützenkönig und brachte es auf zwei zweite Plätze in der Torschützenliste. In allen drei Fällen gewann er mit seinem Team die Meisterschaft. Zizinho konnte indessen Brasilien nur einmal zum Titel schießen – 1949. Pelés großes Idol war bei der FIFA WM 1950 im eigenen Land zwar Brasiliens überragender Spieler, doch er litt zeit seines Lebens unter der überraschenden Niederlage gegen Uruguay im letzten Gruppenspiel der Finalrunde, die Brasilien den WM-Titel kostete. Weil er immer wieder gefragt wurde, wie Brasilien denn dieses Spiel bloß verlieren konnte, stellte er jedes Jahr am 16. Juli, dem Jahrestag der bitteren Schmach, sein Telefon aus. An der FIFA WM 1958 nahm er nicht teil, weil anstatt seiner ein 17-jähriges Stürmertalent ins brasilianische Aufgebot berufen wurde – sein großer Fan aus Kindertagen, Pelé. Im folgenden Jahr wurde Pelé zum ersten und einzigen Mal mit acht Toren Torschützenkönig der Copa América.

COPA AMÉRICA
NOCH MEHR REKORDE

Erfolgreiche Fremde

Nur zwei ausländische Trainer konnten die Copa América bislang gewinnen – der brasilianische Coach Danilo Alvim mit Bolivien (1963) und der Engländer Jack Greenwell mit Peru (1939). Alvim, der das Turnier 1949 bereits als Innenverteidiger mit Brasilien gewonnen hatte, begnügte sich nicht damit, Bolivien zu seinem ersten und einzigen Erfolg bei der Copa América zu führen, er fügte zudem seinem Heimatland im letzten Spiel des Turniers eine bittere 5:4-Niederlage zu.

Heimstärke

Uruguay hält den einmaligen Rekord, in 38 Copa-América-Spielen auf heimischem Boden ungeschlagen zu sein. Insgesamt holte man 31 Siege und sieben Unentschieden. Das letzte Spiel der Copa 1995 in Uruguay gegen Brasilien war sowohl ein Unentschieden als auch ein Sieg: Nachdem die Partie 1:1 endete, setzte sich Uruguay mit 5:3 im Elfmeterschießen durch und wurde Südamerikameister. Dabei hielt Fernando Alvez Túlios den entscheidenden Strafstoß.

Gastmannschaften

1993	Mexiko (2. Platz), USA
1995	Mexiko, USA (4. Platz)
1997	Costa Rica, Mexiko
1999	Japan, Mexiko (3. Platz)
2001	Costa Rica, Honduras (3. Platz), Mexiko (2. Platz)
2004	Costa Rica, Mexiko
2007	Mexiko (3. Platz), USA

Multitasking

Argentiniens Guillermo Stábile hält den Rekord für die meisten Copa-América-Siege als Trainer. Mit seinem Land holte er nicht weniger als sechs Titel – 1941, 1945, 1946, 1947, 1955 und 1957. Keinem anderen Trainer ist es gelungen, den Pokal mehr als zweimal zu gewinnen. Stábile saß von 1939 bis 1960 auf der argentinischen Trainerbank, nachdem er das Amt im Alter von nur 33 Jahren übernommen hatte. Er betreute Argentinien bei 123 Spielen, gewann 83 davon und fand immer noch Zeit, während seiner Amtszeit nebenher Vereinsmannschaften zu trainieren. Im ersten Jahr als Nationaltrainer war er weiterhin auch als Coach von Red Star Paris tätig, anschließend übernahm er für neun Jahre die Trainerposition bei dem argentinischen Verein CA Huracán (Buenos Aires), bevor er von 1949 bis 1960 beim Lokalrivalen Racing Club Avellaneda anheuerte. 1949 gewann Stábile zwar nicht die Copa América mit Argentinien, dafür holte er jedoch in diesem Jahr mit Racing Club die erste von drei argentinischen Meisterschaften in Folge.

Anhaltende Klasse

Der Kapitän von Uruguays Weltmeistermannschaft von 1930, José Nasazzi, wurde als bislang Einziger bei zwei Copa-América-Turnieren zum besten Spieler des Turniers gewählt. Beeindruckend ist vor allem, dass zwischen den beiden Auszeichnungen 1923 und 1935 12 Jahre lagen. Er gewann den Pokal 1923, 1924, 1926 und 1935 und holte als Kapitän mit Uruguay Gold bei den Olympischen Spielen 1924 und 1928 sowie bei der FIFA WM 1930.

Eins null geht immer

Das häufigste Ergebnis in der Geschichte der Copa América lautet 1:0. Nicht weniger als 106 Begegnungen endeten so – zuletzt, als Javier Mascherano mit seinem ersten Tor für Argentinien in der Gruppenphase 2007 Paraguay nach Hause schickte.

Wenn Punkte Preise brächten

Würde man für jeden im Rahmen einer Copa América errungenen Sieg drei Punkte und für jedes Unentschieden einen Punkt vergeben, läge Argentinien mit 2,1 Punkten pro Spiel an der Spitze der ewigen Rangliste, gefolgt von Brasilien mit 1,89 und Uruguay mit 1,82 Punkten pro Spiel. Das einzige Land, das noch keinen einzigen Sieg bei der Copa América feiern konnte, ist Japan, das bei seiner bislang einzigen Teilnahme im Jahr 1999 keines seiner drei Spiele gewinnen konnte.

Gute Gastgeber

Am häufigsten ausgerichtet hat die Copa América Argentinien (achtmal), gefolgt von Uruguay (siebenmal) sowie Chile und Peru (je sechsmal). Der bislang letzte Gastgeber war Venezuela, das im Jahr 2007 erstmals ein ganzes Turnier ausrichtete.

Der allererste Platzverweis

Nach 21 Jahren war es so weit: Mit Uruguays Juan Emilio Píriz wurde 1937 beim Spiel Uruguay – Chile erstmals in der Geschichte der Copa América ein Spieler des Feldes verwiesen – der erste von 170 Platzverweisen bis heute. 127 Spieler bekamen die Rote Karte gezeigt, nachdem die FIFA 1970 das Kartensystem für Schiedsrichter einführte.

Rote Karten

Auch wenn in der WM-Statistik Brasilien die Rangliste der Länder mit den meisten Roten Karten anführt, gebührt diese zweifelhafte Ehre hinsichtlich der Copa América Uruguay: Spieler dieses Landes wurden insgesamt 30-mal vom Platz geschickt, gefolgt von Argentinien und Peru mit jeweils 22 Platzverweisen, Brasilien (19), Venezuela (18), Chile (15), Bolivien und Paraguay (jeweils 11), Kolumbien, Ecuador und Mexiko (jeweils 9) und Honduras und Japan mit jeweils einem Platzverweis. Einzig Costa Rica und die USA haben bislang alle ihre Spiele in der Copa América von Anfang bis Ende mit 11 Mann bestritten.

Gewinn der Copa América als Trainer

6 x Guillermo Stábile (Argentinien 1941, 1945, 1946, 1947, 1955, 1957)

2 Alfio Basile (Argentinien 1991, 1993)
Juan Carlos Corazzo (Uruguay 1959, 1967)
Ernesto Figoli (Uruguay 1920, 1926)

1 Jorge Pacheco und Alfredo Foglino (Uruguay 1916)
Ramón Platero (Uruguay 1917)
Pedro Calomino (Argentinien 1921)
Laís (Brasilien 1922)
Leonardo De Lucca (Uruguay 1923)
Ernesto Meliante (Uruguay 1924)
Américo Tesoriere (Argentinien 1925)
José Lago Millón (Argentinien 1927)
Francisco Olazar (Argentinien 1929)
Raúl V. Blanco (Uruguay 1935)
Manuel Seoane (Argentinien 1937)
Jack Greenwell (Peru 1939)
Pedro Cea (Uruguay 1942)
Flavio Costa (Brasilien 1949)
Manuel Fleitas Solich (Paraguay 1953)
Hugo Bagnulo (Uruguay 1956)
Victorio Spinetto (Argentinien 1959)
Danilo Alvim (Bolivien 1963)
Marcos Calderón (Peru 1975)
Ranulfo Miranda (Paraguay 1979)
Omar Borrás (Uruguay 1983)
Roberto Fleitas (Uruguay 1987)
Sebastião Lazaroni (Brasilien 1989)
Héctor Núñez (Uruguay 1995)
Mario Zagallo (Brasilien 1997)
Wanderlei Luxemburgo (Brasilien 1999)
Francisco Maturana (Kolumbien 2001)
Carlos Alberto Parreira (Brasilien 2004)
Dunga (Brasilien 2007)

TEIL 5 – AFRIKAMEISTERSCHAFT

DER FÜR DEN AFRIKANISCHEN KONTINENT verantwortliche Fußball-
verband CAF (englisch »Confederation of African Football« bzw. französisch »Confédération Africaine de
Football«) ist drei Jahre jünger als der europäische Fußballverband UEFA, seinen Kontinentalwettbewerb,
die Afrikameisterschaft, gibt es aber schon länger als die Europameisterschaft. Der Verband wurde am
7. Februar 1957 ins Leben gerufen, und die erste Afrikameisterschaft begann nur drei Tage später.

Der Titelgewinn von Ägypten in diesem ersten Turnier war richtungsweisend: Die »Pharaonen« halten bisher den Rekord mit insgesamt sieben gewonnenen Afrikameisterschaften. Das Turnier hat
sich seither jedoch sehr verändert und große Fortschritte gemacht.

1957 nahmen nur drei Nationen teil (Südafrika wurde wegen der Apartheidspolitik ausgeschlossen), für das nächste Turnier 2012 wollen sich jedoch 45 Länder für einen der
14 Startplätze qualifizieren; Äquatorialguinea und Gabun sind als Gastgeber automatisch startberechtigt. In der Vergangenheit sind vermehrt Forderungen laut geworden, das Turnier zur Jahresmitte hin zu verschieben, um zu verhindern, dass
es mit dem europäischen Ligabetrieb kollidiert; denn viele afrikanische Stars
stehen dort unter Vertrag.

Bei der Afrikameisterschaft hat es bisher mehr unterschiedliche
Titelgewinner gegeben als bei jedem anderen Kontinentalturnier:
Bis heute konnten sich 13 Nationen die Krone des afrikanischen
Fußballs sichern – neben dem Sudan, Algerien und der Demokrati-
schen Republik Kongo, den drei größten Ländern Afrikas, gehörten dazu auch mittelgroße Länder wie Kamerun, Marokko, die
Elfenbeinküste und Ghana, das schon früh Maßstäbe setzte. Die Bedeutung der Afrikameisterschaft wurde noch
erhöht, als die zweite Runde der Qualifikation zur
WM 2010 in Südafrika gleichzeitig als Qualifikation für die Afrikameisterschaft 2010 in Angola
gewertet wurde.

> Der siebte Gewinn der Afrikameisterschaft am 31. Januar 2010 durch ein 1:0 im Endspiel gegen Ghana
> war für Ägypten nur ein schwacher Trost für die verpasste Qualifikation zur FIFA WM 2010 in Südafrika.

AFRIKAMEISTERSCHAFT MANNSCHAFTSREKORDE

Härtetest

Die längsten Elfmeterschießen in der Geschichte des internationalen Fußballs hat beide die Elfenbeinküste gewonnen. Sie schlug bei der Afrikameisterschaft 1992 im Finale Ghana mit 11:10 (bei 24 Elfmetern) und gewann bei der Afrikameisterschaft 2006 im Viertelfinale gegen Kamerun 12:11 (bei ebenfalls 24 Strafstößen).

Ghana schon wieder

Ghana, dessen Mannschaft die »Black Stars« genannt wird, ist das erste Land, das viermal hintereinander den Einzug ins Finale der Afrikameisterschaft schaffte; 1963 und 1965 holte es den Pokal, 1968 und 1970 wurde es Zweiter. Insgesamt standen die Ghanaer schon in acht Endspielen – nur Ägypten hat es bisher auf genauso viele Endspielteilnahmen gebracht. Die beiden Länder sind bisher auch jeweils viermal Gastgeber des Turniers gewesen.

Herrschaft der Pharaonen

Ägypten beherrscht die Rekordstatistiken der Afrikameisterschaft. Nach ihrem ersten Titelgewinn im Jahr 1957 wurden die Pharaonen noch weitere sechsmal Afrikameister, öfter als jedes andere Land. Mit seinen letzten Erfolgen bei den Turnieren 2006, 2008 und 2010 ist Ägypten zudem das einzige Land, das den Pokal dreimal hintereinander holen konnte. Auch die Anzahl der erfolgreichen Qualifikationen des nordafrikanischen Landes für die Endrunden ist Rekord: Schon bei 22 Turnieren ging Ägypten an den Start und absolvierte insgesamt 84 Begegnungen – 10 mehr als Nigeria, das in dieser Statistik auf dem zweiten Platz liegt. Ägypten hat bisher insgesamt 45 Afrikameisterschaftssiege einfahren können, dahinter folgen Nigeria mit 39, Ghana mit 37 und Kamerun mit 36 Siegen.

Revanche nach sechs Jahren

Der Treffer von Hocine Achiou in der 86. Minute bescherte Algerien beim Turnier 2004 nicht nur einen wichtigen 2:1-Sieg im Gruppenspiel über seinen alten Rivalen Ägypten, sondern besiegelte gleichzeitig die bis heute letzte Niederlage der Pharaonen bei einer Afrikameisterschaft. Danach blieb Ägypten in 19 aufeinanderfolgenden Spielen ungeschlagen und stellte damit einen weiteren Rekord auf. Teil dieser Serie war neben den gewonnenen Afrikameisterschaftsendspielen von 2006, 2008 und 2010 auch das 4:0 gegen Algerien im Halbfinale des Turniers von 2010 – ein Match, das die Algerier nach drei Platzverweisen mit nur 8 Spielern beendeten.

Bafana Bafana

Bei Afrikameisterschaften waren bisher bei elf Turnieren die Gastgeberländer erfolgreich – u. a. gewannen Ägypten und Ghana den Titel jeweils drei- bzw. zweimal im eigenen Land. Der überraschendste Erfolg eines Gastgebers war aber wahrscheinlich der von Südafrika beim Turnier von 1996: Erst vier Jahre zuvor war das Land in Folge einer schrittweisen Auflösung der Apartheid in den internationalen Fußball zurückgekehrt – am 7. Juli 1992 hatte ihm ein in der 82. Minute durch Theophilus »Doctor« Khumalo verwandelter Strafstoß einen Sieg über Kamerun beschert. Im Februar 1996 erzielte der eingewechselte Mark Williams beim Endspielsieg Südafrikas über Tunesien beide Treffer. Neil Tovey konnte anschließend – als erster weißer Spieler überhaupt – im Soccer-City-Stadion in Johannesburg den Pokal in die Höhe recken, der ihm vom damaligen südafrikanischen Präsidenten Nelson Mandela überreicht wurde. Ursprünglich war Südafrika gar nicht als Gastgeber vorgesehen gewesen, sondern nur für Kenia eingesprungen: Dem Land war die Ausrichtung entzogen worden, nachdem es mit dem Bau neuer Stadien in Verzug geraten war.

Unglückliche Verlierer

Fünf Länder nahmen an Afrikameisterschaften teil, ohne dabei je ein Spiel gewinnen zu können. Mauritius und Tansania blieben jeweils dreimal, Namibia sechsmal, Benin siebenmal und Mosambik sogar zehnmal bei Afrikameisterschaftspartien sieglos. Die Demokratische Republik Kongo (das frühere Zaire) wiederum hat mehr Afrikacupspiele verloren als irgendein anderes Land – sie hat es bisher auf 25 Niederlagen in 56 Spielen gebracht und liegt in dieser Statistik vor der Elfenbeinküste (24/68) und Ägypten (24/84).

Die Debütanten vom Äquator

Äquatorialguinea wird 2012 zum ersten Mal an einer Afrikameisterschaft teilnehmen – weil das Land gemeinsam mit Gabun das Turnier ausrichtet, ist es automatisch qualifiziert. Aus eigener Kraft konnte sich Äquatorialguinea noch nie für eine Endrunde qualifizieren, und auch bei Gabun reichte es bisher nur zu vier Teilnahmen. Das Turnier von 2012 wird erst das zweite sein, das von zwei Gastgebern gemeinsam veranstaltet wird. Libyen darf das von 2014 auf 2013 vorgezogene übernächste Turnier ausrichten und wird damit zum zweiten Mal Gastgeber sein; künftig wird die Afrikameisterschaft in ungeraden Jahren ausgetragen, damit sie nicht mehr mit einer WM- oder EM-Endrunde zusammenfällt. Sollte es bei der Organisation der Turniere von 2012 oder 2013 Probleme geben, steht in beiden Fällen Nigeria als Ersatzausrichter bereit.

Gewonnene Afrikameisterschaften

7	Ägypten/Vereinigte Arabische Republik (1957, 1959, 1986, 1998, 2006, 2008, 2010)
4	Ghana (1963, 1965, 1978, 1982)
	Kamerun (1984, 1988, 2000, 2002)
2	Demokratische Republik Kongo/Zaire (1968, 1974)
	Nigeria (1980, 1994)
1	Algerien (1990)
	Äthiopien (1962)
	Elfenbeinküste (1992)
	Marokko (1976)
	Südafrika (1996)
	Sudan (1970)
	Tunesien (2004)
	Volksrepublik Kongo (1972)

Turnierteilnahmen

22	Ägypten/Vereinigte Arabische Republik
19	Elfenbeinküste
18	Ghana
17	Kamerun, Nigeria
15	Demokratische Republik Kongo/Zaire
14	Algerien, Sambia, Tunesien
13	Marokko
10	Senegal
8	Äthiopien, Guinea, Südafrika
7	Burkina Faso/Obervolta, Sudan
6	Angola, Mali, Republik Kongo/ Volksrepublik Kongo, Togo
5	Gabun, Kenia, Uganda
4	Mosambik
3	Benin, Malawi
2	Liberia, Libyen, Namibia, Sierra Leone, Simbabwe
1	Mauritius, Ruanda, Tansania

Schämt euch!

Den peinlichsten Crash in der Geschichte der Afrikameisterschaft hat wohl Angola hingelegt: Beim Turnier 2010 im eigenen Land verschenkten die Angolaner im Eröffnungsspiel gegen Mali, das im Estádio 11 de Novembro in der Hauptstand Luanda ausgetragen wurde, eine 4:0-Führung. Besonders pikant dabei ist, dass sie diese Führung sogar noch bis elf Minuten vor Spielende behauptet hatten. Die Partie endete schließlich 4:4 unentschieden, wobei die Treffer drei und vier für Mali durch Seydou Keita vom FC Barcelona und Mustapha Yatabaré von US Boulogne (Frankreich) schon weit in der Nachspielzeit fielen. Mali schied in der Gruppenphase aus, während für Angola im Viertelfinale Endstation war.

Modepunkte

Kamerun wurden sechs Punkte in der FIFA WM-Qualifikationsrunde abgezogen, weil die Spieler bei der Afrikameisterschaft 2004 verbotenerweise in einem einteiligen Dress gespielt hatten. Im Berufungsverfahren bekamen die Kameruner die Punkte aber wieder zugesprochen.

AFRIKAMEISTERSCHAFT REKORDE EINZELSPIELER

Frühstart

Chiva Star N'Zigou aus Gabun ist bislang der jüngste Spieler, der je an einer Afrikameisterschaft teilgenommen hat: Als er im Januar 2000 gegen Südafrika auflief, war er gerade einmal 16 Jahre und 91 Tage alt. Gabun verlor die Partie mit 1:3 und wurde schließlich sieglos Tabellenletzter seiner Vorrundengruppe.

Prügel von Pokou

Laurent Pokou von der Elfenbeinküste stellte beim Turnier von 1970 im Sudan einen besonderen Rekord auf: Er erzielte fünf Tore in einem einzigen Afrikameisterschaftsspiel! Dieser Streich gelang ihm gegen die Äthiopier, die von der Elfenbeinküste eine deftige 1:6-Klatsche verpasst bekamen. Pokou wurde wie schon beim Turnier 1968 in Äthiopien (mit sechs Treffern) Torschützenkönig – doch beide Male wurde es nichts mit dem Titelgewinn. Mit insgesamt 14 Toren aus zwei Afrikameisterschaften blieb er jedoch bis 2008 Rekordtorschütze des Kontinentalturniers – erst dann wurde er von Kameruns Superstar Samuel Eto'o überholt.

Neunschwänzige Peitsche

Die meisten Tore bei einer Afrikameisterschaft erzielte Zaires Stürmer Mulamba Ndaye: Beim Turniersieg seiner Mannschaft 1974 traf er insgesamt neunmal. Drei Monate später trat das Team bei der WM in Deutschland an und verlor gegen Jugoslawien 0:9.

Vertraute Gesichter

Kein Spieler nahm öfter an Afrikameisterschaften teil als Rigobert Song aus Kamerun – insgesamt achtmal stand er im Kader seines Landes (1996, 1998, 2000, 2002, 2004, 2006, 2008 und 2010). Seine 35 Spiele in Serie, die er bei Turnieren bestritt, sind ebenfalls ein ungebrochener Rekord. 2000 und 2002 wurde er Afrikameister, und 2008 führte er als Kapitän Kamerun ins Endspiel – allerdings sorgte in diesem Match ein Fehler von ihm mit dafür, dass Ägypten den Siegtreffer erzielen konnte. Alain Gouaméné, Torhüter der Elfenbeinküste, nahm von 1988 bis 2000 an insgesamt sieben Turnieren teil.

Torschützenkönige der Afrikameisterschaften

Jahr	Spieler	Tore
1957	Mohamed Diab El-Attar (Ägypten)	5
1959	Mahmoud El-Gohary (Ägypten)	3
1962	Abdelfatah Badawi (Ägypten) Mengistu Worku (Äthiopien)	3
1963	Hassan El-Shazly (Ägypten)	6
1965	Ben Acheampong (Ghana) Osei Kofi (Ghana) Eustache Manglé (Elfenbeinküste)	3
1968	Laurent Pokou (Elfenbeinküste)	6
1970	Laurent Pokou (Elfenbeinküste)	8
1972	Salif Keïta (Mali)	5
1974	Mulamba Ndaye (Zaire)	9
1976	Keita Aliou Mamadou »N'Jo Léa« (Guinea)	4
1978	Opoku Afriyie (Ghana) Segun Odegbami (Nigeria) Philip Omondi (Uganda)	3
1980	Khaled Al Abyad Labied (Marokko) Segun Odegbami (Nigeria)	3
1982	George Alhassan (Ghana)	4
1984	Taher Abouzaid (Ägypten)	4
1986	Roger Milla (Kamerun)	4
1988	Gamal Abdelhamid (Ägypten) Lakhdar Belloumi (Algerien) Roger Milla (Kamerun) Abdoulaye Traoré (Elfenbeinküste)	2
1990	Djamel Menad (Algerien)	4
1992	Rashidi Yekini (Nigeria)	4
1994	Rashidi Yekini (Nigeria)	5
1996	Kalusha Bwalya (Sambia)	5
1998	Hossam Hassan (Ägypten) Benni McCarthy (Südafrika)	7
2000	Shaun Bartlett (Südafrika)	5
2002	Julius Aghahowa (Nigeria) Patrick M'Boma (Kamerun) René Salomon Olembé (Kamerun)	5
2004	Frédéric Kanouté (Mali) Patrick M'Boma (Kamerun) Youssef Mokhtari (Marokko) Jay-Jay Okocha (Nigeria) Francileudo Santos (Tunesien)	4
2006	Samuel Eto'o (Kamerun)	5
2008	Samuel Eto'o (Kamerun)	5
2010	Mohamed »Gedo« Nagy (Ägypten)	5

Torjäger Rashidi

Rashidi Yekini führt die ewige Torschützenliste Nigerias mit 37 Toren in 70 Spielen von 1984 bis 1998 an. Sein wichtigstes Tor war das 1:0 gegen Bulgarien bei der FIFA WM 1994, Nigerias erstes Tor bei einem WM-Turnier. Nigeria wurde Gruppensieger und schied im Achtelfinale gegen Italien aus. Yekini war auch Torschützenkönig des Turniers, als Nigeria 1994 zum zweiten Mal nach 1980 die Afrikameisterschaft gewann.

Hassan hat's drauf

Ahmed Hassan ist der erste Spieler, der mit seinem Land viermal im Finale einer Afrikameisterschaft stand und viermal den Titel errang (1998, 2006, 2008, 2010). Im Viertelfinale des Turniers von 2010 gegen Kamerun absolvierte er sein 170. Länderspiel und stellte damit einen neuen ägyptischen Rekord auf. In diesem Spiel erzielte Hassan drei Treffer: Einmal bugsierte er den Ball in die eigenen Maschen, und zweimal überwand er den kamerunischen Torhüter Carlos Kameni – wobei aber wohl einmal das Leder die Torlinie nicht vollständig überquert hatte.

Eröffnungstor

Das erste Tor bei einer Afrikameisterschaft fiel 1957 in Khartoum: Beim 2:1 der Ägypter gegen Gastgeber Sudan im Halbfinale des Turniers verwandelte der Ägypter Raafat Ateya in der 21. Minute einen Strafstoß. Doch danach setzte sich sein Mannschaftskollege Mohammed Diab El-Attar in Szene: Er schoss nicht nur das zweite Tor der Ägypter in dieser Partie, sondern auch alle vier Tore im Endspiel gegen Äthiopien.

Pech gehabt

Der Torhüter Thomas N'Kono nahm mit Kamerun an den FIFA WM-Turnieren 1982 und 1990 teil. Kurz vor Anpfiff des Halbfinalspiels bei der Afrikameisterschaft 2002 gegen Mali wurde er verhaftet. Der Torwarttrainer des Teams hatte angeblich mit schwarzer Magie Einfluss auf das Spiel nehmen wollen. Kamerun gewann dennoch mit 3:0 und schlug Senegal im folgenden Finale mit 3:2 im Elfmeterschießen.

Rekordtorschützen der Afrikameisterschaft

1.	Samuel Eto'o (Kamerun)	18
2.	Laurent Pokou (Elfenbeinküste)	14
3.	Rashidi Yekini (Nigeria)	13
4.	Hassan El-Shazly (Ägypten)	12
5.	Hossam Hassan (Ägypten)	11
=	Patrick M'Boma (Kamerun)	11
7.	Kalusha Bwalya (Sambia)	10
=	Mulamba Ndaye (Zaire)	10
=	Francileudo Santos (Tunesien)	10
=	Joël Tiéhi (Elfenbeinküste)	10
=	Mengistu Worku (Äthiopien)	10

Superstar

Samuel Eto'o aus Kamerun, der sein Länderspieldebüt einen Tag vor seinem 16. Geburtstag gab – in Costa Rica am 9. März 1997 –, ist der Rekordtorschütze der Afrikameisterschaft. Er gewann mit Kamerun 2000 und 2002 die Afrikameisterschaft und überflügelte 2008 Laurent Pokou, der bis dahin die Rekordtorschützenliste mit 14 Treffern angeführt hatte: Beim Turnier von 2010 erhöhte der Stürmer, der jetzt bei Inter Mailand spielt und davor schon für Real Madrid und den FC Barcelona tätig war, seinen Rekord auf nun insgesamt 18 Tore. 2005 wurde Samuel Eto'o als zweiter Spieler nach dem Ghanaer Abédi »Pelé« Ayew zum dritten Mal in Folge zu »Afrikas Fußballer des Jahres« gewählt. Er hat auch schon mit Kamerun olympisches Gold geholt (2000 in Sydney) und dreimal die UEFA Champions League gewonnen: 2006 und 2009 mit Barcelona (wo er jeweils im Endspiel als Torschütze erfolgreich war) und 2010 mit Inter Mailand.

AFRIKAMEISTERSCHAFT NOCH MEHR REKORDE

Endspiele der Afrikameisterschaft

1957	(Gastgeber: Sudan) Ägypten – Äthiopien 4:0
1959	(Vereinigte Arabische Republik) Vereinigte Arabische Republik – Sudan 2:1
	(Vereinigte Arabische Republik dadurch Erster der Abschlusstabelle)
1962	(Äthiopien) Äthiopien – Vereinigte Arabische Republik 4:2 n.V.
1963	(Ghana) Ghana – Sudan 3:0
1965	(Tunesien) Ghana – Tunesien 3:2 n.V.
1968	(Äthiopien) Demokratische Republik Kongo – Ghana 1:0
1970	(Sudan) Sudan – Ghana 1:0
1972	(Kamerun) Volksrepublik Kongo – Mali 3:2
1974	(Ägypten) Zaire – Sambia 2:2, 2:0 im Wiederholungsspiel
1976	(Äthiopien) Marokko – Guinea 1:1
	(Marokko dadurch Erster der Abschlusstabelle der zweiten Gruppenphase)
1978	(Ghana) Ghana – Uganda 2:0
1980	(Nigeria) Nigeria – Algerien 3:0
1982	(Libyen) Ghana – Libyen 1:1 n.V., 7:6 i.E.
1984	(Elfenbeinküste) Kamerun – Nigeria 3:1
1986	(Ägypten) Ägypten – Kamerun 0:0 n.V., 5:4 i.E.
1988	(Marokko) Kamerun – Nigeria 1:0
1990	(Algerien) Algerien – Nigeria 1:0
1992	(Senegal) Elfenbeinküste – Ghana 0:0 n.V., 11:10 i.E.
1994	(Tunesien) Nigeria – Sambia 2:1
1996	(Südafrika) Südafrika – Tunesien 2:0
1998	(Burkina Faso) Ägypten – Südafrika 2:0
2000	(Ghana und Nigeria) Kamerun – Nigeria 2:2 n.V., 4:3 i.E.
2002	(Mali) Kamerun – Senegal 0:0 n.V., 3:2 i.E.
2004	(Tunesien) Tunesien – Marokko 2:1
2006	(Ägypten) Ägypten – Elfenbeinküste 0:0 n.V., 4:2 i.E.
2008	(Ghana) Ägypten – Kamerun 1:0
2010	(Angola) Ägypten – Ghana 1:0

Von wegen Opa ...

Der Held der Ägypter bei der Afrikameisterschaft 2010 war Mohamed Nagy, besser bekannt unter seinem Spitznamen »Gedo«, was so viel wie »Großvater« heißt. Er schoss im Finale gegen Ghana das einzige Tor des Spiels, das gleichzeitig sein fünfter Turniertreffer war und ihm den »Goldenen Schuh« einbrachte. Kurioserweise kam er bei allen sechs Partien der Ägypter erst als Einwechselspieler zum Zuge und stand insgesamt nur 135 Minuten auf dem Platz. Gedo, am 3. Oktober 1984 in Damanhur geboren, hatte erst fünf Wochen vor dem Finale in einem Freundschaftsspiel gegen Malawi sein Länderspieldebüt gegeben und vor Turnierbeginn lediglich bei einer weiteren Partie der Ägypter (ebenfalls einem Freundschaftsspiel) mitgewirkt.

Togo trägt Trauer

Togos Nationalmannschaft wurde kurz vor Beginn der Afrikameisterschaft 2010 Opfer einer Tragödie: Drei Tage vor ihrem ersten Spiel wurde das Team bei seiner Anreise im Mannschaftsbus von militanten Angolanern beschossen. Dabei kamen drei Menschen ums Leben: der Co-Trainer, der Pressesprecher und der Busfahrer. Die Mannschaft kehrte auf Anordnung der togolesischen Regierung für eine dreitägige Staatstrauer nach Togo zurück und wurde dann vom afrikanischen Fußballverband für das laufende Turnier gesperrt, weil sie nicht zu ihrem ersten Spiel gegen Ghana angetreten war. Später wurde Togo auch noch für die Meisterschaften von 2012 und 2013 gesperrt, doch diese Entscheidung wurde im Mai 2010 rückgängig gemacht.

Zeit zu gehen?

Es war gut nachvollziehbar, dass der frühere jugoslawische Nationalspieler Vahid Halilhodžić bestürzt und verärgert reagierte, als die Elfenbeinküste ihn als Trainer nach einem 2:3 gegen Algerien im Viertelfinale der Afrikameisterschaft 2010 feuerte: Seine Mannschaft war erst in der Verlängerung aus dem Turnier ausgeschieden. Doch obwohl dies in 24 Partien unter seiner Ägide die einzige Niederlage des Teams war, wurde er im Vorfeld der FIFA WM 2010 durch Sven-Göran Eriksson ersetzt; die Elfenbeinküste wurde dennoch in ihrer schweren Vorrundengruppe hinter Brasilien und Portugal nur Dritter. In der kurzen Zeitspanne zwischen Afrika- und Weltmeisterschaften wurde schon öfter Trainer afrikanischer Mannschaften entlassen, darunter Henri Michel 2002 von den Tunesiern und Shaibu Amodu 2002 und 2010 von den Nigerianern.

Im Abseits

Bei der ersten Afrikameisterschaft 1957, für die nur vier Mannschaften gemeldet waren, wurde Südafrika ausgeschlossen, weil das Land sich weigerte, mit Spielern aller Hautfarben anzutreten.

Keinen Bock mehr

Bei Spielen von Nigeria gegen Tunesien kann es leicht passieren, dass die Partie vorzeitig zu Ende ist! Bei der Afrikameisterschaft 1978 wurde Nigeria der dritte Platz zugesprochen, nachdem die tunesische Mannschaft in der 42. Minute des Spiels um Platz 3 beim Stand von 1:1 den Platz verlassen hatte. Sie protestierte damit gegen Entscheidungen des Schiedsrichters, erreichte jedoch nur, dass das Spiel 2:0 für Nigeria gewertet wurde. Kurioserweise hatten die Nigerianer ebenfalls schon einmal bei einem Aufeinandertreffen beider Mannschaften vorzeitig aufgegeben: Am 10. Dezember 1961 trafen sie in einem Qualifikationsrückspiel für das Turnier von 1962 aufeinander. Die Nigerianer schmissen hin, als die Tunesier in der 65. Minute den Ausgleich erzielten. Zur Strafe wurde das Spiel mit 2:0 für Tunesien gewertet, das so den Vergleich mit insgesamt 3:2 Toren in Hin- und Rückspiel gewann.

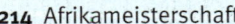

Auf dem Rasen und auf der Trainerbank

Der Ägypter Mahmoud El-Gohary ist bisher der einzige Sportler, der die Afrikameisterschaft als Spieler und Trainer gewonnen hat: Mit 20 Jahren errang er 1959 den Pokal und war zugleich auch Torschützenkönig des Turniers; 39 Jahre später führte er die Ägypter als Trainer zu ihrem damals vierten Titel. Insgesamt war El-Gohary bereits viermal ägyptischer Nationaltrainer und führte die Mannschaft 1990 zur WM-Endrunde in Italien. Erfolgreichster Coach Ägyptens ist Hassan Shehata, der das Land zu den Titelgewinnen 2006, 2008 und 2010 führte; während seiner aktiven Zeit war der Stürmer mit Ägypten bei den Turnieren von 1974 und 1980 Dritter bzw. Vierter geworden. Charles Gyamfi, der von 1950 bis 1961 für Ghana spielte, teilt sich mit Shehata den Rekord von drei Titelgewinnen als Trainer: Er führte die Ghanaer 1963, 1965 und 1982 zu ihren Titelgewinnen.

Sudan auf Sendung

Die Afrikameisterschaft 1970 im Sudan war die erste, die im Fernsehen übertragen wurde. Mit Ghana erreichte erstmals eine Mannschaft zum vierten Mal hintereinander das Finale, verlor aber gegen den Gastgeber mit 0:1.

Trainer der Afrikameister der letzten Jahre

1988	Claude Le Roy (Kamerun)
1990	Abdelhamid Kermali (Algerien)
1992	Yeo Martial (Elfenbeinküste)
1994	Clemens Westerhof (Nigeria)
1996	Clive Barker (Südafrika)
1998	Mahmoud El-Gohary (Ägypten)
2000	Pierre Lechantre (Kamerun)
2002	Winfried Schäfer (Kamerun)
2004	Roger Lemerre (Tunesien)
2006	Hassan Shehata (Ägypten)
2008	Hassan Shehata (Ägypten)
2010	Hassan Shehata (Ägypten)

Motivationshilfe

Im Dezember 1980 drohte Liberias Diktator Samuel Doe den Spielern der Nationalmannschaft seines Landes an, sie ins Gefängnis zu werfen, falls sie ein Afrikameisterschafts-Qualifikationsspiel gegen Gambia verlören – diese Begegnung zählte gleichzeitig als WM-Qualifikationsspiel. Die Spieler entgingen mit einem torlosen Unentschieden dieser Bestrafung – allerdings konnten sich beide Länder weder für die Afrikameisterschaft von 1982 noch die Weltmeisterschaft des gleichen Jahres qualifizieren.

Nichts war's mit dem Triple

Beim Endspiel der Afrikameisterschaft von 2006 verwandelte der ägyptische Spielmacher Mohamed Abo Treka im Elfmeterschießen den entscheidenden Strafstoß gegen die Elfenbeinküste und 2008 erzielte er das 1:0-Siegtor im Finale gegen Kamerun – doch 2010 musste er dem Turnier aufgrund einer Verletzung fernbleiben und verpasste so sein persönliches Triple. Abo Treka, am 7. November 1978 in Gizeh geboren, hat einen Universitätsabschluss in Philosophie. Seine Vollstreckerqualitäten und seine fröhliche Art haben ihm den Spitznamen »der lächelnde Killer« eingebracht.

Ab in die Vitrine

Da Ägypten 2010 den Afrikameisterschaftspokal nach dem dritten Titelgewinn in Folge behalten durfte, wird 2012 um eine neue Trophäe gespielt werden. Dieser Pokal wird bereits die vierte Ausführung des Meisterschaftspreises sein – das erste Modell durfte Ghana 1978 behalten, nachdem es den Wettbewerb zum dritten Mal gewonnen hatte. Das zweite Modell wanderte dann 2000 in die Vitrine von Kamerun, nachdem das Land den Titel ebenfalls dreimal errungen hatte.

TEIL 6 –
ANDERE FIFA TURNIERE

FUSSBALL dreht sich nicht nur um die berühmtesten Superstars, sondern weltweit spielt eine riesige Zahl von fußballbegeisterten Amateuren in Vereinen.

Die Kontinentalverbände organisieren eigene internationale Meisterschaften für Spieler aller Altersklassen, Kinder und Jugendliche in aller Welt träumen von einer internationalen Karriere und trainieren fleißig für die Verwirklichung dieses Traums. Auch zwecks Nachwuchsförderung führte die FIFA 1977 die »World Youth Championship« ein, eine Junioren-Weltmeisterschaft, besser bekannt unter dem Namen »U-20-Weltmeisterschaft«. Die erste Endrunde fand in Tunesien statt, die Sowjetunion schlug Mexiko im Finale. 1985 kam die FIFA U17-Weltmeisterschaft hinzu. Gleichzeitig wurde das Fußballturnier der Olympischen Spiele in ein U23-Turnier umgewandelt, zunächst mit der Ausnahme, dass in der Endrunde drei Spieler älter als 23 sein durften.

Die Einrichtung dieser Veranstaltungen durch den Weltfußballverband ermutigte auch die Kontinentalverbände, ihrerseits entsprechende Turniere auszurichten, damit ihre Mannschaften sich für die Spiele auf der großen Bühne qualifizieren konnten. Eine Flut von herausragenden Spielern sorgte bereits in Spielen der unteren Altersgruppen erstmals für Schlagzeilen. Der berühmteste von all diesen Spielern war der Argentinier Diego Maradona, der 1979 Argentinien im Endspiel gegen die Sowjetunion zum U-20-Titel führte. Sieben Jahre später, bei der FIFA WM 1986 in Mexiko, war er der Superstar des Turniers und wurde als Mannschaftskapitän mit Argentinien Weltmeister.

Dem stetig wachsenden Interesse am Fußball wurde auch mit der Einführung der FIFA-Klub-Weltmeisterschaft im Jahr 2000 Rechnung getragen. Und lange schon ist das Spiel keine reine Männersache mehr – der Frauenfußball wird immer beliebter; seit 1991 küren auch die Frauen alle vier Jahre das weltbeste Team in großen Turnieren.

Nachdem sie im Endspiel die USA bezwungen haben, feiern die Brasilianer den Gewinn des FIFA Konföderationen-Pokals in Südafrika 2009: Voller Stolz reckt der brasilianische Kapitän und Matchwinner Lúcio die Trophäe in die Höhe.

FIFA U-20-WELTMEISTERSCHAFT

Die FIFA U-20-Weltmeisterschaft, ein Wettbewerb für Spieler unter 20 Jahren, hat einige der ganz großen Namen im Fußball hervorgebracht. Der Wettbewerb, bis 2005 unter dem Namen »FIFA Junioren-Weltmeisterschaft« bekannt, wurde erstmals 1977 in Tunesien ausgetragen. Mit insgesamt sechs Titelgewinnen ist Argentinien das erfolgreichste Team des im Zweijahresrhythmus ausgetragenen Turniers.

Volle Stadien

Bei der FIFA U-20-WM 2009 gab es einen neuen Zuschauerrekord, und diese Zuschauermassen bekamen mehr Tore geboten als jemals zuvor bei einer FIFA U-20-Weltmeisterschaft. In fünf ägyptischen Städten verfolgten in sieben Stadien insgesamt 1 295 586 Fußballfans 52 Partien, jedes Spiel wurde also von durchschnittlich 24 915 Zuschauern gesehen. Damit wurde der Rekord übertroffen, der zwei Jahre zuvor bei dem Turnier in Kanada mit 1 195 299 Zuschauern erreicht worden war – allerdings liegt der Rekord beim Zuschauerdurchschnitt immer noch bei 36 099 Zuschauern, der sich aus den 32 Partien des Turniers von 1983 in Mexiko ergab. Beim Turnier 2009 fielen insgesamt 167 Tore – zwei mehr als 12 Jahre zuvor in Malaysia; der Tordurchschnitt pro Spiel lag bei 3,21 Toren und damit etwas höher als der von Malaysia, der 3,17 Tore betrug. Vor allem die bedauernswerten Kicker aus Tahiti sorgten dafür, dass der Durchschnitt auf hohem Niveau blieb: In Ägypten ließen sie in ihren drei Gruppenspielen 21 Gegentore zu, schossen selbst jedoch kein einziges Tor.

Super Ersatz

Den ersten FIFA U-20-Weltmeistertitel im Jahr 1977 konnte sich die UdSSR sichern, die sich im Finale gegen Gastgeber Mexiko mit 9:8 im Elfmeterschießen (2:2 n.V.) durchsetzte. Dabei wurde Ersatztorhüter Juri Sivuha, der erst in der Verlängerung eingewechselt worden war, zum umjubelten Helden. Dies war das einzige Mal, dass die Sowjetunion die WM gewinnen konnte. Immerhin wurde der sowjetische Stürmerstar Oleg Salenko, Gewinner des »Goldenen Schuhs« bei der FIFA WM 1994 (für Russland), bei der U-20-WM 1989 Torschützenkönig. Mit ebenfalls insgesamt fünf Toren wurde mit Sergei Scherbakow zwei Jahre später erneut ein sowjetischer Spieler erfolgreichster Torschütze. Dessen Fußballerkarriere verlief jedoch weniger erfolgreich: Er lief zwar zweimal für die Ukraine auf, ist jedoch seit einem Verkehrsunfall an den Rollstuhl gefesselt.

Dominator Dominic

Im Endspiel von 2009 landete Ghana einen Überraschungserfolg über Brasilien und war damit das erste afrikanische Land, dass den U-20-WM-Pokal errang, obwohl man nach einer Roten Karte gegen Daniel Addo 83 der 120 Spielminuten zu zehnt bestreiten musste. Das Spiel endete nach der Verlängerung torlos und wurde durch Elfmeterschießen entschieden. Das Endspiel war eine von nur zwei Partien, bei denen der Ghanaer Dominic Adiyiah keinen Treffer erzielen konnte. Am Ende des Turniers war er mit acht Treffern dessen Torschützenkönig und erhielt außerdem als bester Spieler der U-20-WM den »Goldenen Ball«. Unmittelbar darauf wechselte er zum AC Mailand. Der Silberne Ball wurde an den Brasilianer Alex Teixeira verliehen, obwohl es in der Sudden-Death-Phase des Elfmeterschießens sein Schuss war, den der ghanaische Torhüter abwehrte und der damit seinem Team zum Triumph verhalf.

Die Löwen von Lissabon

1991 konnte sich mit Portugal erstmals ein Gastgeberland den WM-Titel sichern. Dabei vertraten Spieler wie Luís Figo, Rui Costa, João Pinto, Abel Xavier und Jorge Costa die Farben ihres Landes – Spieler, die später als die »goldene Generation« Portugals bezeichnet wurden. Trainer der portugiesischen Weltmeistermannschaft war Carlos Queiroz, der später auch zweimal das portugiesische A-Team übernehmen sollte. Dazwischen war er u. a. bei Real Madrid und als Co-Trainer bei Manchester United tätig. Das Endspiel gegen Brasilien, das Portugal im Elfmeterschießen für sich entscheiden konnte, fand im berühmten Estádio da Luz des Hauptstadtklubs Benfica Lissabon statt. Im Jahr 2001 konnte Argentinien als zweites Land den Pokal im eigenen Land gewinnen.

Nachsitzen

Ursprünglich sollte Nigeria die U-20-WM 1995 ausrichten, wurde jedoch aufgrund von Bedenken hinsichtlich der Einhaltung von Menschenrechten durch Katar ersetzt – und durfte dann nicht einmal am Turnier teilnehmen. Später wurde das Land schließlich zum Gastgeber der U-20-WM 1999 gewählt. Die FIFA U-20-WM 2011 wird in Kolumbien stattfinden.

Saviola, der Heilsbringer

Mit 11 Toren in sieben Spielen hat der Argentinier Javier Saviola bei der U-20-WM 2001 mehr Tore bei einem einzelnen Turnier erzielt als jeder andere Spieler. Dabei machte er den 3:0-Finalerfolg seines Teams gegen Ghana im Alleingang perfekt. Der am 11. Dezember 1981 in Buenos Aires geborene Stürmer spielte zu diesem Zeitpunkt für den argentinischen Verein River Plate, wechselte jedoch bald nach der WM für umgerechnet 38 Millionen Euro zum FC Barcelona, bevor er später bei dessen Erzrivalen Real Madrid anheuerte. Mit 22 Jahren wurde Saviola als jüngster Spieler in die im März 2004 von Pelé erstellte »FIFA 100«-Liste der 125 besten noch lebenden Fußballer aufgenommen.

Herausragende Kapitäne

Zwei Spieler konnten bisher sowohl die U-20-WM als auch die FIFA WM für A-Nationalmannschaften als Mannschaftskapitäne gewinnen: der Brasilianer Dunga (1983 und 1994) und Argentiniens Diego Maradona (1979 und 1986). Eigentlich hatte man damit gerechnet, dass Maradona schon bei der FIFA WM 1978 bei den »Großen« mitspielen würde, aber er wurde nicht in den Kader berufen. Dafür stellte er sein Können bei der U-20-WM 1979 in Japan unter Beweis, wo er zum besten Spieler des Turniers gewählt wurde.

U-20-WM-Gastgeber und -Endspielergebnisse

1977	(Gastgeber: Tunesien) UdSSR – Mexiko 9:8 i.E. (2:2 n.V.)
1979	(Japan) Argentinien – UdSSR 3:1
1981	(Australien) Bundesrepublik – Katar 4:0
1983	(Mexiko) Brasilien – Argentinien 1:0
1985	(UdSSR) Brasilien – Spanien 1:0 (n.V.)
1987	(Chile) Jugoslawien – Bundesrepublik Deutschland 5:4 i.E. (1:1 n.V.)
1989	(Saudi-Arabien) Portugal – Nigeria 2:0
1991	(Portugal) Portugal – Brasilien 4:2 i.E. (0:0 n.V.)
1993	(Australien) Brasilien – Ghana 2:1
1995	(Katar) Argentinien – Brasilien 2:0
1997	(Malaysia) Argentinien – Uruguay 2:1
1999	(Nigeria) Spanien – Japan 4:0
2001	(Argentinien) Argentinien – Ghana 3:0
2003	(Vereinigte Arabische Emirate) Brasilien – Spanien 1:0
2005	(Niederlande) Argentinien – Nigeria 2:1
2007	(Kanada) Argentinien – Tschechien 2:1
2009	(Ägypten) Ghana – Brasilien 4:3 i.E. (0:0 n.V.)

Ein aufgehender Stern

Der Superstar der argentinischen Mannschaft bei der FIFA U-20-WM 2005 war Lionel Messi, und das nicht nur, weil er beide Tore seines Teams – jeweils vom Elfmeterpunkt – im Endspiel erzielte. Ihm gelang der ultimative Hattrick, indem er mit dem »Goldenen Schuh« als Torschützenkönig sowie dem »Goldenen Ball« als bester Spieler des Turniers ausgezeichnet wurde und zudem Kapitän der Weltmeistermannschaft war. Dieses Kunststück wiederholte zwei Jahre später sein Landsmann Sergio Agüero, der im Finale gegen Tschechien den Ausgleichstreffer erzielte, ehe Teamkollege Mauro Zárate den späten 2:1-Siegtreffer markierte. Drei weitere Spieler gewannen ebenfalls den »Goldenen Schuh« wie auch den »Goldenen Ball« bei einer U-20-WM: der Brasilianer Geovani (1983), der Argentinier Javier Saviola (2001) und der Ghanaer Dominic Adiyiah (2009).

FIFA U-20-WM-Torschützenkönige

Jahr	Spieler
1977	Guina (Brasilien) 4
1979	Ramón Díaz (Argentinien) 8
1981	Ralf Loose (Bundesrepublik Deutschland), Roland Wohlfarth (Bundesrepublik Deutschland), Taher Amer (Ägypten), Mark Koussas (Argentinien) 4
1983	Geovani (Brasilien) 6
1985	Gerson (Brasilien), Balalo (Brasilien), Muller (Brasilien), Alberto García Aspe (Mexiko), Monday Odiaka (Nigeria), Fernando Gomez (Spanien), Sebastian Losada (Spanien) 3
1987	Marcel Witeczek (Bundesrepublik Deutschland) 7
1989	Oleg Salenko (UdSSR) 5
1991	Sergej Scherbakow (UdSSR) 5
1993	Ante Milicic (Australien), Adriano (Brasilien), Gian (Brasilien), Henry Zambrano (Kolumbien), Vicente Nieto (Mexiko), Chris Faklaris (USA) 3
1995	Joseba Etxeberria (Spanien) 7
1997	Adailton (Brasilien) 10
1999	Mahamadou Dissa (Mali), Pablo Couñago (Spanien) 5
2001	Javier Saviola (Argentinien) 11
2003	Fernando Cavenaghi (Argentinien), Dudu (Brasilien), Daisuke Sakata (Japan), Eddie Johnson (USA) 4
2005	Lionel Messi (Argentinien) 6
2007	Sergio Agüero (Argentinien) 7
2009	Dominic Adiyiah (Ghana) 8

Sechserpack

Mit insgesamt sechs Titeln ist Argentinien Rekordtitelträger der FIFA U-20-WM. Brasilien konnte bislang viermal gewinnen, Portugal zweimal, und Deutschland, Spanien, die Sowjetunion, Jugoslawien und Ghana waren jeweils einmal erfolgreich. Ein einziges Mal nur ging Argentinien in einem Finale nicht als Sieger vom Platz: Das war 1983 gegen den Erzrivalen Brasilien, als Geovani das einzige Tor des Spiels erzielte.

FIFA U-17-WELTMEISTERSCHAFT

Erstmals 1985 in China als U-16-Weltmeisterschaft durchgeführt, wurde die Altersgrenze für die WM 1991 von 16 auf 17 angehoben. Seit 2007 wird der Wettbewerb als FIFA U-17-Weltmeisterschaft (»Football U-17 World Championship«) durchgeführt. Die letzte U-17-WM wurde 2009 vom damaligen Titelverteidiger Nigeria ausgerichtet, das mit je drei Weltmeistertiteln gemeinsam mit Brasilien erfolgreichstes Team des Wettbewerbs ist.

Wer bekommt den Schuh?

Sani Emmanuel, Star der Nigerianer bei ihrem Durchmarsch ins Finale der U-17-WM 2009, konnte sich damit rühmen, gleichzeitig Torschützenkönig und bester Spieler des Turniers zu sein. Für seine spielerische Leistung wurde ihm zwar der »Goldene Ball« verliehen, doch trotz seiner fünf erzielten Treffer musste er sich mit dem »Silbernen Schuh« begnügen – der »Goldene Schuh« ging an den Spanier Borja, der es auf einen Assist mehr gebracht hatte. Sebastián Gallegos aus Uruguay und der Schweizer Haris Seferović schossen während des Turniers ebenfalls insgesamt je fünf Tore. Juri Nikoforow erzielte beim Turnier von 1987 in Kanada für die Sowjetunion fünf Tore, darunter eines im Endspiel gegen Nigeria, aus dem seine Mannschaft schließlich nach dem Elfmeterschießen als Sieger hervorging. Den »Goldenen Schuh« verlieh die FIFA jedoch an Moussa Traoré von der Elfenbeinküste – er hatte zwar ebenfalls »nur« fünf Treffer erzielt, aber die Elfenbeinküste hatte insgesamt weniger Tore (9) geschossen als die Sowjetunion (21), sodass Traorés Tore mehr Gewicht hatten.

Tore en masse

Neben Cesc Fàbregas ist der Franzose Florent Sinama-Pongolle der einzige Spieler, der in ein und demselben Turnier sowohl mit dem »Goldenen Ball« als auch mit dem »Goldenen Schuh« ausgezeichnet wurde. Mit seinen neun Toren bei der FIFA WM 2001 ist er Rekordtorschütze. Unter anderem erzielte er in zwei Vorrundenspielen jeweils drei Treffer. Anders als Fàbregas beendete Sinama-Pongolle auch das Finale als Sieger. Den Rekord für das Team mit den meisten Toren hält Spanien, das 1997 auf seinem Weg zum dritten Platz 22-mal zuschlug.

Auf den Spuren der Großen

Das Finale der Endrunde 2007 wurde erstmals in einem ehemaligen Weltmeisterschaftsstadion ausgetragen – dem Seoul World Cup Stadium mit über 65 000 Plätzen, das für die WM 2002 in Japan und Südkorea gebaut worden war. Das Spiel wurde von 36 125 Zuschauern gesehen – eine Rekordzahl in der Geschichte des Turniers. 2007 nahmen auch erstmals 24 Teams (statt bisher 16) teil. Den Titel sicherte sich Nigeria, nachdem Spanien seine ersten drei Elfmeter im Elfmeterschießen vergab.

Flieg, Adler, flieg

Mit dem Sieg bei der allerersten FIFA U-16-WM 1985 (ab 1991 als U-17-WM durchgeführt) gewann die nigerianische Juniorennationalmannschaft, »Goldene Adlerjungen« genannt, als erstes afrikanisches Team ein FIFA Turnier. Den ersten Treffer im Endspiel gegen die Bundesrepublik erzielte der nigerianische Stürmer Jonathan Akpoborie, der später in der Bundesliga unter anderem für den VfB Stuttgart und den VfL Wolfsburg auf Torjagd ging.

Vom Helden zum Bösewicht

In den letzten Minuten des spanischen Siegs gegen Ghana im Halbfinale der FIFA U-17-WM 2007 wurde Bojan Krkíc vom FC Barcelona erst zum gefeierten Helden und dann zum Bösewicht der Nation, als er zunächst vier Minuten vor dem Ende der Verlängerung den Siegtreffer erzielte und dann unmittelbar vor dem Abpfiff mit Gelb-Rot vom Platz musste. Damit fehlte er seiner Mannschaft im Finale, wo Spanien Nigeria im Elfmeterschießen unterlag.

Goldene Ausbeute

Der Deutsche Marcel Witeczek war als bislang einziger Spieler Torschützenkönig sowohl bei einer FIFA U-17- als auch bei einer U-20-WM. Der gebürtige Pole erzielte acht Tore bei der U-17-WM 1985 und zwei Jahre später traf er siebenmal bei der U-20-WM 1987. Ähnlich erfolgreich war nur der Brasilianer Adriano Gerlin da Silva (nicht zu verwechseln mit dem aus der brasilianischen A-Nationalmannschaft und vom italienischen Klub Inter Mailand bekannten Namensvetter Adriano Leite Ribeiro). Er wurde bei der FIFA U-17-WM 1991 mit vier Treffern Torschützenkönig und bei der U-20-WM 1993 zum besten Spieler gekürt.

Sagenhafter Fàbregas

Spaniens Cesc Fàbregas ist es als einem von insgesamt nur zwei Spielern gelungen, bei derselben FIFA U-17-WM sowohl den »Goldenen Schuh« für den erfolgreichsten Torschützen als auch den »Goldenen Ball« für den besten Spieler zu gewinnen – und zwar beim Turnier 2003, bei dem er insgesamt fünf Tore erzielte; allerdings ging das Endspiel 0:1 gegen Brasilien verloren. Gemeinsam mit seinem damaligen Mannschaftskameraden David Silva wurde er 2008 mit der spanischen A-Nationalelf Europameister. Einen Monat nach der WM 2003 verließ Fàbregas seinen Verein FC Barcelona in Richtung Arsenal London und wurde dort später Kapitän. Bei der U-17-EM 2004 wurde der am 4. Mai 1987 in Arenys de Mar geborene Fàbregas erneut zum besten Spieler gekürt und hatte im Finale erneut das Nachsehen.

FIFA U-17-WM-Torschützenkönige

Jahr	Spieler	Tore
1985	Marcel Witeczek (Bundesrepublik)	8
1987	Moussa Traoré (Elfenbeinküste)	5
	Juri Nikoforow (UdSSR)	5
1989	Khaled Jasem (Bahrain)	3
	Fode Camara (Guinea)	3
	Gil (Portugal)	3
	Tulipa (Portugal)	3
	Khalid Al-Roaihi (Saudi-Arabien)	3
1991	Adriano Gerlin da Silva (Brasilien)	4
1993	Wilson Oruma (Nigeria)	6
1995	Daniel Allsopp (Australien)	5
	Mohamed Al-Kathiri (Oman)	5
1997	David Rodriguez-Fraile (Spanien)	7
1999	Ishmael Addo (Ghana)	7
2001	Florent Sinama-Pongolle (Frankreich)	9
2003	Carlos Hidalgo (Kolumbien)	5
	Manuel Curto (Portugal)	5
	Cesc Fàbregas (Spanien)	5
2005	Carlos Vela (Mexiko)	5
2007	Macauley Chrisantus (Nigeria)	7
2009	Borja (Spanien)	5
	Sani Emmanuel (Nigeria)	5
	Sebastián Gallegos (Uruguay)	5
	Haris Seferović (Schweiz)	5

Italien springt in die Bresche

Die U-17-WM 1991 sollte ursprünglich in Ecuador stattfinden. Aufgrund eines Cholera-Ausbruchs im Land sprang jedoch Italien kurzfristig als Ausrichter ein. Allerdings wurde in wesentlich kleineren Stadien gespielt als jenen, die im Jahr zuvor Schauplätze der WM der A-Nationalmannschaften gewesen waren. 1991 wurde das Turnier erstmals nicht mehr als U-16-, sondern als U-17-WM durchgeführt.

Allzeit präsente Amerikaner

Brasilien und Nigeria mögen mit jeweils drei WM-Titeln die erfolgreichsten Nationen bei FIFA U-17-Weltmeisterschaften sein. Aber das einzige Land, das an allen 12 Endrunden teilnahm, sind die USA, die mit ihrem 4. Rang 1999 ihr bestes Ergebnis errangen.

Sensationssieger Schweiz

Die Schweiz, die an dem Wettbewerb überhaupt zum ersten Mal teilnahm, war der Überraschungssieger des Turniers von 2009. Mit ihrem 1:0-Finalsieg über den Favoriten Nigeria, der ihnen dank eines Tores von Haris Seferović gelang, verhinderten die Eidgenossen, dass den Afrikanern als zweitem Land nach Brasilien die Titelverteidigung gelang. Dem Schweizer Benjamin Siegrist wurde der »Goldene Handschuh« als bestem Torhüter verliehen: In sieben Spielen musste er nur viermal hinter sich greifen. Die Vorbereitungen der Nigerianer auf das Turnier waren von einem Skandal überschattet gewesen: Es hatte sich herausgestellt, dass 15 der westafrikanischen Kicker bereits die Altersgrenze überschritten hatten und daher aus dem Kader genommen werden mussten.

U-17-WM-Gastgeber und -Endspielergebnisse

(Gastgeberland)

1985 (China) Nigeria – BRD 2:0

1987 (Kanada) UdSSR – Nigeria 4:2 i.E. (1:1 n.V.)

1989 (Schottland) Saudi-Arabien – Schottland 5:4 i.E. (2:2 n.V.)

1991 (Italien) Ghana – Spanien 1:0

1993 (Japan) Nigeria – Ghana 2:1

1995 (Ecuador) Ghana – Brasilien 3:2

1997 (Ägypten) Brasilien – Ghana 2:1

1999 (Neuseeland) Brasilien – Australien 8:7 i.E. (0:0 n.V.)

2001 (Trinidad und Tobago) Frankreich – Nigeria 3:0

2003 (Finnland) Brasilien – Spanien 1:0

2005 (Peru) Mexiko – Brasilien 3:0

2007 (Südkorea) Nigeria – Spanien 3:0 i.E. (0:0 n.V.)

2009 (Nigeria) Schweiz – Nigeria 1:0

FIFA KONFÖDERATIONEN-POKAL

Der FIFA Konföderationen-Pokal wurde über die Jahre hin in unterschiedlicher Form ausgetragen. 1992 und 1995 fand das Turnier in Saudi-Arabien mit einigen der amtierenden kontinentalen Meister statt. Von 1997 bis 2003 wurde der Pokal alle zwei Jahre ausgespielt. Im heutigen Modus – die Mannschaften treffen sich im Vier-Jahres-Rhythmus im Land des künftigen WM-Gastgebers – wurde der Konföderationen-Pokal, auch kurz Confed-Cup genannt, erstmals 2005 in Deutschland ausgetragen. Als »Meisterschaft der Meister« wird er überall auf der Welt begeistert gefeiert.

FIFA Konföderationen-Pokal-Rekordtorschützen

1.	Cuauhtémoc Blanco (Mexiko)	9
=	Ronaldinho (Brasilien)	9
3.	Romário (Brasilien)	7
=	Adriano (Brasilien)	7
5.	Marzouq Al-Otaibi (Saudi-Arabien)	6
6.	Alex (Brasilien)	5
=	John Aloisi (Australien)	5
=	Luís Fabiano (Brasilien)	5
=	Vladimir Šmicer (Tschechien)	5
=	Robert Pirès (Frankreich)	5

Fabianos Fünferpack

Mit dem Sieg über die USA im Endspiel von 2009 gelang es Brasilien als erstem Land, den FIFA Konföderationen-Pokal zum dritten Mal zu gewinnen (bereits 1997 und 2005 hatten die Südamerikaner den Titel geholt). Dabei machten sich die Brasilianer aber selbst das Leben schwerer als nötig: Nachdem sie einen 0:2-Rückstand aufgeholt hatten, gelang ihnen erst mit einem späten Tor ihres Kapitäns und Innenverteidigers Lúcio das entscheidende 3:2. Die beiden Tore zum Ausgleich erzielte der Stürmer Luís Fabiano, der mit fünf Treffern Torschützenkönig des Turniers wurde. Sein Mannschaftskollege Kaká wurde zum besten Spieler des Turniers gewählt, vor Luís Fabiano und dem Amerikaner Clint Dempsey.

FIFA Konföderationen-Pokal-Torschützenkönige

1992	Gabriel Batistuta (Argentinien), Bruce Murray (USA) 2
1995	Luis García (Mexiko) 3
1997	Romário (Brasilien) 7
1999	Ronaldinho (Brasilien), Cuauhtémoc Blanco (Mexiko), Marzouq Al-Otaibi (Saudi-Arabien) 6
2001	Shaun Murphy (Australien), Éric Carrière (Frankreich), Robert Pirès (Frankreich), Patrick Vieira (Frankreich), Sylvain Wiltord (Frankreich), Takayuki Suzuki (Japan), Hwang Sun-Hong (Südkorea) 2
2003	Thierry Henry (Frankreich) 4
2005	Adriano (Brasilien) 5
2009	Luís Fabiano (Brasilien) 5

Eines Königs würdig

Vor der Umbenennung in FIFA Konföderationen-Pokal fand das Turnier unter dem Namen »König-Fahd-Pokal« in Saudi-Arabien statt. Zur Teilnahme eingeladen waren die jeweils amtierenden Meister der Kontinentalverbände. Der amtierende Copa-América-Meister Argentinien erreichte bei beiden Turnieren das Finale. 1992 bezwangen sie Gastgeber Saudi-Arabien durch Tore von Leonardo Rodríguez, Claudio Caniggia und Diego Simeone. In diesem Jahr nahmen nur vier Teams teil, neben Argentinien und Saudi-Arabien noch die USA als »CONCACAF Gold Cup«-Gewinner und die Elfenbeinküste als Afrikameister. Weltmeister Deutschland und Europameister Niederlande nahmen nicht teil. 1995 traten sechs Teams an. Gewinner war Europameister Dänemark, der sich im Endspiel in Riad durch Tore von Michael Laudrup und Peter Rasmussen gegen Argentinien durchsetzte.

Dreifach gekrönt

Zwei Ländern ist ein lupenreiner Titel-Hattrick gelungen: Brasilien – als amtierender Weltmeister – gewann den Confed-Cup im Dezember 1997 genau sechs Monate, nachdem man sich auch die Südamerikameisterschaft geholt hatte. Mit seinem Golden-Goal-Siegtreffer im Finale des Confed-Cups 2001 machte Patrick Vieira seinerseits den Titel-Hattrick für Frankreich perfekt, das nach der FIFA WM 1998 auch die EM 2000 gewonnen hatte.

Andere Ballsportarten

2009 musste Südafrika seine Spielplanung abändern, als in Port Elizabeth die Bauarbeiten am Nelson-Mandela-Bay-Stadion in Verzug gerieten: Die Partien wurden auf das Ellis-Park-Stadion in Johannesburg, das Loftus-Versfeld-Stadion in Pretoria, das Free-State-Stadion in Bloemfontein und das Royal-Bafokeng-Stadion in Rustenburg neu verteilt. In diesen Spielstätten wurden im Juni auch Rugby-Partien der British and Irish Lions Tour durch Südafrika ausgetragen; zwischen den Rugby- und den Fußballspielen im selben Stadion lag jedoch ein zeitlicher Abstand von mindestens neun Tagen.

Doppelter Hattrick

Der Brasilianer Romário hält den Rekord für die meisten erzielten Tore im Verlauf eines Turniers des Konföderationen-Pokals. Mit sieben Toren in fünf Spielen trug er 1997 zum ersten Pokalgewinn der Seleção bei. Drei seiner Tore erzielte er beim 6:0-Finalsieg der Brasilianer über Australien. Aber damit stand er nicht allein: Auch sein Sturmpartner Ronaldo steuerte drei Treffer bei und machte damit das halbe Dutzend voll.

Ungerecht verteilt

Sowohl Saudi-Arabiens Marzouq Al-Otaibi als auch Brasiliens Ronaldinho trugen sich bei der Halbfinalpartie 1999 in die Liste der Torschützen ein. Das Spiel endete 8:2 für Brasilien und ist bis heute das torreichste Spiel in der Geschichte des Confed-Cups. Aber während Ronaldinho drei Tore erzielte, waren Al-Otaibi nur deren zwei vergönnt – in einer Partie, in der es nach einer halben Stunde noch 2:2 unentschieden stand.

Die Mattscheiben bleiben dunkel

Über den Last-Minute-Sieg der Brasilianer über die Ägypter beim Turnier von 2009 gab es hitzige Debatten. Das 4:3 kam aufgrund eines durch Kaká verwandelten Strafstoßes in der Nachspielzeit zustande. Der Schiedsrichter hatte zunächst nicht auf Handspiel durch den ägyptischen Verteidiger Ahmed Al-Muhammadi erkannt, sondern einen Eckstoß gepfiffen. Dann änderte er seine Meinung, zeigte auf den Elfmeterpunkt und gab Al-Muhammadi die Rote Karte. Die Ägypter behaupteten, dass der Sinneswandel des Schiedsrichters auf Informationen zurückzuführen sei, die er durch Videowiederholungen der Spielsituation erhalten hatte. FIFA-Präsident Sepp Blatter kündigte daraufhin an, dass zukünftig keine TV-Monitore mehr am Spielfeldrand postiert werden dürften.

Gemeinsame Trauer

Der Confed-Cup 2003 wurde überschattet durch den tragischen Tod des 28-jährigen Kameruner Mittelfeldspielers Marc-Vivien Foé, der in der 73. Minute der Halbfinalpartie gegen Kolumbien, aus der Kamerun als Sieger hervorging, in Lyon mit einem Herzanfall zusammenbrach. Thierry Henry widmete ihm seinen Golden-Goal-Siegtreffer im Endspiel gegen Kamerun, da Foé einen Großteil seiner Vereinskarriere in der französischen Ligue 1 gespielt hatte. Als der Pokal im Stade de France in Paris überreicht wurde, hielten ihn beide Mannschaftskapitäne gemeinsam hoch – Marcel Desailly für Frankreich und Rigobert Song für Kamerun.

Clint rettet den Amerikanern den Tag

Beim überraschenden Durchmarsch der USA ins Endspiel von 2009 trafen sie im Halbfinale auf Spanien und sorgten für eine Sensation, mit der sie zugleich zwei lange Serien des Europameisters von 2008 beendeten. Vor der Partie hatten die Spanier mit 15 Länderspielsiegen in Folge einen neuen Rekord aufgestellt; außerdem hatten sie schon seit 35 Spielen nicht mehr verloren – auf die gleiche Zahl hatte es bis dahin nur Brasilien gebracht. Die Hoffnung auf das 36. Spiel ohne Niederlage wurde durch die Tore des US-Stürmers Jozy Altidore und des Flügelflitzers Clint Dempsey zerstört. Mit diesem 2:0 zogen die Amerikaner zum ersten Mal in ein FIFA Senioren-Finalspiel der Herren ein.

FIFA Konföderationen-Pokal

Gastgeber und Endspielergebnisse

1997	(Gastgeberland: Saudi-Arabien) Brasilien – Argentinien 6:0
1999	(Mexiko) Mexiko – Brasilien 4:3
2001	(Südkorea und Japan) Frankreich – Japan 1:0
2003	(Frankreich) Frankreich – Kamerun 1:0 nach Golden Goal
2005	(Deutschland) Brasilien – Argentinien 4:1
2009	(Südafrika) Brasilien – USA 3:2

FIFA KLUB-WM

Die im Jahr 2000 erstmals ausgetragene FIFA Klub-Weltmeister-schaft ersetzte 2005 den alten »Weltpokal«, der erstmals 1960 zwischen den Siegern des Europapokals der Landesmeister bzw. später der Champions League und der Copa Libertadores ausgetragen wurde; bei der Erstauflage siegte Real Madrid mit 0:0 und 5:1 gegen Peñarol Montevideo. Bei der Klub-WM treten die Siegerklubs aller sechs Kontinentalverbände der FIFA gegeneinander an.

Sankt Pedro

Bevor Josep Guardiola im Sommer 2008 Trainer wurde, sah es für Pedro Rodríguez Ledesma, auch als »Pedro« oder »Pedrito« bekannt, fast so aus, als könnte er sich bei Barcelona nicht durchsetzen; doch in der Spielzeit 2008/09 schrieb er Vereinsgeschichte. Dem am 28. Juli 1987 in Santa Cruz de Tenerife geborenen Außenstürmer gelang etwas, was vorher noch niemand geschafft hat: Er traf während einer Saison in sechs verschiedenen Wettbewerben – in der spanischen Ersten Liga (Primera División, auch La Liga genannt), im spanischen Pokalwettbewerb (Copa del Rey), im spanischen Supercup (Supercopa de España), in der UEFA Champions League, im UEFA Super Cup und bei der FIFA Klub-WM. Mit seinem Tor im Halbfinale der Klub-WM 2009 gegen CF Atlante aus Mexiko komplettierte er diesen persönlichen Triumph; und im Endspiel glich er in der 89. Minute gegen Estudiantes de La Plata zum 1:1 aus und ermöglichte so erst den Siegtreffer für seine Mannschaft durch Lionel Messi in der Verlängerung.

Weltpokalsieger bis 2004 nach Ländern

9	Argentinien
7	Italien
6	Brasilien, Uruguay
4	Spanien
3	(Bundesrepublik) Deutschland, Niederlande
2	Portugal
1	England, Paraguay, Jugoslawien

Magische sieben Spiele

Trotz der Niederlage von Al-Ahly Kairo gegen Adelaide United im Spiel um Platz 5 bei der Klub-WM 2008 war das Spiel für vier der ägyptischen Spieler ein ganz besonderes: Für Wael Gomaa, Mohamed Aboutrika, Shady Mohamed (oben rechts) und Hossam Ashour war es ihr siebter Einsatz in einer Klub-WM. Damit überflügelten sie den alten Rekord des brasiliani-schen Torhüters Dida, der mit den Corinthians São Paulo (2000) und dem AC Mailand (2007) insgesamt sechs Klub-WM-Spiele absolviert hatte.

Sechs auf einen Streich

Mit dem Triumph in der FIFA Klub-WM wurde Barcelona zum ersten Verein, dem es gelang, sechs verschiedene Titel innerhalb eines Kalenderjahres zu holen: FIFA Klub-Weltmeisterschaft, UEFA Champions League, UEFA Super Cup und das spanische Triple aus Meisterschaft, Pokal und Supercup. Damit konnten die Katalanen ihrer Samm-lung eine Trophäe mehr hinzufügen als der FC Liverpool im Jahr 2001 der seinigen: Das von Gerald Houllier betreute Team hatte damals in England den Pokal, die Meister-schaft und den Charity Shield Cup sowie auf europäischer Ebene den UEFA Cup und den UEFA Super Cup errungen.

Die VAE sind okay

Das Turnier von 2009 war die erste FIFA Klub-WM, die außerhalb von Japan stattfand – in Abu Dhabi, einem Emirat der Vereinigten Arabischen Emirate (VAE); auch das nächste Turnier soll im Dezember 2010 dort ausgetragen werden. Mit zwei Stadien schulterte man die Aufgabe: dem Al-Jazira-Mohammed-Bin-Zayed-Stadion, in dem u. a. das Eröffnungsspiel zwischen Ah-Ahli Dubai und Auckland City FC stattfand, und dem Zayed-Sports-City-Stadion, wo das Endspiel ausgetragen wurde. Bei der Vergabe der Ausrichtung des Turniers von 2010 machten die VAE das Rennen vor Australien und Japan, 2011 und 2012 wird die Veranstaltung jedoch wieder nach Japan zurückkehren.

Regeländerungen und ein neuer Modus

Von 1960 bis 1968 wurde der Weltpokal noch nach dem alten Punktesystem ausgetragen, demzufolge man für einen Sieg zwei und ein Unentschieden einen Punkt bekam; Sieger war nur die Mannschaft, die nach Punkten vorne lag, also nach einem Sieg im Hinspiel mindestens ein Unentschieden im Rückspiel erreichte. Ansonsten gab es ein Entscheidungsspiel auf neutralem Platz, selbst wenn eine Mannschaft einmal mit 5:0 gewann und einmal 0:1 verlor. Auch die Regel, dass bei Punkt- und Torgleichheit aus zwei Spielen die Mannschaft gewinnt, die mehr Auswärtstore erzielt hat, gab es damals nicht.

Torreigen

Manchester Uniteds 5:3-Sieg über Gamba Osaka im Halbfinale der Klub-WM 2008 war das torreichste Spiel in der Geschichte des Wettbewerbs, einschließlich des alten Weltpokals – und die Partie verdrängte damit die Begegnung Benfica Lissabon – FC Santos, bei der Pelés FC 1962 mit 5:2 die Oberhand behielt, auf Rang 2 der ewigen Torrekordliste. Noch erstaunlicher ist, dass sechs der acht Tore in der Partie ManU – Gamba in den letzten 16 Minuten sowie in der Nachspielzeit fielen. ManU führte mit 2:0, als in der 74. Minute ein wahrer Torreigen einsetzte, darunter auch zwei Treffer durch den eingewechselten Wayne Rooney. Manchester United gelang es überdies als erstem Team seit der Umgestaltung des Wettbewerbs, fünf Tore in einem Spiel zu erzielen.

Rivalen mit langem Atem

Vorgänger der FIFA Klub-Weltmeisterschaft war der Weltpokal (engl. Intercontinental Cup), den man inoffiziell als European-South America-Cup bezeichnete. Dieser Wettbewerb wurde ausschließlich zwischen Mannschaften aus Europa und Südamerika ausgetragen, zwischen dem Sieger der Copa Libertadores und dem Europapokalsieger der Landesmeister bzw. dem Champions-League-Gewinner (ab der Saison 1992/93). Beim ersten Vergleich 1960 trafen Real Madrid und Peñarol Montevideo aufeinander. Nach einem torlosen Unentschieden in der Hauptstadt Uruguays triumphierte Real mit 5:1 im Rückspiel in Madrid. Drei Tore fielen bereits in den ersten acht Minuten des Spiels, zwei davon erzielte Ferenc Puskás. Real und Peñarol sind zwei von insgesamt fünf Klubs, die insgesamt drei Weltpokal-Erfolge feierten. Die anderen sind die Boca Juniors (Argentinien), Nacional Montevideo (Uruguay) und der AC Mailand (Italien). Der AC gewann 2007 auch die FIFA Klub-Weltmeisterschaft; zählt man die Erfolge in beiden Wettbewerben zusammen, ist der Verein damit alleiniger Rekordhalter – und der FC São Paulo aus Brasilien hätte sich mit dem Erfolg 2005 in die Liste der Dreifachsieger in interkontinentalen Vergleichen eingereiht.

Erfolg in Etappen

Die FIFA Klub-Weltmeisterschaft, bei der Vertreter aller sechs Kontinentalverbände den Titelträger ermitteln, wurde zunächst von brasilianischen Mannschaften dominiert. Die ersten Weltmeister hießen Corinthians São Paulo (2000), FC São Paulo (2005) und SC Internacional Porto Alegre (2006). Der AC Mailand brach 2007 die brasilianische Vorherrschaft, Mannschaftskapitän Paolo Maldini konnte als erster Europäer die Trophäe hochhalten. Zwischen 1989 und 2003 hatten er und sein Mannschaftskamerad Alessandro Costacurta mit ihrem Verein fünfmal um den alten Weltpokal gekämpft und ihn in den Jahren 1989 und 1990 auch gewonnen.

Erfolgreiche Trainer

Carlos Bianchi hat als einziger Trainer dreimal den Weltpokal gewonnen – mit CA Velez Sarsfield (1994) und zweimal mit den Boca Juniors (2000, 2003). Zwei Uruguayer gewannen den Pokal sowohl als Spieler als auch als Trainer – Luis Cubilla und Juan José Mugica, die beide im Team standen, als Nacional Montevideo 1971 Panathinaikos Athen bezwang. Cubilla hatte den Pokal bereits 1961 mit Peñarol Montevideo gewonnen und führte als Trainer den Club Olimpia Asunción 1979 zum Sieg. Mugica war im darauffolgenden Jahr als Trainer siegreich, abermals mit Nacional Montevideo.

FIFA Klub-Weltmeisterschaftsendspiele

2000	**Corinthians São Paulo (Brasilien) – Vasco da Gama (Brasilien)** 0:0 n.V. (Corinthians gewinnen 4:3 im Elfmeterschießen)
2005	**FC São Paulo (Brasilien) – FC Liverpool (England)** 1:0
2006	**SC Internacional (Brasilien) – FC Barcelona (Spanien)** 1:0
2007	**AC Mailand (Italien) – Boca Juniors (Argentinien)** 4:2
2008	**Manchester United (England) – Liga de Quito (Ecuador)** 1:0
2009	**FC Barcelona (Spanien) – Estudiantes de La Plata (Argentinien)** 2:1 n.V.

Weltpokalsieger 1960–2004

3 Siege: Real Madrid, Spanien (1960, 1998, 2002); Peñarol Montevideo, Uruguay (1961, 1966, 1982); AC Mailand, Italien (1969, 1989, 1990); Nacional Montevideo, Uruguay (1971, 1988, 1988); Boca Juniors, Argentinien (1977, 2000, 2003).

2 Siege: FC Santos, Brasilien (1962, 1963); Inter Mailand, Italien (1964, 1965); Ajax Amsterdam, Niederlande (1972, 1995); Independiente Buenos Aires, Argentinien (1973, 1984); Bayern München, Bundesrepublik Deutschland/ Deutschland (1976, 2001); Juventus Turin, Italien (1985, 1996); FC Porto, Portugal (1987, 2004); FC São Paulo, Brasilien (1992, 1993).

1 Sieg: Racing Club Avellaneda, Argentinien (1967); Estudiantes de la Plata, Argentinien (1968); Feyenoord Rotterdam, Niederlande (1970); Atlético Madrid, Spanien (1974); Olimpia Asuncion, Paraguay (1979); Flamengo Rio de Janeiro, Brasilien (1981); Gremio Porto Alegre, Brasilien (1983); CA River Plate, Argentinien (1986); FK Roter Stern Belgrad, Jugoslawien (1991); CA Vélez Sarsfield, Argentinien (1994); Borussia Dortmund, Deutschland (1997); Manchester United, England (1999).

OLYMPISCHES FUSSBALL-TURNIER DER MÄNNER

Obwohl bereits bei den Olympischen Spielen im Jahr 1900 in Paris im Programm, wurde das olympische Fußballturnier erst bei den Spielen 1908 in London als offizieller Wettbewerb von der FIFA anerkannt. Bis 1984 streng nach dem olympischen Amateurgedanken ausgespielt, wurden nun erstmals auch Profifußballer für das Turnier zugelassen. Seitdem bietet das Turnier jungen, aufstrebenden Stars die Möglichkeit, ein Fußballturnier im Rampenlicht der Weltöffentlichkeit zu erleben und Erfahrungen von unschätzbarem Wert zu sammeln.

Erfrischung gefällig?

Das Endspiel der Olympischen Spiele 2008 zwischen Argentinien und Nigeria, das bei Temperaturen von 42 °C und drückender Mittagshitze im Pekinger »Vogelnest« ausgetragen wurde, musste zweimal unterbrochen werden, damit die Spieler beider Teams – darunter Lionel Messi, Juan Román Riquelme, Javier Mascherano und Sergio Agüero – Wasser trinken konnten. Nach Vorarbeit von Messi erzielte Ángel Di María in der 58. Minute das goldene Tor.

Endspiele des olympischen Fußballturniers

1896 Kein Spiel
1900 (Paris, Frankreich) Gold: Upton Park FC (GB), Silber: USFSA-Auswahl (Frankreich), Bronze: Université Libre de Bruxelles (Belgien) (nur zwei Spiele im Rahmen der Weltausstellung)
1904 (St. Louis, USA)
Gold: Galt FC (Kanada), Silber: Christian Brothers College (USA), Bronze: St. Rose Parish (USA) (nur fünf Spiele im Rahmen der Ausstellung gespielt)
1908 (London, England) Großbritannien – Dänemark 2:0 (Bronze: Niederlande)
1912 (Stockholm, Schweden) Großbritannien – Dänemark 4:2 (Bronze: Niederlande)
1916 Kein Spiel
1920 (Antwerpen, Belgien) Belgien – Tschechoslowakei 2:0 (Silber: Spanien, Bronze: Niederlande)
1924 (Paris, Frankreich) Uruguay – Schweiz 3:0 (Bronze: Schweden)
1928 (Amsterdam, Niederlande) Uruguay – Argentinien 1:1;
Uruguay – Argentinien 2:1 (Bronze: Italien)
1932 Kein Spiel
1936 (Berlin, Deutschland) Italien – Österreich 2:1 n.V. (Bronze: Norwegen)
1940 Kein Spiel
1944 Kein Spiel
1948 (London, England) Schweden – Jugoslawien 3:1 (Bronze: Dänemark)
1952 (Helsinki, Finnland) Ungarn – Jugoslawien 2:0 (Bronze: Schweden)
1956 (Melbourne, Australien) UdSSR – Jugoslawien 1:0 (Bronze: Bulgarien)
1960 (Rom, Italien) Jugoslawien – Dänemark 3:1 (Bronze: Ungarn)
1964 (Tokio, Japan) Ungarn – Tschechoslowakei 2:1 (Bronze: BRD)
1968 (Mexiko-Stadt, Mexiko) Ungarn – Bulgarien 4:1 (Bronze: Japan)
1972 (München, BRD) Polen – Ungarn 2:1 (Bronze: UdSSR/DDR)
1976 (Montreal, Kanada) DDR – Polen 3:1 (Bronze: UdSSR)
1980 (Moskau, UdSSR) Tschechoslowakei – DDR 1:0 (Bronze: UdSSR)
1984 (Los Angeles, USA) Frankreich – Brasilien 2:0 (Bronze: Jugoslawien)
1988 (Seoul, Südkorea) UdSSR – Brasilien 2:1 (Bronze: BRD)
1992 (Barcelona, Spanien) Spanien – Polen 3:2 (Bronze: Ghana)
1996 (Atlanta, USA) Nigeria – Argentinien 3:2 (Bronze: Brasilien)
2000 (Sydney, Australien) Kamerun – Spanien 5:3 i.E. (2:2 n.V.) (Bronze: Chile)
2004 (Athen, Griechenland) Argentinien – Paraguay 1:0 (Bronze: Italien)
2008 (Peking, China) Argentinien – Nigeria 1:0 (Bronze: Brasilien)

Brüderlich geteilt

Bei Olympia 1972 in München teilten sich die unterlegenen Halbfinalisten DDR und UdSSR die Bronzemedaille, nachdem das Spiel um Platz 3 nach Verlängerung 2:2 endete. Die DDR lag bereits nach einer halben Stunde 2:0 zurück.

Nachträgliche Medaillen

Bei den ersten Olympischen Sommerspielen der Neuzeit 1896 in Athen war Fußball nicht im Programm, und die Begegnungen der Olympischen Sommerspiele 1900 und 1904 wurden von der FIFA nicht offiziell anerkannt. Obwohl in diesen Jahren keine Medaillengewinner ermittelt wurden, hat das Internationale Olympische Komitee nachträglich die Platzierungen bzw. die Medaillenränge der teilnehmenden Länder in seine Annalen und Statistiken aufgenommen.

Keine Glanzleistung

Es heißt, Adolf Hitler hätte bei den Olympischen Spielen 1936 in Berlin als Ehrengast der 0:2-Achtelfinalniederlage der deutschen Auswahl gegen Norwegen beigewohnt. Nach dem Spiel soll er das Olympiastadion außer sich vor Wut verlassen haben, weil man ihm versichert hatte, dass Deutschland nicht verlieren könne.

Debakel des Titelverteidigers

Bei seinem Auftaktspiel bei den Olympischen Spielen 1924 erlitt Titelverteidiger Belgien eine der höchsten Niederlagen der olympischen Geschichte: Das Spiel ging mit 1:8 gegen den späteren Bronzemedaillengewinner Schweden verloren.

Die Tschechoslowaken dampfen ab

Zum Eklat kam es bei den Olympischen Spielen 1920, als zum ersten und einzigen Mal das Endspiel im Rahmen eines großen Turniers abgebrochen wurde, weil eine Mannschaft den Platz verließ. Das tschechoslowakische Team ging aus Protest gegen die Entscheidungen des englischen Schiedsrichters John Lewis – darunter der Platzverweis des tschechischen Spielers Karel Steiner – kurz vor der Halbzeit geschlossen vom Spielfeld. Belgien wurde zum Sieger erklärt (2:0 in Führung). Im Spiel um Silber setzte sich Spanien mit 3:1 gegen die Niederlande durch.

Afrikanische Ambitionen

Mit dem Gewinn der Bronzemedaille bei den Olympischen Spielen 1992 gelang es Ghana als erstem afrikanischen Land, eine Medaille bei einem olympischen Fußballturnier zu erringen. Nigeria feierte vier Jahre später sogar einen noch größeren Triumph: Durch ein Tor von Emmanuel Amunike in der Nachspielzeit gegen Argentinien holten die Adler Gold. Dies galt allgemein als riesige Überraschung – insbesondere, weil einige Mannschaften mit künftigen Weltstars antraten, wie die Brasilianer Ronaldo und Roberto Carlos, die Argentinier Hernán Crespo und Roberto Ayala, die Italiener Fabio Cannavaro und Gianluigi Buffon und die Franzosen Patrick Vieira (rechts) und Robert Pirès. Nicht wenige spätere Welt- und Europameister haben auch bei Olympia für ihr Land gespielt, darunter zum Beispiel Frankreichs Michel Platini und Patrick Battiston (Montreal 1976), der Deutsche Andreas Brehme und der Brasilianer Dunga (Los Angeles 1984) sowie die Brasilianer Taffarel, Bebeto und Romário und der Deutsche Jürgen Klinsmann (Seoul 1988).

Auf Trab gebracht

Mit zwei Goldmedaillen 1924 und 1928 bei nur zwei Teilnahmen könnte Uruguays Erfolgsbilanz bei olympischen Fußballturnieren perfekter nicht sein. Diese beiden Turniere galten quasi als Weltmeisterschaften und trugen mit dazu bei, dass die FIFA 1930 die erste WM veranstaltete. Auch diesen Titel holte sich Uruguay, das mit José Nasazzi, José Andrade und Héctor Scarone (rechts) drei Goldmedaillengewinner von 1924 und 1928 im Kader hatte. Uruguays Siegermannschaft von 1924 gilt als Erfinder der Ehrenrunde.

Weite Wege

Olympische Fußballspiele finden oft außerhalb der Olympiastädte, mitunter sogar in großer Entfernung von diesen statt. Die größten Entfernungen mussten Fußballer bei den Olympischen Spielen 1984 in Los Angeles zurücklegen, wo zwei der Stadien – das Navy-Marine Corps Memorial Stadium in Annapolis, Maryland, und das Harvard Stadium in Boston, Massachusetts – mehr als 3200 Kilometer entfernt lagen. Auch bei den Spielen in Atlanta 1996 wurde nicht eine einzige Minute Fußball in Atlanta selbst gespielt. Das am nächsten gelegene Stadion befand sich im 105 Kilometer entfernten Athens, Georgia; dort wurde das Endspiel um die Goldmedaille ausgetragen.

Ostblock-Spiele

Von 1948 bis 1980, als Profifußballer nicht teilnehmen durften, dominierten osteuropäische Länder das olympische Fußballturnier. Von 27 Medaillen in dieser Zeit gingen allein 23 an Teams aus dem Ostblock. Als einziges Land westlich des Eisernen Vorhangs gelang es Schweden 1948, die Goldmedaille zu ergattern. Schweden war es auch, das vier Jahre später Bronze holte, bevor sich Dänemark 1960 und Japan 1968 die Silber- bzw. die Bronzemedaille sichern konnten. Die Bronzemedaille für das gesamtdeutsche Team 1964 wurde von einer DDR-Mannschaft gewonnen, die sich zuvor gegen eine bundesdeutsche Amateurauswahl qualifiziert hatte.

Brillenschlange

Der Italiener Annibale Frossi, Torschützenkönig und Goldmedaillengewinner bei Olympia 1936, hatte einen guten Blick für Tore und fiel auch auf dem Fußballfeld auf, weil er das ganze Spiel über eine Brille trug. Zu seinen sieben Toren im Turnier gehörte auch das Siegtor gegen Österreich in der 92. Minute des Finales. Seine Leistungen wurden mit einem Transfer vom italienischen Verein L'Aquila zu Inter Mailand belohnt. Diese Mannschaft trainierte er später.

Tévez holt Gold

Als Argentinien 2004 sein erstes olympisches Gold holte, schoss Carlos Tévez die meisten Tore – darunter auch das einzige Tor im Finale. Doch seine Mannschaftskameraden in der Abwehr waren ebenso am Erfolg beteiligt, denn sie kassierten im gesamten Turnier kein einziges Tor.

Torschützenkönige olympischer Turniere

1896	keiner
1900	unbekannt
1904	Alexander Hall (Kanada) 3, Tom Taylor (Kanada) 3
1908	Sophus Nielsen (Dänemark) 11
1912	Gottfried Fuchs (Deutschland) 10
1916	keiner
1920	Herbert Karlsson (Schweden) 7
1924	Pedro Petrone (Uruguay) 8
1928	Domingo Tarasconi (Argentinien) 9
1932	kein Wettbewerb
1936	Annibale Frossi (Italien) 7
1948	John Hansen (Dänemark) 7, Gunnar Nordahl (Schweden) 7
1952	Rajko Mitić (Jugoslawien) 7, Branko Zebec (Jugoslawien) 7
1956	Neville D'Souza (Indien) 4, Dimitar Milanow (Bulgarien) 4, Todor Veselinović (Jugoslawien) 4
1960	Hans Nielsen (Dänemark) 8
1964	Ferenc Bene (Ungarn) 12
1968	Kunishige Kamamoto (Japan) 7
1972	Kazimierz Deyna (Polen) 9
1976	Andrzej Szarmach (Polen) 6
1980	Sergei Andrejew (UdSSR) 5
1984	Daniel Xuereb (Frankreich) 5, Borislav Cvetković (Jugoslawien) 5, Stjepan Deverić (Jugoslawien) 5
1988	Romário (Brasilien) 7
1992	Andrzej Juskowiak (Polen) 7
1996	Hernán Crespo (Argentinien) 6, Bebeto (Brasilien) 6
2000	Iván Zamorano (Chile) 6
2004	Carlos Tévez (Argentinien) 8
2008	Giuseppe Rossi (Italien) 4

Harry, der Glückspilz

Harold Watson schoss bei den Spielen von 1912 neun Tore für den Olympiasieger Großbritannien. Später feierte er Erfolge als Varieté-Sänger und Schauspieler – auf der Bühne, im Fernsehen und auf Schallplatte.

Rossi fährt über den Großen Teich

2008 wurde Giuseppe Rossi mit vier Toren als erster Italiener seit Annibale Frossi (1936) Torschützenkönig bei Olympischen Spielen. Rossi wurde als Sohn italienischer Einwanderer in New Jersey geboren, doch schlug er vor der FIFA WM 2006 eine Einladung der amerikanischen Nationalmannschaft aus – 2008 gab er sein Debüt in der italienischen Fußballnationalmannschaft.

Viva Viv!

Vivian Woodward erhielt als erster Mannschaftskapitän eine Goldmedaille, als er 1908 bei den Spielen in London für Großbritannien antrat. Vier Jahre später bekam er nach einem Finalsieg gegen Dänemark abermals Gold. Woodward, ein Offizier der britischen Armee, spielte für Tottenham Hotspur und Chelsea London. Im Ersten Weltkrieg gehörte er zum 17. Bataillon des Middlesex-Regiments, das auch »Fußball-Bataillon« genannt wurde, weil sich in seinen Reihen zahlreiche Profifußballer befanden.

Auf nach Barcelona

2000 schossen die späteren Mannschaftskameraden bei Barcelona, Samuel Eto'o und Xavi (links), Elfmeter für gegnerische Mannschaften. Damals traten Kamerun und Spanien nämlich im ersten olympischen Finale, das durch Elfmeterschießen entschieden wurde, gegeneinander an. Ivan Amaya vergab als einziger Schütze, und so holte sich Kamerun Gold.

Bis zehn zählen

Zwei Spieler konnten je zehn Tore in einem einzigen Spiel bei olympischen Fußballturnieren schießen und teilen sich damit einen Rekord, der fast ein Jahrhundert lang für alle Länderspiele galt. Der Däne Sophus Nielsen erzielte beim haushohen 17:1 gegen Frankreich bei den Spielen von 1908 10 Tore, darunter ein Hattrick in den ersten sechs Spielminuten. Die Franzosen waren nach dieser Niederlage im Halbfinale so traumatisiert, dass sie freiwillig auf das Spiel um den dritten Platz verzichteten. Nielsen dagegen musste sich 1908 und 1912 mit der Silbermedaille begnügen. Ebenfalls zehn Tore in einem Spiel schoss der Deutsche Gottfried Fuchs 1912 gegen Russland. Fuchs war Jude und floh 1937 vor den Nazis aus Deutschland. Von 1940 bis zu seinem Tod 1972 lebte er in Kanada.

Nils hat's drauf

1908 schoss der Däne Nils Middelboe das erste Tor in einem offiziellen olympischen FIFA Turnier, und zwar gegen Frankreich. Später brachte es sein Land bis zur Silbermedaille. 1913 spielte Middelboe als erster nicht-britischer Fußballer für Chelsea.

Erfolgshungriges Ungarn

Ungarns Goldmedaillengewinner von 1964 sind zwar nicht ganz so berühmt wie das legendäre, von Ferenc Puskás angeführte WM-Team von 1954, doch Ferenc Benes zwölf Tore in fünf Spielen sind bis heute Rekord für ein olympisches Fußballturnier. Sechs davon fielen bei Ungarns 6:0 gegen Marokko. Auch beim 2:1 im Finale gegen die Tschechoslowakei traf er.

Gut gemacht, Pedro

Der Uruguayer Pedro Petrone schoss nicht nur die meisten Tore (sieben) bei den Olympischen Spielen von 1924, sondern gewann auch als jüngster Spieler eine Goldmedaille – ein Rekord, der noch heute gilt. Er war erst 18 Jahre und 363 Tage alt, als Uruguay das Finale gewann; sein Eröffnungstor setzte die Erfolgsserie in Gang. Obwohl er vier Jahre später nicht mehr Torschützenkönig wurde, holte er trotzdem erneut Gold – im einzigen olympischen Finale, das durch ein Wiederholungsspiel entschieden wurde. Der Ghanaer Samuel Kuffour ist der jüngste Fußballer, der je eine Medaille gewann. Er holte 1992 in Barcelona Bronze, obwohl er zu diesem Zeitpunkt erst 15 Jahre, elf Monate und vier Tage alt war.

BLUE STARS/ FIFA YOUTH CUP

Seit 1939 wird der Blue Stars/FIFA Youth Cup jährlich vom Züricher Verein FC Blue Stars ausgetragen; seit 1991 steht er unter der Schirmherrschaft der FIFA. Er ist das wichtigste Fußball-Jugendturnier, bei dem zahlreiche Mannschaften aus aller Welt antreten. Viele berühmte Fußballer – von Bobby Charlton bis David Beckham – sammelten bei diesem Turnier ihre ersten internationalen Erfahrungen.

Barça betritt die Bühne

Erst 1988 nahm mit dem FC Barcelona zum ersten Mal eine spanische Mannschaft am Wettbewerb teil. Zum Team gehörten auch der rechte Abwehrspieler Albert Ferrer und der Mittelfeldspieler Josep Guardiola, die 1992 ihrer Mannschaft zum ersten Sieg im Europapokal der Landesmeister verhalfen.

Blatters Herzblut

Lange bevor Sepp Blatter 1998 zum FIFA Präsidenten gewählt wurde, war er ein begeisterter Amateurfußballer, der in den frühen 1950ern im Blue-Stars-Turnier als Mittelstürmer für den Schweizer Verein FC Sierre antrat. Heute ist er Ehrenmitglied des FC Blue Stars.

Recht so, Boca Juniors!

Die Boca Juniors waren 2010 der zweite Verein aus Südamerika, der den Blue-Stars-Pokal holte. Nachdem das Finale auch nach der Verlängerung torlos geblieben war, benötigte Argentinien ein Elfmeterschießen, um den FC Zürich niederzuringen. Neben den Boca Juniors und vier Schweizer Mannschaften bestand das Teilnehmerfeld aus insgesamt 10 Teams, die übrigen fünf kamen aus Deutschland, Mexiko, Schottland, Südafrika und Spanien.

Gar nicht so verkehrt

Von den vier Wettbewerben zwischen 2006 und 2009 wurden drei von Schweizer Vereinen gewonnen: Nach den Grasshoppers (2006) und dem FC Zürich (2008) gewann 2009 erstmals der FC Basel den Blue-Stars-Pokal – im Endspiel besiegte der Verein die Grasshoppers mit 1:0. Der Basler Mittelfeldspieler Pascal Schürpf wurde zum besten Feldspieler des Turniers gewählt. Das einzige Tor des Endspiels wurde von Xherdan Shaqiri erzielt.

Brasilianisches Glück

Erst 1999 gewann zum ersten Mal ein nicht-europäischer Verein das Turnier: Die Brasilianer vom FC São Paulo schlugen den FC Zürich im Elfmeterschießen im Züricher Letzigrund-Stadion. Im folgenden Jahr spielte zwar Kaká für FC São Paulo, doch die Mannschaft konnte ihren Titel verteidigen.

Blue-Stars-Siege

Manchester United 18
(1954, 1957, 1959, 1960, 1961, 1962, 1965, 1966, 1968, 1969, 1975, 1976, 1978, 1979, 1981, 1982, 2004, 2005)
Grasshoppers 6
(1939, 1956, 1971, 1987, 1998, 2006)
Barcelona 3
(1993, 1994, 1995)
FC Zürich 3
(1946, 1949, 2008)
FC Young Fellows 3
(1941, 1942, 1953)
AC Mailand 2
(1958, 1977)
Arsenal 2
(1963, 1964)
AS Rom 2
(1980, 2003)
FK Austria Vienna 2
(1947, 1948)
FC São Paulo 2
(1999, 2000)
Spartak Moskau 2
(1991, 1992)
FC Basel 1
(2009)
Boca Juniors 1
(2010)

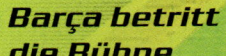

FIFA FUTSAL-WELTMEISTERSCHAFT

Futsal – eine Variante des Hallenfußballs mit fünf Spielern auf jeder Seite – entstand in den 1930ern in Südamerika und wurde in den letzten Jahren bei Zuschauern und Spielern immer beliebter. Die erste FIFA Futsal-WM wurde 1989 in den Niederlanden ausgetragen, seit 1992 findet sie alle vier Jahre statt. Zwei Mannschaften beherrschten seitdem das Turnier: Spanien (zwei Siege) und Brasilien (vier).

Manoel I.

Mit 43 Toren in 32 Spielen darf sich der Brasilianer Manoel Tobias als erfolgreichster Torschütze der FIFA Futsal-WM bezeichnen. Tobias, am 19. April 1971 in Salgueiro geboren, trat in den Turnieren von 1992, 1996, 2000 und 2004 für sein Land an und stand nach der regulären Spielzeit nur einmal auf der Seite der Verlierer. Bei den Turnieren von 1996 und 2000 wurde er als bester Spieler und Torschützenkönig geehrt.

Kubas Embargo

Die Kubaner halten einen traurigen Rekord: den für die wenigsten erzielten Tore in einem Turnier. Bei der WM 2000 gelang ihnen nur ein Treffer in drei Spielen. Dafür kassierten sie 20 Tore bei Niederlagen gegen Iran, Argentinien und den späteren Sieger Spanien.

Sieg im Namen des Samba

In einem Spiel, das zu einem großen Teil auf schnellen und sicheren Pässen und flinker Beinarbeit beruht, brillieren natürlich die Brasilianer. Das gilt auch für Futsal, einer 40-minütigen Fußball-Variante, die mit fünf Spielern pro Mannschaft in der Halle gespielt wird. Seit die FIFA 1989 ihre Futsal-WM ins Leben rief, holen sich die Brasilianer in vier von sechs Turnieren den Titel. 2000 wurden sie Zweite nach Spanien, vier Jahre später Dritte hinter Spanien und Italien. In jedem Turnier erzielten die Brasilianer die meisten Tore; 2000 trafen sie 78-mal in acht Spielen, was einen sagenhaften Schnitt von 9,3 Toren pro Spiel ergab – ein Rekord der Meisterschaften. Ihren höchsten Sieg bei einer FIFA Futsal-WM fuhren sie 2000 ein, als sie Guatemala mit 29:2 vom Platz fegten, doch ihre höchste Anzahl an Toren erzielten sie im Oktober 2006 in einem Länderspiel gegen Osttimor: 76:0 – ein Gesamtrekord für diese Sportart. Brasiliens allererstes Spiel bei einer FIFA Futsal-WM endete jedoch seltsamerweise mit einer Niederlage. 1989 verlor das Land in den Gruppenspielen 2:3 gegen Ungarn.

Schichtwechsel

2004 wurde ein Halbfinale durch Sechsmeterschießen entschieden und Brasilien verlor gegen Spanien. Doch vier Jahre später drehten die Brasilianer den Spieß um: Als Gastgeber gewann Brasilien das erste Finale in der Turniergeschichte, das in die Verlängerung ging und dann durch Strafstöße entschieden wurde. Der Held dieses Kampfes war Brasiliens Ersatztorwart Franklin. Trotzdem wurde Tiago – der Mann, für den Franklin am Ende der Verlängerung eingewechselt worden war – zum besten Torhüter des Turniers gewählt.

Finalspiele (und Gastgeber) der FIFA Futsal-WM

1989	(Gastgeber: Niederlande) Brasilien – Niederlande 2:1
1992	(Hongkong) Brasilien – USA 4:1
1996	(Spanien) Brasilien – Spanien 6:4
2000	(Guatemala) Spanien – Brasilien 4:3
2004	(Taiwan) Spanien – Italien 2:1
2008	(Brasilien) Brasilien – Spanien 2:2 (Brasilien gewinnt mit 4:3 im Sechsmeterschießen)

Neun ist genug

Der Russe Pula schnappte Falcão zwar den Preis für die meisten Tore 2008 vor der Nase weg (mit 16 zu 15 Toren), doch der Brasilianer, der vier Jahre zuvor bereits den »Goldenen Ball« und den »Goldenen Schuh« gewonnen hatte, wurde zum Spieler des Turniers gewählt. Von Pulas 16 Toren im Turnier von 2008 fielen neun in einem einzigen Spiel, als die Salomonen mit 31:2 vernichtend geschlagen wurden – ein Rekord für die FIFA Futsal-WM.

FIFA BEACHSOCCER-WM

Eine weitere Variante des Spiels mit Wurzeln in Südamerika ist Beachsoccer – eine hyper-dynamische, actionreiche, wie fürs Fernsehen gemachte torreiche Variante des Fußballs, deren Beliebtheit in den letzten Jahren in die Höhe schnellte. Zum ersten Mal wurde die FIFA Beachsoccer-WM 1995 in ihrer spirituellen Heimat, an der Copacabana in Rio de Janeiro, ausgetragen. Nach dem Turnier von 2009 soll die WM alle zwei Jahre stattfinden.

König Eric

Der Fußballer, Schauspieler und Freizeit-Philosoph Éric Cantona war Trainer der französischen Siegermannschaft bei der FIFA Beachsoccer-WM 2005. Dieses Turnier war das erste, das unter der Schirmherrschaft der FIFA ausgetragen wurde, vorher hieß der Wettbewerb einfach nur Beachsoccer-Weltmeisterschaft. Der ehemalige Stürmer von Manchester United stand selbst jedoch nur kurz auf dem Sand und schoss in diesem Turnier nur ein einziges Tor, bei einem 7:4 gegen Spanien im Viertelfinale.

Finalspiele der FIFA Beachsoccer-WM

1995 (Strand und Stadt/Land: Copacabana, Rio de Janeiro/Brasilien) Brasilien – USA 8:1
1996 (Copacabana) Brasilien 3 – Uruguay 3:0
1997 (Copacabana) Brasilien 5 – Uruguay 5:2
1998 (Copacabana) Brasilien 9 – Frankreich 9:2
1999 (Copacabana) Brasilien – Frankreich 5:2
2000 (Marina da Gloria, Rio de Janeiro) Brasilien – Peru 6:2
2001 (Costa do Sauípe, Rio de Janeiro) Portugal 9 – Frankreich 9:3
2002 (Vitória/Brasilien) Brasilien- Portugal 6:5
2003 (Copacabana) Brasilien – Spanien 8:2
2004 (Copacabana) Brasilien 6 – Spanien 6:4
2005 (Copacabana) Frankreich – Portugal 3:3 (Frankreich siegt 1:0 nach Strafstoßschießen)
2006 (Copacabana) Brasilien – Uruguay 4:1
2007 (Copacabana) Brasilien – Mexiko 8:2
2008 (Plage du Pardo, Marseille/Frankreich) Brasilien – Italien 5:3
2009 (Jumeirah, Dubai/Vereinigte Arabische Emirate) Brasilien – Schweiz 10:5

Madjer legt los

2006 erzielte der in Angola geborene portugiesische Star Madjer einen Torrekord des Turniers: 21-mal traf er ins Netz und wurde damit zum fünften Mal Torschützenkönig der Beachsoccer-WM. Mit seinen sieben Toren, die er 2009 im Spiel gegen Uruguay erzielte, brach er einen Rekord, den er 2006 selbst aufgestellt hatte: In der Partie gegen Kamerun hatte er damals 6-mal getroffen.

Torhagel

Im Turnier von 2003 fielen die meisten Tore: 150 in 16 Matches, also im Schnitt 9,4 Tore pro Spiel. Zwei Jahre zuvor war der Durchschnitt am geringsten gewesen: 7,2 Tore im Schnitt bei 144 Toren in 20 Spielen.

Die Wahl fällt auf Frankreich

An den Stränden von Marseille in Südfrankreich wurde 2008 zum ersten Mal ein Turnier außerhalb von Brasilien ausgetragen. 2009 fand die Endrunde in Dubai statt. Zukünftig soll das Turnier nicht mehr jährlich, sondern nur noch alle zwei Jahre abgehalten werden; die nächste Beachsoccer-WM findet demgemäß 2011 statt.

Festgehalten

Der Brasilianer Paulo Sérgio wurde bei den ersten vier FIFA Beachsoccer-Weltmeisterschaften zum besten Torhüter gewählt. Die weiteren Preisträger waren Pedro Crespo (Portugal, 1999), Kato (Japan, 2000), Pascal Olmeta (Frankreich, 2001), Vilard Normcharoen (Thailand, 2002), Robertinho (Brasilien, 2003) sowie Roberto Valeiro (Spanien, 2004). 2005, 2006 und 2007 wurde kein bester Torhüter gewählt. Seit 2008 erhält der beste Torwart den »Goldenen Handschuh«: Diesen haben 2008 Roberto Valeiro (Spanien) und 2009 Mão (Brasilien) bekommen.

Immer dabei

Brasilien und Uruguay sind die beiden einzigen Länder, die an allen bisherigen 15 Turnieren teilgenommen haben – allerdings mit höchst unterschiedlichem Erfolg: Während die Brasilianer die Beachsoccer-WM schon 13-mal gewonnen haben, warten die Uruguayer noch auf ihren ersten Titel. Sie wurden dreimal Zweiter: 1996, 1997 und 2006 verloren sie jeweils das Endspiel gegen Brasilien. 14 der 38 Nationen, die bereits an dem Wettbewerb teilgenommen haben, kommen zwar aus Europa, der Kontinent hat bisher jedoch nur zwei Titelgewinner hervorgebracht: Portugal im Jahr 2001 und Frankreich im Jahr 2005. Asien (mit Australien) stellte bisher sieben Teilnehmer, Südamerika sechs, Nord- und Mittelamerika fünf, Afrika ebenfalls fünf und Ozeanien einen.

FIFA INTERACTIVE WORLD CUP

Der EA SPORTS FIFA Interactive World Cup, das größte Fußball-Videospiel-Turnier, wurde im Jahr 2004 zum ersten Mal veranstaltet. Spieler aus der ganzen Welt traten auf dem virtuellen Spielfeld des »FIWC 2005« gegeneinander an. Das Debütturnier präsentierte ein Finale mit acht Spielern in Zürich. Der Gewinner wurde mit einer Reise zur FIFA Gala des Weltfußballs in Amsterdam belohnt. Inzwischen erreicht der FIWC jährlich durchschnittlich 400 000 Spieler in mehr als 50 Ländern. Das Große Finale des FIWC 2010 fand in Barcelona, Spanien, statt; die Spieler kämpften auf »EA SPORTSTM FIFA 10« an ihren PlayStation®3-Geräten um den Pokal.

International besetzt

Beim Großen Finale des FIFA Interactive World Cup waren 2010 insgesamt 22 Nationen aus allen Kontinentalverbänden der FIFA vertreten: Ägypten, Australien, Brasilien, Chile, Dänemark, Deutschland, England, Frankreich, Kanada, Kolumbien, Italien, Japan, Mexiko, Neuseeland, Polen, Russland, Singapur, Südafrika, Spanien, der Sudan, die Türkei und die USA.

Große Champions

In der Geschichte des FIFA Interactive World Cup gibt es sechs berühmte Champions, beginnend mit dem Brasilianer Thiago Carrico de Azevado, dem Gewinner des Premierenturniers 2004 in der Schweiz. Chris Bullard aus England holte sich den zweiten FIWC-Titel, nachdem er das Teilnehmerfeld in London hinter sich gelassen hatte. 2006 gewann der damals 17-jährige Holländer Andries Smit ein Heimspiel, als er das Feld der Finalisten in Amsterdam weit übertraf. Smit war bisher der jüngste Mitspieler des FIWC, der je einen Titel holte. Der Spanier Alfonso Ramos gewann den 2008 in Berlin veranstalteten FIWC, und der Franzose Bruce Grannec errang den Titel 2009 in Barcelona. Ebenfalls in Barcelona erkämpfte sich im Mai 2010 der 22-jährige amerikanische Gamer Nenad Stojkovic (Mitte), ein Manchester-United-Fan aus Ohio, den Pokal des FIWC-Turniers von 2010.

775 000 erreicht, Zähler läuft noch

Ca. 775 000 Spieler nahmen 2010 am »Online«-Turnier FIFA Interactive World Cup teil, 260 000 mehr als 2009.

Stolzes Königreich

Ungefähr ein Fünftel der Teilnehmer am FIFA Interactive World Cup kamen aus Großbritannien.

Wie man sich qualifiziert

Es gibt zwei Möglichkeiten, um sich für das Große Finale des FIFA Interactive World Cup zu qualifizieren, entweder online über das PlayStation®-Netzwerk oder durch Teilnahme an einem der Live-Events zur Qualifizierung, die jedes Jahr überall in der Welt stattfinden. 21 der 32 Finalisten qualifizierten sich 2010 online, der Vorjahressieger war gesetzt und die restlichen 10 Teilnehmer zogen über 10 Live-Events in das Große Finale ein.

Millionen Tore

Bei der Online-Qualifikation für 2010, die aus einer »ersten Saison« und einer »zweiten Saison« bestand, wurden insgesamt über 4,4 Millionen Partien in der zweiten Saison bestritten und über 18 Millionen Tore erzielt.

Für Punkte gibt's Preise

Eduardo Lillo aus Chile, besser bekannt unter dem Namen »Chelipop«, war der Online-Gamer, der bei der Online-Qualifikation für den FIFA Interactive World Cup 2010 mit 7726 Zählern die meisten Punkte zusammenbrachte. Auf den nächsten sechs Plätzen landeten mrlucky333 (7697 Punkte), DrFIFA (7625), DavRaveloson (7574), mX_Juliianooo (7426), ILKAY_THE_LEGEND (7375) und FIWC__adri42 (7330). Alle außer mX_Juliianooo qualifizierten sich für das Große Finale im Mai.

TEIL 7 –
FRAUENFUSSBALL

30 MILLIONEN FRAUEN AUF DER WELT spielen Fußball – eine Zahl, die sich in den letzten zehn Jahren mehr als verdoppelt hat. Die Statistiken belegen vielleicht besser als alles andere, wie erfolgreich es im Fußball gelungen ist, Vorurteile aus längst vergangenen Zeiten zu verabschieden – mit mehr Erfolg als in vielen anderen Sportarten. Internationale Frauenwettkämpfe im Fußball sind attraktiv für die Massen geworden – die zunehmende Begeisterung der Fans hat stark zur Bildung nationaler Ligen im Frauenfußball beigetragen und weltweit neue nationale Wettbewerbe ins Leben gerufen. Die Anfänge des organisierten Frauenfußballs liegen in England in den frühen Jahren des letzten Jahrhunderts; der britische Fußballverband schloss die Frauen aber 1921 aus.

Daraufhin gründete sich ein unabhängiger Frauenfußballverband, der einen eigenen Pokal ausspielte. In den letzten Jahrzehnten wurden in zahlreichen Ländern parallel Frauen-Fußballligen gegründet. Das zunehmende Interesse führte schließlich in den frühen 1980er-Jahren zur ersten offiziellen Fußball-Europameisterschaft der Frauen; 1991 fand in China die erste Fußball-Weltmeisterschaft (offiziell: FIFA Frauenweltmeisterschaft) statt, die von den USA gewonnen wurde; in den Folgejahren dominierte das amerikanische Team den internationalen Fußball. Das Endspiel der FIFA Frauenfußball-Weltmeisterschaft 1999 in den USA lockte eine Rekordzahl von 90 185 Zuschauern ins Rose Bowl in Pasadena; die USA besiegten die Chinesinnen im Elfmeterschießen und gewannen zum ersten Mal den Titel.

Die USA hatten ihre Vormachtstellung bereits 1996 unterstrichen, als sie bei der olympischen Premiere des Frauenfußballs die Goldmedaille gewannen – der Endspielgegner hieß ebenfalls China. Nach einer Silbermedaille im Jahr 2000 errangen die USA bei den Spielen in Athen und Peking zwei weitere Goldmedaillen. Im Jahr 2008 wurde von der FIFA erstmals eine U-17-Fußball-Weltmeisterschaft der Frauen ausgetragen – der Sieger des Turniers in Neuseeland hieß Nordkorea, das im Finale die USA bezwang. Deutschland kam auf den dritten Platz. Das Land ist auch im Frauenfußball längst eine feste Größe geworden: Mit dem zweiten Titelgewinn 2007 zogen die Deutschen mit den USA gleich und konnten als erste Mannschaft ihren Titel verteidigen. Bei Europameisterschaften hat Deutschland mittlerweile sieben Titel errungen, wobei die letzten fünf Turniere in Folge gewonnen wurden.

In den USA schlug ein erster Versuch, eine professionelle Frauenliga zu etablieren, fehl. Doch im zweiten Anlauf 2009 glückte es: Profi-Klubs aus den USA nahmen einige der besten Fußballerinnen der Welt unter Vertrag, so die Brasilianerin Marta und die Engländerin Kelly Smith.

Annike Krahn, Abwehrspielerin der deutschen Frauen-Nationalmannschaft, hält im Olympiastadion von Helsinki, Finnland, den Pokal der UEFA Frauen-Europameisterschaft empor, nachdem sie und ihre Teamkolleginnen England im Endspiel mit 6:2 besiegt haben.

FIFA FRAUEN-FUSSBALL-WELTMEISTERSCHAFT™

Die erste FIFA Frauen-WM wurde 1991 in China ausgetragen. Zwölf Mannschaften nahmen teil und wurden in drei Gruppen mit je vier Mannschaften eingeteilt. Die beiden Erstplatzierten der Gruppen und die beiden punktbesten Dritten rückten ins Viertelfinale vor. 1999 wurde die Teilnehmerzahl des Turniers auf 16 erweitert und die Mannschaften bildeten vier Gruppen mit je vier Teams. Die beiden Ersten jeder Gruppe erreichen das Viertelfinale. Dieser Modus gilt bis heute, doch es gibt Überlegungen, die Teilnehmerzahl auf 24 zu erhöhen.

Elfmeter-Drama

Das Finale von 1999 zwischen den USA und China wurde als einziges in der Geschichte der FIFA Frauen-WM durch Elfmeterschießen entschieden. Die Verliererinnen aus China waren schon am ersten Elfmeterschießen in der Turniergeschichte beteiligt, als sie 1995 im Viertelfinale Schweden nach einem 1:1 n.V. mit 4:3 im Elfmeterschießen besiegten. Das Spiel um den dritten Platz von 1999 wurde ebenfalls durch Elfmeterschießen entschieden, Brasilien besiegte Norwegen nach einem 0:0 mit 5:4. Dies sind bisher die einzigen Elfmeterschießen in der Geschichte des Turniers.

Havelanges Traum wird wahr

Die Etablierung einer FIFA Frauen-WM ging auf die Initiative des ehemaligen FIFA Präsidenten João Havelange zurück. Anfangs noch als ein Experiment betrachtet, brachte spätestens die erfolgreiche Endrunde 1999 in den USA den endgültigen Durchbruch. Seitdem zieht der Frauenfußball regelmäßig große Zuschauermengen an und die großen Turniere werden weltweit im Fernsehen übertragen. Bei den ersten Weltmeisterschaften gaben die USA und Norwegen – Länder, in denen Frauenfußball besonders beliebt ist – den Ton an. Die Amerikanerinnen gewannen die Premiere und wurden nach einem dritten Platz 1995 im eigenen Land erneut Weltmeister; Titelträger 1995 war Norwegen. Im neuen Jahrtausend hatte bislang Deutschland das Sagen – mit Titelgewinnen 2003 und 2007. Doch auch Brasilien, 1999 auf Platz 3 und 2007 Vizeweltmeisterinnen, und China sind ernst zu nehmende Konkurrentinnen und belegen, dass sich der Frauenfußball auf allen Kontinenten etabliert hat.

Die USA stehen an der Spitze

Die USA haben bisher die meisten Spiele in der Geschichte der FIFA Frauen-WM bestritten, nämlich 30. Mit 25 haben sie auch die meisten gewonnen. Zweimal spielten sie unentschieden, dreimal verloren sie. Mit 28 Spielen, 20 Siegen, drei Unentschieden und fünf Niederlagen steht Deutschland auf Platz 2 der ewigen WM-Tabelle, gefolgt von den Norwegerinnen mit ebenfalls 28 Spielen, von denen sie 19 gewannen, zweimal unentschieden spielten und sieben verloren.

Endspiele der FIFA Frauen-WM™

Jahr	Ort	Sieger	Zweite	Ergebnis
1991	Guangzhou	USA –	Norwegen	2:1
1995	Stockholm	Norwegen –	Deutschland	2:0
1999	Pasadena	USA –	China	0:0
	(5:4 im Elfmeterschießen)			
2003	Larson	Deutschland –	Schweden	2:1 (n.V.)
2007	Shanghai	Deutschland –	Brasilien	2:0

Spiele um den dritten Platz

Jahr	Ort	Sieger	Verlierer	Ergebnis
1991	Guangzhou	Schweden –	Deutschland	4:0
1995	Gävle	USA –	China	2:0
1999	Los Angeles	Brasilien –	Norwegen	0:0
	(5:4 im Elfmeterschießen)			
2003	Carson	USA –	Kanada	3:1
2007	Shanghai	USA –	Norwegen	4:1

Die USA feiern ihren ersten Titel

1991 holten sich die Amerikanerinnen nicht nur den Titel bei der ersten FIFA Frauen-WM, sondern sie gewannen als erste amerikanische Fußballmannschaft überhaupt einen internationalen Titel. Die beste Leistung der amerikanischen Männer war das Erreichen des WM-Halbfinales in Uruguay 1930, doch sie verloren ihr Spiel mit 1:6 gegen Argentinien.

Wiederholungstäterinnen

Vier Mitglieder der amerikanischen Weltmeistermannschaft von 1991 waren auch 1999 dabei, als die USA im Elfmeterschießen gegen China gewannen: Mia Hamm, Michelle Akers, Kristine Lilly und Julie Foudy.

Immer die gleichen Sieger

Sechs deutsche Spielerinnen standen 2003 und 2007 in den erfolgreichen Endspielteams: Kerstin Stegemann (links), Birgit Prinz, Renate Lingor, Ariane Hingst und Kerstin Garefrekes liefen beide Male gleich zu Beginn auf, Martina Müller wurde beide Male eingewechselt.

Die Deutschen verteidigen ihren Titel

2007 konnten die Deutschen als erste Mannschaft erfolgreich ihren FIFA Frauen-WM-Titel verteidigen. Und sie erzielten noch einen Rekord: Im gesamten Turnier – in sechs Spielen bzw. 540 Minuten lang – kassierten sie kein einziges Tor. Damit übertraf Torhüterin Nadine Angerer sogar noch die Bestleistung bei den Männern: Bei der WM 1990 hatte der italienische Torwart Walter Zenga 517 Minuten lang seinen Kasten sauber gehalten. Als letzte Spielerin hatte die Schwedin Hanna Ljungberg gegen die Deutschen getroffen – in der 41. Minute des Finales von 2003.

Australien und Ghana: rote Rekorde

Nur zwei Mannschaften erhielten bislang mehr als eine Rote Karte: Die Australierinnen Sonia Gegenhuber 1995 beim 0:5 gegen Dänemark, und Alice Ferguson 1999 bereits in der zweiten Spielminute des mit 1:3 gegen China verlorenen Gruppenspiels. Ghana kassierte seine beiden Platzverweise im Turnier von 1999: Barikisu Tettey-Quao bekam eine Rote Karte beim 1:1 gegen Australien, Regina Ansah bei der 0:7-Niederlage gegen China.

Das Finale von L.A. schlägt alle

Das Turnier von 1999 in den USA brach alle Zuschauerrekorde. Insgesamt sahen knapp 1 200 000 Menschen die 32 Spiele. Das Finale zwischen den Gastgebern und China in der Rose Bowl von Pasadena am 10. Juli sahen 90 185 Fans – ein absoluter Rekord für ein Frauenspiel. Am selben Tag fand in Los Angeles das Spiel um den dritten Platz zwischen Brasilien und Norwegen statt.

Die besten Mannschaften

Land	Siege	2. Platz	3. Platz
Deutschland	2	1	–
USA	2	–	3
Norwegen	1	1	–
Brasilien	–	1	1
Schweden	–	1	1
China	–	1	–

Die meisten Tore in einem Turnier

1991:	USA	25
1995:	Norwegen	23
1999:	China	19
2003:	Deutschland	25
2007:	Deutschland	21

Die meisten Tore insgesamt

1.	USA	85
2.	Deutschland	84
3.	Norwegen	75
4.	China	48
5.	Brasilien	46

Das erste Spiel

Das erste Spiel der FIFA Frauen-WM überhaupt war der 4:0-Sieg der Gastgeber China gegen Norwegen am 16. November 1991 in Guangzhou vor 65 000 Zuschauern.

Acht sind immer dabei

Acht Mannschaften nahmen an allen fünf Turnieren teil: die USA, Deutschland, Norwegen, Brasilien, China, Japan, Nigeria und Schweden.

Die längste Siegesserie

Die Norwegerinnen – Weltmeisterinnen 1995 – halten den Rekord für die meisten Siege in Folge, nämlich zehn. Ihre Serie begann am 6. Juni 1995 mit einem 8:0 gegen Nigeria und dauerte bis zum 30. Juni 1999, als sie Schweden 3:1 im Viertelfinale besiegten. Doch im Halbfinale war am 4. Juli Schluss – die Norwegerinnen unterlagen den späteren Vizeweltmeisterinnen aus China mit 0:5.

China: ungeschlagen nach Hause

China war 1999 die erste Mannschaft, die ohne den Pokal nach Hause zurückkehrte, obwohl sie kein einziges Spiel verloren hatte. Die Chinesinnen gewannen ihre Gruppenspiele gegen Schweden (2:1), Ghana (7:0) und Australien (3:1). Im Viertelfinale schlugen sie Russland 2:0 und im Halbfinale Norwegen 5:0, doch im Finale verloren sie nach einem 0:0 im Elfmeterschießen gegen die USA.

15 für Norwegen

Die Norwegerinnen halten auch den Rekord für die meisten Spiele in Folge, bei denen sie mindestens ein Tor erzielten. Diese Serie begann mit einem 4:0 gegen Neuseeland am 19. November 1991 und endete mit einem 3:1 gegen Schweden im Viertelfinale am 30. Juni 1999 – im nächsten Spiel blieben sie torlos und unterlagen China mit einem deftigen 0:5.

Die wenigsten Zuschauer

Die geringste Zuschauerzahl bei einem Endrundspiel gab es am 8. Juni 1995. Nur 350 Menschen sahen das 3:3 zwischen Kanada und Nigeria in Helsingborg.

Die Weltmeister treffen elfmal

Den höchsten Sieg der Turniergeschichte erzielte Deutschland bei seinem 11:0 gegen Argentinien am 10. September 2007 in Shanghai. Die argentinische Torhüterin Vanina Correa schlug in der zwölften Minute einen Eckball von Melanie Behringer in ihr eigenes Tor. Birgit Prinz und Sandra Smisek erzielten je einen Hattrick, die anderen Tore für Deutschland kamen von Renate Lingor (2), Melanie Behringer und Kerstin Garefrekes.

Lilly erzielt einen Rekord nach dem anderen

Kristine Lilly ist die einzige Spielerin, die in allen fünf bisherigen Turnieren angetreten ist. Sie bestritt die Rekordzahl von 340 Spielen für die USA und schoss 129 Tore. Sie ist auch die älteste Torschützin der Turniergeschichte: Als sie am 22. September 2007 bei Amerikas 3:0 gegen England in Tianjin den Ball im Netz versenkte, war sie 36 Jahre und 62 Tage alt.

Die schnellsten Roten und Gelben Karten

Den Rekord für die schnellste Rote Karte hält die Australierin Alicia Ferguson, die am 26. Juni 1999 in der zweiten Spielminute beim 1:3 gegen China des Platzes verwiesen wurde. Die Nordkoreanerin Ri Hyang Ok bekam am 20. Juni 1999 in Los Angeles die schnellste Gelbe Karte bei einem WM-Turnier: in der ersten Minute beim 1:2 gegen Nigeria.

Das schnellste Tor

Die Schwedin Lena Videkull schoss das schnellste Tor der WM-Geschichte, als sie am 19. November 1991 beim 8:0 gegen Japan in Foshan nach 30 Sekunden ins Netz traf. Die Kanadierin Melissa Tancredi war die Zweitschnellste: Am 20. September 2007 schoss sie beim 2:2 gegen Australien in Chengdu nach 37 Sekunden ein Tor.

Nordby hält lange durch

Norwegens Torhüterin Bente Nordby war zwar wie Kristine Lilly bei allen fünf FIFA Frauen-Weltmeisterschaften dabei, doch kam sie 1991 nicht zum Einsatz. Vier Jahre später kassierte sie nur ein Tor in sechs Spielen und wurde mit Norwegen Weltmeister. Nach 172 Länderspielen zog sie sich im Januar 2008 aus der Nationalmannschaft zurück.

Akers gibt das Maß vor

Die amerikanische Stürmerin Michelle Akers (geboren in Santa Clara am 1. Februar 1966) hält den Rekord für die meisten in einem Turnier erzielten Tore, nämlich zehn im Jahre 1991. Und sie hat auch bislang die meisten Tore in einem Spiel erzielt: Beim 7:0 der USA gegen Taiwan beim Viertelfinalspiel in Foshan am 24. November 1991 traf sie fünfmal. Im Finale gegen Norwegen schließlich schoss Akers beide Tore, auch den Siegtreffer zum 2:1 in der 78. Spielminute. Von der FIFA wurde sie 2000 zur »Spielerin des [20.] Jahrhunderts« gewählt.

Die schnellsten Spielerwechsel

Die beiden schnellsten Wechsel der Turniergeschichte erfolgten jeweils nach sechs Minuten. Am 21. November 1991 wurde beim 2:0 Taiwans gegen Nigeria in Jiangmen die Feldspielerin Hsiu-Mei Liu durch die Ersatztorhüterin Li-Chyng Hgong ersetzt, weil die eigentliche Torhüterin Hiu-Fang Lin einen Platzverweis erhalten hatte. Therese Lundin kam bei Schwedens 2:0 gegen Ghana in Chicago am 26. Juni 1999 ebenfalls nach sechs Minuten für die verletzte Hanna Ljungberg ins Spiel.

Danilova, die jüngste Torschützin

Die jüngste Torschützin des Turniers ist die Russin Elena Danilova. Als sie am 2. Oktober 2003 im Viertelfinale gegen Deutschland das einzige Tor ihres Landes schoss, war sie 16 Jahre und 96 Tage alt. Die Deutschen gewannen trotzdem deutlich mit 7:1.

Morace erzielt den ersten Hattrick

Die Italienerin Carolina Morace erzielte den ersten Hattrick der Turniergeschichte. Bei Italiens 5:0 in einem Gruppenspiel gegen Taiwan am 17. November 1991 schoss sie die letzten drei Tore.

Neue Stars beherrschen das Turnier

In der FIFA Frauen-WM geben immer wieder großartige Spielerinnen den Ton an. Die amerikanischen Angriffsspielerinnen Michelle Akers und Carin Jennings waren 1991 die Stars des ersten Turniers. Vier Jahre später führten die Spielmacherin Hege Riise (rechts) und die Torschützenkönigin Ann-Kristin Aarønes Norwegen zum Titel. Mia Hamm stand auf dem Höhepunkt ihrer Karriere, als die USA 1999 zum zweiten Mal triumphierten. In diesem Turnier machte auch Sun Wen, die beste chinesische Spielerin aller Zeiten, nachhaltig auf sich aufmerksam: Sie wurde Torschützenkönigin und – gemeinsam mit der Brasilianerin Sissi – Spielerin des Turniers. Als Deutschland 2003 zum ersten Mal Weltmeister wurde, war Birgit Prinz die beste Torjägerin und wurde zur (alleinigen) Spielerin der Endrunde gewählt. Die brasilianische Stürmerin Marta tat es der Deutschen 2007 gleich, obwohl sie im Finale auf der Verliererseite stand. Seit die Auszeichnung »Weltfußballerin des Jahres« 2001 eingeführt wurde, erhielten ihn nur Hamm, Prinz und Marta. Hamm bekam den Preis 2001 und 2002, Prinz 2003, 2004 und 2005. Marta wurde 2006, 2007, 2008 und 2009 diese Ehre zuteil.

Die meisten Turniere

5	**Kristine Lilly**	(USA – 1991, 1995, 1999, 2003, 2007)
4	**Bente Nordby**	(Norwegen – 1995, 1999, 2003, 2007)
	Joy Fawcett	(USA – 1991, 1995, 1999, 2003)
	Julie Foudy	(USA – 1991, 1995, 1999, 2003)
	Mia Hamm	(USA – 1991, 1995, 1999, 2003)
	Hege Riise	(Norwegen – 1991, 1995, 1999, 2003)
	Sun Wen	(China – 1991, 1995, 1999, 2003)
	Bettina Wiegmann	(Deutschland – 1991, 1995, 1999, 2003)
	Formiga	(Brasilien – 1995, 1999, 2003, 2007)
	Katia	(Brasilien – 1995, 1999, 2003, 2007)
	Tania	(Brasilien – 1995, 1999, 2003, 2007)
	Sandra Minnert	(Deutschland – 1995, 1999, 2003, 2007)
	Birgit Prinz	(Deutschland – 1995, 1999, 2003, 2007)
	Sandra Smisek	(Deutschland – 1995, 1999, 2003, 2007)
	Maureen Mmadu	(Nigeria – 1995, 1999, 2003, 2007)
	Andrea Neil	(Kanada – 1995, 1999, 2003, 2007)
	Cheryl Salisbury	(Australien – 1995, 1999, 2003, 2007)
	Homare Sawa	(Japan – 1995, 1999, 2003, 2007)
	Briana Scurry	(USA – 1995, 1999, 2003, 2007)

Sun schockt die Männer

1999 wurde Sun Wen aus Shanghai aufgrund ihrer Leistungen während der FIFA Frauen-WM 1999 als erste Frau für den Preis des »Asiatischen Fußballers des Jahres« nominiert. Drei Jahre später gewann sie eine Internetabstimmung der FIFA und wurde zur »Beste Fußballerin des 20. Jahrhunderts«.

Prinz greift nach den Sternen

2007 stand Birgit Prinz als erste Spielerin zum dritten Mal im Finale einer FIFA Frauen-WM. Sie war auch die jüngste Spielerin, die je an einem Finale der FIFA Frauen-WM teilnahm, denn die deutsche Stürmerin war gerade 17 Jahre und 336 Tage alt, als sie 1995 beim 0:2 gegen Norwegen auf dem Platz stand. Ihre Mannschaftskameradin Sandra Smisek war allerdings auch nur wenige Monate älter. Die älteste Final-Teilnehmerin war die Schwedin Kristin Bengtsson, die 33 Jahre und 273 Tage alt war, als ihre Mannschaft 2003 gegen Deutschland verlor.

Marta trauert im Finale

Die Brasilianerin Marta war zwar der Star des Turniers von 2007, doch sie war untröstlich, als Deutschlands Torhüterin Nadine Angerer im Finale ihren Elfmeter hielt. Es hätte der Ausgleichstreffer sein können, doch Deutschland gewann schließlich mit 2:0.

FIFA Frauenfußball-WM™ Beste Spielerin des Turniers

Jahr	Ort	Preisträgerin
1991	China	Carin Jennings (USA)
1995	Schweden	Hege Riise (Norwegen)
1999	USA	Sun Wen (China)
2003	USA	Birgit Prinz (Deutschland)
2007	China	Marta (Brasilien)

FIFA Frauen-WM™ Torschützenkönigin

1991	Michelle Akers (USA)	10
1995	Ann-Kristin Aarønes (Norwegen)	6
1999	Sissi (Brasilien)	7
2003	Birgit Prinz (Deutschland)	7
2007	Marta (Brasilien)	7

Die meisten Tore bei Endrunden

1.	Birgit Prinz (Deutschland)	14
2.	Michelle Akers (USA)	12
3.	Sun Wen (China)	11
=	Bettina Wiegmann (Deutschland)	
5.	Ann Kristin Aarønes (Norwegen)	10
=	Marta (Brasilien)	
=	Heidi Mohr (Deutschland)	
8.	Linda Medalen (Norwegen)	9
=	Hege Riise (Norwegen)	
=	Abby Wambach (USA)	

Kapitäninnen der Sieger-Mannschaft bei FIFA Frauen-WM™-Endrunden

1991	April Heinrichs (USA)
1995	Heidi Store (Norwegen)
1999	Carla Overbeck (USA)
2003	Bettina Wiegmann (Deutschland)
2007	Birgit Prinz (Deutschland)

Die meisten Spiele

30	Kristine Lilly (USA)
24	Julie Foudy (USA)
23	Mia Hamm (USA)
22	Bente Nordby (Norwegen)
	Birgit Prinz (Deutschland)
	Hege Riise (Norwegen)
	Bettina Wiegmann (Deutschland)

Der erste Platzverweis

Die taiwanesische Torhüterin Hiu-Fang Lin erhielt den ersten Platzverweis der Turniergeschichte. Am 21. November 1991 bekam sie in der sechsten Minute von Taiwans 2:0-Sieg gegen Nigeria in Jiangmen die Rote Karte.

ANDERE FIFA FRAUENTURNIERE

Norwegens Golden Goal

Norwegen holte als einzige Mannschaft mit einem Golden Goal olympisches Gold. Im Finale von 2000 schoss Dagny Mellgren in der zwölften Minute der Verlängerung das 3:2-Siegtor gegen die USA. Für die Norwegerinnen war diese Rache besonders süß, denn sie hatten 1996 nach Shannon MacMillans Golden Goal im Halbfinale gegen die Amerikanerinnen verloren.

Frauen-Endspiele der Olympischen Spiele

Jahr	Ort	Sieger	Zweite	Ergebnis
1996	Atlanta	USA –	China	2:1
2000	Sydney	Norwegen –	USA	3:2
		(Norwegen gewann durch ein Golden Goal)		
2004	Athen	USA –	Brasilien	2:1 (n.V.)
2008	Peking	USA –	Brasilien	1:0 (n.V.)

Spiel um den dritten Platz

Jahr	Ort	Sieger	Verlierer	Ergebnis
1996	Atlanta	Norwegen –	Brasilien	2:0
2000	Sydney	Deutschland	Brasilien	2:0
2004	Athen	Deutschland	Schweden	1:0
2008	Peking	Deutschland	Japan	2:0

Medaillen

Land	Gold	Silber	Bronze
USA	3	1	–
Norwegen	1	–	1
Brasilien	–	2	–
China	–	1	–
Deutschland	–	–	3

Die meisten Tore bei Olympia

1996:	Norwegen	12
2000:	USA	9
2004:	Brasilien	15
2008:	USA	12

Torschützenköniginnen der olympischen Turniere

1996:	Ann-Kristin Aarønes (Norwegen), Linda Medalen (Norwegen), Pretinha (Brasilien)	4
2000:	Sun Wen (China)	4
2004:	Cristiane (Brasilien), Birgit Prinz (Deutschland)	5
2008:	Cristiane (Brasilien)	5

Cristianes doppelter Dreier

Die Brasilianerin Cristiane erzielte als einzige Spielerin zwei Hattricks in der Geschichte der olympischen FIFA Turniere. 2004 traf sie beim 7:0 gegen Griechenland dreimal ins Netz, vier Jahre später gelang ihr dies noch einmal bei einem 3:1 gegen Nigeria in Peking. Außer ihr erzielte nur noch Birgit Prinz einen Hattrick – und legte 2004 gegen China noch ein Tor obendrauf.

Die Goldgräberinnen

Seit das olympische Frauenfußball-Turnier 1996 in Atlanta eingeführt wurde, geben die USA den Ton an. Sie gewannen dreimal Gold, einmal Silber. Zunächst waren Norwegen und China ihre gefährlichsten Herausforderer, doch bei den letzten beiden Olympischen Spielen (2004 und 2008) betraten mit Brasilien und den zweifachen Weltmeisterinnen Deutschland neue Rivalen die Bühne. Das Turnier gewann sehr schnell an Beliebtheit und sorgte 2008 in Peking für Zuschauerrekorde. Zusätzlich führte die FIFA zwei weltweite Wettkämpfe für Jugendmannschaften ein. Die FIFA U-20-Frauen-WM wurde 2000 zum ersten Mal ausgetragen, 2008 folgte dann das erste U-17-Turnier – und hier trat ein neuer Herausforderer auf die Bühne des Weltfußballs der Frauen: Nordkorea.

Deutschland erzielt den höchsten Sieg

Die Deutschen halten den Rekord für den höchsten Sieg in einem olympischen Frauenfußballturnier: Am 11. August 2004 schlugen sie China in Patras mit 8:0 – dank vier Toren von Birgit Prinz. Die anderen Tore schossen Pia Wunderlich, Renate Lingor, Conny Pohlers und Martina Müller.

Prinz trifft immer

Die deutsche Stürmerin Birgit Prinz traf als Einzige bei allen vier olympischen Turnieren ins Netz. Zusammen mit der Brasilianerin Cristiane erzielte sie mit zehn Treffern auch die meisten Tore in der Addition der Turniere; es folgen zwei Brasilianerinnen: Pretinha (8) und Marta (6).

Deutschland gibt den Ton an

Mit ihrem 6:2-Kantersieg über England im Endspiel von 2009, das im Olympiastadion von Helsinki stattfand, gewannen die deutschen Frauen die siebte von bisher insgesamt zehn UEFA Frauen-Europameisterschaften. Inka Grings schraubte mit ihren zwei Toren im Endspiel ihre Torausbeute auf insgesamt sechs Treffer hoch und wurde damit Torschützenkönigin. Die weiteren Tore für Deutschland erzielten Birgit Prinz (zwei) sowie Melanie Behringer und Kim Kulig (je ein Tor). Für England, das nach 25 Jahren das erste Mal wieder im Finale stand, trafen Karen Carney und Kelly Smith.

Ein Jahr dazu

Die FIFA U-19-Frauen-Weltmeisterschaft wurde 2002 das erste Mal abgehalten und 2004 noch einmal ausgespielt. Danach wurde der Wettbewerb aufgrund einer Regeländerung im Jahr 2006 in »FIFA U-20-Frauen-Weltmeisterschaft« umbenannt. Deutschland war 2010 an der Reihe, das Turnier auszurichten. Es wurde im Juli und August 2010 in den Stadien von Augsburg, Bielefeld, Bochum und Dresden ausgetragen, die alle vier jeweils um die 30 000 Zuschauern Platz bieten.

Sinclair trifft fünfmal

Die Kanadierin Christine Sinclair hält den Rekord für die meisten Tore in einem U-20-Turnier, nämlich zehn. Sie erzielte auch die meisten Tore in einem Spiel: Bei Kanadas 6:2-Viertelfinalsieg gegen England am 25. August 2002 in Edmonton traf sie fünfmal.

Die Ältesten und die Jüngsten

Die älteste Spielerin bei einem olympischen Fußballturnier war die brasilianische Torhüterin Meg, als sie am 1. August 1996 im Alter von 40 Jahren und 212 Tagen am Spiel um den dritten Platz gegen Norwegen teilnahm. Auch die jüngste war eine Brasilianerin: Daniela gab am 13. September 2000 im Alter von 16 Jahren und 244 Tagen in einem Spiel gegen Schweden ihr olympisches Debüt.

Auf der Suche nach einem neuen England

Aufgrund eines unglücklichen Umstandes war den englischen Fußballerinnen die Teilnahme am Olympischen Fußballturnier 2008 in China verwehrt: Ihre Leistung bei der FIFA Frauen-Weltmeisterschaft 2007 hätte zwar locker für den dritten und letzten Startplatz ausgereicht, der Europa zugeteilt ist, doch treten England, Schottland, Wales und Nordirland bei Olympischen Spielen nur gemeinsam als Großbritannien an. Der Platz ging stattdessen an die Schwedinnen, die Dänemark in zwei Qualifikationsspielen ausgeschaltet hatten. Aufgrund einer ähnlichen Regelung war es England schon 1996 verwehrt geblieben, in Atlanta mitzuwirken; damals zog stattdessen Brasilien in das Turnier ein. 1996 waren die acht besten Teilnehmer der vorhergehenden Frauen-WM qualifiziert, was dazu führte, dass weder Afrika noch Ozeanien mit einem Land vertreten waren. Die FIFA hat die Regelung dahingehend geändert, dass die Teilnahme einer englischen Mannschaft bei den Olympischen Spielen 2012 in London sichergestellt ist.

Finalspiele der FIFA U-20-Frauen-WM

Jahr	Ort	Sieger	Zweite	Ergebnis
2002	Edmonton	USA –	Kanada	1:0 (n.V.)
2004	Bangkok	Deutschland –	Chile	2:0
2006	Moskau	Nordkorea –	China	5:0
2008	Santiago	USA –	Nordkorea	2:1

Torschützenköniginnen

2002	Christine Sinclair (Kanada)	10
2004	Brittany Timko (Kanada)	7
2006	Ma Xiaoxu (China),	
	Kim Song Hui (Nordkorea)	5
2008	Sydney LeRoux (USA)	5

FIFA U-17-Frauen-WM

Jahr	Ort	Sieger	Zweite	Ergebnis
2008	Auckland	Nordkorea –	USA	2:1 (n.V.)

Die meisten Tore

6	Dzsenifer Marozsán (Deutschland)
5	Vicki DiMartino (USA)
4	Jon Myong Hwa (Nordkorea)
	Courtney Verloop (USA)
	Chinatsu Kira (Japan)
	Natsuki Kishikawa (Japan)

Die USA scheitern an Korea

Am 16. November 2008 schoss die eingewechselte Nordkoreanerin Jang Hyon Sun im ersten U-17-Finale in Auckland das Siegtor gegen die USA – in der 113. Spielminute. Die USA gingen in der zweiten Minute in Führung, als die koreanische Torhüterin Hong Myong Hui einen Ball ins eigene Tor lenkte. Kim Un Hyang erzielte in der 76. Minute durch Kopfball das Ausgleichstor, und so ging das Spiel in die Verlängerung. Im Spiel um den dritten Platz schlug Deutschland England mit 3:0, die Tore kamen von Inka Wesely, Turid Knaak und Lynn Mester.

Kim erzielt den einzigen Hattrick

Die Nordkoreanerin Kim Song Hui erzielte bei Nordkoreas 5:0-Sieg im Endspiel des Turniers gegen China am 3. September 2006 den bisher einzigen Hattrick in der Geschichte der FIFA U-20-Frauen-WM. Die anderen Tore steuerten Jo Yun Mi und Kil Son Hui bei.

ANHANG 1 –
FIFA AUSZEICHNUNGEN

Eines der wichtigsten gesellschaftlichen Ereignisse in der Fußballwelt ist die Gala, bei der die FIFA den Weltfußballer und die Weltfußballerin des Jahres ehrt. Damit belohnt sie überragende Leistungen bei internationalen Auftritten der geehrten Spielerinnen und Spieler in den letzten zwölf Monaten. 2009 überreichte Präsident Sepp Blatter die Auszeichnung der Brasilianerin Marta und dem Argentinier Lionel Messi.

FIFA WELTFUSSBALLER DES JAHRES 2009

Lionel Messi

Nachdem sich Cristiano Ronaldo und Lionel Messi zu den momentan besten Spielern des internationalen Fußballs entwickelt haben, ist es nur folgerichtig, dass beide auch als Weltfußballer des Jahres ausgezeichnet wurden – Ronaldo 2008 und Messi ein Jahr später. Messi ist der elfte Spieler aus der ersten spanischen Liga und der siebte Spieler von Barcelona, der diese Auszeichnung erhalten hat. Ronaldo – zum Zeitpunkt der Ehrung noch bei Manchester United unter Vertrag – war der erste Spieler aus der englischen Premier League, der die Trophäe seit 1991 an sich nehmen konnte, als die Auszeichnung offiziell eingeführt wurde (Lothar Matthäus war damals der erste Preisträger). Ermittelt wird der Weltfußballer des Jahres durch eine Abstimmung, zu der die FIFA die Trainer und Spielführer der Nationalteams der Welt einlädt: Sie benennen jeweils ihre drei Spitzenspieler, Angehörige ihres eigenen nationalen Fußballverbandes dürfen sie nicht wählen. 2009 führte die Abstimmung zu einem noch nie dagewesenen Vorsprung des Siegers – eine Folge seiner überragenden Leistungen beim FC Barcelona, der in der Saison 2008/09 das Triple aus Meisterschaft, Pokal und Champions League gewann. Lionel Messi kam auf die Rekordzahl von 1073 Punkten, auf dem zweiten Platz folgte weit abgeschlagen Ronaldo mit 352 Punkten. Als kleinen Trost konnte der immerhin den Puskás-Preis der FIFA für das »schönste Tor« der Saison in Empfang nehmen: Sein Weitschuss bei der Champions-League-Viertelfinalpartie von Manchester United gegen den FC Porto kam bei einer Internetabstimmung auf den ersten Platz. Für Messi war die Ehrung als Weltfußballer jedoch das Sahnehäubchen auf einer überaus erfolgreichen Saison. Im Champions-League-Finale gegen Manchester United erzielte er den zweiten der beiden Barcelona-Treffer gegen Ronaldos Team: Irgendwie entwischte der kleine Spieler dem ManU-Innenverteidiger Rio Ferdinand und lupfte den Ball mit dem Kopf über Edwin van der Sar, den hochgewachsenen niederländischen Torhüter des Gegners. Bei Messi, der vor allem für seine schwindelerregenden Dribbelkünste und seine strammen Schüsse bekannt ist, hätte kaum jemand damit gerechnet, dass er ein Spiel ausgerechnet mit einem Kopfballtor entscheiden würde – schließlich war einer der Gründe, warum Messi im Alter von 12 Jahren Argentinien verließ und zu Barcelona ging, das Versprechen des spanischen Vereins gewesen, für seine Behandlung mit Wachstumshormonen aufzukommen. Während sich seine Karriere in der argentinischen Nationalmannschaft zunächst eher zäh gestaltete, entwickelte sich Messi bei Barcelona schnell zum produktiven Torvorbereiter und Goalgetter, der maßgeblichen Anteil daran hatte, dass sein Verein innerhalb kürzester Zeit je vier spanische Meisterschaften und Pokale sowie zwei Champions-League-Titel einfuhr und obendrein den UEFA Super Cup sowie die FIFA Klub-WM gewann. Mit Argentinien holte er 2008 auch olympisches Gold, nachdem er drei Jahre zuvor die U-20-WM gewonnen hatte, bei der er auch Torschützenkönig und bester Spieler gewesen war. Nicht schlecht für einen Spieler, der gerade erst einmal 22 Jahre alt ist und 2010 in Südafrika erst seine erste FIFA Weltmeisterschaft bestritten hat.

Gewinner

Jahr	Gewinner
1991	**Lothar Matthäus (Deutschland)**
1992	**Marco van Basten (Niederlande)**
1993	**Roberto Baggio (Italien)**
1994	**Romário (Brasilien)**
1995	**George Weah (Liberia)**
1996	**Ronaldo (Brasilien)**
1997	**Ronaldo (Brasilien)**
1998	**Zinedine Zidane (Frankreich)**
1999	**Rivaldo (Brasilien)**
2000	**Zinedine Zidane (Frankreich)**
2001	**Luís Figo (Portugal)**
2002	**Ronaldo (Brasilien)**
2003	**Zinedine Zidane (Frankreich)**
2004	**Ronaldinho (Brasilien)**
2005	**Ronaldinho (Brasilien)**
2006	**Fabio Cannavaro (Italien)**
2007	**Kaká (Brasilien)**
2008	**Cristiano Ronaldo (Portugal)**
2009	**Lionel Messi (Argentinien)**

FIFA WELTFUSSBALLERIN DES JAHRES 2009

Marta

Die Brasilianerin Marta wurde nicht nur vier Jahre nacheinander zur FIFA Weltfußballerin des Jahres gewählt (die beiden Jahre vorher war sie Dritte bzw. Zweite gewesen), sondern sie gilt auch als eine der besten Spielerinnen aller Zeiten. Geboren wurde sie am 19. Februar 1986 als Marta Vieira da Silva. Mit ihren Mannschaften errang sie mehrere Titel, erhielt aber vor allem diverse hochwertige persönliche Auszeichnungen. So bekam sie den »Goldenen Ball« als beste Spielerin und den »Goldenen Schuh« als Torschützenkönigin (sieben Treffer) bei der FIFA Frauen-WM 2007. Mit Brasilien holte sie bei den Olympischen Spielen 2004 und 2008 in Athen bzw. Peking Silber, siegte zweimal bei den Panamerikanischen Spielen und wurde bei der FIFA U-19-Frauen-WM 2004 – sie schoss im Turnier sechs Tore – zur besten Spielerin gewählt. Marta stammt aus Dois Riachos im brasilianischen Bundesstaat Alagoas, doch im Alter von 14 Jahren führte sie ihre Fußballbegabung 1900 Kilometer nach Süden: nach Rio de Janeiro, wo sie Trainer und Spielerinnen der Mannschaften von Vasco da Gama und São Martins mit ihrem Angriffstalent verblüffte. 2004 wechselte sie zum schwedischen Verein Umeå IK, mit dem sie viermal schwedische Meisterin und einmal UEFA-Pokal-Siegerin wurde, bevor sie dann zu Los Angeles Sol wechselte. Seit Anfang 2009 spielt sie mit diesem Verein in der neuen Frauen-Profiliga der USA. Im gleichen Jahr noch wurde sie an den brasilianischen Verein FC Santos ausgeliehen, dessen Frauenmannschaft sie sowohl in der Copa Libertadores als auch im brasilianischen Pokal (Copa do Brasil) zum Sieg führte.

Gewinnerinnen

2001	Mia Hamm (USA)
2002	Mia Hamm (USA)
2003	Birgit Prinz (Deutschland)
2004	Birgit Prinz (Deutschland)
2005	Birgit Prinz (Deutschland)
2006	Marta (Brasilien)
2007	Marta (Brasilien)
2008	Marta (Brasilien)
2009	Marta (Brasilien)

ANDERE FIFA AUSZEICHNUNGEN

Neben der Auszeichnung als FIFA Weltfußballer und -fußballerin des Jahres und turnierspezifischen Ehrungen für den besten Spieler, Torschützenkönig und den besten Torhüter vergibt die FIFA bei ihrer Gala am Ende eines jeden Jahres noch weitere Preise: den Presidential Award, die Fairplay-Auszeichnung und einen Entwicklungspreis. Außerdem ehrt sie den Aufsteiger sowie die Mannschaft des Jahres.

1991
Fairplay-Auszeichnung:
Real Federación Española de Fútbol (Spanischer Fußballverband), Jorginho (Brasilien)

1992
Fairplay-Auszeichnung:
Union Royale Belge des Societes de Football Association (Belgischer Fußballverband)

1993
Fairplay-Auszeichnung:
Nándor Hidegkuti (Ungarn)*, Football Association of Zambia (Sambischer Fußballverband)
Mannschaft des Jahres:
Deutschland
Aufsteiger des Jahres:
Kolumbien

1994
Mannschaft des Jahres:
Brasilien
Aufsteiger des Jahres:
Kroatien

1995
Fairplay-Auszeichnung:
Jacques Glassmann (Frankreich)
Mannschaft des Jahres:
Brasilien
Aufsteiger des Jahres:
Jamaika

1996
Fairplay-Auszeichnung:
George Weah (Liberia)
Mannschaft des Jahres: Brasilien
Aufsteiger des Jahres: Südafrika

1997
Fairplay-Auszeichnung:
Irische Zuschauer beim FIFA WM-Qualifikationsspiel gegen Belgien, Jozef Zovinec (slowakischer Amateurfußballer), Julie Foudy (USA)
Mannschaft des Jahres: Brasilien
Aufsteiger des Jahres:
Jugoslawien

1998
Fairplay-Auszeichnung:
Die Nationalverbände von Iran, USA und Nordirland
Mannschaft des Jahres:
Brasilien
Aufsteiger des Jahres:
Kroatien

1999
Fairplay-Auszeichnung:
Fußballgemeinde Neuseeland
Mannschaft des Jahres:
Brasilien
Aufsteiger des Jahres:
Slowenien

2000
Fairplay-Auszeichnung:
Lucas Radebe (Südafrika)
Mannschaft des Jahres:
Niederlande
Aufsteiger des Jahres:
Nigeria

2001
Presidential Award:
Marvin Lee (Trinidad)*
Fairplay-Auszeichnung:
Paolo Di Canio (Italien)
Mannschaft des Jahres:
Honduras
Aufsteiger des Jahres:
Costa Rica

*posthum ausgezeichnet

2002
Presidential Award:
Parminder Nagra (England)
Fairplay-Auszeichnung: Fußballgemeinden von Japan und Südkorea
Mannschaft des Jahres:
Brasilien
Aufsteiger des Jahres:
Senegal

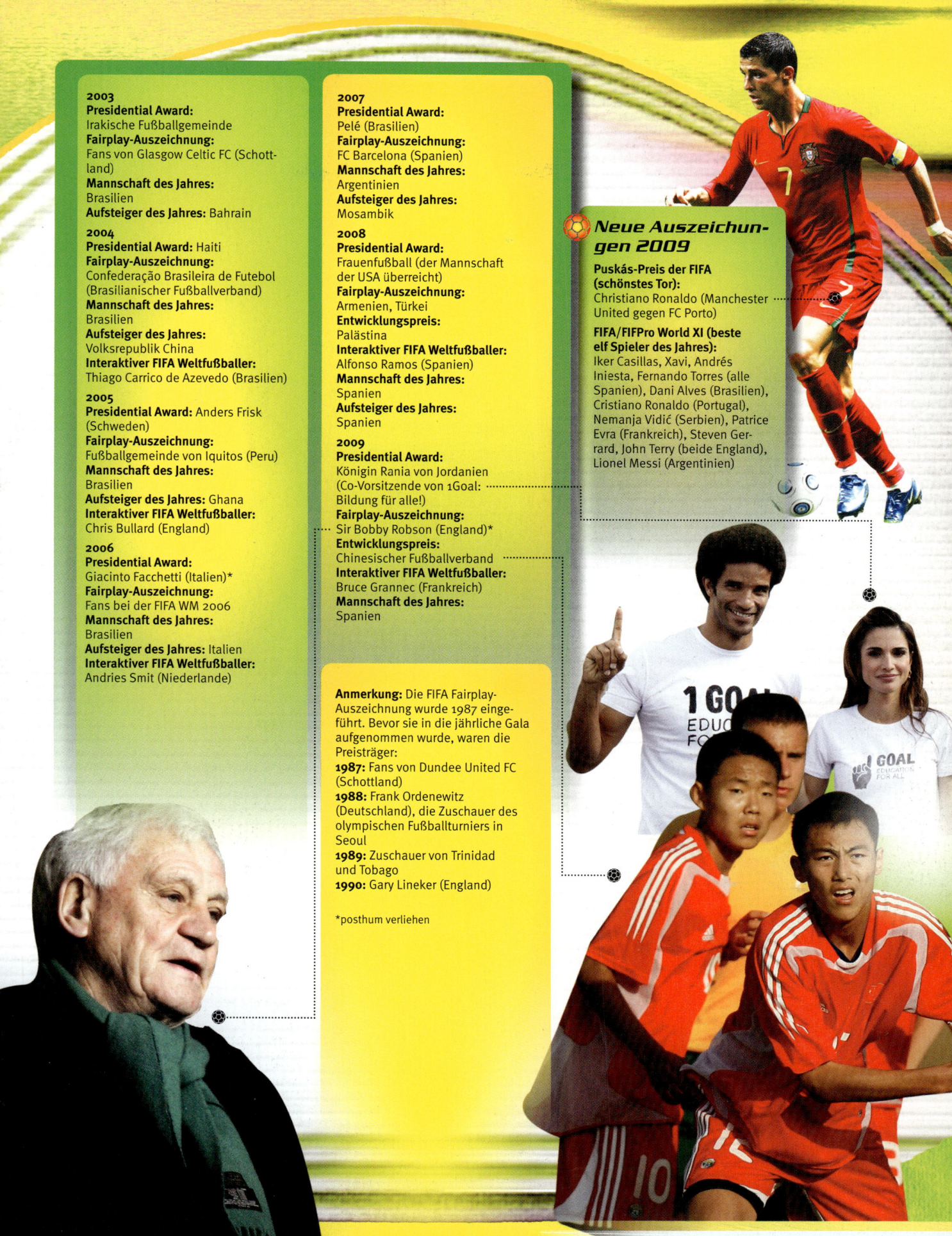

2003
Presidential Award:
Irakische Fußballgemeinde
Fairplay-Auszeichnung:
Fans von Glasgow Celtic FC (Schottland)
Mannschaft des Jahres:
Brasilien
Aufsteiger des Jahres: Bahrain

2004
Presidential Award: Haiti
Fairplay-Auszeichnung:
Confederação Brasileira de Futebol (Brasilianischer Fußballverband)
Mannschaft des Jahres:
Brasilien
Aufsteiger des Jahres:
Volksrepublik China
Interaktiver FIFA Weltfußballer:
Thiago Carrico de Azevedo (Brasilien)

2005
Presidential Award: Anders Frisk (Schweden)
Fairplay-Auszeichnung:
Fußballgemeinde von Iquitos (Peru)
Mannschaft des Jahres:
Brasilien
Aufsteiger des Jahres: Ghana
Interaktiver FIFA Weltfußballer:
Chris Bullard (England)

2006
Presidential Award:
Giacinto Facchetti (Italien)*
Fairplay-Auszeichnung:
Fans bei der FIFA WM 2006
Mannschaft des Jahres:
Brasilien
Aufsteiger des Jahres: Italien
Interaktiver FIFA Weltfußballer:
Andries Smit (Niederlande)

2007
Presidential Award:
Pelé (Brasilien)
Fairplay-Auszeichnung:
FC Barcelona (Spanien)
Mannschaft des Jahres:
Argentinien
Aufsteiger des Jahres:
Mosambik

2008
Presidential Award:
Frauenfußball (der Mannschaft der USA überreicht)
Fairplay-Auszeichnung:
Armenien, Türkei
Entwicklungspreis:
Palästina
Interaktiver FIFA Weltfußballer:
Alfonso Ramos (Spanien)
Mannschaft des Jahres:
Spanien
Aufsteiger des Jahres:
Spanien

2009
Presidential Award:
Königin Rania von Jordanien (Co-Vorsitzende von 1Goal: Bildung für alle!)
Fairplay-Auszeichnung:
Sir Bobby Robson (England)*
Entwicklungspreis:
Chinesischer Fußballverband
Interaktiver FIFA Weltfußballer:
Bruce Grannec (Frankreich)
Mannschaft des Jahres:
Spanien

Anmerkung: Die FIFA Fairplay-Auszeichnung wurde 1987 eingeführt. Bevor sie in die jährliche Gala aufgenommen wurde, waren die Preisträger:
1987: Fans von Dundee United FC (Schottland)
1988: Frank Ordenewitz (Deutschland), die Zuschauer des olympischen Fußballturniers in Seoul
1989: Zuschauer von Trinidad und Tobago
1990: Gary Lineker (England)

*posthum verliehen

⚽ Neue Auszeichnungen 2009

Puskás-Preis der FIFA (schönstes Tor):
Christiano Ronaldo (Manchester United gegen FC Porto)

FIFA/FIFPro World XI (beste elf Spieler des Jahres):
Iker Casillas, Xavi, Andrés Iniesta, Fernando Torres (alle Spanien), Dani Alves (Brasilien), Cristiano Ronaldo (Portugal), Nemanja Vidić (Serbien), Patrice Evra (Frankreich), Steven Gerrard, John Terry (beide England), Lionel Messi (Argentinien)

ANHANG 2 – FIFA/COCA-COLA-WELTRANGLISTE 2010

Die Weltrangliste der FIFA gibt es seit August 1993 und zeichnet regelmäßig ein statistisches Abbild der Leistungsstärke aller FIFA Mitglieder – von großen Fußballnationen ebenso wie von der der kleinen »Fußballzwergen«, die meistens schon in den Qualifikationen auf der Strecke bleiben. Das Berechnungssystem, das 2005 vereinfacht wurde, verarbeitet die Resultate aus den offiziellen A-Länderspielen. Außerdem fließen als weitere Faktoren ein: Bedeutung des Spiels, Stärke des Gegners, regionale Stärke, Bewertungszeitraum, Anzahl Spiele pro Jahr, Anzahl Tore sowie Heim- und Auswärtsspiele. Die Weltrangliste wird monatlich aktualisiert.

Spanien setzte sich nach dem Gewinn der FIFA WM 2010 an die Spitze der Weltrangliste. Der Europameister war das erste Land, das sein Auftaktspiel bei einer Weltmeisterschaft verlor und trotzdem noch den Titel holte.

FIFA/COCA-COLA-WELTRANGLISTE 2010

Mit dem 1:0 gegen die Niederlande im Johannesburger Soccer-City-Stadion war Spanien nicht nur erstmals in der Geschichte des Landes Weltmeister geworden, sondern rückte zudem erneut auf den ersten Platz der FIFA/Coca-Cola-Weltrangliste vor. Das erste Mal an die Spitze gesetzt hatten sich die Iberer im Juli 2008 nach ihrem Erfolg bei der Europameisterschaft. Ein Jahr danach wurden sie von Brasilien verdrängt, das den Konföderationen-Pokal in Südafrika gewonnen hatte. Nach ihrem Ausscheiden im Viertelfinale der WM 2010 rutschten die Brasilianer allerdings auf den dritten Platz ab.

Rangliste (Juli 2010)

Platz	Land	Punkte	Platz	Land	Punkte	Platz	Land	Punkte
1	Spanien	1883	36	Irland	734	71	Albanien	455
2	Niederlande	1659	37	Israel	733	72	Montenegro	448
3	Brasilien	1536	38	Peru	726	73	Sambia	446
4	Deutschland	1464	39	Kolumbien	725	74	Malawi	425
5	Argentinien	1289	40	Kamerun	710	75	Togo	421
6	Uruguay	1152	41	Schottland	699	76	Trinidad und Tobago	405
7	England	1125	42	Rumänien	697	77	Belarus	403
8	Portugal	1062	43	Bulgarien	672	78	China	393
9	Ägypten	1053	44	Südkorea	660	79	Island	385
10	Chile	988	45	Burkina Faso	646	80	Mosambik	377
11	Italien	982	46	Honduras	644	81	Oman	374
12	Griechenland	975	47	Venezuela	592	82	Marokko	371
13	USA	969	48	Belgien	589	83	Jamaika	368
13	Serbien	969	49	Costa Rica	584	84	Wales	366
15	Kroatien	968	50	Lettland	579	85	Kuwait	365
16	Paraguay	961	51	Finnland	576	86	Angola	356
17	Russland	956	52	Litauen	571	87	Usbekistan	352
18	Schweiz	940	53	Bolivien	570	88	Vereinigte Arabische Emirate	351
19	Slowenien	917	54	Neuseeland	557	89	Moldawien	350
20	Australien	911	55	Mali	548	90	El Salvador	343
21	Frankreich	890	56	Polen	547	91	Senegal	338
22	Norwegen	878	57	Bosnien-Herzegowina	546	92	Syrien	334
23	Ghana	874	58	Ecuador	545	93	Botswana	331
24	Mexiko	872	59	Nordirland	540	94	Panama	323
25	Ukraine	870	60	Österreich	536	95	Estland	321
26	Elfenbeinküste	843	61	Benin	535	96	Armenien	318
27	Slowakei	829	62	Ungarn	534	96	Libyen	318
28	Türkei	810	63	Zypern	523	98	Katar	300
29	Dänemark	785	64	Iran	522	98	Jordanien	300
30	Nigeria	773	65	Tunesien	519	100	Kanada	295
31	Tschechische Republik	769	66	Südafrika	504	101	Guinea	286
32	Japan	768	66	Mazedonien	504	102	Gambia	285
33	Algerien	759	68	Saudi-Arabien	471	103	Nordkorea	
34	Gabun	755	69	Bahrain	460	104	Irak	276
35	Schweden	747	70	Uganda	457	105	Thailand	273

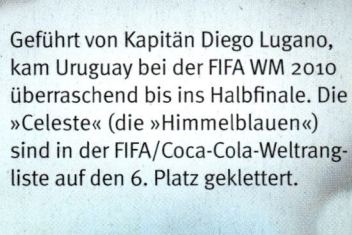

Geführt von Kapitän Diego Lugano, kam Uruguay bei der FIFA WM 2010 überraschend bis ins Halbfinale. Die »Celeste« (die »Himmelblauen«) sind in der FIFA/Coca-Cola-Weltrangliste auf den 6. Platz geklettert.

Ryan Nelsen ist Kapitän von Neuseeland, dem Land, das von den 32 Teilnehmern der FIFA WM 2010 den größten Sprung in der Rangliste gemacht hat.

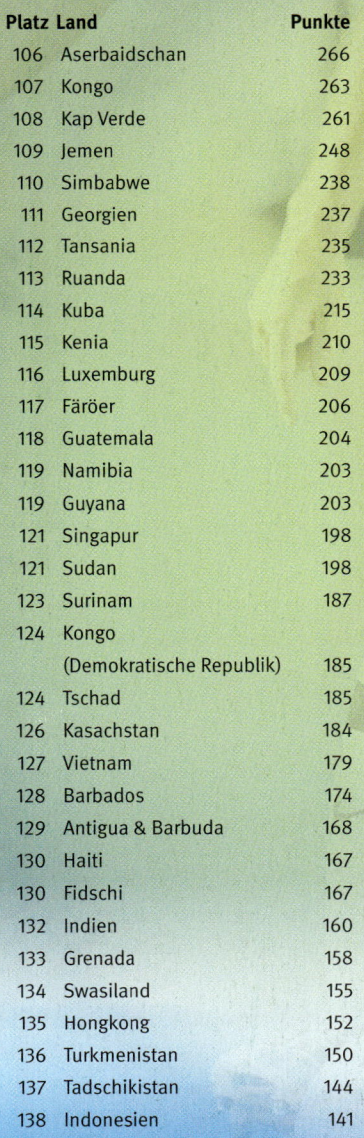

Platz	Land	Punkte
106	Aserbaidschan	266
107	Kongo	263
108	Kap Verde	261
109	Jemen	248
110	Simbabwe	238
111	Georgien	237
112	Tansania	235
113	Ruanda	233
114	Kuba	215
115	Kenia	210
116	Luxemburg	209
117	Färöer	206
118	Guatemala	204
119	Namibia	203
119	Guyana	203
121	Singapur	198
121	Sudan	198
123	Surinam	187
124	Kongo (Demokratische Republik)	185
124	Tschad	185
126	Kasachstan	184
127	Vietnam	179
128	Barbados	174
129	Antigua & Barbuda	168
130	Haiti	167
130	Fidschi	167
132	Indien	160
133	Grenada	158
134	Swasiland	155
135	Hongkong	152
136	Turkmenistan	150
137	Tadschikistan	144
138	Indonesien	141
139	Sierra Leone	130

Platz	Land	Punkte
140	Liechtenstein	126
141	Burundi	125
142	Malaysia	124
143	Myanmar	122
144	Madagaskar	121
145	Malediven	117
146	Äthiopien	115
147	St. Kitts & Nevis	110
147	Niger	110
147	Äquatorialguinea	110
150	Niederländische Antillen	108
151	Libanon	106
152	Malta	105
153	Bangladesch	104
154	Lesotho	101
155	Sri Lanka	96
156	Nepal	94
156	Liberia	94
158	Eritrea	92
159	Bermuda	91
160	St. Vincent & Grenadinen	87
161	Nicaragua	86
162	Neukaledonien	82
163	Pakistan	75
163	Vanuatu	75
165	Kirgisistan	74
166	Taiwan	69
167	Philippinen	67
168	Mauretanien	62
169	Solomonen	60
170	Puerto Rico	52
171	Palästina	48
172	Komoren	43
173	Somalia	39
173	Laos	39

Platz	Land	Punkte
173	Kaimaninseln	39
176	Samoa	38
177	Mauritius	37
177	Seychellen	37
179	Bahamas	34
180	Dominica	33
180	Kambodscha	33
182	Mongolei	32
182	Belize	32
182	Turks- & Caicos-Inseln	32
185	Dominikanische Republik	26
186	Tonga	23
187	Brunei Darussalam	21
188	St. Lucia	19
188	Guinea-Bissau	19
188	Tahiti	19
191	Djibouti	18
191	Britische Jungferninseln	18
193	Guam	17
193	Afghanistan	17
193	Cookinseln	17
196	Macau	12
197	Aruba	11
198	Bhutan	9
199	Amerikanische Jungferninseln	5
200	Osttimor	4
201	Andorra	2
202	San Marino	0
202	Anguilla	0
202	Montserrat	0
202	Amerikanisch-Samoa	0
202	Zentralafrikanische Republik	0
202	Papua-Neuguinea	0

REGISTER

A

Aarønes, Ann-Kristin *238*
Abo Treka, Mohamed *215, 224*
Abramowitsch, Roman *122*
AC Mailand *79, 81, 88, 89, 97, 128, 153, 225*
Achiou, Hocine *210*
Adamache, Stere *43*
Adelaide United *224*
Adiyiah, Dominic *218, 219*
Advocaat, Dick *97*
AFC, Asiatischer Fußball-Verband *173, 179, 180, 181*
Afrikameisterschaft (Africa Cup of Nations) *164, 165, 166, 208*
Afrikameisterschaft: **1957** *213, 214;* **1959** *215;* **1962** *214;* **1968** *212;* **1970** *215;* **1974** *212;* **1978** *214;* **1980** *215;* **1992** *210;* **1994** *213;* **1996** *210;* **1998** *215;* **2002** *213;* **2004** *210–211;* **2006** *210, 215;* **2010** *208, 210, 211, 213, 214, 215;* **2012** *211;* **2014** *211* Elfmeterschießen *215* Endspiele *214* gewonnene Afrikameister-schaften *211* Torschützenkönige *212, 213* Trainer *215* Turnierteilnahmen *211*
Afrikas Fußballer des Jahres *166, 213*
Aghahowa, Julius *169*
Agüero, Sergio *147, 219, 225*
Aguinaga, Álex *205*
Aguirre, Javier *17, 185*
Ägypten *21, 162, 164, 165, 175, 208, 210, 213, 213, 214, 218;* vs. Algerien *162;* vs. Schweden *165*
AJ Auxerre *71*
Ajax Amsterdam *78, 79, 83*
Akers, Michelle *236, 238*
Akpoborie, Jonathan *220*
Akwá *168*
Al-Ahly Kairo *224*
Albanien *198*
Al-Baski, Ali *165*
Alberto, Julio *93*
Alcock, Charles *61*
Aldair *202*
al-Deayea, Mohammad *176, 185*
al-Dschabir, Sami *176, 174, 177*
Algerien *162, 163, 165, 208, 210, 214*
Al-Ghesheyan, Fahad *174*
Al-Jahani, Mahmoud *165*
Al-Johar, Nasser *178*
Almeida, Hugo *117*
Al-Muhammadi, Ahmed *223*
Aloisi, John *172, 173*
Alonso, Norberto *147*
Alonso, Xabi *55, 83*
Al-Otaibi, Marzouq *223*
Altafini, José *153*
Altidore, Jozy *223*
Álvarez, Leonel *205*
Alvim, Daniel *206*
Amarilla, Raúl Vicente *158*
Amaya, Iván *229*
Amerikanisch-Samoa *22, 181*
Amin, Fuad *174*
Amodu, Shaibu *214*

Amsterdam ArenA *79*
Amuneke, Emmanuel *227*
Anastasi, Pietro *194*
Anastopoulos, Nikos *107*
Ancelotti, Carlo *225*
Andersson, Daniel *196*
Andersson, Kennet *128, 174*
Andersson, Patrik *196*
Andorra *143, 193*
Andrade, José *227*
Angerer, Nadine *239*
Angola *211*
Ansah, Regina *237*
Antić, Radomir *127*
Äquatorialguinea *208, 211*
Arab Nations Cup *165*
Aragonés, Luis *91, 107, 197*
Archundia, Benito *47*
Ardiles, Osvaldo *147, 148*
Arena, Bruce *186*
Argentinien *18, 25, 26, 27, 33, 34, 42, 43, 45, 48, 54, 55, 144, 146–149, 167, 189, 200, 204, 205, 206, 207, 218, 219, 222, 226, 227, 228, 237, 244;* vs. Brasilien *14;* vs. Ecuador *146, 203;* vs. England *148;* vs. Frankreich *147;* vs. Griechenland *149;* vs. Jamaika *149;* jüngster Trainer *149;* vs. Kolumbien *148;* vs. Nigeria *147;* vs. Peru *149;* vs. Rekorde *147;* Rückennummern *147;* Top Ten Länderspiele *149;* Top Ten Torschützen *148;* vs. Tschechoslowakei *148;* vs. Uruguay *147, 148*
Aristizábal, Víctor *156, 203*
Armenien *139*
Arschawin, Andrei Sergejewitsch *123*
Arsenal London *71*
Arsenijević, Milorad *127*
Aserbaidschan *139*
AS Nancy *66*
AS Rom *86*
AS Saint-Étienne *66*
Ashour, Hossam *224*
Asiatischer Fußballer des Jahres *176, 177*
Asienmeisterschaft *178, 179*
Asiens Trainer des Jahres *178*
Asparuchow, Georgi *98*
Astafjevs, Vitalis *140*
Ateya, Raafat *213*
Äthiopien *212, 213*
Athletic Bilbao *91, 94*
Augusto, José *117*
Australien *22, 172–173, 175, 178, 179, 180, 181, 223, 237, 238*
Auswahlregeln *53*
Avetisyan, Arsen *141*
Ayala, Milner *203*
Ayala, Roberto *149, 227*
Ayew, André *15*
Aztekenstadion *52*

B

Baggio, Roberto *40, 43, 54, 84*
Bagheri, Karim *175*
Bahr, Walter *187*
Bahrain *20, 175, 181*
Bakhramov, Tofik *46*
Balcázar, Tomás *185*

Bale, Gareth *137*
Ballack, Michael *38, 167, 192*
Ballon d'Or, Goldener Ball *135*
Banks, Gordon *39*
Barassi, Ottorino *84*
Baroš, Milan *103*
Barron, Andy *181*
Barthez, Fabien *41, 42, 43, 67, 70*
Basile, Alfio *149*
Bassiouny, Abdel Hamid *23*
Batista, José *28, 48*
Batistuta, Gabriel *149, 204*
Batres, Carlos *46, 55*
Batteux, Albert *70*
Battle of Santiago *158*
Batty, David *55*
Baxter, Jim *125*
Bayern München *72, 74, 75, 77*
Beasley, DaMarcus *186, 187*
Beausejour, Jean *156*
Beckenbauer, Franz *36, 72, 74, 76, 77, 78*
Beckham, David *60, 62, 64, 186, 188*
Beenhakker, Leo *114*
Behrami, Valon *130*
Behringer, Melanie *241*
Belgien *42, 96–97, 103, 180, 194, 195, 196, 198, 199, 227*
Bellamy, Craig *137*
Bellone, Bruno *195*
Belqola, Said *164*
Ben Suwed, Ahmed *165*
Bene, Ferenc *229*
Benfica Lissabon *117, 225*
Bengtsson, Kristin *239*
Bento, Paulo *197*
Berbatow, Dimitar *98*
Bergkamp, Dennis *80*
Bergomi, Giuseppe *37, 39, 40, 87*
Bernaus, Marc *143*
Best, George *110*
Bianchi, Carlos *225*
Bican, Josef *142*
Bierhoff, Oliver *73, 196*
Bilić, Slaven *69, 100*
Bingham, Billy *111*
Blanc, Laurent *67, 69*
Blanchflower, Danny *110*
Blanco, Cuauhtémoc *32, 184, 222*
Blatter, Sepp *223, 230, 242*
Blochin, Oleg *135*
Blue Stars/FIFA Youth Cup *230*
Boateng, Jérôme *167*
Boateng, Kevin-Prince *167*
Boca Juniors *146, 225, 230*
Böhmen und Mähren *142*
Bolatti, Mario *147*
Boli, Basile *71*
Bolić, Elvir *140*
Bolivien *156, 157, 202, 203, 205, 206*
Boniek, Zbigniew *115*
Bordeaux *69*
Borgetti, Jared *184*
Borja *220, 221*
Boruc, Artur *114*
Borussia Dortmund *102, 130*
Bosnien-Herzegowina *139, 140*
Bossis, Maxime *54*
Botafogo FR Rio de Janeiro *150*

Botswana *168*
Bouazizi, Riadh *163*
Boulahrouz, Khalid *39*
Boumnijel, Ali *162*
Bozhkov, Stefan *98*
Bradley, Bob *34, 186, 187*
Bradley, Michael *34, 187*
Brandts, Ernie *36*
Brasilien *12, 13, 18, 21, 25, 26, 27, 28, 29, 30, 30, 43, 44, 45, 47, 49, 49, 49, 51, 54, 90, 144, 150–53, 156, 169, 175, 200, 202, 203, 205, 207, 216, 218, 219, 221, 222, 223, 227, 231, 232, 236, 237, 238, 239, 240, 241, 245;* vs. Ägypten *223;* vs. Costa Rica *153;* vs. Elfenbeinküste *153;* vs. Italien *150, 152;* vs. Niederlande *150;* vs. Polen *152;* Rekorde *151;* vs. Saudi-Arabien *223;* vs. Schottland *150;* Top Ten Länderspiele *152;* Top Ten Torschützen *152;* vs. USA *224*
Bresciano, Marco *172*
Brighton & Hove Albion *133*
British Home Championship *56, 111, 124, 125, 137*
Brolin, Tomas *128*
Brookes, Ed *119*
Brown, Bobby *125*
Brückner, Karel *103*
Buffon, Gianluigi *39, 41, 42, 88, 141, 227*
Bujsaim, Ali Mohamed *39*
Bulgarien *22, 98–99, 107, 129, 213*
Bullard, Chris *233*
Buncol, Andrzej *115*
Bundesliga *16*
Bundesrepublik Deutschland/Deutschland *13, 15, 16, 18, 21, 27, 29, 30, 45, 54, 55, 72–7, 163, 167, 169, 170, 190, 192, 193, 194, 196, 196, 197, 199, 219, 220, 221, 222, 227, 229, 234, 237, , 236, 237, 238, 239, 240, 241;* siehe auch DDR; vs. Albanien *192;* vs. Argentinien *73, 74, 75, 77;* vs. Australien *73, 74;* vs. Belgien *73;* vs. Bulgarien *77;* vs. DDR *73;* vs. England *73, 75, 193;* vs. Ghana *167, 169;* höchste Siege *76;* vs. Niederlande *73;* vs. Nordirland *192;* vs. Polen *74;* vs. Russland *76;* vs. Saarland *77;* vs. San Marino *192;* vs. Saudi-Arabien *75;* vs. Schweiz *73;* vs. Sowjetunion *73, 195;* vs. Spanien *73, 74;* Top Ten Länderspiele *75;* Top Ten Torschützen *74, 75;* vs. Tschechische Republik *73;* vs. Türkei *199;* vs. Ungarn *73, 77;* vs. Uruguay *73*
Burns, Tommy *125*
Burruchaga, Jorge *148*
Bury *133*
Butragueño, Emilio *93, 95*
Bwalya, Kalusha *22, 169*
Byong Ju, Chon *22*

C

Cabañas, Salvador *158*
CAF *164, 208*
Cafu *36, 48, 152*
Cagliari *87*
Cahill, Tim *173*
Caligiuri, Paul *186*
Camara, Henri *168*
Câmataru, Rodion *121*
Cambiasso, Esteban *149*
Caniggia, Claudio *39, 222*
Caniza, Denis *159*
Cannavaro, Fabio *84, 86, 87, 88, 227*
Cantona, Éric *71, 232*
Capdeville, George *46*
Capello, Fabio *17, 64, 65*
Carbajal, Antonio *37, 40, 184*
Carbonero, Sara *42*
Cardozo, José *158*
Cardozo, Oscar *40, 55, 157*
Carew, John *113*
Carey, Johnny *119*
Carlos, Roberto *153, 227*
Carney, Karen *241*
Carragher, Jamie *55, 64, 167*
Carrasso, Cédric *69*
Carvalho, Ricardo *47*
Casillas, Iker *12, 40, 42, 55, 90, 92*
Čech, Petr *102*
Celtic Glasgow *225*
Central European International Cup *140*
Cesar, Boštjan *139*
César, Júlio *43*
Ceulemans, Jan *97*
CFC Genua *89*
Chapuisat, Pierre-Albert *130*
Chapuisat, Stéphane *130*
Charisteas, Angelos *106*
Charles, John *137*
Charlton Athletic *169*
Charlton, Jack *118, 119*
Chelsea London *122, 229*
Chiellini, Giorgio *86*
Chilavert, José Luis *158*
Chile *47, 49, 156, 157, 158, 159, 187, 203, 204, 20; vs. Honduras *156;* vs. Italien *158;* vs. Jugoslawien *156;* vs. Paraguay *159;* vs. Sowjetunion *156;* Top Ten Länderspiele *157;* Top Ten Torschützen *157;* vs. Uruguay *157, 159*
China *45, 175, 178, 179, 236, 237, 238, 241, 247*
Chislenko, Igor *47*
Chyn Hong, Li *238*
Ciołek, Włodzimierz *115*
Clairfontaine *71*
Cole, Andy *62*
Collins, John *125*
Collovati, Fulvio *194*
Coluna, Mário *117*
CONCACAF *182–183, 185, 189*
Conceição, Flávio *202*
Congo DR *208*
CONMEBOL *155, 156, 225*
Copa América *56, 146, 148, 151, 154, 156, 200, 222, 223;* **1916** *244;* **1917** *202, 204;* **1919** *202;* **1942** *202;* **1949** *205;* **1953** *203;* **1957** *200, 203;* **1963** *206;* **1975** *203;* **1997** *202, 223;* **2001** *203;* **2004** *205;* **2007** *200, 207;* Eigentore

204; Gastgeber *202, 203; 207* Gewinner *202, 203;* höchste Siege *203;* längstes Spiel *202;* meiste Einsätze *204;* meiste Rote Karten *204;* meiste Tore *204, 205;* Rote Karten *207;* Trainer *206, 207*
Copa Libertadores *157, 225*
Córdoba, Iván *156*
Córdoba, Óscar *159, 203*
Corinthians São Paulo *225*
Correa, Vanina *237*
Costa, Jorge *218*
Costa Rica *44, 175, 188, 189*
Costa, Rui *218*
Costacurta, Alessandro *225*
Costinha *39*
Crespo, Hernán *32, 227*
Crespo, Pedro *232*
Cristiane *240*
Croke Park Stadium, Dublin, Irland *118*
Crouch, Peter *37, 62*
Cruyff, Johan *78, 79, 80, 81, 82*
Cubilla, Luis *225*
Cubillas, Teófilo *158*
Cufré, Leandro *28, 48*
Custers, Theo *42*

D

da Silva, Eduardo *100*
da Silva, Leônidas *152*
Daei, Ali *23, 175, 177*
Dahlin, Martin *128*
Dalglish, Kenny *124*
Dänemark *104–5, 107, 141, 174, 192, 194, 195, 222, 227, 228, 229*
Daniela *241*
Danilova, Elena *238*
David, Mario *158*
DDR *192, 226*
de Azevedo, Thiago Carrico *233*
de Boer, Frank *81, 196*
de Boer, Ronald *81, 196*
de Brito, Waldemar *41*
de Jong, Nigel *83*
de León, Julio César *189*
de Macedo Filho, Evaristo *205*
de Neve, Eddy *82*
Deco *39*
Dedič, Zlatko *138*
Defoe, Jermain *61, 63*
Del Bosque, Vicente *27*
Delhasse, Guy *97*
Dellas, Traianos *195*
Demirel, Volkan *132*
Dempsey, Clint *187, 222, 223*
Denilson *38, 202*
Derwall, Jupp *77*
Desailly, Marcel *68, 69, 71, 164, 223*
Deschamps, Didier *68, 69, 71*
Deutschland siehe Bundes-republik Deutschland, DDR
Dhouib, Mokhtar *163*
Di María, Ángel *147, 226*
di Stefano, Alfredo *93*
Diarra, Boubacar *165*
Dida *224*
Didi *36, 45*
Didulica, Joey *173*
Dienst, Gottfried *46*
Dietz, Bernard *197*
Dinamo Zagreb *101*
Djalminha *202*
Dodds, Billy *125*

Abkürzungen: O = Oben, U = Unten, L = Links, R = Rechts, M = Mitte

Action Images: /Peter Andrews/Reuters: 138UL; /Andrew Boyers: 230U; Matthew Childs: 233UL, 233UR

Getty Images: 25O, 27OL, 96UL, 148OL; /2010 FIFA World Cup Organising Committee: 51L; /AFP: 27UL, 27UR, 29UL, 35L, 46UR, 101UL, 103UR, 139UR, 194UR, 196OR, 204UL, 206L; /Luis Acosta/AFP: 200-201; /Odd Andersen/AFP: 87R; /Nelson Antoine/FotoArena/LatinContent: 245M; /Mladen Antonov/AFP: 142UR, 199UL; /Rodrigo Arangua/AFP: 154R; /Brian Bahr: 186OR; /Dennis Barnard/Fox Photos: 151OL; /Lars Baron: 78L, 107R, 151U; /Lars Baron/Bongarts: 5L, 234-235; /Caetano Barreira/FotoArena/LatinContent: 144-145, 178OL; /Robyn Beck/AFP: 44OR, 115UL; /Sandra Behne/Bongarts: 41OR; /Fethi Belaid/AFP: 163UR, 165UL; /Bentley Archive/Popperfoto: 33UR, 124M, 125UL; /Gunnar Berning/Bongarts: 41UL; /Monirul Bhuiyan/AFP: 10-11, 53U; /Bongarts: 31UL, 78UL; /Shaun Botterill: 53OR, 68UL, 113UL, 120OR, 120M, 124OR, 140R, 159OR, 168M, 190-191, 197UR, 213OL; /Shaun Botterill/FIFA: 13OR, 15R, 34L, 44UR, 61UR, 104R, 248-249; /Cris Bouroncle/AFP: 218M; /Gabriel Bouys/AFP: 8-9, 34OR, 40M, 90U; /Simon Bruty: 126U; /Eric Cabanis/AFP: 22R; /Jose Cabezas/AFP: 200R; /David Cannon: 32OL, 56-57, 66UL, 84R, 120UR, 150UL, 181OR; /Nico Casamassima/AFP: 46UL; /Ron Case/Keystone: 169U; /Mario Castillo/Jam Media/LatinContent: 184UR; /Massimo Cebrelli: 128OR; /Central Press: 123UL; /Central Press/Hulton Archive: 108UR; /Andre Chaco/FotoArena/LatinContent: 49UL; /Robert Cianflone: 127O, 173OR; /Thomas Coex/AFP: 12UR, 104UL, 105UL; /Fabrice Coffrini/AFP: 2OUR; /Chris Cole: 42OR; /Phil Cole: 63M, 102OR, 162U, 247UL; /Yuri Cortez/AFP: 188UR; /Shaun Curry/AFP: 247R; /Mohamed Dahir/AFP: 2; /Stephane de Sakutin/AFP: 53L, 176UL; /Carl de Souza/AFP: 37OR, 83O; /Khaled Desouki/AFP: 162OR, 165M, 213UL, 215OL; /Kevork Djansezian: 187OL, 187M; /Nikolay Doychinov/AFP: 98M; /Denis Doyle: 5OL, 91U, 93U; /Stephen Dunn: 166UR; /Paul Ellis/AFP: 75M; /Darren England: 22UL, 22UR; /Francisco Estrada/LatinContent: 174UL, 182-183; /Dominique Faget/AFP: 58-59; /Franck Fife/AFP: 15UL, 67OR, 69UR, 165OR, 210M, 213R, 215M, 228OR; /Julian Finney: 143OR; /Stu Forster: 4R, 61OR, 81L, 112UL, 119UL, 122M, 136UL, 149OL, 178UL, 246UL; /Stuart Franklin: 107O, 159OL, 193UR; /Romeo Gacad/AFP: 104UR; /Lluis Gene/AFP: 30OR; /Paul Gilham: 137UL; /Paul Gilham/FIFA: 77OR, 95OL; /Georges Gobet/AFP: 105UR, 132L; /Laurence Griffiths/AFP: 14UR, 28O, 100UL, 102UL, 160-161; /Gianluigi Guercia/AFP: 50R, 85R, 164R, 212UM; /Valery Hache/AFP: 16UM, 41M, 142OR, 162M, 177R; /Ronny Hartmann/AFP: 100OR, 132OR, 192U; /Alexander Hassenstein/Bongarts: 70OR; /Haynes Archive/Popperfoto: 24OR, 25U, 175UL, 203UL; /Richard Heathcote: 80UR, 149U; /Richard Heathcote/FIFA: 189UL; /Patrick Hertzog/AFP: 24UL, 67UR, 83UR, 134OR, 141UL; /Mike Hewitt: 111UR; /Mike Hewitt/FIFA: 73OR, 242-243; /Stan Honda/AFP: 173M; /Boris Horvat/AFP: 8OUL, 196M; /Hulton Archive: 24UR, 32UL, 62UL, 109OR; /Karim Jaafar/AFP: 130UR, 168L; /Hannah Johnston: 2OL; /Jasper Juinen: 62M, 62UL, 90R, 93OL, 131L; /Jasper Juinen/FIFA: 224L; /Yuri Kadobnov/AFP: 122OR; /Keystone: 66OL, 108UL, 123UR; /Keystone/Hulton Archive: 85U; /Saeed Khan/AFP: 2OUL; /Matt King: 247UR; /Michael King: 33L; /Ian Kington/AFP: 103OR; /Ross Kinnaird: 36OR, 118UR; /Toshifumi Kitamura/AFP: 23M; /Joe Klamar/AFP: 86UR, 103UL, 143UR, 208-209, 215UR; /Christof Koepsel/Bongarts: 71OL, 112OR, 223M; /Christof Koepsel/FIFA: 224UL; /Mark Kolbe: 172OR; /Jean-Philippe Ksiazek/AFP: 156UR; /David Leah: 39OL; /Streeter Lecka: 156M; /Christopher Lee: 137OR; /Bryn Lennon: 111OR, 136UR; /Alex Livesey: 18-19, 45UL, 123UM, 167M, 190OR, 216-217, 222L; /Alex Livesey/FIFA: 16UL, 42UL, 92UL, 155OR; /John MacDougall/AFP: 121UR; /Pierre-Philippe Marcou/AFP: 14UL, 14-15O, 210M, 92R, 127R, 133UR, 166OL; /Francois-Xavier Marit/AFP: 43UL, 44OL; /Clive Mason: 7, 12L, 37U, 38OL, 47OR, 94UL, 114L, 133UL, 157UR, 167OL; /Jamie McDonald: 49OR, 80O, 102UR, 117UR, 118OR, 119UM, 167UR, 168UR, 185M; /Chris McGrath: 17R, 147OR; /Philippe Merle/AFP: 159R; /Damien Meyer/AFP: 101O; /Douglas Miller/Keystone: 60UL; /Jeff Mitchell/FIFA: 149M; /Jeff J Mitchell: 125UR; /Filippo Monteforte/AFP: 12M, 138M; /John Mottern/AFP: 184UL; /Beate Mueller/Bongarts: 99OR; /Peter Muhly/AFP: 14OUL, 192OR; /Hoang Dinh Nam/AFP: 186M; /Kazuhiro Nogi/AFP: 96OR; /Mark Nolan: 173UR; /Doug Pensinger: 116OR; /Ryan Pierse/FIFA: 15L, 188L; /Vincenzo Pinto/AFP: 54L; /Jan Pitman/Bongarts: 48OR; /Hrvoje Polan/AFP: 114OR, 115OR; /Joern Pollex: 64OR, 74OR, 76R; /Joern Pollex/Bongarts: 5UL, 244U; /Joern Pollex/FIFA: 220M, 221R; /Popperfoto: 23UR, 29R, 31UR, 33R, 69OL, 74UR, 76UL, 77U, 87OL, 99UR, 101UR, 110UL, 137UR, 151OR, 153UL, 177O, 178UR, 179UR, 193UL, 194UL, 195M, 197UL, 198UR, 205UM, 206UR, 226UL; /Craig Prentis: 185OR; /Gary M Prior: 38UL; /Ben Radford: 39UR, 93R, 155UR, 245R; /Roslan Rahman/AFP: 179OR; /Aizar Raldes/AFP: 157L; /Michael Regan: 4M, 65OR; /Michael Regan/FIFA: 232UL; /Andreas Rentz/Bongarts: 170-171; /Rolls Press/Popperfoto: 63U, 87U; /Quinn Rooney/FIFA: 61M, 250; /Clive Rose: 4UR, 46OR, 113OL, 127UL, 135UL, 180OR, 247OR; /Martin Rose: 174UR; /STR/AFP: 178OR; /Karim Sahib/AFP: 175OR; /Jewel Samad/AFP: 79OR, 107UL, 117OR; /Mark Sandten/Bongarts: 164UL; /Issouf Sanogo/AFP: 211UR, 214; /Genia Savilov/AFP: 135UR; /Roberto Schmidt/AFP: 28UL, 42M, 55OL, 155UL; /Antonio Scorza/AFP: 68UL; /Lefty Shivambu/Gallo Images: 168OR, 210OR, 211OR, 212UL, 213M; /Torsten Silz/AFP: 35OR; /Christophe Simon/AFP: 31OR, 146UR, 153OL; /Javier Soriano/AFP: 13U, 27OR, 45OR, 51U, 176R, 244L; /Cameron Spencer: 32OR, 64OL, 159UL; /Jamie Squire/AFP: 17M, 163OL; /Michael Steele: 54R, 98UL, 128UL, 251; /Patrik Stollarz/AFP: 55UR; /Henri Szwarc/Bongarts: 86OL, 156L, 195UL; /Bob Thomas: 5UR, 21OR, 32UR, 35UR, 36UL, 40UL, 48L, 48M, 52U, 54UR, 73L, 82U, 86UL, 88L, 95UR, 110OR, 111UL, 115UR, 118UL, 124L, 136M, 136OR, 141R, 148UR, 152UL, 158U, 163OR, 193OR, 194OL, 195OL, 196UL, 198UL; /Bob Thomas/Popperfoto: 21U, 94OR, 142UL, 204UM; /Mark Thompson: 21OUR; /John Thys/AFP: 96M; /Omar Torres/AFP: 16OR, 174OR, 185UR; /Pedro Ugarte/AFP: 17UL, 26M; /Robert van den Brugge/AFP: 97UR; /Jean-Christophe Verhaegen/AFP: 139OR; /Claudio Villa: 138UR; /Claudio Villa/Grazia Neri: 88OR; /Ian Walton: 109UR, 153UR, 241OL; /Koji Watanabe: 147UL, 226OR; /Roland Weihrauch/AFP: 17UR; /Jung Yeon-Je/AFP: 34UL

Press Association Images: 64UL, 72U, 97UL, 108OR, 111OL, 126OR, 148R, 227OR, 228UR; /ABACA Press: 29OL; /AP: 25OR, 30UL, 89UL, 187U; /Matthew Ashton: 118UM, 134U, 153M, 172UL, 180UL, 189OR, 223UL, 229UR, 238UR; /Greg Baker/AP: 237UL; /Fabian Bimmer/AP: 184M; /Rebecca Blackwell/AP: 5UM; /Jon Buckle: 239UL; /Adam Butler: 64L; /Felice Calabro/AP: 44UL; /Roberto Candia/AP: 237OL, 245UR; /Barry Coombs: 97OR, 106OR, 227UR; /Malcolm Croft: 23OL; /Claudio Cruz/AP: 222M; /DPA: 26UL, 7OL, 75OL, 79U, 152OR; /Adam Davy: 236UR; /Sean Dempsey: 73UR; /Digital Sports Archive: 240OM; /Paulo Duarte/AP: 116L, 116M, 218UL; /Mike Egerton: 129OR, 188OR; /Paul Ellis/AP: 122UL; /Fred Ernst/AP: 219UR; /Denis Farrell/AP: 50U; /Chen Fei/Landov: 239UM; /Gouhier-Hahn-Orban/ABACA: 130OR; /Michel Gouverneur/Reporter: 220UL; /Zhang Guojun/Landov: 236UM; /Tim Hales/AP: 128M; /Jae C Hong/AP: 18U; /Nam Y Huh/AP: 205R; /Intime Sports/AP: 106UL; /Silvia Izquierdo/AP: 207UR, 232L, 232R; /Julie Jacobson/AP: 238OL, 241UR; /Lee Jin-Man/AP: 238OR; /Ross Kinnaird: 205M; /Junji Kurokawa/AP: 224OR; /Tony Marshall: 22OL, 31OL, 81UR, 88UL, 132U, 133OR, 152OL, 172M, 176OL, 186UR, 202M, 203OR, 219UL, 222OR, 223OR, 230OR; /John McConnico/AP: 130M; /Cathal McNaughton: 60OR; /Martin Meissner/AP: 75UR; /Ricardo Moraes/AP: 231OR; /Francois Mori/AP: 70R; /Jussi Nukari/Lehtikuva: 221UL; /Phil O'Brien/AP: 84U; /Panoramic: 220R; /Eraldo Peres/AP: 231UL, 231UR; /Gabriel Piko/AP: 225OR; /Pinnace: 105OL; /Natacha Pisarenko/AP: 206M; /Nick Potts: 67UR; /Duncan Raban: 150UR; /Peter Robinson: 43OR, 74L, 78OR, 89UR, 110M, 124UR, 126L, 135OR, 146M, 154UL, 158OL, 218UR; /S&G and Barratts: 40OR, 62OL, 65U, 92OL, 116UR, 119UR; /SMG: 125OR, 125R; /Murad Sezer/AP: 71UR; /Sven Simon: 152UR; /Neal Simpson: 99UL, 121UR, 123OR, 131OL, 131UL, 169OR, 204UR; /Michael Sohn/AP: 189UR, 240OR; /Thanassis Stavrakis/AP: 228L; /Jon Super/AP: 225UR, 237OR; /Topham Picturepoint: 117UL, 129UL, 140OL; /Fernando Vergara/AP: 202UR, 203UR; /John Walton: 149OR, 207L; /Aubrey Washington: 113UR; /Paul White/AP: 22∫OL; /Witters: 45U; /Ren Yong/Landov: 240UR; /Vincent Yu/AP: 241UM

Über den Autor

Keir Radnedge berichtet seit mehr als 40 Jahren über den Fußball. Er hat unzählige Bücher zum Thema geschrieben, von Turnierführern bis hin zu umfangreichen Enzyklopädien, die bei Lesern aller Altersklassen beliebt sind.

Seit 1970 arbeitet er als Journalist für die »Daily Mail« und ist Gesamtherausgeber von »World Soccer«, allgemein anerkannt als das erste englischsprachige Magazin zum globalen Fußball.

Neben seinen Publikationen ist Radnedge regelmäßig als Kommentator für BBC Radio und Fernsehen sowie Sky Sports tätig und ist Welt-Fußball-Korrespondent des amerikanischen Kabelnachrichtenkanals CNN World.

Während der Fußball-Europameisterschaft 1996 in England verfasste er den täglichen Newsletter für die Medien und produzierte Videorückblicke zahlreicher internationaler Fußballturniere.